国家社科基金
GUOJIA SHEKE JIJIN HOUQI ZIZHU XIANGMU
后期资助项目

国家社科基金后期资助项目(21FRKB001)

中国与“一带一路”沿线国家人口问题、经济增长比较研究

晏月平　张舒贤　著

山东大学出版社
SHANDONG UNIVERSITY PRESS
·济南·

图书在版编目(CIP)数据

中国与“一带一路”沿线国家人口问题、经济增长比较研究/晏月平，张舒贤著. --济南:山东大学出版社,2024.10. --ISBN 978-7-5607-8468-7

Ⅰ. C924.1;F113.4

中国国家版本馆 CIP 数据核字第 2024GZ4173 号

责任编辑　邵淑君
封面设计　王秋忆

中国与“一带一路”沿线国家人口问题、经济增长比较研究
ZHONGGUO YU “YIDAIYILU” YANXIAN GUOJIA RENKOU WENTI、JINGJI ZENGZHANG BIJIAO YANJIU

出版发行　山东大学出版社
社　　址　山东省济南市山大南路 20 号
邮政编码　250100
发行热线　(0531)88363008
经　　销　新华书店
印　　刷　济南乾丰云印刷科技有限公司
规　　格　720 毫米×1000 毫米　1/16
　　　　　20 印张　360 千字
版　　次　2024 年 10 月第 1 版
印　　次　2024 年 10 月第 1 次印刷
定　　价　80.00 元

国家社科基金后期资助项目
出版说明

后期资助项目是国家社科基金设立的一类重要项目，旨在鼓励广大社科研究者潜心治学，支持基础研究多出优秀成果。它是经过严格评审，从接近完成的科研成果中遴选立项的。为扩大后期资助项目的影响，更好地推动学术发展，促进成果转化，全国哲学社会科学工作办公室按照“统一设计、统一标识、统一版式、形成系列”的总体要求，组织出版国家社科基金后期资助项目成果。

全国哲学社会科学工作办公室

前　言

21 世纪以来，经济全球化趋势日益增强，对世界各国经济、政治、军事、社会、文化甚至思维方式、思想观念等造成了巨大冲击。随着科技革命的深入与国际产业分工的新一轮调整，高度科技化、高度信息化和高度服务化成为世界产业结构变化的主要发展趋势，产业的国际转移出现新变化。“一带一路”是在后金融危机时代，由中国国家主席习近平于 2013 年提出的建设“丝绸之路经济带”“21 世纪海上丝绸之路”框架与构想，是作为世界经济增长火车头的中国，将自身产能优势、技术与资金优势、经验与模式优势转化为市场与合作优势，实行全方位开放的一大创新。这是统筹好国内国际“两个大局”，促进国内国际双循环，顺应时代发展，加强地区和全球经济合作交流，契合沿线国家和地区发展需要，立足当前、着眼未来所提出的重大倡议和构想。

人口发展与经济增长相互影响、相互制约、相互促进，经济增长主要通过要素投入增加和技术进步来提高生产效率，人口效率提升是实现经济持续增长的内生驱动因素，两者协调发展是实现区域可持续发展的重要途径。本书以“一带一路”沿线“65＋1”个经济体、6 大区域为研究对象，以人口经济学为研究视角，基于人口经济发展等相关理论，探究各区域人口发展与经济增长的互动。

首先，以“一带一路”沿线国家为研究对象，通过对各区域国家人口数量、质量、结构和分布特征，人口转变历程，人口效率，经济发展以及是否跨越“中等收入陷阱”等具体内容进行描述性统计与综合分析，阐述了沿线各区域国家人口发展主要问题、经济增长现实状况。其次，利用柯布-道格拉斯函数对沿线各国人口发展与经济增长的关系进行实证分析，研究结果通过单位根、协整分析检验，并总结归纳各国人口主要问题与经济发展规律。再次，通过构建人口与经济发展评价指标体系，利用熵值法、主成分分析法确定各参量权重，计算各国人口与经济发展综合水平，根据结果比较分析“一带一路”沿线国家人口发展与经济增长水平。最后，阐述人口发展、人口效率变动对“一带一路”沿线国家经济发展的支持作用，提出人口要素促进经济增长的可行性发展路径与具体策略，为“一带一路”沿线国家更好地实现资源共享、民心相通、区域人口经济协调发展提供科学思考与决策咨询。本书得出的主要研究结论如下。

一是人口发展对经济增长具有复杂且深刻的影响。经济持续增长应实现从要素依赖到生产效率提升的改变。人口是影响一个国家社会经济发展的全局性、长期性、战略性要素。人口发展导致人口数量、质量、结构、分布等有所变动，对经济发展有着重要影响，并由此产生了人口结构、人口素质、城市化推动经济增长的红利效应。随着人口红利逐渐消失，经济增长方式必须从注重投资和资源扩张的外生增长向注重产出提高、效率提升及科技创新驱动的内生增长转型。“一带一路”沿线国家不同区域人口要素促进经济增长与发展的方式存在较大差异，应根据人口发展阶段提出分类指导策略和措施。

二是人口发展驱动经济长期增长需提升人口效率。人口转变对经济增长而言存在人口数量增长导致的数量效应、人口年龄结构变动导致的结构效应以及人口素质提升导致的质量效应差异。这三种效应在人口转变过程中同时作用于经济增长，但不同阶段的主导要素存在差异。数量效应和结构效应对经济增长具有阶段性，在人口经济发展前期发挥重要作用；质量效应具有长期性，对经济增长的作用贯穿整个社会发展过程。随着各国人口转变进程发展，人口质量提高带来的人口效率提升成为人口驱动经济增长的最强动力，也是发展中国家迈入高收入行列的关键发展路径。“一带一路”沿线国家需尽快提升人口效率，以推动经济增长作为人口转换动能。

三是“一带一路”沿线国家人口驱动经济增长存在差异性，有利于寻找推进国际合作的人口条件。整体来看，各国人口效率指数每增加1%，可促进经济增长达3.84%；人口转变指数每增长1%，可促进经济增长约0.62%。各区域驱动经济增长的状况各不相同，各国在人口发展促进经济增长的效应上也存在较大差异和多样性。长期来看，“一带一路”沿线国家大都需要走依靠人口质量效应驱动经济增长的路径。不同国家当前推动经济增长的有利人口条件存在显著差异，应该根据这些差异为推进国际合作与发展寻找契机。

四是基于国际匹配视角，探讨中国与“一带一路”沿线国家人口、资源等要素优化配置，提高国际合作能效、促进各国经济高质量增长的对策。人口是最活跃、流动性最强的要素之一，根据不同人口发展阶段推动经济增长的主导因素以及提高人口效率和促进区域经济增长的国际经验等，为“一带一路”沿线国家共享资源、实现民心相通与优势互补、促进区域人口经济协调发展提供科学参考与决策建议。

目　录

绪 论

截至2021年7月，中国与149个国家和32个国际组织签署了200余份共建“一带一路”合作文件。“一带一路”朋友圈越来越大，遍布亚洲、欧洲、大洋洲、非洲、北美洲和南美洲，由此可说明，共建“一带一路”倡议与构建人类命运共同体理念已深入人心。

“一带一路”沿线国家包括中国在内共计66个经济体(其中因埃及的西奈半岛不是独立经济体，这里用埃及代替)。分区域看，东南亚地区11国：新加坡、印度尼西亚、马来西亚、泰国、越南、菲律宾、柬埔寨、缅甸、老挝、文莱和东帝汶；东北亚地区2国：蒙古、俄罗斯；南亚地区8国：印度、巴基斯坦、斯里兰卡、孟加拉国、尼泊尔、马尔代夫、不丹、阿富汗；西亚、北非地区20国：阿联酋、科威特、土耳其、卡塔尔、阿曼、黎巴嫩、沙特阿拉伯、巴林、以色列、也门、埃及、伊朗、约旦、叙利亚、伊拉克、巴勒斯坦、阿塞拜疆、格鲁吉亚、亚美尼亚、塞浦路斯；中东欧地区19国：波兰、阿尔巴尼亚、爱沙尼亚、立陶宛、斯洛文尼亚、保加利亚、捷克、匈牙利、北马其顿、塞尔维亚、罗马尼亚、斯洛伐克、克罗地亚、拉脱维亚、波黑、黑山、乌克兰、白俄罗斯、摩尔多瓦；中亚地区5国：哈萨克斯坦、吉尔吉斯斯坦、土库曼斯坦、塔吉克斯坦和乌兹别克斯坦。① 截至2021年年底，“一带一路”沿线国家人口总计约44亿，经济总量约21万亿美元，占全球经济总量的63%。② 截至2022年6月底，中国与“一带一路”沿线国家货物贸易额累计超过12万亿美元，对沿线国家非金融类直接投资额超1400亿美元，中国企业在共建国家建设的境外经贸合作园区累计投资430.8亿美元，为当地创造了34.6万个就业岗位。③ 截至2016年年底，“一带一路”沿线国家在华留学生达20多万，与此同时，2012

① 参见《“一带一路”大数据指数》，https://www.yidaiyilu.gov.cn/jcsjpc.htm。

② 参见《“一带一路”大数据指数》，https://www.yidaiyilu.gov.cn/jcsjpc.htm。

③ 参见《共建“一带一路”九周年成绩单》，2022年10月1日，https://www.yidaiyilu.gov.cn/xwzx/gnxw/281310.htm。

年以来，中国共有 35.19 万人赴“一带一路”沿线国家留学①，“一带一路”建设在民心相通领域已取得重大成就与重要进展。

第一节　研究背景与意义

一、研究背景

（一）发展背景

自 20 世纪 90 年代以来，新兴技术兴起与科技快速发展，国际投资与贸易范围日益扩大，全球金融创新活动持续深化，有力地推动了世界经济快速增长。1997 年，亚洲金融危机导致世界经济增速大幅下滑。经过多方援助、制度与政策调整后，世界经济整体才呈现有限恢复性增长。进入 21 世纪，经济全球化日益增强，对世界经济、社会等造成了巨大冲击，出现了一定范围的产品积压、生产力过剩、全球需求不足及通货紧缩等局面，传统经济增长方式很难促进世界经济进一步发展。随着新一代信息技术的快速发展，数字贸易成为国际商贸领域的一种新方式。

同时，以发达国家为主导的国际投资得到了迅猛发展，发展中国家也争先恐后，国际资本总规模逐年扩大，流动速度得到了极大提高，跨国公司的直接投资及企业并购等不仅极大地推动了国际贸易与国际投资的有效融合，而且推进了全球一体化生产与发展进程。另外，随着金融技术、制度不断创新与完善，金融规模持续扩大。随着科技革命的深入与国际范围内新一轮产业结构的调整，世界产业结构的高度科技化、信息化和服务化成为新的发展趋势，产业结构的国际转移出现了新变化。产业国际转移使部分发展中国家推动产业结构调整、升级，同时也带动部分污染严重、相对落后的产业与技术转移，这些产业不仅难以实现产业结构优化与升级，而且加大了发展中国家之间及地区间产业结构与经济的非均衡发展。

（二）时代背景

2013 年 9 月和 10 月，习近平主席在访问哈萨克斯坦、印度尼西亚期间分别提出共建“丝绸之路经济带”与“21 世纪海上丝绸之路”两大倡议，简称“一带一路”倡议。“一带一路”倡议主要是将自身技术、资金与产能优势，以

① 参见《“一带一路”沿线国家在华留学生已达 20 多万》，2017 年 5 月 11 日，https://www.chinanews.com/gn/2017/05-11/8221279.shtml。

及相关发展经验与优势等转化为市场与合作优势，是推行全方位开放的一大创新与重大举措，也是统筹好“两个大局”下的国内国际双循环，顺应时代发展、地区和全球经济合作交流，契合沿线国家和地区发展需要，立足当前、着眼长远与未来所提出的重大倡议和构想。“一带一路”建设的深入推进，使广大国家不仅可共同分享中国改革发展红利、发展经验，还将着力推动与沿线各国进行密切合作和平等对话，建立更为均衡的、平等的新型全球发展伙伴关系，为世界经济长期稳定增长奠定新动能、新动力，同时“一带一路”建设可实现以点带面，从线到片，逐步形成区域大合作并实现“五通”①，以全面提升区域合作水平。

在新的时代背景下，中国将始终坚持对外开放的基本国策，实现与世界经济深度融合，构建全方位开放新格局。这将开放一个拥有全球规模最大、发展最稳定、最具成长性的中等收入群体（超过 4 亿人）和 14 亿多人口的庞大消费市场，为“一带一路”沿线各国经济社会发展提供广阔的发展空间与更多机会。

二、研究意义

（一）理论意义

“一带一路”贯穿亚欧非大陆，一头是活跃的东亚经济圈，另一头是发达的欧洲经济圈，中间是有着无限经济发展潜力的巨大腹地。“一带一路”是实现各国共同发展与繁荣的和平合作之路；是对国际合作及全球治理新模式进行积极探索，增进各国理解与信任，加强全方位交流的和平友谊之路；是为世界和平发展增添新的正能量，全方位推进务实合作，打造政治互信、经济融合、文化包容的利益共同体、命运共同体和责任共同体之路。②

人是经济社会发展过程中的一个重要因素。人口问题始终是中国面临的全局性、长期性、战略性问题。同时，人口与经济社会发展紧密联系，人口效率也深深影响着经济增长与社会发展。在不同区域、不同国家，人口发展阶段与人口效率不同，对经济增长的促进作用也就不同。如“一带一路”东南亚、南亚沿线国家，人口密度大，人口发展大多处于从传统向现代转变过程中，多数国家人口效率偏低、经济欠发达；中东欧沿线国家人口密度偏小，人口转变进程快，人口效率普遍较高，经济也相对发达。

一般来说，一国或地区经济发展质量和人均 GNI（国民总收入）水平较

① “五通”即政策沟通、道路联通、贸易畅通、货币流通和民心相通。

② 参见王义桅：《“一带一路”开创包容联动共享的新型全球化》，《求是》2017 年第 10 期。

高、人口效率较高，在中等收入阶段停留的时间就短，而且一旦进入高收入阶段，再回到中等收入阶段的可能性也较低，或进入高收入国家之前在中等收入阶段徘徊的时间较短，即使重新进入中等收入阶段也可能很快进入高收入阶段。依据更多经验与实证判断，一国人口转变进入后期，人口效率普遍偏高，经济发展相对较快，人均 GNI 普遍较高，掉入“中等收入陷阱”的可能性相对较低。在特定时代背景与发展环境下，由于经济社会发展不协调或不适应，各国迈入更高收入阶段所经历的时间长短不一样，所表现出的人口问题也不一样。

当前，人口与经济对促进一国或地区发展的效应越来越显现，并已逐渐成为区域人口规划和区域经济发展的核心思想。实现“一带一路”沿线国家互惠共赢，促进沿线各国经济快速发展，人口要素非常关键。本书运用人口经济发展理论，构建一系列具体指标，同时考虑各区域人口状况、发展条件与发展形势，以及人口在区域经济发展中的特殊地位和作用，对人口效率进行科学研判，对提升人口效率、促进区域经济增长、推动构建人类命运共同体具有十分重要的理论价值。

（二）实践意义

党的十九届四中全会强调，坚持互利共赢的开放战略，推动共建“一带一路”高质量发展。与“一带一路”倡议有关的人口与经济发展是目前国内外学术研究的热点话题之一。习近平总书记提出：“推进‘一带一路’建设，要聚焦发展这个根本性问题，释放各国发展潜力，实现经济大融合、发展大联动、成果大共享。”[①]2022 年是提出共建“一带一路”倡议 9 周年，国际政治经济格局持续发生深刻变化，对全球政治、经济和金融格局产生了深远影响。各国休戚与共、相互依存，对“一带一路”建设与区域经济发展提出了新要求、新挑战，同时也是合作发展的新机遇。在世界百年未有之大变局背景下，如何推动重点方向、重点区域、重点领域、重点国别实现新突破，取得新发展，助力破解“一带一路”沿线各国经济建设面临的国内外发展困境，是中国同沿线各国高质量共建“一带一路”的重点。

截至 2022 年 1 月 29 日，中欧班列累计开行突破 5 万列，通达欧洲 23 个国家 180 个城市，开行数量呈现井喷式增长，从 2013 年的 80 列增长至 2021 年的 15183 列。[②] 中国与“一带一路”沿线国家贸易额占外贸总额的比

① 中共中央党史和文献研究院编：《十八大以来重要文献选编》(下)，北京，中央文献出版社，2018 年，第 733 页。

② 参见王彩娜：《中欧班列：春光正好》，2022 年 2 月 22 日，https://www.yidaiyilu.gov.cn/xwzx/gnxw/223960.htm。

重逐年提升。2013～2020年，中国与“一带一路”沿线国家的货物贸易进出口总额从1.04万亿美元增至1.35万亿美元，占中国货物贸易总额的比重由25%上升至29.1%。[①] 2013～2019年，中国企业对“一带一路”沿线国家非金融类直接投资累计超过1000亿美元，年均增长4.4%，较同期全国平均值高1.4个百分点，中国非金融类直接投资主要投向新加坡、越南、老挝、印度尼西亚等东南亚国家。同时，“一带一路”沿线国家对华直接投资超500亿美元，设立企业超过2.2万家。截至2019年年底，纳入商务部统计的境外经贸合作区累计投资419亿美元，吸引了数千家企业入驻，产业聚集效应显现。[②] 中国与“一带一路”沿线国家贸易额占外贸总额的比重由2013年的25%提升到2020年的29.1%。[③] 同时，中国金融机构围绕构建长期、稳定、可持续、风险可控的多元化融资体系，为“一带一路”建设项目提供充足、安全的资金保障。

本书主要针对“一带一路”沿线国家人口问题、经济增长，各区域人口转变、人口效率、经济发展及进入高收入行列可能等具体内容展开综合研究，总结各国人口问题与经济发展规律，以便为中国与“一带一路”沿线国家更进一步实现资源共享、民心相通、人口经济协调发展提供科学思考与决策咨询。

三、研究方法

（一）文献研究法

在充分搜集国内外文献与资料的基础上，对已有研究成果加以归纳、概括、分析和总结，借鉴人口与经济发展、人口效率与经济收入的内在联系，依据人口经济发展理论等形成本书研究框架与基本思路。

（二）定性分析法

通过对自1990年以来“一带一路”沿线国家的人口与经济变动指标进行描述与统计性分析，总结归纳各国主要人口问题、人口效率与经济收入等，以便分析各国在“一带一路”合作框架中有关人口、经济与社会发展面临的主要问题，并提出具体应对策略。

---

① 参见《〈中国“一带一路”贸易投资发展报告2021〉发布》，2021年8月16日，http://www.dg.gov.cn/dgsmch/gkmlpt/content/3/3587/post_3587268.html#1540。

② 参见《钱克明出席国新办发布会介绍2019年商务工作及运行情况》，2020年1月21日，https://interview.mofcom.gov.cn/detail/202002/ff80808170135ce2017013f7910b0008.html。

③ 参见《图解：“一带一路”倡议六年成绩单》，2019年9月9日，https://www.yidaiyilu.gov.cn/xwzx/gnxw/102792.htm。

(三)比较分析法

通过分析各国人口发展问题、人口转变阶段、人口效率与经济发展,对“一带一路”沿线国家人口问题与经济增长展开比较分析,为研究人口发展、人口效率与经济增长经验提供国别资料,以便为相关国家制定政策提供咨询参考。

(四)定量分析法

运用柯布-道格拉斯生产函数及主成分分析、人口统计学等方法,对“一带一路”沿线国家人口发展、人口效率与经济增长等内容进行实证分析,对比“一带一路”沿线国家人口与经济发展协调度和人口效率状况,分析人口效率与迈入高收入阶段的关系,为其经济发展提供科学与实用依据。

四、主要研究内容

首先,基于人口经济发展等相关理论,以“一带一路”沿线国家为研究对象,分析各国人口主要问题、人口效率变动与经济发展。其次,利用熵值法构建人口与经济发展评价指标体系,确定各序列参量权重,计算各国人口与经济发展综合水平;运用劳动生产率、人类发展指数以及人口产值弹性系数等人口与经济发展指标构建人口效率评价体系并进行国别测算,根据结果比较分析“一带一路”沿线国家人口效率与经济发展水平。最后,提出人口效率变动对经济发展的支持促进作用,为促进人口与经济持续增长提供可行性发展路径。

本书主要内容如下。

绪论,主要介绍研究背景、意义及研究方法,并对国内外人口发展、人口效率与经济增长相关文献、相关理论等进行梳理和归纳。

第一章至第五章根据“一带一路”沿线地理区域分布(具体分为 6 个区域:东南亚 11 国、南亚 8 国、西亚北非 20 国、中亚 5 国、东北亚 2 国、中东欧 19 国)①,对 6 大区域进行人口发展特征、人口转变阶段划分、人口效率变动与经济发展等展开详细研究,同时对各区域人口与经济发展的关系进行实证分析。

第六章对包括中国在内的“一带一路”沿线 66 个经济体人口变动、人口效率与经济增长进行实证分析,并运用聚类方法展开详细研究。

第七章针对“一带一路”沿线国家人口与经济增长主要问题,提出各区

① 由于中亚 5 国和东北亚 2 国在进行内容分析时难以支撑起一章的内容,后续将这 2 个区域的国家放在一起讨论,但具体分析还是以各自区域的特征为主。

域协调发展、共建共享发展与持续取得新发展成果的路径与策略。

第二节 国内外相关研究综述

一、人口与经济发展

17世纪英国古典经济学派创始人威廉·配第(William Petty)在《赋税论》《政治算术》等著作中最先阐明了人口和财富的内在关系,认为一个国家的财富生产需要一定数量的人口予以支撑,若人口数量过少,会阻碍生产技术水平和劳动生产率提高。此后,学界基于各自的经济理论探讨了人口与经济的关系,把人口作为引起经济变化的一个内在重要因素进行分析。亚当·斯密(Adam Smith)在其《国富论》中提出,就一国繁荣而言,最明确的标志是居民人数增长。托马斯·罗伯特·马尔萨斯(Thomas Robert Malthus)从人口与经济的关系提出应通过"两种抑制"阻止人口自然增长。此后,英国经济学家大卫·李嘉图(David Ricardo)提出了长期动态论,认为人口与财富、社会收入之间存在一定联系。

19世纪中叶以后,随着人口急剧增长,周期性失业和贫困等一系列人口经济问题加剧。卡尔·马克思(Karl Marx)和费里德里希·冯·恩格斯(Friedrich Von Engels)研究了人口与经济发展的关系,认为在一定的生产方式下,物质资料生产以一定数量和质量的人口为前提条件,人口与经济关系的核心是劳动人口再生产与物质资料再生产在发展过程中的供求平衡。埃德温·坎南(Edwin Cannan)明确提出将人口增长和工农业生产率以及人均收益等联系起来。瑞典经济学家纳特·维克赛尔(Knut Wecsell)着重探讨了适度人口规模和密度,并以一个国家的抚养能力作为判定是否存在人口过剩的标准。

20世纪50年代,针对发展中国家经济发展状况,部分学者采用抽象化数理模型,将人口因素看作促进经济增长的内在变量,研究人口的各种数量变动关系和规律,解释其与经济发展、国民收入的相关性。哈维·莱宾斯坦(Harvey Leibenstein)指出,人口是经济发展的内在因素,整个经济发展过程就是人口与财富之间相互影响和抗争的过程。理查德·纳尔逊(Richard R. Nelson)认为,经济增长带来了人口同步增长,若人口增长速度快于经济增长速度,会导致人均收入陷入低水平均衡陷阱。此后,人口压力论、人口爆炸论以及增长极限论等相继提出。过去的发展状况表明,上述相对悲观论调并不具有科学性。"基于人口决定论观点,夸大人口问题和影响的严重性,会走向另一个极端。"[①]

阿尔费雷德·索维(Alfred Sauvy)在《人口通论》中也阐释了人口与经济、社会诸因素间的关系,"一个以最令人满意的方式达到某项特定目标的人口"[②]是适度人口[③]。同时,从动态角度分析人口增长同经济增长的关系,表明人口增长可能给经济增长、经济发展带来不利和有利影响,在这种不利与有利之间寻求均衡,以寻求适度人口增长率。[④] 第二次世界大战中及以后,亚洲、非洲和拉丁美洲等一批发展中国家相继获得独立,西方发达国家势力相对削弱,失业人口大量增加和熟练劳动力不足并存。同时,发展中国家还面临不同程度的人口经济问题,如粮食不足、就业问题、贫富悬殊等。[⑤] 于是现代悲观主义在西方国家流行,美国学者威廉·福格特(Willian Vogt)在《生存之路》中称现代世界人口增长已超过了土地和自然资源的负载能力,人类面临灭绝危险。[⑥] W. S. 汤普森(W. S. Thompson)认为,人口压力是现代战争的原因,歪曲和否认了现代战争的根源。J. H. 赫茨勒(J. H. Hertzler)在《世界人口危机》中提出"人口爆炸"论,认为世界人口就像氢弹爆炸一样骤然增长了若干倍[⑦],发展中国家和地区的人口增长导致了世界人口危机,亚洲、非洲和拉丁美洲地区人民贫穷和落后的原因是人口迅速增长[⑧]。现代悲观主义者鼓吹"人口决定论",同时否认科学技术进步的巨大作用,忽视了人类将利用不断进步的科学技术去发现和开发新的资源,或发明新的替代物以弥补现有资源不足;忽视了各种避孕药具的发明和应用以快速控制人口增长。

二、人口转变与经济增长

人口转变理论常将人口变化的复杂过程表达得过于简单,它对当前发

---

① 杨坚白、胡伟略:《人口经济论》,北京,社会科学文献出版社,2007 年,第 156 页。

② 转引自贾志科、刘光宇:《科学发展观指导下的适度人口理论新探》,《西北人口》2006 年第 2 期。

③ 参见〔法〕阿尔费雷德·索维:《人口通论》上册,查瑞传等译,北京,商务印书馆,1983 年,第 53 页。

④ 转引自谢武贵:《湖南人口结构均衡度与经济发展的耦合协调度研究》,湖南大学硕士学位论文,2011 年。

⑤ 参见彭松建:《现代西方人口经济学教程》,北京,北京大学出版社,2014 年,第 168 页。

⑥ 转引自夏承伯:《生态哲学维度:从绿色经典文献看 20 世纪生态思想演进》,内蒙古大学硕士学位论文,2008 年。

⑦ 转引自李超敏:《西方人口生态学流派简介》,《中国人口科学》1990 年第 1 期。

⑧ 参见〔美〕D. 梅多斯等:《增长的极限》,于树生译,北京,商务印书馆,1984 年,第 163 页。

展中国家(甚至发达国家的人口历史)的适用性引起了大量争论。[①]

(一)经典人口转变理论与经济增长

阿道夫·兰德里(Adolphe Landry)以对欧洲人口变化过程的描述为根据,提出了与经济发展相适应的人口发展阶段或社会秩序,即原始阶段、中期阶段和现代阶段。[②] 随后,汤普森在《人口问题》中将世界各国人口增长模式分为三类。[③] 1945年,诺特斯坦(F. W. Notestein)将汤普森所划分的三类增长模式分别命名为:A模式为"早期下降"(incipient decline),B模式为"转变增长"(transitional growth),C模式为"高增长潜力"(high growth potential)。他将空间上的三种模式拼接为时间上依次发生的转变阶段,一个国家从高出生率、高死亡率走向低出生率、低死亡率(即从潜在的高增长走向早期下降)的时期是人口快速增长(即转变增长)时期。[④] 就历史阶段论传统模式,布莱克(C. P. Blacker)将人口转变过程划分为五个阶段。[⑤] 总之,面对第二次世界大战后快速的人口增长,人口学家们从人口转变角度进行了大量研究。事实上,经典人口转变理论是一个将人口变化过程与经济社会变迁以及现代化联系起来的理论分析工具。

(二)现代人口转变理论与经济增长

20世纪60年代末70年代初,现代人口转变理论兴起,研究视野向多元化和多层次化扩展。[⑥] 该理论认为,人口发展过程同社会经济发展过程密切联系,人口转变以社会经济条件的根本性变化为前提;人口转变主要通过出生率(生育率)和死亡率变动实现;在传统农业社会向现代工业社会演进初期,出生率下降滞后于死亡率下降,二者存在"时滞"现象,因此加速社会经济现代化进程、缩短出生率下降"时滞"过程,是人口转变的关键问

---

① 参见陈卫、黄小燕:《人口转变理论述评》,《中国人口科学》1999年第5期。

② Dudley Kirk, 1996: "Demographic Transition Theory", *Population Studies*, vol.50, no.3, pp.361-387.

③ 参见李竞能:《现代西方人口理论》,上海,复旦大学出版社,2004年,第330页。

④ 参见李竞能:《现代西方人口理论》,上海,复旦大学出版社,2004年,第330—331页。

⑤ C. P. Blacker, 1947: "Stages in Population Growth", *Eugenics Review*, October, pp.88-101.这五个阶段为:(1)高位静止(high stationary),死亡率和出生率在高水平上达到均衡,人口增长处于静止状态;(2)早期扩张(early expanding),出生率不变,死亡率开始下降,人口增长逐渐加速;(3)后期扩张(late expanding),死亡率继续下降并达到低水平,出生率也开始下降,人口增长扩张至最快而后减速;(4)低位静止(low stationary),死亡率和出生率在低水平重新达到均衡,人口增长再次处于静止状态;(5)减退(diminishing),出生率继续下降并开始低于死亡率水平,人口增长呈绝对减少状态。

⑥ 参见李建民:《人口转变论的古典问题和新古典问题》,《中国人口科学》2001年第4期。

题。[①] 20 世纪 80 年代，尤其进入 21 世纪后，现代人口转变理论得到进一步发展和分化。[②] 人们从更广阔的视野分析现代人口转变过程，力图提供一种更合理、更具体的解释性理论。

三、人口效率与经济发展

（一）中等收入陷阱研究

2006 年，世界银行第一次提出“中等收入陷阱”[③]命题，称掉进中等收入陷阱的国家既没有低收入国家的人力资本和劳动成本优势，也没有高收入国家先进的科技技术优势，结果长期挣扎于中等收入陷阱的泥潭。[④] 一般认为，一个现代社会，中间阶层应占 60%～70%。目前从中国情况看，14 亿人口中 4 亿左右为中等收入群体[⑤]，即近 29% 的中国人已步入中等收入群体。

宏观上，在中等收入陷阱中作为高产量、低成本的生产国，它们力图在劳动成本不断上升的情况下保持自身的竞争力，但无法完成其国家价值链提升，也无法进入正在快速增长的、以知识和创新为基础的产业和劳务市场。[⑥] 也就是说，一个国家在进入中等收入国家的行列后，随着人均收入的提高，劳动力成本会上升，它的产业结构及科技创新却未出现显著的改善或进步，其结果是它既不能与劳动力成本更低的其他发展中国家竞争，也无法与发达国家竞争，从而陷入一种发展困境。[⑦] 微观上，从产业结构转型视角看，发展中国家之所以落入中等收入陷阱，不仅源于劳动密集型产业竞争力的丧失，还与发展中国家产业结构转型升级程度有关。[⑧] 日本、韩国等成功跨越中等收入陷阱，一定程度上源于生产结构转型升级[⑨]；马来西亚、泰国等东南亚经济体产业升级受阻，落入中等收入陷阱的原因在于其无法从低

---

① 参见李竞能：《现代西方人口理论》，上海，复旦大学出版社，2004 年，第 324—328 页。

② 参见蒋耒文：《欧洲第二次人口转变：理论及其思考》，《人口研究》2002 年第 3 期。

③ 所谓“中等收入陷阱”，是指墨西哥、阿根廷、巴西、泰国、马来西亚等亚洲及拉美一些国家人均 GDP 达到 3000 美元以上进入中等收入阶段之后，出现经济增长速度放缓甚至停滞而长时间徘徊在中等收入阶段的一种现象。

④ 参见梅翔：《人力资本对“中等收入陷阱”的影响研究》，浙江工商大学硕士学位论文，2018 年。

⑤ 参见《中国有 14 亿人口，有 4 亿多中等收入群体，消费潜力巨大》，2020 年 9 月 15 日，http://www.ce.cn/xwzx/gnsz/gdxw/202009/15/t20200915_35745135.shtml。

⑥ Bank W. 2013："World Bank East Asia and Pacific Economic Update 2010, Volume 2: Robust Recovery, Rising Risks", World Bank Other Operational Studies.

⑦ 参见江时学：《“中等收入陷阱”：被“扩容”的概念》，《国际问题研究》2013 年第 2 期。

⑧ 参见李翀：《“中等收入陷阱”：产业结构升级的障碍》，《外国经济学说与中国研究报告（2018）》，2018 年。

⑨ 参见杨俊龙：《如何理性应对中等收入陷阱》，《财贸研究》2018 年第 6 期。

附加值产品升级到高附加值产品。① 扩大中等收入阶层是跨越中等收入陷阱的重要途径之一，习近平总书记指出，要扩大中等收入者比重，努力缩小城乡、区域、行业收入分配差距，逐步形成橄榄型分配格局。

大多数学者认为，收入分配不公是导致贫富分化的主要原因，由此形成了社会两极分化，阻碍了经济可持续发展。研究认为，中国要想跨过中等收入陷阱，就必须调整不合理的收入分配结构。② 同时，城市化进程影响了跨越中等收入陷阱，部分学者认为过度城市化也会使一些国家陷入中等收入陷阱，发展中国家应十分警惕“拉美陷阱”。③ 肖营研究发现，人口规模与基尼系数呈显著负相关，通过人口红利延续可帮助国家（地区）走出中等收入陷阱。④ 能否尽快跨过“中等收入陷阱”，关键在于能否保持持续发展势头。⑤

（二）人口效率研究

人口效率研究在学术界还未完全兴起，文献较少。首次提出“人口效率”概念的是晏月平、吕昭河，他们认为，人口效率既包含人类发展的社会目标，也囊括政治经济宏观目标，是指人口实现人口生产功能与消费功能及人口—社会复合系统的运行，从而在人口—资源—环境系统协调中发挥人口作用的有效性。⑥

“人口效率”属于人口学与经济学交叉概念，可用来衡量人口与经济、人口与社会协调发展，通过构建指标评价体系，可以量化不同时期、不同区域的人口与经济指标的相互作用和关系，既能衡量人口变动对经济增长的影响，又能反映经济增长对人口因子的带动或制约作用，尤其在人口发展战略发生重大调整阶段，提高人口效率能有效应对人口老龄化、少子化的挑战。⑦

---

① 参见姜文辉：《产业升级、技术创新与跨越“中等收入陷阱”：东亚和东南亚经济体的经验与教训》，《亚太经济》2016 年第 6 期。

② 参见张德荣：《“中等收入陷阱”发生机理与中国经济增长的阶段性动力》，《经济研究》2013 年第 9 期。

③ 参见田雪原：《警惕人口城市化中的“拉美陷阱”》，《宏观经济研究》2006 年第 2 期。

④ 参见肖营：《人口红利、技术进步与中等收入陷阱：来自中国经验的实证》，《商业经济研究》2020 年第 6 期。

⑤ 参见王文：《中国有能力跨越“中等收入陷阱”（人民要论）》，2018 年 7 月 26 日，http://opinion.people.com.cn/n1/2018/0726/c1003-30170189.html。

⑥ 参见晏月平、吕昭河：《“金砖五国”人口转变与人口效率的比较分析》，《人口研究》2013 年第 37 期。

⑦ 参见王楠：《澜湄合作国家人口变动与经济发展研究》，云南大学硕士学位论文，2019 年。

第三节　人口发展与经济增长参量指标及测量

人口发展和经济增长存在互动关系，不同人口转变阶段伴随不同的经济发展模式，人口效率也可解释人口与经济两大系统之间的互动。同时，根据经济增长条件趋同假说与"中等收入陷阱"概念以及是否迈入高收入行列，不仅可有效测量经济增长，还可有效地反映经济增长依赖的诸多条件与因素。本节运用人口转变阶段、人口效率指标反映人口发展，用是否跨越中等收入陷阱反映经济增长状况。

一、人口与经济增长的内在机理

人口转变是与经济社会同步发展的必然过程，在经济社会发展与人口转变历程中，人们的生育观念发生了较大改变，生育模式不断调整，影响了人口各要素变动，由此形成了不同人口转变阶段与经济发展结果。

（一）人口转变与经济增长的内在关联

人口转变是传统人口再生产类型向现代人口再生产类型的过渡。经济增长主要通过要素投入增加或源于技术进步所导致的生产效率提高而实现，其产出主要取决于要素投入和技术水平，简单描述为：劳动人口增加或劳动生产率水平的提高导致产出增长，资本投入加大导致资本增长所形成的产出增长，技术进步带来产出提高与经济增长。

首先，人口转变进入现代人口再生产类型后，人口抚养比的提高主要体现在老年人口比重增加，这一年龄结构对经济增长的贡献主要在于储蓄率增加与消费增长，储蓄率的提高短期内可增加人均产出和总产出，从长期看，因老年人口形成的高储蓄率很难给经济发展带来长期增长的实际效应。不过，人口红利变化，包括第二次人口红利开发与人口质量红利的提高，将给经济增长带来积极效应。

其次，依照国际经验，人口转变后期很难在短时期内实现自然增长率的快速恢复与提高，人口呈缓慢增长、零增长甚至负增长，无法通过增加更多劳动年龄人口提高经济产出。而充足的劳动力供给能够延缓资本报酬递减，实现经济高速增长。

最后，储蓄是资本形成的重要来源，在一个相对封闭的经济体中，国民储蓄基本等于国内投资。以较低的社会抚养比提高储蓄率，有利于资本形成，产生更多投资以促进经济增长。

（二）人口效率与经济增长

1.劳动力要素：从人口红利到效率红利

进入后人口转变期或人口转变完成，劳动力在资本深化情形下面临从数量型扩张转向质量型增长的态势，新的经济增长点需要注重新的人口红利，即人力资本红利、人口质量红利或人才红利，以提高人口效率，解决要素增长不均衡的问题。

2.基本路径：从要素依赖到生产效率提升

进入后人口转变期，人口红利逐渐消失，适龄劳动年龄人口占总人口比重呈下降趋势，资本要素投入边际报酬递减。要实现经济持续增长，必须改变原有依赖劳动密集型产业的发展方式，注重投资和资源扩张的外生性增长，探寻向注重提高人口效率、注重以高素质人才实现科技创新驱动的内生增长方式转型的发展路径。

（三）人口要素与经济增长

人口问题是长期以来关系国计民生与经济发展的大问题，是人口要素在当下社会经济发展过程中表现出来的问题，因此与经济增长关系十分紧密。

首先，人口数量与经济增长对立统一，二者既能促进经济发展，也能阻碍经济增长。凯恩斯认为，人口减少可能引起有效需求不足，从而导致经济停滞，而人口增长会刺激消费与扩大投资需求。人口数量主要涉及经济体人口基数和增长率，人口基数越大，人口增长率越高，则维持人均资本扩大所需的经济增长率也越高，人均收入水平提高的难度自然也越大。①

其次，人口结构与经济增长主要涉及一国或地区人口年龄结构。研究显示，人口增长率与经济增长率呈“倒 U”形关系。② 当人口结构处于丰富的劳动力供给和高储蓄率时期，经济增长能够得到额外的增长动力即人口红利。同时，从人口结构变动与二元经济一致性出发，能揭示人口结构与经济发展之间的内在逻辑关系，并判断出中国人口红利式微和“刘易斯转折点”的到来。③ 日本自 1990 年后经济增速锐减乃至长期停滞，主要与当时

① 参见冯扬、李聃：《新常态背景下从人口角度看待中等收入陷阱：基于 10 国数据的 VAR 模型分析》，《中国市场》2016 年第 16 期。

② 参见冯扬、李聃：《新常态背景下从人口角度看待中等收入陷阱：基于 10 国数据的 VAR 模型分析》，《中国市场》2016 年第 16 期。

③ 参见蔡昉：《人口转变、人口红利与刘易斯转折点》，《经济研究》2010 年第 4 期。

的人口结构严重老龄化、劳动力供给不足有着密切的联系。① 可见，人口结构变化对国民经济的生产结构、产业结构、消费结构、投资结构以及经济发展方式等都可能产生深刻影响。

最后，古典经济学家对劳动力质量无差别的认识或假定已经无法解释日益增长的经济动力②，而人口质量对经济发展的作用越来越重要。第一，高质量人口可以增加资本吸引力，比如创造了20世纪经济发展奇迹的日本就源于其高素质人口。第二，加大对人口质量的投资可有效促进经济繁荣。美国经济学家西奥多·W.舒尔茨（Theodore W. Schultz）测算，1927～1959年物质资本的增加对美国经济增长的贡献占15%，而人力资本质量提高的贡献则高达43%，其中教育的贡献占到33%。③ 比如日本、韩国、新加坡等，20世纪经济高速发展阶段都是通过多方大量投入，提高综合教育水平和完善人才培养体系，有利地促进了经济快速发展。第三，人口质量提升是提高经济收入的关键。国民收入的1/5来自物质资本，4/5来自人力资本。人力资本增加不仅是提高经济收入水平的关键，而且有利于实现社会各阶级收入均等化，扩大中等收入与高收入群体。

中国学者们提出了相应看法。蔡昉研究指出，随着农业剩余劳动力减少、劳动力短缺现象普遍化和普通劳动者工资持续上涨，中国经济于2004年已经超越“刘易斯转折点”，开始向索洛式的新古典增长模式转变。④ 一般来说，当一个经济体超越“刘易斯转折点”后，其人口转变也将进入新阶段，人口红利逐渐消失，以往支撑该经济体的经济增长源泉消失。伴随农业剩余劳动力减少、劳动力短缺现象凸显和劳动者工资普遍上涨，中国人口红利正在逐步消失，经济开始步入主要依靠全要素增长率（TFP）增长来带动经济增长的索洛阶段。⑤ 创新驱动阶段是当前跨越中等收入陷阱、迈进高收入经济体的关键阶段，对比技术创新在高收入发达国家经济增长中的高贡献率，中国在技术创新方面仍有待提高。⑥

---

① 参见冯扬、李聃：《新常态背景下从人口角度看待中等收入陷阱：基于10国数据的VAR模型分析》，《中国市场》2016年第16期。

② 参见刘玉霞：《论人口质量对经济发展的作用》，《人口与经济》2008年第A1期。

③ 参见〔美〕西奥多·W.舒尔茨：《论人力资本投资》，吴珠华等译，北京，北京经济学院出版社，1990年。

④ 参见蔡昉：《“中等收入陷阱”的理论、经验与针对性》，《经济学动态》2011年第12期。

⑤ 参见蔡昉：《 通过改革避免“中等收入陷阱”》，《南京农业大学学报》（社会科学版）2013年第5期。

⑥ 参见郑秉文：《“中等收入陷阱”与中国发展道路：基于国际经验教训的视角》，《中国人口科学》2011年第1期。

二、人口转变阶段划分与测度

(一)人口转变阶段划分

美国著名人口学家寇尔(A. J. Coale)是最早且较为完整地对人口转变过程进行数量界定的学者,他提出了著名的"五阶段论"。① 国内学者对此也做了有益研究。李建新认为,人口转变不仅应从人口统计变量方面进行描述,还应进行实质分析和解释。② 向志强提出人口转变完成的标准应该是死亡率上升时所出现的拐点。③ 根据布莱克和寇尔等学者人口转变"五阶段论",罗淳结合中国人口发展状况,对人口转变各阶段进行具体划分并重新命名(见表1)。本书主要借鉴罗淳教授的判断。

表1　人口转变阶段划分及参量指标　　单位:‰

	高位静止	初期加速	中期扩张	后期减速	低位静止
出生率	≥40	≈40	20～40	≈20	≤15
死亡率	≥38	30～35	15～30	10～15	≤13
自然增长率	≤2	5～10	10～25	5～10	≤2

资料来源:罗淳:《人口转变进程中的人口老龄化:兼以中国为例》,《人口与经济》2002年第2期。

(二)人口转变指数与划分标准

人口转变指数标准分为五类:0～0.2为高位静止阶段;0.2～0.4为初期加速阶段;0.4～0.6为中期扩张阶段;0.6～0.8为后期减速阶段;0.8～1为低位静止阶段(以下人口转变指数均用此标准划分)。计算公式为:

$$\text{人口转变指数}^{④}=0.5\times\frac{\text{最高总和生育率}-\text{该国总和生育率}}{\text{最大值}-\text{最小值}}+0.5\times\frac{\text{最高人口自然增长率}-\text{该国人口自然增长率}}{\text{最大值}-\text{最小值}} \tag{1}$$

① 转引自陈廷杆:《人口增长转变为现代型的判断标准》,《地理教育》2010年第C1期。

② 参见李建新:《世界人口格局中的中国人口转变及其特点》,《人口学刊》2000年第5期。

③ 参见向志强:《试论人口转变完成的标准》,《人口学刊》2002年第1期。

④ 最大值分别指当年的最大值总和生育率(TFR)和人口自然增长率,最小值分别指当年的最小值总和生育率和人口自然增长率。

三、人口效率测度与指标构建

人口效率是指人口实现人口生产功能与消费功能及人口—社会复合系统的运行，从而在人口—资源—环境系统协调中发挥人口作用的有效性。由于人口效率的相关研究尚处于探索阶段，因此相关指标的选取和评价体系的构建借鉴以往研究成果，这里用劳动生产率、就业产值系数、人类发展指数来测算人口效率。

（一）劳动生产率

劳动生产率是用以反映单位就业人口创造产值的能力的指标，即当期国民收入总量与15～64岁就业人口总量的比值。含量纲数的劳动生产率为P_O，J表示指标对应的含量纲数值。

$$\text{劳动生产率}\ P_O=\frac{\text{当期国民收入总量}}{15\sim64\ \text{岁就业人口总量}} \tag{2}$$

$$\text{标准化劳动生产率}^{①}\ P_O'=\frac{\text{劳动生产率}-\text{最小值}}{\text{最大值}-\text{最小值}} \tag{3}$$

$$P_O'=\begin{cases}1, & J>1\\ \dfrac{J-0}{1-0}, & 0<J<1\\ 0, & J<0\end{cases} \tag{4}$$

（二）就业产值系数

就业产值系数是指就业人口人均GDP减去该地区最小值，与2019年高收入国家就业人口人均GDP减去所在地区最小值的比值，即就业人口人均GDP每增加1个百分点所能带动的就业增长的百分点。含量纲数就业弹性系数P_e的公式为：

$$\text{就业产值系数}^{②}\ P_e=\frac{\text{就业人口人均 GDP}-\text{最小值}}{\text{最大值}-\text{最小值}} \tag{5}$$

若就业产值系数为正，说明经济增长对就业增长的促进作用大，系数越大，吸收劳动力的能力越强，当就业产值系数为0时，则意味着不存在就业状况。因此，将就业产值系数的上限值定为1，下限值定为0。J表示指标对应的含量纲数值。

① 最大值是指当年的高收入国家的劳动生产率，最小值是指当年的最小值劳动生产率。

② 最大值是指2019年高收入国家就业人口人均GDP，最小值是指所在地区最小值，如东南亚、南亚、西亚、北非、中亚与东北亚和中东欧地区。

$$P_e=\begin{cases}1, & J>1\\ \frac{J-0}{1-0}, & 0<J<1\\ 0, & J<0\end{cases} \tag{6}$$

(三)人类发展指数

人类发展指数是用来衡量一个国家和地区社会经济发展水平的综合指数。该指数由联合国开发计划署(UNDP)于1990年首次提出,旨在评估在人类发展方面的进展。其公式为:

$$\text{人类发展指数}^{①}\ PHDI=\frac{\text{预期寿命指数}+\text{教育指数}+\text{GDP 指数}}{3} \tag{7}$$

一般来说,高收入国家人口转变已完成,经济发展对人力资本的依赖度小于发展中国家。这里的人类发展指数划分标准为:极高人类发展指数,0.8以上;高人类发展指数,0.7～0.8;中等人类发展指数,0.55～0.7;低人类发展指数,低于0.55。

(四)人口效率测度

由于劳动生产率、就业产值系数以及人类发展指数均是反映人口与经济发展状况的重要指标,能在一定程度上说明人口发展中的人口效率,但很难界定哪个指标对人口效率的测量更为准确,因此,本书采用上述三个指标的平均水平用以阐释“一带一路”沿线各国人口效率总体状况。人口效率计算(人口转变指数计算均采用此公式)具体表示为:

$$\text{人口效率}=\frac{P_o+P_e+PHDI}{3} \tag{8}$$

这里的人口效率划分标准为五类:0～0.2为极低人口效率水平;0.2～0.4为低人口效率水平;0.4～0.6为中等人口效率水平;0.6～0.8为高人口效率水平;0.8～1为极高人口效率水平。

四、经济增长指标及考量

基于研究需要,主要用国民收入、人均国民收入、人均GDP以及人均GDP增长率等指标衡量一国或地区经济增长,同时以世界银行的收入标准作为低收入、中等收入、高收入国家的划分标准。

---

① 预期寿命指数是指出生时预期寿命指数;教育指数通常通过成人识字率和受教育年限来评估;GDP指数用实际人均GDP(购买力平价美元)来衡量。

(一)世界银行收入划分标准

自1988年起,世界银行以人均国民收入为依据对国家和地区进行了分组。[①] 世界银行关于低收入、中等收入和高收入划分标准如表2所示。

表2　世界银行收入划分标准(人均GNI)　　单位:美元

年份	低收入	中等偏下收入	中等偏上收入	高收入
2020	≤1045	1046～4095	4096～12695	≥12696
2019	≤1035	1036～4045	4046～12535	≥12536
2018	≤1025	1026～3995	3996～12375	≥12376
2017	≤995	996～3895	3896～12055	≥12056
2016	≤1005	1006～3955	3956～12235	≥12236
2015	≤1025	1026～4035	4036～12475	≥12476
2014	≤1045	1046～4125	4126～12735	≥12736
2013	≤1045	1046～4125	4126～12745	≥12746
2012	≤1035	1036～4085	4086～12615	≥12616
2010	≤1005	1006～3975	3976～12275	≥12276
2008	≤975	976～3855	3856～11905	≥11906
2005	≤875	876～3465	3466～10725	≥10726
2003	≤765	766～2935	2936～9075	≥9076
2000	≤755	756～2995	2996～9264	≥9265
1998	≤785	786～3125	3126～9655	≥9656
1995	≤725	726～2895	2896～8955	≥8956
1990	≤580	581～2335	2336～6000	≥6001
1988	≤480	481～1940	1941～6000	≥6001

资料来源:世界银行,https://datahelpdesk.worldbank.org/knowledgebase/articles/378834-how-does-the-world-bank-classify-countries。

① 包括低收入(LIC)、中等偏下收入(LMC)、中等偏上收入(UMC)和高收入(HMC)。这种分组随着每个财政年度变化而产生相应的分组指标。对一个国家或地区而言,其组别和排位是动态变化的,考察的是某一国家或地区与全球经济体发展的相对水平。

(二)掉入中等收入陷阱衡量指标

是否掉入中等收入陷阱主要看进入“中等收入”行列时间的长短。一种观点认为,一个国家发展到中等收入阶段后可能出现两种结果:一是经济持续发展,逐渐进入发达国家;二是出现贫富悬殊、环境恶化甚至社会动荡等问题,导致收入长期难以提高,经济发展徘徊不前,称其掉入中等收入陷阱。[①] 范洪敏等认为,若某个国家经济长期低迷加上老龄化严重,落入中等偏上收入阶段持续 14 年以上,则可以判定该国已掉进中等收入陷阱。[②] 不过,怎样认定为掉入“陷阱”,进入多长时间后被算作掉入应不是最重要的,关键在于该国或地区能否保持经济持续增长与发展势头。

另外,进入高收入行列的国家也不会一劳永逸与高枕无忧,也就是说,并不意味着一国只要已进入高收入行列,其未来的发展就是顺畅的。实际上,有些高收入国家后来又长时间陷入低增长困境,人民收入很难提高,生活水平长期无法提高,徘徊不前。甚至有些进入高收入行列后很快又重新回到中等收入行例的国家。因此,需要用动态、全面与发展的眼光展开研究。

---

① 参见潘教峰:《新科技革命与三元融合社会:关于雄安新区建设的宏观思考》,《中国科学院院刊》2017 年第 11 期。

② 范洪敏、穆怀中:《人口老龄化会阻碍中等收入阶段跨越吗?》,《人口研究》2018 年第 1 期。

第一章 中国—东南亚国家人口发展与经济增长比较分析

“一带一路”沿线东南亚国家包括新加坡、印度尼西亚、马来西亚、泰国、越南、菲律宾、柬埔寨、缅甸、老挝、文莱达鲁萨兰国①和东帝汶 11 国。除了东帝汶以外，其他 10 国均为东盟成员国。2022 年是中国与东盟国家建立战略伙伴关系 19 周年，双方实现了经贸合作迅速发展。从双边贸易看，中国与东盟贸易额占中国对外贸易总额的比重接近 1/13。自 2009 年起，中国已连续 10 多年为东盟第一大贸易伙伴，东盟自 2011 年连续 8 年为中国第三大贸易伙伴，并于 2019 年上半年超越美国成为中国第二大贸易伙伴。从中国对“一带一路”沿线国家投资流量看，主要流向新加坡、印度尼西亚、越南、泰国、阿联酋、老挝、马来西亚、伊拉克、哈萨克斯坦、柬埔寨等国家，其中东南亚地区国家有 7 个。② 自 2013 年以来，中国向东盟共同体建设提供援助与支持，在灾害管理、缩小发展差距、互联互通、自贸区建设等领域与东盟开展项目合作。双方人文交流紧密活跃，结成了 201 对友好城市，互派留学生人数逐年增加，互为最主要的旅游目的地之一。③ “一带一路”倡议的提出，既是中国—东南亚各国双边关系加固的又一架桥梁，也是中国—东南亚自由贸易区的拓展和延伸，有利于扩大区域经济合作和贸易投资，加强该地区国际影响力和区域整体竞争力，并最终能休戚与共地实现区域经济社会发展经验分享和成果共享。

“一带一路”沿线东南亚国家政治组织形式、社会文化、人口环境、经济发展等呈现较大差异，各因素对区域交流和经济合作产生了不同影响。中国—东南亚国家中，中国、新加坡和泰国人口老龄化相对较严重，老挝、

① 为表达简便，文莱达鲁萨兰国以下简称“文莱”。

② 参见《中国对外投资合作发展报告(2020)》，https://www.yidaiyilu.gov.cn/wcm.files/upload/CMSydylgw/202102/202102030943043.pdf。

③ 参见《对外投资合作国别(地区)指南》(东盟 2020 年版)，https://www.yidaiyilu.gov.cn/wcm.files/upload/CMSydylgw/202012/202012221133047.pdf。

柬埔寨、越南、缅甸等经济落后国家人口红利优势明显，人口效率偏低。中国与东南亚国家应共同合作、互学互鉴、相互依存，促进区域合作与经济增长。

第一节　中国—东南亚国家主要人口指标变动及特征

人口与经济相互依存、相互制约、相互渗透、相互作用，人口发展与区域经济发展相互联系、互为前提。对于一定地域，人口既是生产者也是消费者，其数量、质量、流动、分布、密度等直接影响区域经济的发展。一方面，人口是生产力的主导因素，是振兴经济、推进经济转型升级与经济发展的必要条件，没有一定数量、质量的人口，就不可能有区域经济的发展；另一方面，人口作为消费者，人口数量、密度、发展速度在社会制度、生产水平、社会消费品总量同等的条件下与人口消费水平成反比，进而直接影响区域经济发展。也就是说，人口对经济发展起加速或延缓作用，而区域经济发展又反作用于人口。

总的来说，人口与经济的互动关系主要表现在以下几个方面：首先，经济发展决定了区域内所能提供的生活资料数量和质量，从而决定了该区域人口容量和密度。其次，生产布局在地域上的变化，也将引起人口分布变化。同时，经济重心或生产部门结构的变化，又决定了人口职业构成变化以及人口文化构成变化。最后，经济决定着人口生产和再生产条件，直接或间接地对人口出生、死亡与迁移变动产生重要影响。

一、人口数量变动及特征

（一）人口规模变动

中国—东南亚各国人口总量差距较大（见表 1-1）。2020 年，东南亚国家人口总量超过 1 亿的国家是菲律宾和印度尼西亚；5000 万～1 亿人的国家是泰国、越南和缅甸；1000 万～5000 万人的国家是马来西亚、柬埔寨；不到 1000 万人的国家是文莱、老挝、新加坡和东帝汶。印度尼西亚人口总量是文莱人口的 626 倍。

表 1-1　1960～2020 年中国—东南亚 11 国人口总量　　单位：万人

	1960 年	1970 年	1980 年	1990 年	2000 年	2010 年	2020 年
中国	66707.0	81831.5	98123.5	113518.5	126264.5	133770.5	141092.9
世界	303215.6	368197.6	443296.4	528006.3	611432.4	692185.5	776393.3
文莱	8.2	13.0	19.4	25.9	33.3	38.9	43.7
菲律宾	2627.0	3580.4	4735.8	6189.5	7799.2	9396.7	10958.1
老挝	212.1	268.8	325.8	425.8	532.4	624.9	727.6
马来西亚	815.6	1080.4	1379.8	1803.0	2319.4	2820.8	3236.6
柬埔寨	572.2	699.7	669.4	897.6	1215.5	1431.2	1671.9
泰国	2739.7	3688.5	4737.4	5655.8	6295.3	6719.5	6980.0
越南	3267.0	4340.5	5428.2	6798.9	7991.0	8796.8	9733.9
缅甸	2173.7	2727.0	3422.4	4133.5	4672.0	5060.1	5441.0
印度尼西亚	8775.1	11479.3	14744.8	18141.3	21151.4	24183.4	27352.4
新加坡	164.6	207.5	241.4	304.7	402.8	507.7	568.6
东帝汶	47.5	57.2	60.0	73.8	88.4	109.4	131.8

资料来源：世界银行数据库，https://data.worldbank.org.cn/indicator/SP.POP.TOTL? view=chart。

从变化趋势看，1960～2020 年，各国人口总量均显著提升。东南亚国家中，人口总量提升幅度最大的是文莱，2020 年是 1960 年的 5.33 倍；其次是菲律宾，2020 年是 1960 年的 4.17 倍。上升幅度相对较小的是缅甸，2020 年是 1960 年的 2.50 倍。从增长率看，增长率超过 200% 的国家分别是文莱、菲律宾、老挝、马来西亚、印度尼西亚和新加坡。其间，柬埔寨还出现了短暂的人口负增长，1980 年比 1970 年减少了 30.3 万人，减少最多的年份是 1976 年，骤减了 114 万人，该国受到政治动荡影响，导致人口下降。另外，受国际难民的影响，1975 年越南战争结束后，原来逃到柬埔寨的越南难民纷纷返回家园，也是其人口减少的重要原因。

(二)人口自然增长率变动

2020 年，中国—东南亚国家均未出现人口负增长(见图 1-1)。人口自然增长率超过 10‰的国家分别是菲律宾、老挝、马来西亚、柬埔寨、印度尼西亚和东帝汶，东帝汶高达23.13‰，是人口自然增长率最高的国家。人口自然增长率在5‰～10‰的国家是文莱、越南和缅甸。人口自然增长率低于5‰的国家是中国、泰国和新加坡。中国人口自然增长率最低，仅1.45‰。东南亚国家中人口自然增长率最低的是泰国，仅2.07‰，比东帝汶少了21.06个千分点。

从变化趋势看，这些国家中除了东帝汶和柬埔寨人口自然增长率有起伏外，其他国家基本呈下降趋势。东帝汶出现了“两升两降”①变动。柬埔寨变动较大，呈“两降一升”，1975年出现负增长，与人口总量急剧下降原因一致，主要受政治不稳定和难民回国的影响。中国在1960年也出现了负增长，主要是三年困难时期导致人口死亡率急增，出生率锐减。老挝呈先增后减态势，从1960年的22.987‰到1990年的29.085‰最高点，随后缓慢下降，作为东南亚唯一内陆国，二战结束后获得独立，之后经济稳定发展，新生儿增长加快使人口自然增长率增加。其他国家缓慢下降。

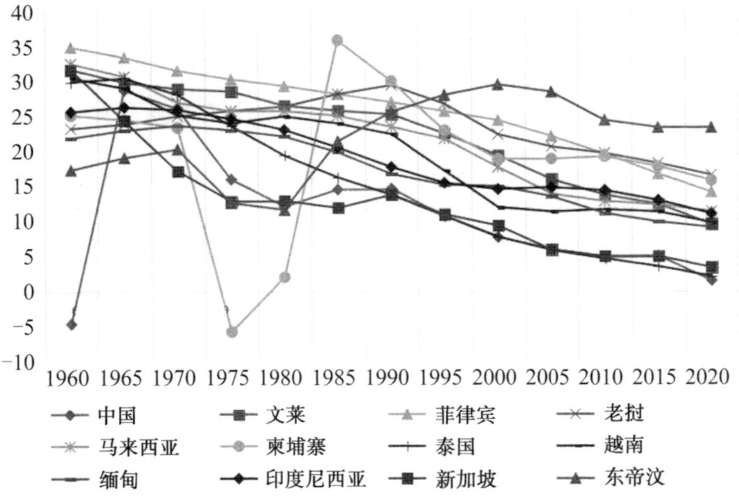

图1-1　1960～2020年中国—东南亚国家人口自然增长率变动

资料来源：根据世界银行数据库粗出生率和粗死亡率计算获得。

二、人口质量变动及特征

人口质量反映人口总体认识和改造世界的条件和能力，分析人口质量不只考虑人口文化素质，还包括身体素质。选取人口受教育年限、高等教育

① 1960～1970年增长了近3个千分点，1970～1980年下降近9个千分点，1980～2000年上升了近15个千分点，2000年至今不断下降。

入学率、人口出生时预期寿命和新生儿死亡率 4 个指标。

(一)人口受教育年限

2020 年,中国—东南亚国家人均受教育年限超过 10 年的有马来西亚、新加坡(见表 1-2),8～10 年的有文莱、菲律宾、泰国、越南。其余国家在 5～8年。最高的新加坡比最低的柬埔寨高出了 6.83 年,可见东南亚国家受教育年限差距大,各国人口素质差异大,经济较发达的新加坡、文莱和马来西亚该值高,说明受教育年限与经济增长紧密关联。

从变化趋势看,1990～2020 年,中国—东南亚国家人均受教育年限持续提升,但国别间差距较大,其间提升不到 2 年的国家有文莱(1.67 年)、菲律宾(1.79 年);2～4 年的分别是老挝(2.28 年)、柬埔寨(2.40 年)、中国(3.46年)、缅甸(3.65 年)、印度尼西亚(3.80 年);超过 4 年的是泰国(4.19 年)、越南(4.27 年)、马来西亚(4.50 年)、东帝汶(5.44 年)和新加坡(5.56 年)。提升年数最高的是新加坡,比文莱多 3.89 年。其间,中国—东南亚国家平均提升了 3.71 年,比世界平均提高值高了 0.96 年。各国人均受教育年限提升,说明人口素质持续提升,这对推动区域经济社会高质量发展有着至关重要的意义。但各国人均受教育年限差距大,人口素质参差不齐。

表 1-2　1990～2020 年中国—东南亚 11 国人均受教育年限　　单位:年

	1990 年	1995 年	2000 年	2005 年	2010 年	2015 年	2020 年
中国	4.14	5.04	5.93	6.33	6.73	7.20	7.60
世界	5.89	6.47	7.02	7.42	7.77	8.28	8.64
文莱	7.51	8.06	8.29	8.48	8.77	9.02	9.18
菲律宾	7.18	7.37	7.57	8.66	8.91	8.80	8.97
老挝	3.09	3.57	3.90	4.23	4.57	5.03	5.37
马来西亚	6.15	7.12	8.42	7.59	9.70	10.26	10.65
柬埔寨	2.69	2.95	3.22	3.52	4.10	4.60	5.09
泰国	4.51	5.10	5.66	7.08	7.61	8.18	8.70
越南	4.10	4.79	5.64	6.70	7.63	8.04	8.37
缅甸	2.73	3.04	3.48	3.98	4.59	5.81	6.38
印度尼西亚	3.22	7.02	7.42	7.77	8.28	8.64	7.02

续表

	1990 年	1995 年	2000 年	2005 年	2010 年	2015 年	2020 年
新加坡	6.36	7.85	9.21	10.56	11.18	11.57	11.92
东帝汶	—	—	3.12	3.72	4.42	5.27	5.44

资料来源：联合国开发计划署，https://hdr.undp.org/en。

说明："—"为数据缺失。

(二)高等教育入学率

高等教育入学率是一个国家发展水平和发展潜力的重要标志。2020年，中国—东南亚国家高等教育入学率超过50%的仅有新加坡、中国(见表1-3)，30%～50%的有文莱、菲律宾、马来西亚、泰国，低于20%的有老挝、柬埔寨、缅甸，说明各国高等教育入学率差距大。其中泰国高等教育入学率在2011年达到峰值(52%)后下降，最高的新加坡超过了90%，最低的老挝还不足14%。仅有3个东南亚国家超过世界均值。

从变化趋势看，1990年以来，中国—东南亚各国高等教育入学率均有所提升。1990～2020年升幅最高的是中国，其间上升了55.45个百分点，其次是马来西亚、印度尼西亚，分别上升了35.39个、27.62个百分点，泰国、越南分别上升了27.14个、25.88个百分点；菲律宾、老挝、柬埔寨、缅甸上升幅度均低于20个百分点。可以看出，中国—东南亚国家高等教育入学率均持续上升，只是升幅差异较大。

表1-3　1990～2020年中国—东南亚11国高等教育入学率　　单位：%

	1990 年	1995 年	2000 年	2005 年	2010 年	2015 年	2020 年
中国	2.97	4.39	7.59	19.09	24.20	46.04	58.42
世界	13.62	15.54	19.08	24.34	29.40	36.87	40.24
文莱	—	—	12.69	14.56	15.46	31.30	31.99
菲律宾	24.59	27.32	—	27.52	29.56	37.80	33.37
老挝	1.13	1.67	2.69	7.80	16.65	18.17	13.48
马来西亚	7.18	10.97	25.62	27.92	37.03	45.59	42.57
柬埔寨	0.66	1.31	2.48	3.39	13.96	13.14	14.74
泰国	15.86	19.84	34.88	44.58	50.37	49.29	43.00
越南	2.76	2.80	9.46	16.16	22.82	29.07	28.64

续表

	1990 年	1995 年	2000 年	2005 年	2010 年	2015 年	2020 年
缅甸	5.05	5.27	11.00	—	14.00	—	19.00
印度尼西亚	8.38	11.33	14.88	17.23	24.08	33.25	36.00
新加坡	—	—	—	—	—	—	91.09
东帝汶	—	—	—	—	17.75	—	—

资料来源：世界银行数据库：入学率，高等院校（占总人数的百分比），https://data.worldbank.org.cn/indicator/SE.TER.ENRR。

说明：“—”为数据缺失。因数据缺失，柬埔寨、越南和新加坡 2020 年用 2019 年数据代替，缅甸 2000 年、2010 年、2020 年分别用 2001 年、2011 年、2018 年数据代替；印度尼西亚 2020 年用 2018 年数据替代。

综上可见，随着中国—东南亚 11 国经济快速发展，各国高等教育入学率持续攀升，高等教育事业发展取得长足进步。这对提升整体国民素质、人口和经济发展质量，增强区域核心竞争力具有重要意义。中国—东南亚 11 国高等教育入学率的明显变化，主要是不同时期各国经济社会发展形势、教育政策推行与投入差异所致。

（三）人口出生时预期寿命

人口出生时预期寿命反映了一个国家和地区人民健康水平，受经济社会发展状况、生活条件影响较大。2020 年，中国—东南亚国家人口出生时预期寿命不到 70 岁的有老挝、缅甸和东帝汶（见表 1-4）；70～75 岁的有菲律宾、柬埔寨和印度尼西亚；75～80 岁的有中国、文莱、马来西亚、泰国和越南；超过 80 岁的只有新加坡。2020 年，中国—东南亚各国平均寿命为73.72 岁，最高的新加坡比最低的缅甸长 16.38 岁，有 6 个国家超过世界均值。这说明东南亚国家整体医疗卫生条件和人民健康水平差距较大。

表 1-4　1960～2020 年中国—东南亚 11 国人口出生时预期寿命　单位：岁

	1960 年	1970 年	1980 年	1990 年	2000 年	2010 年	2020 年
中国	43.73	59.09	66.84	69.15	71.40	74.41	77.10
世界	52.58	58.58	62.84	65.43	67.55	70.56	72.75
文莱	54.81	62.58	67.43	70.19	72.81	74.74	76.00
菲律宾	61.11	63.16	63.68	66.37	68.79	69.82	71.36
老挝	43.20	46.27	49.06	53.36	58.80	64.31	68.22

续表

	1960 年	1970 年	1980 年	1990 年	2000 年	2010 年	2020 年
马来西亚	59.99	64.60	68.12	70.87	72.59	74.49	76.31
柬埔寨	41.24	41.57	27.54	53.60	58.43	66.56	70.05
泰国	54.70	59.39	64.43	70.25	70.62	74.18	77.34
越南	59.04	59.56	67.54	70.55	73.03	74.84	75.49
缅甸	42.38	48.80	52.91	56.85	60.06	63.53	67.36
印度尼西亚	46.66	52.55	58.00	62.32	65.77	69.21	71.91
新加坡	65.66	68.28	72.19	75.30	77.95	81.54	83.74
东帝汶	33.73	39.53	34.42	48.49	59.00	67.19	69.71

资料来源：世界银行数据库：出生时的预期寿命，https://data.worldbank.org.cn/indicator/SP.DYN.LE00.IN。

从变化趋势看，1960～2020 年，中国—东南亚国家人口出生时预期寿命均有不同程度的提高。升幅超过 30 岁的有中国、东帝汶，升幅在 20～30 岁的有文莱、老挝、柬埔寨、泰国、缅甸和印度尼西亚，均高于世界平均提升值(20.17 岁)；其余 4 国提升幅度在 10～20 岁；升幅最大的东帝汶比升幅最小的菲律宾长 25.73 岁。由于东南亚某些国家在 1960 年出生时预期寿命相对较高，同时受到增长惯性以及经济社会、医疗发展差异的影响，东南亚各国增幅差距较大。中国增幅远高于东南亚大部分国家。出生时预期寿命延长，说明各国人口素质、医疗保健大幅改善，为各国经济发展提供了良好的发展条件。

(四)新生儿死亡率

新生儿死亡率是一个反映国家居民健康和社会经济发展水平的重要指标，特别是妇幼保健。2020 年，中国—东南亚国家新生儿死亡率低于 2‰的仅有新加坡(0.8‰)，2‰～5‰的有中国、马来西亚和泰国(见表 1-5)。超过 5‰的有文莱、越南、印度尼西亚、菲律宾、柬埔寨、东帝汶、老挝和缅甸。这些国家新生儿死亡率整体较高，各国差异较大，缅甸比新加坡高 21.5 个千分点。

表 1-5　1960～2020 年中国—东南亚 11 国新生儿死亡率　单位：‰

	1960 年	1970 年	1980 年	1990 年	2000 年	2010 年	2020 年
中国	—	—	—	29.6	21.4	8.4	3.5
世界	—	—	—	36.7	30.4	22.1	17.0

续表

	1960 年	1970 年	1980 年	1990 年	2000 年	2010 年	2020 年
文莱	—	—	—	5.6	5.0	4.8	6.1
菲律宾	25.9	25.1	24.6	19.2	16.5	14.9	12.6
老挝	—	—	—	47.3	38.2	28.9	21.7
马来西亚	20.9	16.0	12.0	7.3	4.8	4.2	4.6
柬埔寨	—	—	52.3	40.3	35.2	21.3	13.2
泰国	57.3	46.0	31.0	20.8	12.4	7.7	4.9
越南	—	—	26.0	23.7	15.0	11.7	10.0
缅甸	—	—	—	48.2	37.6	28.5	22.3
印度尼西亚	57.8	48.6	38.4	30.7	22.8	17.5	11.7
新加坡	—	15.0	8.7	4.1	1.6	1.1	0.8
东帝汶	—	—	—	56.9	37.8	24.7	19.4

资料来源：世界银行数据库：新生儿死亡率（每千例活产儿），https://data.worldbank.org.cn/indicator/SH.DYN.NMRT。

说明：“—”为数据缺失。

从各国变化趋势看，1960～2020 年，各国新生儿死亡率均持续下降，但降幅各异。泰国降幅最大，超过 50 个千分点；印度尼西亚降幅为 46.1 个千分点。1990～2020 年，降幅超过 30 个千分点的是东帝汶；降幅为 20～30 个千分点的是中国、柬埔寨、缅甸、老挝。而文莱 1990～2020 年上升了 0.5 个千分点，由于文莱新生儿死亡率本身较低，导致降幅较小，而其他国家该值依然较高，降幅空间大。

总体上，中国—东南亚国家新生儿存活率较高，各国妇幼保健水平得到了快速提高，出生人口性别歧视现象得到有效缓解，经济社会发展取得了巨大进步。尤其是柬埔寨，1980～2020 年下降了 39.1 个千分点，取得了举世瞩目的成就。不过，缅甸和老挝新生儿存活率仍较低，主要与其经济社会发展滞后、局势动荡以及出生人口性别歧视等因素有关。

三、人口结构变动及特征

人口结构是指把人口总体区分为各组成部分，这里主要对人口年龄结构和性别比结构进行分析。

(一)人口年龄结构

1.少儿人口比重变动及特征

少儿人口比重对一个国家或地区人口事业和经济社会高质量发展有着至关重要的影响。2020年,中国—东南亚11国0～14岁少儿人口占比差异较大(见表1-6)。少儿人口比重超过30%的有菲律宾、老挝、柬埔寨和东帝汶,25%～30%的是缅甸、印度尼西亚,上述6国均超过世界均值;20%～25%的是文莱、马来西亚和越南;中国、泰国和新加坡低于20%。东帝汶比新加坡高了24.53个百分点。中国—东南亚国家均值为24.72%,比同期世界均值低0.76个百分点。少儿人口是未来的劳动力资源,东南亚大部分国家人口充足,但新加坡和泰国少儿人口比重较低,将进一步导致人口老龄化加剧。

表1-6　1960～2020年中国—东南亚11国0～14岁少儿人口比重　单位:%

	1960年	1970年	1980年	1990年	2000年	2010年	2020年
中国	39.82	40.41	35.94	28.59	24.79	18.66	17.71
世界	37.17	37.55	35.33	32.86	30.16	27.02	25.48
文莱	43.51	42.96	38.92	34.64	30.66	25.96	22.32
菲律宾	47.02	46.01	43.13	40.94	38.47	33.99	30.04
老挝	42.14	42.23	44.44	44.27	43.36	36.43	31.95
马来西亚	45.49	44.25	39.49	37.05	33.36	27.96	23.45
柬埔寨	45.74	45.54	41.07	44.28	41.59	33.33	30.92
泰国	42.73	43.99	39.43	30.21	23.98	19.18	16.55
越南	40.13	43.78	40.84	37.26	31.57	23.63	23.19
缅甸	40.50	42.51	41.28	37.65	32.51	30.05	25.49
印度尼西亚	39.94	43.24	41.09	36.45	30.69	28.83	25.94
新加坡	43.23	38.78	27.04	21.46	18.71	13.99	12.30
东帝汶	41.18	40.63	39.97	38.06	44.87	42.53	36.83

资料来源:世界银行数据库:0～14岁的人口(占总人口的百分比),https://data.worldbank.org.cn/indicator/SP.POP.0014.TO.ZS? view=chart。

从变化趋势看,1960～2020年,中国—东南亚国家少儿人口比重均不同程度下降。降幅较大的是新加坡、泰国和中国,分别下降了30.93个、

26.18 个和 22.11 个百分点；降幅较小的是东帝汶、老挝和印度尼西亚，分别下降了 4.35 个、10.19 个和 14.00 个百分点。这进一步反映了出生人口减少导致生育率快速下降。目前，中国—东南亚一些国家出台了积极生育政策，以带动生育率回升，但效果不明显。1960～2020 年，世界少儿人口比重下降了 11.69 个百分点，东南亚有 9 国降幅高于该值，表明东南亚国家整体少儿人口降速快于世界平均水平。

2.劳动年龄人口变动及特征

劳动力数量和质量对一个国家或地区经济社会可持续发展至关重要。2020 年，中国—东南亚国家劳动年龄人口比重差异较大（见表 1-7）。其中低于 65%的有东帝汶、老挝、柬埔寨和菲律宾。65%～70%的有印度尼西亚、缅甸、越南和马来西亚。超过 70%的有中国、泰国、文莱和新加坡。新加坡比东帝汶高了 15.47 个百分点。从各国发展历程看，充裕的劳动力资源对经济发展至关重要，而中国—东南亚国家劳动力资源仍然十分丰富。

表 1-7　1960～2020 年中国—东南亚 11 国 15～64 岁劳动年龄人口比重　单位：%

	1960 年	1970 年	1980 年	1990 年	2000 年	2010 年	2020 年
中国	56.49	55.84	59.39	65.78	68.40	73.27	70.32
世界	57.86	57.15	58.78	60.98	62.97	65.42	65.20
文莱	52.61	53.51	58.25	62.74	66.97	70.65	72.11
菲律宾	49.88	51.02	53.66	55.92	58.26	61.87	64.45
老挝	55.25	54.72	52.07	52.21	53.07	59.89	63.79
马来西亚	51.09	52.44	56.92	59.27	62.73	67.10	69.37
柬埔寨	51.73	51.89	56.22	52.81	55.33	62.94	64.22
泰国	53.95	52.51	56.82	65.27	69.49	71.92	70.49
越南	55.14	50.84	53.82	57.00	62.01	69.88	68.94
缅甸	56.18	53.97	55.06	58.37	62.99	65.15	68.28
印度尼西亚	56.50	53.46	55.34	59.77	64.61	66.21	67.80
新加坡	54.73	57.90	68.23	72.94	74.91	78.75	74.35
东帝汶	56.33	56.74	57.35	58.89	51.72	53.42	58.88

资料来源：世界银行数据库：15～64 岁的人口（占总人口的百分比），https://data.worldbank.org.cn/indicator/SP.POP.1564.TO.ZS? view=chart。

从变化趋势看，1960～2020 年，中国—东南亚国家劳动年龄人口比重均有所上升，升幅最高的是新加坡，上升了 19.62 个百分点；其次是马来西亚，上升了 18.28 个百分点。除东帝汶外，其余国家增加值均高于世界均值。不过，中国、泰国和新加坡在 2010 年达到峰值后持续下降，柬埔寨和越南在 2016 年达到峰值后下降，其余国家仍持续上升。劳动年龄人口比重下降代表人口红利逐渐消失，对经济发展产生某些不利影响，但大部分国家劳动力资源充足，应合理地开发劳动力资源，为地区经济发展注入活力。

3.老年人口变动及特征

人口老龄化①是当前全球绝大多数国家所面临的一个现实问题。2020 年，中国—东南亚大部分国家尚未进入老龄化社会（见表 1-8），但中国、泰国、新加坡、越南和马来西亚五国已进入，这说明中国—东南亚大部分国家整体人口结构年轻。

表 1-8　1960～2020 年中国—东南亚 11 国 65 岁及以上老年人口比重 单位：%

	1960 年	1970 年	1980 年	1990 年	2000 年	2010 年	2020 年
中国	3.69	3.75	4.67	5.63	6.81	8.07	11.97
世界	4.97	5.30	5.89	6.16	6.87	7.57	9.32
文莱	3.88	3.53	2.82	2.61	2.37	3.39	5.57
菲律宾	3.09	2.97	3.21	3.14	3.27	4.14	5.51
老挝	2.61	3.05	3.49	3.53	3.57	3.68	4.26
马来西亚	3.42	3.31	3.59	3.68	3.92	4.94	7.18
柬埔寨	2.52	2.56	2.71	2.90	3.08	3.73	4.85
泰国	3.31	3.50	3.75	4.52	6.53	8.90	12.96
越南	4.72	5.39	5.34	5.74	6.42	6.49	7.87
缅甸	3.31	3.52	3.66	3.98	4.49	4.81	6.24
印度尼西亚	3.55	3.30	3.57	3.77	4.70	4.96	6.26
新加坡	2.04	3.33	4.73	5.60	6.38	7.26	13.35
东帝汶	2.50	2.63	2.68	3.05	3.41	4.04	4.28

资料来源：世界银行数据库：65 岁和 65 岁以上的人口（占总人口的百分比），https://data.worldbank.org.cn/indicator/SP.POP.65UP.TO.ZS? view=chart。

① 如果某个国家或地区 65 岁及以上人口占比超过 7%，就意味着该国或地区进入了老龄化社会。

从变化趋势看,1960～2020 年,中国—东南亚国家老年人口比重均不同程度上升。升幅较高的是新加坡、泰国和中国,分别上升了 11.31 个、9.65个和 8.28 个百分点;升幅较小的是老挝、文莱和东帝汶,分别上升了 1.65个、1.69 个和 1.78 个百分点。总体上,1960～2020 年中国—东南亚国家该值平均上升了 4.31 个百分点,比同期世界升幅均值低 0.04 个百分点。各国老年人口比重均不断提升,可能主要受到预期寿命延长、现代化发展、生育率持续低迷等因素的影响。

(二)人口性别比变动及特征

人口性别比可直观地反映一个国家或地区性别结构的合理程度,对于准确把握人口发展规律有重要意义。2020 年,中国—东南亚国家人口性别比超过 105 的有中国、文莱、马来西亚和新加坡(见表 1-9);100～105 的有菲律宾、老挝、印度尼西亚和东帝汶;柬埔寨、泰国、越南和缅甸低于 100。最低的缅甸仅 93.0,性别比严重失衡。

表 1-9　1960～2020 年中国—东南亚 11 国人口性别比

	1960 年	1970 年	1980 年	1990 年	2000 年	2005 年	2010 年	2020 年
中国	106.4	105.4	105.4	105.4	105.4	105.6	105.7	105.3
世界	97.0	97.1	98.3	98.3	97.1	95.3	95.3	95.3
文莱	106.6	106.5	113.5	111.6	102.6	104.3	106.8	107.8
菲律宾	101.3	102.4	102.4	102.1	101.5	101.0	101.8	100.9
老挝	96.6	97.4	98.7	100.1	99.1	97.9	98.4	100.8
马来西亚	103.6	102.8	102.2	103.5	103.9	105.2	106.5	105.7
柬埔寨	99.6	99.0	88.8	93.4	94.6	94.3	95.0	95.4
泰国	100.3	100.5	100.3	98.2	97.6	96.8	96.1	94.8
越南	97.7	97.9	97.5	98.0	98.1	98.2	98.9	99.7
缅甸	97.0	95.8	95.3	94.9	93.9	93.6	93.1	93.0
印度尼西亚	98.8	99.4	99.8	100.9	100.2	100.8	101.5	101.4
新加坡	111.3	104.9	104.1	101.2	105.3	102.2	108.9	109.8
东帝汶	103.0	103.2	102.5	102.1	102.1	102.0	102.2	102.2

资料来源:联合国开发计划署,https://hdr.undp.org/en。

从变化趋势看，1960～2020年，中国—东南亚国家中只有文莱、老挝、马来西亚、越南、印度尼西亚趋于上升态势，其他国家有所下降。因受到诸如第二次世界大战等重大历史事件、社会变动、传统观念等因素影响，性别结构呈“女多男少”，这对于东南亚国家人口结构合理分布与经济社会可持续发展影响深远，需采取相应措施缓解性别比失衡。

四、人口分布变动及特征

(一)城镇化变动及特征

城镇化是各国实现现代化目标的必由之路，是解决当前社会主要矛盾并推动经济社会高质量发展的强大引擎。新加坡自1960年起该值达到100%(见表1-10)。2020年，仅新加坡、中国、文莱、马来西亚、印度尼西亚高于世界均值；最低的柬埔寨，城镇化率仅24.23%。基于城镇化率阶段的划分标准①，中国—东南亚国家有3国处于高度城市化阶段，处于城镇化加速阶段的有3国，表明东南亚各国城镇化率差异较大。

表1-10 1960～2020年中国—东南亚11国城镇化率 单位：%

	1960年	1970年	1980年	1990年	2000年	2010年	2020年
中国	16.20	17.40	19.36	26.44	35.88	49.23	61.43
世界	33.62	36.55	39.35	43.03	46.69	51.65	56.16
文莱	43.40	61.68	64.95	66.44	71.16	74.96	78.25
菲律宾	30.30	32.98	37.46	46.99	46.14	45.33	47.41
老挝	7.95	9.63	12.38	15.44	21.98	30.06	36.29
马来西亚	26.60	33.45	42.04	49.79	61.98	70.91	77.16
柬埔寨	10.29	15.97	9.90	15.55	18.59	20.29	24.23
泰国	19.67	20.89	26.79	29.42	31.39	43.86	51.43
越南	14.70	18.30	19.25	20.26	24.37	30.42	37.34
缅甸	19.23	22.83	23.97	25.24	27.03	28.89	31.14
印度尼西亚	14.59	17.07	22.10	30.58	42.00	49.91	56.64

① 超过70%的国家和地区被认定为高度城市化，50%～70%被认定为城镇化加速阶段。

续表

	1960 年	1970 年	1980 年	1990 年	2000 年	2010 年	2020 年
新加坡	100.00	100.00	100.00	100.00	100.00	100.00	100.00
东帝汶	10.09	12.89	16.48	20.84	24.26	27.73	31.32

资料来源：世界银行数据：城镇人口（占总人口比例），https://data.worldbank.org.cn/indicator/SP.URB.TOTL.IN.ZS。

从变化趋势看，1960～2020 年，各国城镇化率持续上升。增幅较大的是马来西亚、中国和印度尼西亚，分别提高了 50.56 个、45.23 个和 42.05 个百分点。增幅较小的是缅甸、柬埔寨和菲律宾，分别增长了 11.91 个、13.94 个和 17.11 个百分点。上升幅度较小的国家多为经济社会发展落后国家。

中国—东南亚国家城镇化整体上差距较大，2020 年有一半国家尚未超过 50%，未来的发展过程中需要大量农村人口向城镇地区转移，或是推动部分地区就地城镇化，才能拉动国家城镇化。城镇化率不断上升的过程给地区的发展带来较多影响。一方面，可为经济社会高质量发展和产业结构转型注入强大的人力资源活力；另一方面，也将为社会治理、城镇规划、资源匹配、生态环境等带来挑战，各国政府应及时加强应对这些挑战，才能加快城镇化进程。

（二）国际人口迁移变动及特征

国际人口迁移对研究一个国家或地区人口流动迁移具有重要意义。2015～2020 年，仅泰国、马来西亚和新加坡为净流入（见图 1-2）。另外 8 国为净流出，分别是中国、菲律宾、老挝、柬埔寨、越南、缅甸、印度尼西亚和东帝汶。文莱净迁移率为 0。可见，中国—东南亚国家整体上迁出大于迁入。

从变化趋势看，1960～2020 年，中国—东南亚大部分国家国际人口迁移率持续小于 0，即从本国迁往其他国家人数大于迁入人数。一般来说，迁出人口中，受教育程度相对较高、身体素质较好的青壮年人口占比较大。这在缓解国内就业压力、增加国际交流的同时，也导致了优质人力资源流失，一定程度上削弱了迁出国经济社会可持续发展能力和竞争力。需要从产业结构调整、合理调节分配收入、建立健全福利与完善社会保障制度等方面吸引并留住全球优秀人才，力争从国际人口净流出地调整为净流入地。

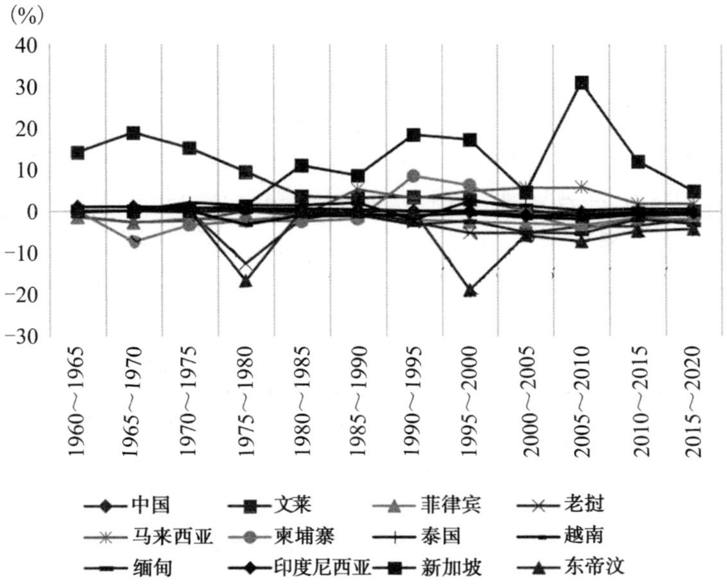

图 1-2　1960～2020 年中国—东南亚国家国际人口迁移率变动

资料来源：世界银行数据库，https://data.worldbank.org.cn/indicator/SP.DYN.CBRT.IN。

第二节　中国—东南亚国家人口发展比较及主要问题

所谓“人口红利”，是指一个国家的劳动年龄人口占总人口比重较大，抚养比较低，为经济发展创造了有利的人口条件，整个国家的经济呈现高储蓄、高投资与高增长的局面。不同国家和地区，相同的“人口红利”期所导致的经济增长结果是不同的，这就意味着拥有“人口红利”并不必然导致经济增长。也就是说，“人口红利”只是一个机会，只有及时准确地抓住该机会并加以利用，才能将机会变成红利。如果在“人口红利”期劳动力资源无法得到充分与有效利用，当人口“机会窗口”关闭后，则“人口红利”也会消失。人口年龄结构变化和经济高速增长呈强关联性，人口转变给经济增长带来的“红利效应”已受到越来越多的人关注。一定程度上，经济增长主要取决于生产要素、生产效率与技术水平等条件，人口要素中的劳动力数量、人口效率与综合素质等对经济发展有着重要的影响。

一、人口红利与机会窗口

（一）总抚养比变动

2020 年，中国—东南亚国家总抚养比低于 40％的有新加坡、文莱（见表 1-11），40％～50％的有泰国、中国、马来西亚、越南、缅甸和印度尼西亚，超过 50％的有菲律宾、柬埔寨、老挝和东帝汶。另外，菲律宾、老挝、柬埔寨和东帝汶总抚养比超过世界均值。中国—东南亚国家总抚养比大多超过 40％。

表 1-11　1960～2020 年中国—东南亚 11 国总抚养比　　单位：％

	1960 年	1970 年	1980 年	1990 年	2000 年	2010 年	2020 年
中国	77.02	79.07	68.38	52.02	46.20	36.49	42.21
世界	73.70	76.18	71.34	65.51	60.19	54.52	54.55
文莱	90.07	86.88	71.66	59.38	49.31	41.54	38.68
菲律宾	100.46	96.00	86.36	78.82	71.64	61.63	55.17
老挝	81.01	82.75	92.05	91.54	88.43	66.98	56.76
马来西亚	95.74	90.70	75.69	68.72	59.42	49.03	44.16
柬埔寨	93.30	92.70	77.87	89.34	80.74	58.88	55.71
泰国	85.35	90.44	76.00	53.21	43.91	39.04	41.86
越南	81.34	96.71	85.81	75.44	61.27	43.10	45.05
缅甸	77.99	85.29	81.63	71.31	58.75	53.50	46.46
印度尼西亚	76.98	87.05	80.71	67.29	54.78	51.04	47.49
新加坡	82.73	72.73	46.56	37.10	33.50	26.99	34.50
东帝汶	77.53	76.24	74.35	69.81	93.35	87.19	69.82

资料来源：根据世界银行数据（https://data.worldbank.org.cn/indicator/SP.POP.DPND.YG 与 https://data.worldbank.org.cn/indicator/SP.POP.DPND.OL）计算获得。

1960～2020 年，中国—东南亚国家总抚养比整体上呈下降趋势。降幅超过 30 个百分点的国家有 9 个，分别是缅甸、中国、越南、柬埔寨、泰国、菲律宾、新加坡、文莱和马来西亚，分别下降了 31.53 个、34.81 个、36.29 个、37.59 个、43.49 个、45.29 个、48.23 个、51.39 个和 51.58 个百分点，仅有东帝汶的降幅低于世界均值。这些国家总抚养比下降主要源于人口出生率持续下降导致新生儿大量减少。

2020年,东南亚11国平均总抚养比为48.70%,中国为42.21%,均低于世界均值,处于较低水平。这说明区域人口结构充满活力,劳动力供养负担相对较轻,对中国—东南亚国家经济社会发展和产业结构转型升级具有积极意义。

(二)人口红利期判断

陈友华教授认为,人口负担轻重是衡量"人口红利"与"人口负债"的唯一尺度。① 当总抚养比低于某一限度时被认为处于"人口红利"期。反之,当总抚养比高出某一限度时,被认为处在"人口负债"期。人口负担的轻与重是相对的,即相对于"参照人口"或"标准人口",其人口负担是轻了还是重了。离开"标准人口"谈论"人口红利"或"人口负债"没有意义。陈友华认为,社会总抚养比低于53%为人口红利,53%～62%为人口盈亏平衡期,超过62%处于人口负债期。②

结合以往学者对人口红利期的判断,目前中国—东南亚国家中有中国、文莱、马来西亚、泰国、越南、缅甸、印度尼西亚和新加坡8国仍处于人口红利期(见表1-12)。这些国家劳动力数量依然充足,新生儿比例相对较高,具有充裕且素质较高的劳动力资源,有促进经济社会发展的人口优势。同时,菲律宾、老挝和柬埔寨已进入人口盈亏平衡期,说明3国抚养负担较重,尤其是顶部人口老龄化导致的结构变动,需要尽早开启第二次人口红利或人口素质红利。另外,东帝汶处于人口负债期。整体上,上述各国劳动力数量减少、老龄化程度加深、抚养压力相对较大,需要各国从人口政策制定、社会福利制度保障、人口效率提高以及国际人才引进等方面着手消除因人口红利消失带来的不利后果,同时通过产业调整升级、技术进步与发展人工智能等多种措施缓解劳动力减少带来的压力,尽可能缓解因人口红利期关闭给经济社会发展带来的负面影响。

表1-12　2020年中国—东南亚11国人口红利期判断

国家	人口红利期判断	国家	人口红利期判断
中国	人口红利期	泰国	人口红利期

① 参见陈友华:《人口红利与人口负债:数量界定、经验观察与理论思考》,《人口研究》2005年第6期。

② 参见陈友华:《人口红利与人口负债:数量界定、经验观察与理论思考》,《人口研究》2005年第6期。0～14岁、60～64岁、65岁及以上人口比例分别为20.24%、21.28%与15.61%,此为标准人口,作为目前及未来一段时间内的人口红利与人口负债的判别标准。

续表

国家	人口红利期判断	国家	人口红利期判断
文莱	人口红利期	越南	人口红利期
菲律宾	人口盈亏平衡期	缅甸	人口红利期
老挝	人口盈亏平衡期	印度尼西亚	人口红利期
马来西亚	人口红利期	新加坡	人口红利期
柬埔寨	人口盈亏平衡期	东帝汶	人口负债期

二、人口转变进程与指数比较

(一)人口转变进程比较

根据人口转变指标，并结合1960～2020年中国—东南亚11国人口转变相关指标变动进行判断，2020年，东南亚国家中处于低位静止阶段的有文莱、泰国和新加坡(见表1-13)，处于后期减速的有菲律宾、马来西亚、缅甸、越南和印度尼西亚，老挝、柬埔寨和东帝汶尚处于中期扩张阶段。

表1-13　中国—东南亚11国人口转变进程

国家	高位静止	初期加速	中期扩张	后期减速	低位静止
中国	1960年以前	1961～1965年	1966～1982年	1983～1998年	1999年至今
文莱	1963年以前	1964～1973年	1974～2002年	2003～2017年	2018年至今
菲律宾	1966年以前	1967～1981年	1982年至今	2020年至今	无
老挝	1960年以前	1961～1993年	1994年至今	无	无
马来西亚	1960年以前	1961～1963年	1964～2002年	2003年至今	无
柬埔寨	1989年以前	1990～1991年	1992年至今	无	无
泰国	1966年以前	1967～1971年	1972～1986年	1987～1998年	1999年至今
缅甸	1967年以前	1968～1978年	1979～2007年	2008年至今	无
越南	1962年以前	1963～1971年	1972～1996年	1997年至今	无
印度尼西亚	1968年以前	1969～1977年	1978～2009年	2010年至今	无
新加坡	1959年以前	1960～1961年	1962～1973年	1974～1996年	1997年至今

续表

国家	高位静止	初期加速	中期扩张	后期减速	低位静止
东帝汶	1960 年以前	1978～1979 年	1960～1977 年/1980 年至今	无	无

资料来源：根据世界银行数据库中相关数据计算判断。

(二)人口转变指数比较

中国—东南亚 11 国均未进入后人口转变期(见表 1-14)。20 世纪 90 年代，总和生育率以东帝汶最高，为 5.698 个；其次是老挝，为 5.421 个；低于 2 个的有中国、新加坡和泰国，其中新加坡最少，只有 1.662 个。从人口自然增长率看，排前 3 位的依次是东帝汶、老挝、菲律宾，均超过 25‰，相对较低的是泰国、新加坡、中国，另外文莱、马来西亚、柬埔寨也超过 20‰。人口转变指数方面，指数最高的是新加坡，其次是中国、泰国，指数均超过 0.7。低于 0.3 的是东帝汶，处于较低人口转变指数阶段。老挝仅 0.324，但人口自然增长率较高，表明人口转变速度较慢。其他国家指数在 0.4～0.6，处于人口转变中等指数阶段。

表 1-14　中国—东南亚 11 国人口转变指数

国家	20 世纪 90 年代			21 世纪 10 年代		
	总和生育率(个)	人口自然增长率(‰)	人口转变指数	总和生育率(个)	人口自然增长率(‰)	人口转变指数
中国	1.807	11.001	0.768	1.661	4.801	0.831
文莱	2.845	22.536	0.559	1.922	12.114	0.727
菲律宾	4.054	25.593	0.435	2.849	16.809	0.598
老挝	5.421	26.535	0.324	2.848	18.144	0.583
马来西亚	3.297	21.385	0.539	2.065	12.124	0.715
柬埔寨	4.781	23.799	0.402	2.640	17.651	0.606
泰国	1.896	10.862	0.763	1.534	3.524	0.855
缅甸	3.113	15.276	0.623	2.224	9.914	0.727
越南	2.813	17.481	0.620	2.001	11.024	0.733
印度尼西亚	2.764	15.607	0.645	2.394	12.827	0.680

续表

国家	20 世纪 90 年代			21 世纪 10 年代		
	总和生育率（个）	人口自然增长率(‰)	人口转变指数	总和生育率（个）	人口自然增长率(‰)	人口转变指数
新加坡	1.662	10.990	0.778	1.196	4.630	0.871
东帝汶	5.698	27.407	0.293	4.305	23.387	0.404

资料来源：世界银行数据库，https://data.worldbank.org.cn/indicator/SP.POP.GROW。

21 世纪 10 年代，总和生育率最低的是新加坡，其次是泰国、中国、文莱，均低于 2 个。东帝汶是东南亚 11 国中唯一一个总和生育率超过 4 个的国家，其他国家为 2～3 个。从人口自然增长率看，低于 5‰的有泰国、新加坡和中国，其中泰国最低。东帝汶最高，达 23.387‰，老挝、柬埔寨和菲律宾均超过 15‰，5‰～10‰的有缅甸，其他国家均为 10‰～20‰。从人口转变指数看，所有国家均呈增长态势，说明人口转变正在进行中，新加坡、泰国、中国排前 3 位，均超过 0.8，分别比 20 世纪 90 年代提高了 0.093 个、0.092 个、0.063 个单位值，处于高水平指数阶段。老挝、马来西亚、文莱比 20 世纪 90 年代分别上升了 0.259 个、0.176 个、0.168 个单位值，增幅最小的是印度尼西亚，仅增长了 0.035 个单位值，说明其人口转变进程相对缓慢。

整体来看，20 世纪 90 年代到 21 世纪 10 年代，中国和东南亚 11 国总和生育率呈递减趋势，降幅超过 2 个的有柬埔寨和老挝，降幅为 1～2 个的有菲律宾、马来西亚与东帝汶，其他国家由于 20 世纪 90 年代该值较低，故降幅相对较小。人口自然增长率均为降低态势，降幅最高的是文莱，下降了 10.422 个千分点；马来西亚下降了 9.261 个千分点；降幅最低的是印度尼西亚，仅下降 2.780 个千分点；东帝汶也仅下降了 4.021 个千分点，属人口转变相对较慢的国家。从人口转变指数看，中国—东南亚国家除了新加坡转变较快外，其余国家缓慢进行，新加坡、泰国、中国与文莱指数均有待提高。

三、人口效率发展比较

(一)人口效率分类指标比较

1.劳动生产率

从静态指标看(见表 1-15)，2019 年，劳动生产率排前两位的是新加坡、文莱，劳动生产率分别为 115120 美元/人、73417 美元/人。标准化后的劳动生产率系数均大于 0.5，新加坡接近 1，说明其劳动生产效率高。排后三位的是越南、缅甸和柬埔寨，分别为 4874 美元/人、3314 美元/人和 2944 美元/人，其经济发展相对落后，劳动生产率较低。最高新加坡是最低柬埔寨的 39.10 倍。经过标准化处理后，越南 1990 年劳动生产率为0.0001，柬埔寨为 0.008，说明当年两国劳动生产率非常低。

表 1-15　1990～2019 年中国—东南亚 11 国劳动生产率　单位：美元/人

国家	1990 年	1995 年	2000 年	2005 年	2010 年	2015 年	2016 年	2017 年	2018 年	2019 年
中国	628	1175	1852	3435	9088	16578	16907	18705	21193	22138
文莱	34906	39351	41866	59847	79798	74942	67519	70886	72608	73417
菲律宾	2089	3177	3348	3859	6649	8786	8906	9377	9678	10168
老挝	491	883	749	1066	2301	4194	4521	4682	4929	5017
马来西亚	6572	11381	9895	13903	22333	22490	22252	23156	25381	25583
柬埔寨	910	785	674	951	1408	2123	2265	2459	2676	2944
泰国	3125	5636	3965	5445	9490	11299	11844	13253	14577	16040
缅甸	496	456	420	549	2246	2864	2902	3032	3257	3314
越南	206	618	894	1363	2405	3677	3936	4130	4507	4874
印度尼西亚	1459	2526	1785	3128	7238	7554	8099	8586	8679	9037
新加坡	26058	54305	49785	60335	89920	96392	100163	107218	115285	115120
东帝汶	1747	1616	1655	2436	8742	6523	5070	4981	4747	5557

资料来源：根据世界银行数据库（https://data.worldbank.org.cn/indicator/NY.GNP.MKTP.CD、https://data.worldbank.org.cn/indicator/SP.POP.1564.TO、https://data.worldbank.org.cn/indicator/SL.EMP.TOTL.SP.ZS）相关指标计算得到。

从变化趋势看，中国—东南亚国家劳动生产率整体呈增长态势，增幅最大的是新加坡、文莱。新加坡劳动生产率从 1990 年的 26058 美元/人上升到 2019 年的 115120 美元/人，增加了 89062 美元/人；文莱有升有降，从 1990 年的 34906 美元/人上升到 2010 年的 79798 美元/人峰值，增加了 44892 美元/人，随后下降，从 2010 年的 79798 美元/人降至 2019 年的 73417 美元/人，减少了 6381 美元/人。劳动生产率增幅最小的是柬埔寨、缅甸，柬埔寨从 1990 年的 910 美元/人增加到 2019 年的 2944 美元/人，仅增加了 2034 美元/人。缅甸从 1990 年的 496 美元/人上升到 2019 年的 3314 美元/人，增加 2818 美元/人。缅甸是贫困国家，加上常年动荡不安，经济发展不稳定，居民收入较低。

中国自改革开放以来实现经济快速增长，特别是在2010～2015年，劳动生产率提高了7490美元/人，这与国家优化经济发展空间格局，实施“一带一路”建设、京津冀协同发展、长江经济带发展三大战略直接关联，实现了经济快速发展、人口增速放缓、人均GDP产值不断提高。2015～2019年，随着经济新常态与人口发展战略调整，经济和人口增长速度缓慢，一定程度上对劳动生产率产生了一定影响，家庭“421”模式比例增加，老龄化进程加快，抚养比上升，导致该时期劳动生产率增速放缓，劳动生产率仅提高了5560美元/人。

可见，劳动生产率以国家政策为导向，在不同地区对经济发展产生不同程度的影响。由于劳动生产率取值不在0～1范围，因此对劳动生产率进行标准化处理，处理后的标准化劳动生产率如表1-16所示。

表1-16　1990～2019年中国—东南亚国家标准化劳动生产率

国家	1990年	1995年	2000年	2005年	2010年	2015年	2016年	2017年	2018年	2019年
中国	0.0088	0.0120	0.0218	0.0332	0.0725	0.1378	0.1416	0.1430	0.1626	0.1707
文莱	0.7112	0.6030	0.6226	0.6706	0.7224	0.6764	0.6083	0.5845	0.5984	0.6052
菲律宾	0.0387	0.0430	0.0443	0.0379	0.0501	0.0659	0.0678	0.0641	0.0651	0.0692
老挝	0.0060	0.0075	0.0052	0.0064	0.0101	0.0235	0.0274	0.0244	0.0248	0.0256
马来西亚	0.1306	0.1700	0.1426	0.1514	0.1942	0.1923	0.1909	0.1807	0.1981	0.1999
柬埔寨	0.0145	0.0060	0.0041	0.0051	0.0019	0.0044	0.0066	0.0056	0.0057	0.0080
泰国	0.0599	0.0811	0.0535	0.0559	0.0762	0.0891	0.0949	0.0969	0.1066	0.1190
缅甸	0.0061	0.0009	0.0003	0.0006	0.0096	0.0112	0.0125	0.0104	0.0107	0.0111
越南	0.0001	0.0034	0.0074	0.0097	0.0111	0.0187	0.0220	0.0197	0.0212	0.0244
印度尼西亚	0.0258	0.0329	0.0208	0.0297	0.0555	0.0545	0.0604	0.0574	0.0566	0.0596
新加坡	0.5299	0.8344	0.7415	0.6761	0.8154	0.8744	0.9093	0.8919	0.9600	0.9586
东帝汶	0.0317	0.0188	0.0188	0.0219	0.0693	0.0450	0.0325	0.0269	0.0233	0.0301

2.就业产值系数比较

就业产值系数是衡量就业人口人均GDP的重要指标，是就业人口所创造的价值。在就业产值系数一定的情况下，经济增长越好，就业人口人均

GDP越高；或者说就业人数越多，对经济增长的贡献就越大。在经济总量一定的情况下，就业产值系数越高，表明就业人口创造的价值就越高；相反，就业产值系数较低，就业人口未充分就业，创造的价值也较低。

从静态指标看(见表1-17)，2019年，就业产值系数为1的国家有文莱和新加坡，新加坡从2005年起一直为1，文莱至少从20世纪90年代起一直为1。两国均属发达国家，经济实力强，同时其就业人口所创造的价值大于东南亚其他国家。文莱和新加坡属于高收入国家，是东南亚主要产油国和世界主要液化天然气生产国，主要出口原油、液化天然气、甲醇等，主要进口机器运输设备、工业品、食品、化学品等。[①] 新加坡就业产值系数从1990年的0.720上升到2005年的1后持续保持在1，是典型的外贸驱动型经济国家[②]，人口效率高。

从动态指标看，中国处于中等偏上收入阶段，从1990年起持续增长。且就业产值变化存在一定的复杂性。第一，整体呈稳中有增趋势。第二，总体水平仍然偏低，就业压力比较大。2014年以来，经济增速放缓，就业产值系数以微幅上升，说明就业产值系数受到经济发展影响，同时也并不是经济快速增长就一定能带动更多人就业。

表1-17　1990～2019年中国—东南亚11国就业产值系数

国家	1990年	1995年	2000年	2005年	2010年	2015年	2016年	2017年	2018年	2019年
中国	0.001	0.015	0.032	0.064	0.124	0.191	0.205	0.221	0.238	0.255
文莱	1.000	1.000	1.000	1.000	1.000	1.000	1.000	1.000	1.000	1.000
菲律宾	0.094	0.094	0.099	0.112	0.126	0.153	0.160	0.176	0.183	0.189
老挝	0.030	0.037	0.047	0.059	0.079	0.105	0.110	0.116	0.121	0.125
马来西亚	0.254	0.328	0.355	0.394	0.437	0.475	0.491	0.509	0.521	0.534
柬埔寨	0.026	0.013	0.018	0.027	0.032	0.048	0.049	0.052	0.056	0.060
泰国	0.124	0.160	0.154	0.189	0.218	0.254	0.266	0.279	0.287	0.296
缅甸	0.000	0.003	0.009	0.025	0.050	0.072	0.078	0.085	0.090	0.094
越南	0.021	0.031	0.041	0.055	0.069	0.089	0.094	0.100	0.106	0.115
印度尼西亚	0.095	0.117	0.108	0.137	0.157	0.191	0.198	0.202	0.209	0.213

① 参见《文莱》，https://www.yidaiyilu.gov.cn/gbjg/gbgk/10011.htm。

② 参见《新加坡》，https://www.yidaiyilu.gov.cn/gbjg/gbgk/10005.htm。

续表

国家	1990 年	1995 年	2000 年	2005 年	2010 年	2015 年	2016 年	2017 年	2018 年	2019 年
新加坡	0.720	0.887	0.985	1.000	1.000	1.000	1.000	1.000	1.000	1.000
东帝汶	0.045	0.045	0.045	0.044	0.060	0.067	0.067	0.061	0.058	0.069

资料来源：根据世界银行数据库（https://data.worldbank.org.cn/indicator/SL.GDP.PCAP.EM.KD）指标计算得到。

说明：从 1991 年起，世界银行才公布就业人口的人均 GDP 数据，为了数据可比性，计算人口效率，统一将 1990 年就业人口的人均 GDP 用 1991 年数据代替。

马来西亚和泰国属中等偏上收入国家，就业产值系数呈增长态势。马来西亚从 1990 年的 0.254 上升至 2019 年的 0.534，是相对开放、以国家利益为导向、实施新兴工业化的市场经济体，该国石油储量丰富，以锡、石油和天然气开采为主。政府鼓励以本国原料为主的加工工业。[①] 泰国就业产值弹性系数从 1990 年的 0.124 增加到 2019 年的 0.296，上升了 0.172 个单位值；锡是泰国最重要的矿产，居世界之首，对外贸易在国民经济中具有重要地位。

印度尼西亚、越南、缅甸、菲律宾、老挝、柬埔寨和东帝汶均处在中等偏下收入行列，就业产值系数缓慢增加。印度尼西亚从 1990 年的 0.095 上升至 2019 年的 0.213，是东盟最大的经济体，矿业在其经济中占有重要地位，并强化外向型制造业。[②] 缅甸就业产值系数从 1990 年的 0.000 上升至 2019 年的 0.094，其自然条件优越，资源丰富。该国 1948 年独立后到 1962 年实行市场经济，1962～1988 年实行计划经济，1988 年后实行市场经济。主要贸易伙伴是中国、泰国、新加坡、日本、韩国。[③] 老挝就业产值系数从 1990 年的 0.030 上升至 2019 年的 0.125，是东南亚唯一内陆国，以农业为主，工业基础薄弱。1994 年老挝国会颁布新修订外资法，规定政府不干涉外资企业事务，允许外资企业汇出所获利润；外商可在老挝建独资、合资企业，享五年免税优惠。[④] 柬埔寨是传统农业国，工业基础薄弱，贫困人口约占总人口的 14%，就业产值系数从 1990 年的 0.026 上升至 2019 年的 0.060，实行对外开放的自由市场经济政策。[⑤] 东帝汶就业产值系数从 1990 年的 0.045 上升至 2019 年的 0.069，该国主要出口咖啡、橡胶、紫檀木、原油、天然气等。

---

① 参见《马来西亚》，https://www.yidaiyilu.gov.cn/gbjg/gbgk/892.htm。
② 参见《印度尼西亚》，https://www.yidaiyilu.gov.cn/gbjg/gbgk/10004.htm。
③ 参见《缅甸》，https://www.yidaiyilu.gov.cn/gbjg/gbgk/10010.htm。
④ 参见《老挝》，https://www.yidaiyilu.gov.cn/gbjg/gbgk/866.htm。
⑤ 参见《柬埔寨》，https://www.yidaiyilu.gov.cn/gbjg/gbgk/1841.htm。

可见,就业产值系数与经济发展基本同步,高速的经济增长伴随人均GDP快速提高。应转变经济增长方式,调动适龄人口就业积极性,在可持续发展的同时快速提升人口效率,但不能把就业产值增值与是否充分就业混同。

3.人类发展指数比较

人类发展指数用以衡量联合国各成员国经济社会发展水平。中国—东南亚国家该值逐年递增,表明经济社会发展越来越好。根据人类发展指数判断标准看,1990年,新加坡、文莱属于高水平发展阶段(见表1-18);马来西亚、泰国、菲律宾属于中等发展阶段;中国、印度尼西亚、越南、缅甸、老挝和东帝汶处于低发展阶段。2019年,新加坡、马来西亚、文莱进入极高发展阶段;中国、印度尼西亚、泰国、越南、菲律宾属于高水平发展阶段;柬埔寨、缅甸、老挝和东帝汶属于中等发展阶段。各国人类发展指数均在上升,表明经济社会发展稳步提升。

表1-18　1990～2019年中国—东南亚11国人类发展指数(HDI)

国家	1990年	1995年	2000年	2005年	2010年	2015年	2016年	2017年	2018年	2019年
中国	0.501	0.549	0.591	0.643	0.702	0.742	0.749	0.753	0.758	0.761
文莱	0.768	0.791	0.805	0.824	0.832	0.843	0.844	0.843	0.845	0.838
菲律宾	0.59	0.607	0.631	0.656	0.672	0.702	0.704	0.709	0.712	0.718
老挝	0.399	0.427	0.466	0.505	0.546	0.594	0.598	0.602	0.604	0.613
马来西亚	0.644	0.683	0.724	0.732	0.773	0.797	0.801	0.802	0.804	0.810
柬埔寨	0.384	0.387	0.419	0.490	0.535	0.566	0.572	0.578	0.581	0.594
泰国	0.574	0.611	0.649	0.693	0.721	0.746	0.753	0.762	0.765	0.777
缅甸	0.350	0.388	0.424	0.470	0.523	0.565	0.571	0.577	0.584	0.583
越南	0.475	0.529	0.578	0.616	0.653	0.680	0.685	0.690	0.693	0.704
印度尼西亚	0.525	0.560	0.604	0.633	0.666	0.696	0.700	0.704	0.707	0.718
新加坡	0.718	0.771	0.818	0.869	0.909	0.929	0.933	0.934	0.935	0.938
东帝汶	0.505	0.505	0.505	0.496	0.620	0.628	0.628	0.624	0.626	0.606

资料来源:联合国开发计划署,https://hdr.undp.org/data-center/human-development-index#/indicies/HDI。

（二）人口效率综合比较

人口效率并不等同于人力资本，它是在人力资本的基础上，提高人均产值，节约时间和劳动成本，达到资源利用最优化，从而实现人口—经济—环境高度契合，促进消费—生产系统高效运转。

从静态指标看（见表 1-19），2019 年，人口效率排前两位的是新加坡、文莱，分别为 0.966、0.814，两国经济发展快，人民生活水平高，人口效率也相对较高，属于极高人口效率阶段；马来西亚为 0.515，发展水平较快，属于中等人口效率阶段；其余均处于低人口效率阶段。

表 1-19　1990～2019 年中国—东南亚 11 国人口效率比较

国家	1990 年	1995 年	2000 年	2005 年	2010 年	2015 年	2016 年	2017 年	2018 年	2019 年
中国	0.170	0.192	0.215	0.247	0.300	0.357	0.365	0.372	0.386	0.396
文莱	0.826	0.798	0.809	0.832	0.851	0.840	0.817	0.809	0.814	0.814
菲律宾	0.241	0.248	0.258	0.269	0.283	0.307	0.311	0.316	0.320	0.325
老挝	0.145	0.157	0.173	0.190	0.212	0.241	0.245	0.247	0.250	0.255
马来西亚	0.343	0.394	0.407	0.426	0.468	0.488	0.494	0.497	0.508	0.515
柬埔寨	0.142	0.135	0.147	0.174	0.190	0.206	0.209	0.212	0.214	0.221
泰国	0.253	0.284	0.286	0.313	0.338	0.363	0.371	0.379	0.386	0.397
缅甸	0.119	0.131	0.144	0.165	0.194	0.216	0.220	0.224	0.228	0.229
越南	0.165	0.188	0.209	0.227	0.244	0.262	0.267	0.270	0.274	0.281
印度尼西亚	0.215	0.237	0.244	0.267	0.293	0.314	0.320	0.321	0.324	0.330
新加坡	0.656	0.831	0.848	0.848	0.908	0.934	0.947	0.942	0.965	0.966
东帝汶	0.194	0.190	0.190	0.187	0.250	0.247	0.243	0.237	0.236	0.235

从动态指标看（见图 1-3），除了文莱外，其余国家人口效率从 1990 年逐年递增，而文莱变化不大，峰值在 2010 年，为 0.851。人口效率直接受人口、经济两个动态变量的影响，波动较大。随着经济社会发展，人口效率逐年递增，发达国家人口效率达到高水平甚至极高水平，而发展中国家还处在中等人口效率阶段甚至低人口效率阶段。

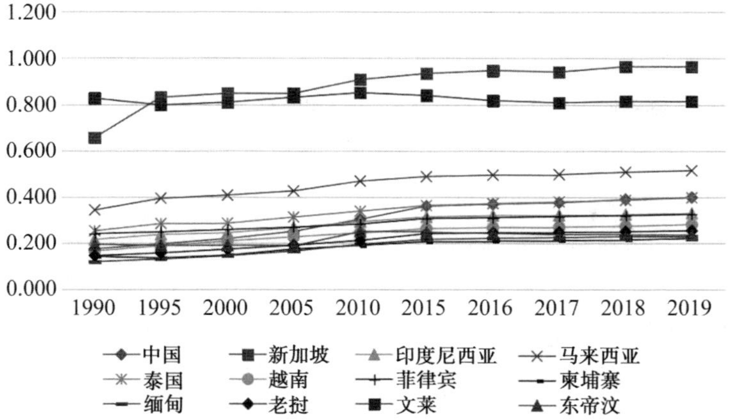

图 1-3　1990～2019 年中国—东南亚 11 国人口效率比较

四、主要人口问题

(一)部分国家人口素质普遍偏低

东南亚各国人口素质差异较大,且整体水平偏低。一方面,缅甸、老挝、东帝汶出生时预期寿命低于 70 岁,新生儿死亡率在 13‰以上,老挝和缅甸更是高达 20‰以上。这说明缅甸、老挝和柬埔寨等经济发展相对落后的国家,在医疗卫生、妇幼保健、居民健康素养、公共卫生投入等方面发展缓慢,阻碍了地区人口综合素质提升。东帝汶、柬埔寨和老挝人均受教育年限还不到 6 年,相当于全国平均人口还没有完成小学阶段教育,处在较低水平。东南亚多数国家提升人口素质的任务依然任重而道远。新加坡各项指标在东南亚国家甚至在全球处于领先地位,各国发展差距大。部分东南亚国家较低的人口素质已成为制约经济社会发展、阻碍人口生活水平提高的因素。

(二)“老龄化”“少子化”问题凸显

根据东南亚年龄结构分析,部分国家少儿人口比重持续下降,部分国家老年人口比重持续增长。当前,这些国家不同程度地存在“少子化”“老龄化”问题,并且在今后相当长的一段时期内,该趋势将逐步加剧。新加坡、泰国处于严重“少子化”时期,0～14 岁少儿人口比重不足 20%,并伴随劳动力数量锐减和高龄老年人口增多,上述两国抚养比因老年人口的快速上涨而加大。东帝汶、老挝、柬埔寨和菲律宾的劳动年龄人口比重已低于 65%,泰国和新加坡老年人口比重已超过 12%,人口结构“一老一小”特殊变动趋势,势必给其经济社会发展带来系列负效应与连锁反应。

（三）劳动力资源较充沛，“人口红利”未能有效开发

东南亚各国 15～64 岁劳动年龄人口比重均超过了 58%，即使是老年人口比重较高的泰国、文莱和新加坡，劳动年龄人口比重也超过 70%，印度尼西亚、缅甸、越南和马来西亚劳动年龄人口比重在 65%～70%，说明上述国家当前劳动力资源较为丰富。另外，还有 7 个国家正处在人口红利期，东南亚整体劳动力资源十分充足，社会经济发展后备人才库较为充足。但东南亚部分国家的基础教育、公共医疗与基础设施建设等相对落后，人口整体素质偏低，就业与产业结构不匹配，难以实现产业结构调整、升级与优化，不仅浪费了劳动力资源，也制约了人口红利的有效开发。

（四）国际人口迁移率有待提高

人类发展指数与国际人口迁移数据显示，东南亚大部分国家为人口净流出国家，说明区域高端人才外流现象较为严重。人口迁移对地区和国家的经济发展有着重要的作用，适当规模的国际人口迁移和合理流动有助于整合与利用社会资源。但目前，东南亚地区总体国际人口迁移活跃度较低，还有待进一步提高国际人口迁移水平，为国家人才资源市场与经济发展注入新的活力。

（五）城市化发展失衡

东南亚多数国家农业比重相对过高，导致城市化水平整体偏低。目前仅泰国、印度尼西亚、马来西亚、文莱和新加坡城镇化率超过 50%，柬埔寨还不足 25%。一方面，城市化水平较低，限制了更多农村人口进入城市，阻碍了整体人口素质提高与就业发展。另一方面，大多数国家城市化进程缓慢，而且大城市的辐射和带动作用相对偏弱，尤其像柬埔寨、老挝、缅甸等经济欠发达国家，导致区域间经济社会发展不均衡。

（六）人口效率存在较大国别差异

通过对中国—东南亚国家人口效率评价指标的综合测算发现，人口因素尤其是高素质劳动力资源优势，对经济发展作用十分显著，对提高经济发展水平，特别是以人口有利条件推进产业与就业结构协调发展至关重要。就东南亚国家来说，目前属中等偏上收入国家的人口效率整体略高于中等偏下收入行列的国家。应该说，随着就业与产业结构的不断升级与发展，就业人口的劳动生产率、对经济增长的贡献率也将不断提高，这不仅能够直接提升各国生产价值，也是应对“老龄化”“少子化”的有效途径。但当前，东南亚大部分国家仍处在低人口效率阶段。

第三节　中国—东南亚国家经济增长比较

一、各国经济增长比较

国内生产总值(GDP)反映了国家的经济实力和经济表现，如果一个国家经济处于蓬勃发展阶段，那么该国 GDP 呈增长态势；如果 GDP 下降，则意味着国家经济发展较差或正处于萎缩阶段。2020 年，中国—东南亚国家 GDP 总量差距较大(见表 1-20)，排在前 3 位的是中国、印度尼西亚和泰国，排在后 3 位的是东帝汶、文莱和老挝，这些国家的经济发展差距较大。

表 1-20　1990～2020 年中国—东南亚 11 国国内生产总值(GDP)　　单位：亿美元

	1990 年	1995 年	2000 年	2005 年	2010 年	2015 年	2020 年
中国	3608.58	7345.48	12113.47	22859.66	60871.64	110615.53	146876.74
世界	227799.79	310436.48	338308.79	477797.15	665960.51	751792.66	849068.14
文莱	35.21	47.34	60.01	95.31	137.07	129.30	120.06
菲律宾	505.08	846.44	836.70	1074.20	2083.69	3064.46	3617.51
老挝	8.66	17.64	17.31	27.36	71.32	144.26	189.82
马来西亚	440.24	887.05	937.90	1435.34	2550.17	3013.55	3370.06
柬埔寨	—	34.41	36.54	62.93	112.42	180.50	258.73
泰国	853.43	1692.79	1263.92	1893.19	3411.05	4012.96	4996.82
越南	64.72	207.36	311.73	576.33	1471.99	2392.57	3432.43
缅甸	20.36	48.79	68.49	105.88	377.96	630.45	789.30
印度尼西亚	1061.41	2021.32	1650.21	2858.69	7550.94	8608.54	10586.89
新加坡	361.44	878.11	960.74	1278.08	2398.09	3080.04	3452.96
东帝汶	—	—	3.67	4.62	8.82	15.94	19.02

资料来源：世界银行数据库：GDP(现价美元)，https://data.worldbank.org.cn/indicator/NY.GDP.MKTP.CD。

说明："—"为数据缺失。

1990～2020 年，中国—东南亚 11 国 GDP 总量均上升，表明经济处在上升阶段。升幅最大的是中国，增长了143268.16亿美元，扩大了经济增长规模，实现了经济总量快速增长，排名也逐渐上升，但依然未能进入高收入阶段；升幅在5000亿～10000亿美元的是印度尼西亚；升幅在3000亿～5000亿美元的分别是菲律宾、泰国、越南和新加坡；其余国家升幅均小于3000亿美元，东帝汶从2000年到2020年仅上升了15.35亿美元。

人均GDP增长率是了解一个国家或地区宏观经济运行状况的有效工具，常作为衡量经济发展最重要的宏观经济指标之一。2020年，中国—东南亚11国人均GDP增长率差异大（见表1-21）。最高的是东帝汶（29.9%），但有7个国家为负增长，其中菲律宾为－11.0%，世界均值也为负值。从变化趋势看，1990～2019年（因2020年受新冠疫情影响，这里暂不分析至该年变化），这些国家人均GDP增长率波动起伏。人均GDP增长率上升的国家分别是中国、文莱、菲律宾、老挝、越南、缅甸和东帝汶；下降的国家分别是马来西亚、柬埔寨、泰国、印度尼西亚和新加坡。

表1-21 1990～2020年中国—东南亚11国人均GDP增长率 单位：%

	1990年	1995年	2000年	2005年	2010年	2015年	2019年	2020年
中国	2.407	9.755	7.639	10.741	10.103	6.421	5.575	2.000
世界	1.113	1.561	3.123	2.762	3.289	1.877	1.532	－4.100
文莱	－1.747	1.785	0.703	－1.174	1.350	－1.625	2.830	0.300
菲律宾	0.494	2.222	2.153	2.978	5.561	4.682	4.680	－11.000
老挝	3.707	4.588	4.043	5.441	6.781	5.657	3.870	－1.000
马来西亚	5.980	7.095	6.358	3.282	5.624	3.688	3.061	－6.700
柬埔寨	—	6.415	7.561	11.485	4.345	5.264	5.517	－4.200
泰国	9.622	7.044	3.370	3.517	6.988	2.720	1.862	－6.400
越南	2.877	7.699	5.619	6.560	5.364	5.878	6.132	1.900
缅甸	1.740	5.938	11.122	12.673	9.307	2.493	6.085	2.400
印度尼西亚	5.330	6.562	3.482	4.290	4.812	3.555	3.873	－2.900
新加坡	5.632	3.969	7.166	4.872	12.509	1.762	－0.055	－3.800
东帝汶	—	—	—	0.582	7.407	0.875	17.211	29.900

资料来源：世界银行数据库：人均GDP增长（年增长率），https://data.worldbank.org.cn/indicator/NY.GDP.PCAP.KD.ZG。

说明："—"为数据缺失。

二、人口转变与收入阶段比较

人口转变进程与国民收入分配相互适应、相互促进。同任何经济现象、任何事物发展一样，人口转变既有其质的规定性，又有量的规定性。研究人口转变与国民收入发展，除了对人口转变进程中质的规定性进行研究外，还要对其量的规定性进行分析，研究数量关系变化规律。比如人口老龄化是人口转变的必然结果，在其他条件不变的情况下，人口老龄化将在收入和支出关系等方面给公共财政带来冲击。反之，国民收入水平提高、经济快速发展和家庭政策的实施，使得人口出生率快速下降，人口转变将带来总抚养比先降后升，即人口转变中老年人口比重上升，对国民收支产生重要影响。

从静态指标看，2020 年，中国—东南亚国家人均国民收入（GNI）由高到低排序分别是：新加坡、文莱、马来西亚、中国、泰国、印度尼西亚、越南、菲律宾、老挝、东帝汶、柬埔寨和缅甸（见图 1-4）。其中，新加坡和文莱属高收入国家，人均国民收入很高；马来西亚、中国、泰国和印度尼西亚属中等偏上收入国家；越南、菲律宾、老挝、东帝汶、柬埔寨、缅甸属中等偏下收入国家。

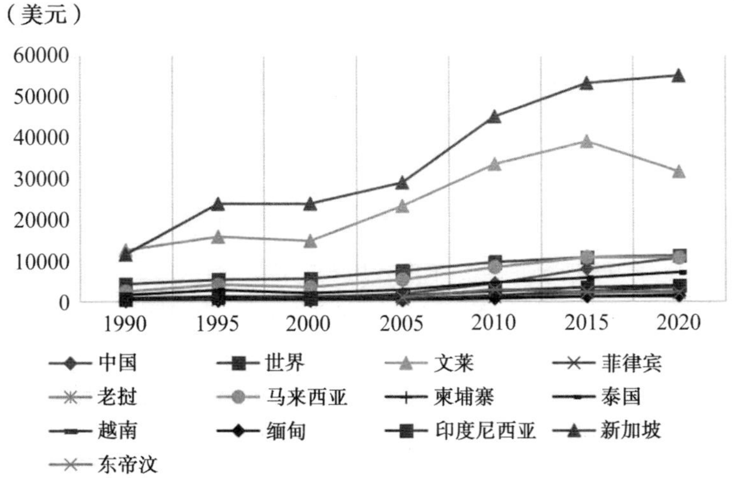

图 1-4　1990～2020 年中国—东南亚国家人均国民收入（GNI）

资料来源：世界银行数据库，https://data.worldbank.org.cn/indicator/NY.GNP.PCAP.CD?view=chart。

从动态指标看，中国—东南亚各国人均国民收入变化幅度较大。1990～2020 年，升幅超过 10000 美元的分别是中国、文莱和新加坡；升幅在 5000～10000 美元的分别是马来西亚和泰国；升幅在 3000～5000 美元的是越南和印度尼西亚；升幅在 1000～3000 美元的分别是菲律宾、老挝、柬埔寨、缅甸和东帝汶。中国与东南亚国家人均国民收入多数在 1997 年亚洲金融危机后有一定程度下降而后上升，但整体呈增长态势，经济发展水平提高一定程度上促进了人均国民收入增加。

2020 年，文莱和新加坡人口转变处于低位静止阶段，均属于高收入国家行列(见表 1-22)。中国和泰国处于人口转变低位静止阶段，马来西亚处于后期减速阶段，3 国均属中等偏上收入国家，中国接近高收入国家。菲律宾、印度尼西亚、越南和缅甸处于人口转变后期减速阶段，属于中等偏下收入国家。老挝、东帝汶和柬埔寨处于人口转变中期扩张阶段，且属于中等偏下收入国家。综上，人口转变和经济发展相辅相成，经济快速发展加快了人口转变进程，人口转变速度一定程度上影响了人均国民收入增加。而且，高收入国家已进入低位静止阶段，但进入低位静止阶段不代表直接进入高收入国家行列。

表 1-22　2020 年中国—东南亚 11 国人口转变与收入阶段比较

国家	人口转变阶段	收入行列	是否已跨越中等收入陷阱
中国	低位静止	中等偏上收入国家	否
文莱	低位静止	高收入国家	是
菲律宾	后期减速	中等偏下收入国家	否
老挝	中期扩张	中等偏下收入国家	否
马来西亚	后期减速	中等偏上收入国家	否
柬埔寨	中期扩张	中等偏下收入国家	否
泰国	低位静止	中等偏上收入国家	否
缅甸	后期减速	中等偏下收入国家	否
越南	后期减速	中等偏下收入国家	否
印度尼西亚	后期减速	中等偏下收入国家	否
新加坡	低位静止	高收入国家	是
东帝汶	中期扩张	中等偏下收入国家	否

资料来源：根据相关数据世界银行数据库(https://data.worldbank.org.cn/indicator/SP.POP.GROW)判断。

三、是否成功跨越中等收入陷阱比较

目前，东南亚 11 国已跨过中等收入陷阱仅有文莱和新加坡（见表 1-23），两国跨过路径大相径庭，文莱人均国民收入近年来有所下降，新加坡呈直线增长，两国均在 1989 年前就已迈入高收入行列。

表 1-23　2020 年中国—东南亚 11 国是否跨越中等收入陷阱比较

国家	进入低收入国家行列时的人均 GNI 及时间	进入中等偏下收入国家行列时的人均 GNI 及时间	进入中等偏上收入国家行列时的人均 GNI 及时间	进入高收入国家行列时的人均 GNI 及时间	中等收入阶段停留时间	跨过中等收入陷阱可能性大小及 2020 年人均 GNI
中国	1987 年以前	800（1998 年）	4340（2010 年）	否	22 年	较大（10530）
文莱	1989 年以前	1989 年以前	1989 年以前	1989 年以前	已跨过	跨过（31510）
菲律宾	1987 年以前	1987 年以前	否	否	33 年	已掉进（3430）
老挝	1987 年以前	1140（2011 年）	否	否	9 年	很小（2490）
马来西亚	1987 年以前	1987 年以前	2560（1991 年）	否	29 年	较大（10570）
柬埔寨	1995 年以前	1060（2015 年）	否	否	5 年	很小（1510）
泰国	1987 年以前	1987 年以前	3970（2008 年）	否	33 年	已掉进（7070）
缅甸	1987 年以前	1160（2013 年）	否	否	7 年	很小（1340）
越南	1989 年以前	980（2008 年）	否	否	12 年	很小（3390）
印度尼西亚	1987 年以前	790（2002 年）	4050（2019 年）	否	18 年	很小（4140）
新加坡	1987 年以前	1987 年以前	1987 年以前	1987 年以前	已跨过	跨过（55010）
东帝汶	2002 年以前	930（2005 年）	否	否	15 年	很小（1990）

资料来源：根据世界银行数据库历年收入划分标准进行判断。

说明：表中数字单位为美元，有的人均 GNI 数据缺失。

以在中等收入阶段停留是否超过24年为判断依据，东南亚11国已掉进中等收入陷阱的有菲律宾、马来西亚和泰国，这3国进入中等收入阶段时间相近，均在1987年前已进入。菲律宾1987年人均GNI为690美元，2020年增加到3430美元，其间仅增加了2740美元，尚未进入中等偏上收入国家行列，说明其已掉入中等收入陷阱。马来西亚1987年以前进入中等偏下收入行列，1991年进入中等偏上国家行列，2020年人均GNI为10570美元，在该阶段已停留了29年，结合该国人均GNI缓慢上升趋势，未来跨过中等收入陷阱的可能性较大。泰国自2008年起进入中等偏上收入行列，人均GNI为3970美元，2020年仍处于中等偏上收入行列，人均GNI为7070美元，与高收入行列下限值距离较大，故跨过中等收入陷阱的可能性较小。上述3国均处于中等收入阶段，并已停留超过24年，均已掉进中等收入陷阱，但马来西亚跨越中等收入陷阱的可能性较大。

成功跨越中等收入陷阱的可能性大的还有中国，中国1987年以前处于低收入行列，1998年进入中等偏下收入行列，2010年进入中等偏上收入行列，人均GNI从1998年的800美元上升到2020年的10530美元，其间增长了9730美元，在该阶段已停留了22年，离高收入最低门槛值还有2166美元，差距逐年缩小，中国短时间里迈入高收入行列可能性极大。

跨过中等收入陷阱概率较低甚至极低的国家是老挝、柬埔寨、缅甸、越南、印度尼西亚和东帝汶。老挝、柬埔寨、缅甸、越南和东帝汶发展历程几乎一致，处在低收入行列时间较长，2020年尚未进入中等偏上收入行列；而印度尼西亚2019年刚步入中等偏上收入行列。老挝、柬埔寨、缅甸和东帝汶经济发展缓慢，均位于联合国确定的最不发达的47国行列。具体看，老挝1987年进入低收入行列，2011年进入中等偏下收入行列，2020年依然处于中等偏下收入阶段，并已停留9年，尚未进入中等偏上收入行列。柬埔寨1995年进入低收入行列，2015年进入中等偏下收入行列，已停留5年，与高收入阶段最低值差11186美元。缅甸1987年前进入低收入行列，2013年进入中等偏下收入行列，2020年仍处于中等偏下收入阶段，7年间仅增加了180美元。越南1989年进入低收入国家行列，2008年进入中等偏下收入行列，2020年仍处于中等偏下收入阶段，与高收入行列最低值相差9306美元。印度尼西亚1987年前进入低收入行列，2002年进入中等偏下收入行列，2019年刚进入中等偏上收入行列，2020年与当年高收入行列最低值差值为8556美元。上述国家短时间内几乎不可能跨过中等收入陷阱。

2020 年，东南亚国家中只有文莱和新加坡属高收入国家，已成功迈入高收入行列。有的国家已掉入中等收入陷阱，有的还在努力跨越。结合现实和经验判断，菲律宾和泰国已掉进中等收入陷阱；中国和马来西亚近期跨越的可能性大；老挝、柬埔寨、缅甸、越南、印度尼西亚和东帝汶短期内很难跨越。

第四节　中国—东南亚国家人口发展与经济增长实证分析

一、变量描述

(一)指标选取与数据来源

这里选取东南亚[①]国家人均国民总收入为被解释变量，用该指标测算经济发展状况，该指标取值越大，说明经济发展水平越高。解释变量为人口效率指数和人口转变指数。人口效率指数(P)指标反映该地区人口实现人口生产功能与消费功能及人口—社会复合系统的运行，从而在人口—资源—环境系统协调中发挥人口作用的有效性。人口效率指数越高，说明该地区人力资本与劳动力储蓄越充足，个人越能发挥人生最大价值。这种集聚效应衍生出派生效应，进而有利于资源整合。人口转变指数(O)指的是人口稳定均衡条件下的人口零增长与准均衡条件下出现的人口零增长。人口转变指数越大，说明该地区的社会经济条件发生根本性变化。为了消除异方差的影响，本书对人均 GNI 进行取对数处理。变量如表 1-24所示。

表 1-24　研究变量

变量性质	变量名称	变量符号	指标含义
被解释变量	地区经济发展水平	$\ln GNI_{it}$	表示该地区经济发展状况
解释变量	人口效率指数	P	表示该地区发挥人口价值
	人口转变指数	O	表示该地区现代化程度

利用东南亚 11 国和中国截面数据，数据来自世界银行和人类发展指数

① 以下章节计算不重复，区域分为东南亚、南亚、中亚与东北亚、西亚北非、中欧五个地区。

(HDI),选取1990～2019年的时间序列数据①,构建面板数据模型。

(二)模型设定

本章主要探究人口效率、人口转变与经济发展水平的关系,其涉及长期和短期两种情况,长期存在发展趋势,短期存在小幅波动。依据地区经济发展水平、人口效率指数以及人口转变指数进行数理分析,沿用宋宝琳等的模型原理②,设定面板数据模型:

$$\ln GNI_{it}=\beta_0+\beta_1 P_{it}+\beta_2 O_{it}+\varepsilon_0 \tag{1-1}$$

式中,i 代表中国与东南亚区域各国;t 表示年份;ε 是随机扰动项。β_0、β_1和β_2分别为待评估参数,其中,β_1代表长期看当人口效率指数每增加1%时,经济发展水平增加的弹性系数;β_2表示人口转变指数每增加1%时,经济发展水平增加的弹性系数;β_0是常数项。

随后,根据面板协整检验,对三个变量之间的短期波动关系作出判定,构建面板误差修正模型:

$$\Delta\ln GNI_{it}=\partial_i ECM_{it}-1+\theta_0+\theta_1\Delta P+\theta_2\Delta O+\varepsilon_{it} \tag{1-2}$$

式中,i 代表中国与东南亚区域各国;t 表示年份;$\varepsilon_{\mathrm{it}}$为随机扰动项;$\Delta$ 为一阶差分。其中,θ_1代表短期来看,当人口效率指数每增加1%时,经济发展水平增加的弹性系数;θ_2表示短期看,当人口转变指数每增加1%时,经济发展水平增加的弹性系数;θ_0为常数项。

其中,ECM_{it}计算公式为:

$$ECM_{it}=\ln GNI_{it}-\beta_0+\beta_1 P+\beta_2 O \tag{1-3}$$

此外,∂_i表示误差调整水平,即人口效率指数和人口转变指数短期范围内对经济发展状况变化产生的调节情况。误差修正项的系数如果为正,则说明其越来越偏离长期均衡状态;如果为负,则说明短期内能将非均衡状态拉回到均衡状态。

(三)变量描述

表1-25为本章主要变量的描述性结果统计,各变量指标均值与其中位数比较接近,表明样本接近正态分布。

---

① 因2020年各国不同程度地受到新冠疫情的影响,经济社会发展出现了不同寻常的结果,为使分析数据更可信、效度更高,故本书实证分析仅分析到2019年。

② 宋宝琳、周国富、张春红等:《财政收入、人口集聚与区域经济增长关系的实证》,《统计与决策》2020年第3期。

表 1-25　变量及描述统计

变量名称	表示	均值	标准差	最小值	最大值	中位数
经济发展水平	ln*GNI*	7.62	1.54	4.70	10.99	7.48
人口效率指数	*P*	0.35	0.23	0.12	0.97	0.26
人口转变指数	*O*	0.63	0.16	0.19	0.88	0.64

东南亚国家经济发展水平均值为 7.62，标准差为 1.54，最大值和最小值分别为 10.99、4.70。为了衡量人口效率与人口转变指数对经济发展水平的贡献，对其进行回归，人口效率指数和人口转变指数均值分别为 0.35、0.63，其标准差分别为 0.23、0.16，最小值分别为 0.12、0.19，最大值分别为 0.97 和 0.88。从人口效率看，东南亚人口效率大部分处于低人口效率水平，其中，只有新加坡和文莱处于极高人口效率水平，马来西亚处于中等人口效率水平。从人口转变指数看，现阶段老挝、东帝汶、柬埔寨仍处于中期扩张阶段，除了新加坡、泰国和文莱处于低位静止外，大多东南亚国家处于后期减速阶段。

模型中变量指标之间相关系数均显著（见表 1-26）。仅从简单相关系数判断，经济发展水平与人口效率指数具有显著正相关关系，r 为 0.908；经济发展水平与人口转变系数显著正相关，r 为 0.490。同样，人口效率指数与人口转变指数也呈显著正相关，r 为 0.423，体现了经济发展水平与人口效率指数之间的正相关关系随着人口转变不断现代化而愈发明显。

表 1-26　变量的相关系数

变量	ln*GNI*	*P*	*O*
ln*GNI*	1.000		
P	0.908***	1.000	
O	0.490***	0.423***	1.000

说明：***、**、* 分别表示在 1%、5%、10%统计意义上显著。

为了更直观地了解人口效率指数、人口转变指数与经济发展水平之间的关系，用 stata 16 描绘散点图（见图 1-5），后文将对结果进行分析。

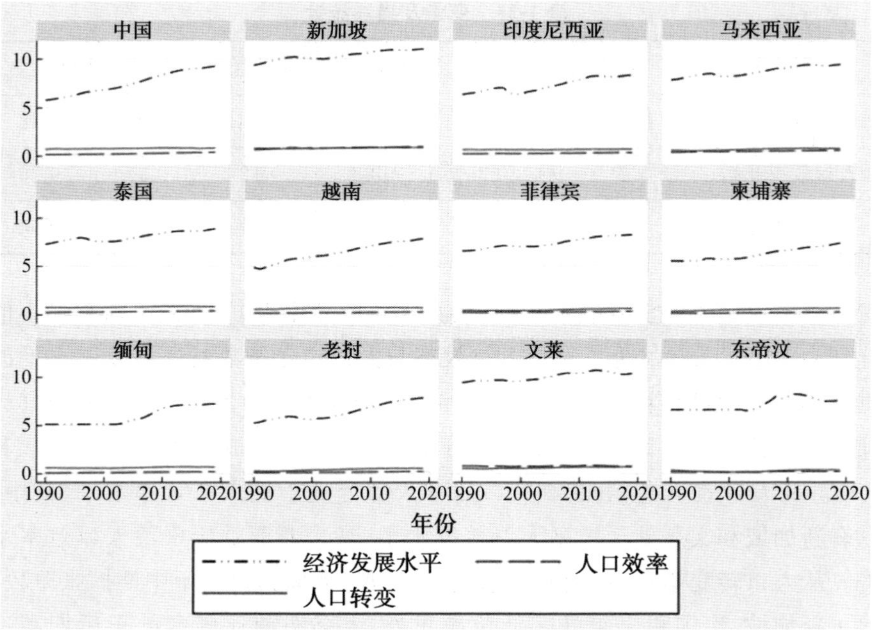

图 1-5　中国—东南亚国家人口发展与经济发展水平散点图

资料来源：经济发展水平的数据来源于世界银行数据库相关统计数据，人口效率指数和人口转变指数的数据来源于世界银行以及人类发展指数官网相关统计数据。

二、实证结果分析

从经济发展水平看，新加坡和文莱在东南亚国家中位于最高点，相对应地，两国人口效率与人口转变指数也较高，其中人口效率属于极高发展阶段，且新加坡人口效率即将达到 1，表明该国人口创造的价值与产值非常高。同时两国人口转变均处于低位静止阶段，未出现人口负增长，均没有进入“后人口转变”阶段。从迈入高收入行列指标看，两国均在 1990 年以前就已进入高收入阶段，且持续至今。

已掉进中等收入陷阱的菲律宾、马来西亚和泰国未出现人口负增长，也未进入“后人口转变”阶段。从人口转变阶段看，菲律宾处于中期扩张阶段，马来西亚处于后期减速阶段，泰国处于低位静止阶段。从人口效率指数看，马来西亚处于中等人口效率阶段，菲律宾和泰国处于低人口效率阶段，且 2019 年泰国人口效率为 0.397，即将向中等水平迈进。还未跨过中等收入陷阱的国家有中国、老挝、柬埔寨、缅甸、越南、印度尼西亚和东帝汶，上述国家均未出现人口负增长，未进入“后人口转变”阶段。

从人口转变阶段看，中国处于低位静止阶段，印度尼西亚、越南和缅甸等处于后期减速阶段，老挝、柬埔寨和东帝汶均处于中期扩张阶段。从收入划分看，中国和印度尼西亚处于中等偏上收入行列。其中，中国跨过中等收入陷阱的可能性大，而印度尼西亚距离当年高收入阶段还有很大差距，跨过的可能性很小。老挝、柬埔寨、越南、缅甸和东帝汶均处于中等偏下收入行列，跨过中等收入陷阱的概率很低，缅甸和东帝汶工农业发展缓慢，均被联合国列为世界上最不发达国家之一。从人口效率看，上述国家均属低人口效率水平，2019 年中国为 0.399，即将向中等人口效率水平迈进。

从经济发展水平与人口效率指数关系看，两者基本呈同步正向增长，随着人口效率水平提高，经济发展水平提升相对较快，该结论在发达地区尤为明显。从经济发展水平与人口转变指数关系看，两者同样呈显著正相关关系，人口转变处于低位经济阶段，人口自然增长率处于零增长，甚至负增长。从人口转变指数与人口效率指数关系看，两者亦步亦趋，人口转变有利于人口效率水平提高，高人口效率反过来促进其从传统阶段向现代阶段转变。

三、结果检验

（一）单位根检验

建立面板数据模型后，首先应进行单位根检验，其目的是防止虚假回归或者是伪回归。对于面板数据的单位根检验存在较多争议，目前学者们比较认可的是采用 LLC、IPS 两种方法对变量进行单位根检验。LLC 是同质面板的单位根检验，IPS 是异质面板的单位根检验（见表 1-27）。

表 1-27　面板数据的单位根检验

变量	LLC		IPS		是否单整
	统计值	P 值	统计值	P 值	
$\ln GNI_{it}$	−2.44	0.02	−1.63	0.44	否
$\Delta\ln GNI_{it}$	−6.28***	0.00	−5.49***	0.00	I(1)
P	−1.58	0.06	−2.08	0.02	否
ΔP	−12.30***	0.00	−11.33***	0.00	I(1)
O	−6.68	0.02	−2.33	0.27	否
ΔO	−6.90***	0.00	−6.18***	0.00	I(1)

在构建误差修正模型的时候，只有同阶单整才可以进行协整检验。如表 1-27 所示，在没有差分的条件下，$\ln GNI$、P 和 O 是非平稳序列，P 值均

大于 0.1，接受原假设，认为存在单位根。为了得到平稳序列，故采用一阶差分的形式。经过一阶差分之后，ln*GNI*、*P* 和 *O* 变量均变成平稳序列，即三个研究变量都是一阶单整序列，因此具备协整条件。

（二）面板数据的协整检验

面板数据的协整检验是为了探求变量之间是否存在长期均衡关系。面板数据的协整检验分为两种方式：一是基于协整回归残差数据的单位根检验；二是 Johansen 方法的协整检验。根据表 1-28 可得，三个变量序列均为一阶单整序列，符合面板数据协整建模的基本标准。

学界通常采用三种方式进行检验，分别为 Kao 检验、Pedroni 检验、Westerlund 检验。Kao 检验、Westerlund 检验主要基于同质面板协整检验，Pedroni 检验主要基于异质面板协整检验。Kao 检验在诸多面板数据协整检验中运用最广泛，Pedroni 检验既包括同质性检验也包括异质性检验。因此，在选择协整检验方法时，根据面板数据 EG 两步法的程序，首先选择 Kao 检验，然后选择一个 Pedroni 检验，检验结果分别如表 1-28、表 1-29 所示。这两个检验的原假设条件 H_0 均为变量之间不存在长期协整关系。

表 1-28　Kao 协整检验

检验统计量	统计值	*P* 值
Modified Dickey-Fuller *t*	−14.32***	0.000
Dickey-Fuller *t*	−9.16***	0.000
Augmented Dickey-Fuller *t*	−6.76***	0.000

选择 Kao 协整检验时，选用的核函数为 Bartlett（巴特利特），检验统计量为调整的 DF 统计量、DF 统计量以及 ADF 统计量，主要看 ADF 统计量检验值。因其 *P* 值小于 0.01，在 1%的置信水平上拒绝原假设，说明变量之间存在长期协整关系。

表 1-29　Pedroni 协整检验

检验统计量	统计值	*P* 值
Modified Dickey-Fuller *t*	2.480***	0.006
Dickey-Fuller *t*	−4.538***	0.000
Augmented Dickey-Fuller *t*	−3.668***	0.000

表 1-29 中 Pedroni 协整检验统计量分别是调整的 PP 统计量、PP 统计量以及 ADF 统计量。其 P 值全部小于 0.01，在 1%的置信水平上拒绝原假设，说明变量之间存在协整关系。通过上述两个协整检验可知，变量之间存在长期协整关系。

（三）面板数据的误差修正模型

使用 Johansen 的 MLE 方法估计向量误差修正模型（VECM），脉冲响应函数是用来衡量随机扰动项的标准差冲击对其他变量当前和未来取值的影响轨迹。①

VECM 包含两个模型（见表 1-30）。对模型（1）而言，指标均在 1%的显著水平下通过了检验。从长期看，人口效率指数与经济发展水平之间的弹性系数为 5.62，即人口效率每增长 1%，经济发展提升幅度为5.62%。人口转变指数与经济发展水平的弹性系数为 1.23，即人口转变越往现代化进程跨越，其指数每增长 1%，经济发展水平将提高 1.23%。这说明随着时间的推移，东南亚国家经济发展水平受人口转变和人口效率的影响较大。相对来说，人口效率指数对经济发展水平的正向作用更为明显。

表 1-30　VECM 估计方法结果

模型	变量	系数值	统计值	P 值
（1）	c	4.87	37.13***	0.000
	P	5.62	36.21***	0.000
	O	1.23	5.52***	0.000
（2）	ECM_{it-1}	−0.51	−3.12***	0.000
	ΔP	3.90	8.99***	0.000
	ΔO	1.86	4.67***	0.000
	c	0.04	7.81***	0.000

对于模型（2）来说，变量同样在 1%的显著水平下通过了检验。在短期中，人口效率与经济发展水平之间的弹性系数为 3.90，即人口效率指数每增加 1%，经济发展水平涨幅为 3.90%。同样人口效率指数短期内对经济增长刺激作用显著。人口转变指数与经济发展水平之间的弹性系数为 1.86，

① 李博、秦欢、孙威：《产业转型升级与绿色全要素生产率提升的互动关系：基于中国 116 个地级资源型城市的实证研究》，《自然资源学报》2022 年第 1 期。

即人口转变指数每增长1%，经济发展水平将上升1.86%，相较而言人口转变指数对经济发展水平相对来说刺激作用不是十分显著。从短期看，经济发展水平同样依靠人口效率与人口转变指数，同时人口效率指数对经济发展水平的正向作用更突出。面板误差修正项系数为负且通过了检验，这表明，当人口转变和人口效率指数偏离长期均衡时，面板误差修正模型以0.51的力度反向调整，将其调回均衡状态。

四、主要研究结论

通过构建面板数据模型，进行单位根检验、协整检验与误差修正模型实证研究，得出如下结论。

一是人口转变与人口效率都有利于经济发展，这与相关理论证据、基本常识与推理相符。从影响系数看，无论长期还是短期，人口效率指数对经济发展的正向作用尤为明显。这说明在东南亚国家中，人口效率的提高既可以提升区域人口出生时预期寿命、高水平知识积累与整体综合能力，又有利于提高人均收入与经济发展水平。

二是从人口效率看，持续长时间提高人口效率水平对经济增长的刺激作用尤其大。由误差修正模型可知，长期高人口效率指数对经济发展水平的影响是短期的1.44倍，可能是因为人口效率是由劳动生产率、就业产值系数以及人类发展指数构成，尤其是人力资本中的教育资本存量和健康资本存量对经济发展水平的影响很难在短期内显现。这表明，东南亚国家人口效率除了新加坡和文莱外，以低效率以及中等效率水平居多，需要加大对东南亚人力资本和健康资本的投资，以提高经济增长速度，提升人民生活质量，引导东南亚区域欠发达国家开启人口数量型代替质量型的经济增长模式。

三是从人口转变看，相较于长期的人口转变，短期的、快速的人口转变对经济发展水平的贡献更大。东南亚地区除了文莱、泰国和新加坡现阶段处于人口转变的低位静止阶段外，剩余国家均处于中期扩张或后期减速阶段，目前没有一个国家进入“后人口转变”阶段。正因为人口转变向现代化进程迈进，随着东南亚国家产业结构升级与不断调整，以及数字化和人工智能的应用，能够推动并促进区域经济增长，从而对经济发展产生长期效应。

五、典型案例分析

（一）案例基本情况

新加坡位于马来半岛南端、马六甲海峡出入口，北隔柔佛海峡与马来西亚相邻，南隔新加坡海峡与印度尼西亚相望。由新加坡岛及附近63个小岛组成，其中新加坡岛占全国面积的88.5%。新加坡岛东西约50千米，南北约26千米。20世纪60年代，新加坡陆地面积581.5平方千米，经过多年填海造地，已增加25%，国土面积733.2平方公里（2022年）。① 新加坡与众不同的地方是地理位置，它横跨世界主要的东西交通路线，弥合了纽约/伦敦和香港/东京金融市场之间的时区差距，被认为是一种有用的国家资源。新加坡经济发展排在全球前十，同时人均GDP排在亚洲地区第一，1990年同中国建交，2015年与中国建立与时俱进的全方位合作伙伴关系。

新加坡的地理位置和良好的国际交通联系有助于降低其出口到西方的"距离成本"，使其成为一个有吸引力的制造业所在地。在新加坡服务出口的发展中，其利用地理优势带动经济发展。其中包括空中交通、电信、航运和货物装卸活动，最重要的是国际金融和商业服务。政府系统地利用新加坡的地理位置和时区优势，推动新加坡成为区域和国际金融中心。②

另外，新加坡自1965年独立以来，经历了经济和社会转型，已变为一个以财富和机会为特征的发达国家。良好的住房、老年收入保障以及良好的初级保健和普及教育都在不妨碍生产力和经济发展的情况下实现了。新加坡在过去40年中一直追求经济发展和社会福利双重目标，这为社会福利的发展模式提供了参照。新加坡的经验也表明了其发展模式的潜力，为发展中国家和工业国家的社会政策提供了新的理论基础。新加坡的经验表明，将促进住房和社会保障的社会政策与促进发展的经济政策结合起来是可行的。③

（二）人口发展主要情况

新加坡人口主要由近一百年来从欧亚地区迁移而来的移民及其后裔组

---

① 参见《新加坡国家概况》，https://www.mfa.gov.cn/web/gjhdq_676201/gj_676203/yz_676205/1206_677076/1206x0_677078/。

② Huff W G，1995："The Developmental State，Government，and Singapore's Economic Development Since 1960"，*World Development*，vol.23，no.8，pp.1421-1438.

③ Vasoo S，Lee J，2001："Singapore：Social Development，Housing and the Central Provident Fund"，*International Journal of Social Welfare*，vol.10，no.4，pp. 276-283.

成。移民社会的特性加上殖民统治的历史和地理位置的影响，使得新加坡呈现出了多元文化的社会特色。截至2019年6月，新加坡总人口570.36万，其中本地居民402.62万(包括350.09万公民和52.53万永久居民)，非本地居民167.74万。总人口增长率1.2%，人口密度7932人/平方千米，男女比例为957∶1000。年龄中位数为41.1岁。[①] 新加坡人口呈现出以下特征。

第一，人口老龄化程度不断加深，少儿人口和劳动年龄人口比重逐年下降。新加坡人口老龄化程度从1990年的5.60%上升至2020年的13.35%，30年上升了7.75个百分点，而其间少儿人口占总人口比重却下降了9.16个百分点，劳动年龄人口比重在2010年达到最大值(78.75%)后开始逐年下降，2010～2020年下降了4.4个百分点(见表1-31)。另外，截至2011年6月底，在379万新加坡居民中，65岁及以上人口达35.26万人(见表1-32)，比1990年增加了18.81万人。老年人口占常住人口的比例从1990年的5.60%上升到2000年的6.38%，2020年达13.35%。这反映了老年人口数量快速增长，老龄化程度不断加深。

表1-31　新加坡人口年龄结构变化　　单位：%

年龄结构	1990年	2000年	2010年	2015年	2020年
0～14岁	21.46	18.71	13.99	12.63	12.30
15～64岁	72.94	74.91	78.75	78.32	74.35
65岁及以上	5.60	6.38	7.26	9.05	13.35

资料来源：世界银行数据库，https://data.worldbank.org.cn/。

第二，高龄老年人口数量逐年递增。新加坡75～84岁的老年人从1990年的5万人上升至2011年的11万人，85岁及以上的老年人从1990年的不到1万人上升至2011年的3万多人，高龄老年人口数量在不断增加。1990～2011年，该国75～84岁、85岁及以上的老年人口分别增加了约6万、2万人(见表1-32)。

① 参见《2020年对外投资合作国别(地区)指南(新加坡)》，2020年12月25日，https://www.yidaiyilu.gov.cn/p/159154.html。

表 1-32　新加坡常住人口和老年人口规模及增长　　单位：千人

	常住人口	65 岁及以上常住人口			
		总数	65～74 岁	75～84 岁	85 岁及以上
1990 年	2735.9	164.5(6.0%)	104.9	49.9	9.6
2000 年	3273.4	235.3(7.2%)	155.3	62.5	17.5
2005 年	3467.8	279.7(8.1%)	177.6	79.5	22.6
2010 年	3771.7	338.4(9.0%)	204.1	105.0	29.2
2011 年	3789.3	352.6(9.3%)	212.5	109.1	31.1

资料来源：新加坡统计局官网，https://www. singstat. gov. sg/modules/infographics/population。

说明：括号内数字为来年居民占常住人口的比例。

第三，预期寿命不断提高。2010 年，新加坡出生人口预期寿命为 81.7 岁，其中男性预期寿命为 79.2 岁，女性为 84 岁。2020 年，该国出生总人口预期寿命为 83.9 岁，比 2010 年增加了 2.2 岁①，其中男性为 81.4 岁，女性为 85.7 岁②，男性预期寿命增长更多。

第四，长住人口出现负增长。2021 年，新加坡常住人口首次出现负增长，2020 年常住人口增长率下降至 0.4%，2021 年更降至－1.4%（见图1-6）。人口增长率下降一定程度上和新冠疫情有关，也与其人口年龄结构和出生率有关。新加坡年龄结构偏年老型，同时，常住人口总和生育率早已低于更替水平，总和生育率 1975～1980 年低于世代更替水平，仅为1.84，此后总和生育率持续下降。出生人数减少形成了典型的底部人口老龄化特征，导致新加坡老年人口占比快速上升，进一步加快了其老龄化进程。③

① 参见新加坡国家统计局官网，https://www. singstat. gov. sg/modules/infographics/population。

② 因数据仅更新至 2019 年，故这里的男女预期寿命为 2019 年数据。

③ 参见新加坡国家统计局官网，https://www. singstat. gov. sg/modules/infographics/population。

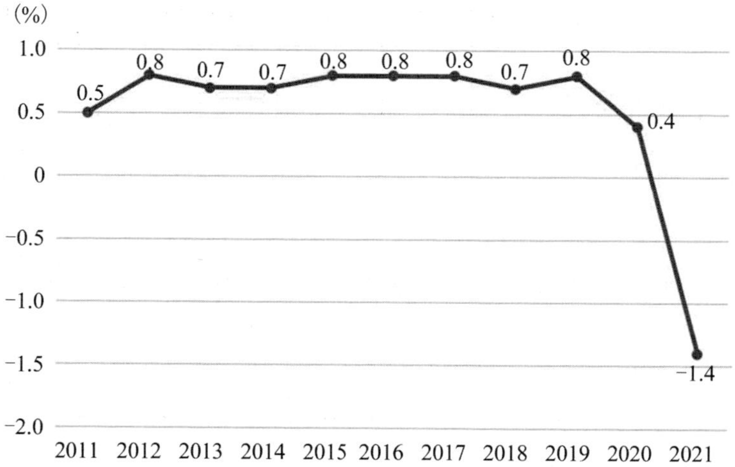

图 1-6　2011～2021 新加坡常住人口增长率变化

资料来源：新加坡国家统计局官网，https://www.singstat.gov.sg/modules/infographics/population。

(三)经济发展的主要成效

新加坡经济是典型的外贸驱动型经济，以电子、石油化工、金融、航运、服务业为主，高度依赖中、美、日、欧和周边市场，外贸总额是 GDP 的 4 倍。其 20 世纪 90 年代初就进入了高收入国家行列。20 世纪，新加坡经济长期高速增长。2001 年，受全球经济放缓的影响，经济出现了负增长，陷入独立之后最严重的经济衰退。2008 年，受国际金融危机影响，金融、贸易、制造、旅游等多个产业接连遭到冲击。新加坡政府采取积极的应对措施，推出了新一轮经济刺激政策。有关新加坡经济发展定位，20 世纪 60 年代以前的经济可定性为贸易经济，60～90 年代可定性为工业经济，21 世纪初以来为典型的信息经济。①

从新加坡经济实际增长情况看，按名义价值计算，个人可支配收入由 2011 年的 1650 亿元增加至 2020 年的 2610 亿元，复合年增长率(CAGR)为 5.2%(见表 1-33)。这一增长速度低于 20 世纪 80 年代以来的增长速度，这与国际证据一致，即随着经济成熟，人均直接投资增长率往往会逐渐降低。自 1980 年以来，新加坡人均可支配收入增长放缓，与同期欧洲委员会增长放缓相一致。几十年来，雇员薪酬增长放缓与新加坡经济变得更加发达导致国内生产总值增长放缓是一致的。然而，值得注意的是，2011～2020 年，个人可支配收入的增长首次超过了国内生产总值的增长速度，这表明个人

① Mahizhnan A，1999："Smart Cities：The Singapore Case"，*Cities*，vol.16，no.1，pp.13-18.

的收入增长速度超过了经济体生产产生收入的速度。

表 1-33 1981～2020 年个人可支配收入、雇员薪酬和国内生产总值名义增长率 单位：%

	1981～1990 年	1991～2000 年	2001～2010 年	2011～2020 年
个人可支配收入	9.2	7.7	6.3	5.2
雇员薪酬	10.4	8.7	6.5	4.7
国内生产总值	9.8	8.6	8.2	3.3

资料来源：新加坡国家统计局，https://www.singstat.gov.sg/modules/infographics/population。

新加坡的国内生产总值(GDP)增长率基本保持在 9%以上，但 2015 年 GDP 增长率跌至 2.99%，2020 年更是出现负增长，与新冠疫情有一定关系，但也可看出新加坡近几年的 GDP 增长有所放缓。GDP 总量持续增长，从 1960 年的 7.05 亿美元增加到 2020 年的 3399.98 亿美元，60 年间增长了 3392.93 亿美元(见表 1-34)。可见，新加坡的经济发展取得了卓越成效，经济总量不断增加，除个别年份外，其他年份 GDP 均保持快速增长。

表 1-34 1960～2020 年新加坡 GDP 增长率与 GDP

	1960 年	1970 年	1980 年	1990 年	2000 年	2010 年	2015 年	2020 年
GDP 增长率(%)	—	13.94	10.11	9.82	9.04	14.53	2.99	−5.39
GDP(亿美元)	7.05	19.21	118.96	361.44	960.74	2398.09	3080.04	3399.98

资料来源：世界银行数据库，https://data.worldbank.org.cn/。

新加坡经济发展取得重大成果，更多的是利用优越的地理位置。1965 年，新加坡政府制定了诸多发展战略，为当时大多数贫穷、受教育程度低、居住在拥挤和不健康的住房中的人口提供利益，采取了一系列措施如公共住房、吸引外国投资等，最终取得了不错成效。

(四)可推广的经验

一是制定完善的社会福利政策。很少有其他国家像新加坡这样利用社会保障和住房政策来服务于经济发展的目标。西方福利国家倾向于将经济政策和社会政策分开，并利用社会福利来促进社会目标而不是经济目标。另外，新加坡的社会政策主要是为了促进经济发展。有大量证据表明，新加坡的社会政策对提高人民生活水平作出了重大贡献。但是，在满足社会需求方面，政府确保社会政策是在有助于国家维持高经济增长率这一压倒一切的目标的背景下进行的。政府还利用社会政策来控制通货膨胀，还要求通过社会发展切实改善社会福利。该模式将经济政策和社会政策结合起来，促进可持续的、以人为本的发展进程，从而提高所有人的生活水平。

二是利用迅速扩张的全球信息经济作为经济增长的引擎。由于几乎没有自然资源，新加坡通过欢迎跨国公司投资以及投资能够吸引这些投资的基础设施和人力资源战略，在IT革命的技术浪潮中取得了相对成功。这种融入全球信息通信技术和内容生产网络的战略可以被其他发展中国家复制，尽管它们无法享受新加坡在20世纪60年代末70年代初作为世界上第一个实施这一战略的发展中国家而享有的先发优势。事实上，在过去十年几中，马来西亚和泰国信息与通信技术的快速发展在很大程度上是基于促进跨国公司投资的类似战略。除了政治稳定和高效的政府管理，新加坡能够吸引越来越多的高科技跨国公司投资的一个关键因素是人力资源开发和基础设施建设，特别是网络基础设施方面的重大公共投资。这些政策可以被其他发展中国家效仿。①

三是对外开放战略需要与时俱进、不断深化。新加坡在发展过程中根据其经济发展的阶段以及国际经济、政治格局的变化，对外开放的重点和战略不断作出新的调整，积极适应全球环境变化。因此，开放的市场经济为新加坡参与全球化经济提供了优势，也取得了不错的发展成效，其他国家在对外开放战略上可借鉴新加坡的经验，结合自身实际发展，制定出合理的策略。新加坡积极拓展国际合作和开放市场，加强与其他国家的经贸往来，积极参与国际机构和区域经济组织合作。未来，中国可以加强与新加坡等国家的合作，拓展开放市场，促进贸易投资自由化、便利化，推动全球经济一体化和共同发展。

四是注重教育和人才培养。新加坡高度重视教育，建立了高质量的教育体系，培养了大量的优秀人才，为经济发展做好了人才的铺垫。发展中国家可以借鉴新加坡的教育经验，加大对人才培养的投入力度，培养具备创新能力和国际竞争力的人才，以推动经济发展。新加坡倡导“人才立国”“精英治国”“建设精干、高效、廉洁的公务员队伍”，大力开发和引进人才资源以弥补自然资源的不足，带动了经济的高速发展。发达国家以吸引人才为重点，与发达国家相比，新兴工业化国家或地区以及发展中国家应该更加重视政府在人才培养、吸引和利用上的引导作用②，将人才合理利用起来，推动地区的经济社会发展。

---

① Wong P K，1998：“Leveraging the global information revolution for economic development：Singapore's evolving information industry strategy”，*Information Systems Research*，vol. 9，no.4，pp.323-341.

② 参见何增科：《美国、新加坡、印度等国家在人才资源开发管理方面做法和经验的比较研究》，《马克思主义与现实》2004年第2期。

第二章　中国—南亚国家人口发展与经济增长比较分析

南亚地处亚洲南部，北靠喜马拉雅山脉，南临印度洋，西濒阿拉伯海，东濒孟加拉湾，总面积达448万平方公里。2020年，南亚总人口18.36亿人，占世界总人口的23.92%，人口密度达380.32人/平方公里，远超同期世界平均值(58.42人/平方公里)，是世界上人口最多和最密集的区域。2020年，南亚国家GDP总额3.59万亿美元，低于世界平均水平(8.77万亿美元)，人均GDP为1956.58美元，略高于世界平均值(1433.22美元)。地区间政局动荡也使得南亚地区成为继非洲撒哈拉地区后全球最贫穷的地区之一。南亚地区共8个国家，其中2个内陆国：尼泊尔和不丹，毗邻中国西藏；3个临海国：印度、巴基斯坦和孟加拉国；2个岛国：斯里兰卡和马尔代夫；由于阿富汗在地域上大部分属南亚地区，故这里将阿富汗统计在南亚区域。南亚地区位于中国西南方向，分布较为集中，除了马尔代夫相对位置距离中国较远外，其余7国在地理区位上均与中国紧邻。国土面积上，印度、阿富汗和巴基斯坦相对较大，其他5国面积均相对较小。

共建"一带一路"促进了中国和南亚国家的交流与合作，中国经济发展的"外溢"效应更加显现，南亚国家与中国均能从中受益，既改善基础设施，帮助解决发展资金及人才输送不足问题，又促进南亚区域联盟合作。中国与南亚各国以互利互通共赢为合作基础，南亚地区人口和区域经济发展成为彼此合作的重要目标。

第一节　中国—南亚国家主要人口指标变动及特征

每个社会都有与其相对应的人口特征，国家经济发展离不开人口发展，推动经济健康持续发展，应明晰区域人口变动及特征，并据此分析与明确区域人口发展规律。

一、人口数量变动及特征

（一）人口数量变动

2020 年，中国—南亚国家中人口总量超亿人的国家有中国（14.11 亿人）、孟加拉国（1.65 亿人）、印度（13.80 亿人）和巴基斯坦（2.21 亿人），具体如表 2-1 所示。1000 万～1 亿人口的国家有阿富汗（3892.8 万人）、斯里兰卡（2191.9 万人）和尼泊尔（2913.7 万人），人口不到 100 万的国家有不丹（77.2 万人）、马尔代夫（54.1 万人）。总体上，南亚地区既有人口超亿大国，也有如不丹和马尔代夫人口较少的国家。

表 2-1　1960～2020 年中国—南亚 8 国人口数量变动　　单位：万人

	1960 年	1970 年	1980 年	1990 年	2000 年	2010 年	2020 年
中国	66707.0	81831.5	98123.5	113518.5	126264.5	133770.5	141092.9
世界	303215.6	368197.6	443296.4	528006.3	611432.4	692185.5	776393.3
阿富汗	899.7	1117.4	1335.7	1241.2	2078.0	2918.6	3892.8
孟加拉国	4801.4	6423.3	7964.0	10317.2	12765.8	14757.5	16468.9
不丹	22.3	29.7	40.7	53.1	59.1	68.6	77.2
印度	45054.8	55519.0	69895.3	87327.8	105657.6	123428.1	138000.4
斯里兰卡	987.5	1248.6	1503.6	1732.6	1877.8	2026.2	2191.9
马尔代夫	9.0	11.6	15.8	22.3	27.9	36.6	54.1
尼泊尔	1010.5	1207.5	1501.6	1890.6	2394.1	2701.3	2913.7
巴基斯坦	4498.8	5814.2	7805.4	10764.8	14234.4	17942.5	22089.2

资料来源：世界银行数据库：人口总量，https://data.worldbank.org.cn/indicator/SP.POP.TOTL? view=chart。

1960～2020 年，孟加拉国增加了 1.17 亿人，增长率为 243%，印度、巴基斯坦分别增加了 9.29 亿人、1.76 亿人，增长率分别是 206.29%、391%。不丹增加了 54.9 万人，马尔代夫增加了 45.1 万人，尼泊尔增加了 1903.2 万人。斯里兰卡由 987.5 万人增长至 2191.9 万人，阿富汗由 899.7 万人增长至 3892.8 万人。同期世界人口由 303215.6 万人增长至 776393.3 万人。南亚 8 国人口增长态势不一，既有远超世界平均增长率的马尔代夫、巴基斯坦、阿富汗，也有低于世界平均增长率的斯里兰卡。此外，阿富汗 1980～1990 年出现了人口减少现象，从 1335.7 万人降至 1241.2 万人，这可能是

1979 年苏联与阿富汗战争所致。

(二)人口自然增长率

2020 年,中国—南亚 8 国人口自然增长率超过 20‰的有巴基斯坦、不丹,分别为 25.00‰、20.54‰;10‰~20‰的有孟加拉国(12.03‰)、阿富汗(10.45‰)、尼泊尔(10.14‰)、印度(10.32‰)和斯里兰卡(12.97‰);低于10‰的是中国、马尔代夫,分别为 1.45‰、8.40‰;同期世界均值为 9.63‰。总体上,2020 年中国—南亚国家中,除了中国、斯里兰卡外,其余国家人口自然增长率均高于世界均值。

从动态趋势看,1960~2020 年自然增长率出现了一定波动,尤其在 2015 年后各国人口自然增长率进入平稳期(见图 2-1)。

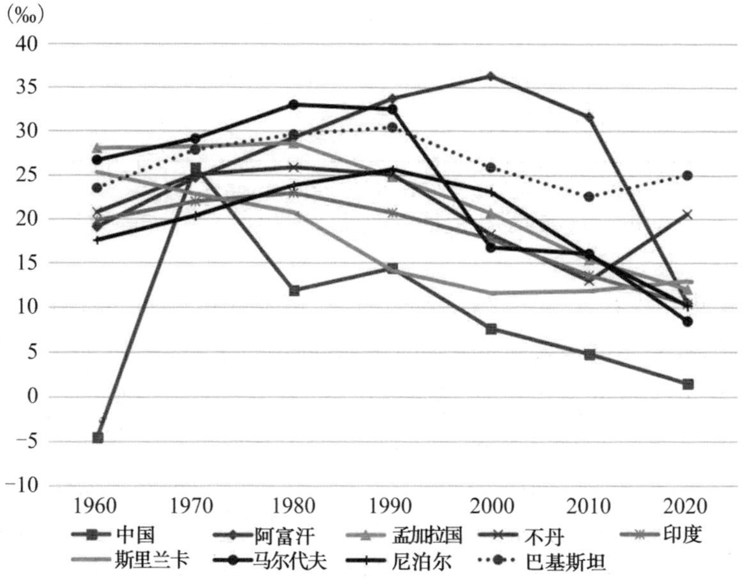

图 2-1　1960~2020 年中国和南亚 8 国人口自然增长率

资料来源:世界银行数据库,https://data.worldbank.org.cn/indicator/SP.DYN.CBRT.IN。

二、人口质量变动及特征

(一)人均受教育年限

2020 年,中国—南亚 8 国人均受教育年限最低的是阿富汗,最高的是斯里兰卡(见表 2-2),人均受教育年限为 5~10 年的国家是中国、孟加拉国、印度、不丹、尼泊尔和马尔代夫,不足 5 年的是阿富汗、巴基斯坦,同期世界均值为 8.64 年。可以看出,当前南亚 8 国人均受教育程度处于较低层次。

表 2-2　1990～2020 年中国—南亚 8 国人均受教育年限　　单位:年

	1990 年	1995 年	2000 年	2005 年	2010 年	2015 年	2020 年
中国	4.14	5.04	5.93	6.33	6.73	7.20	7.60
世界	5.89	6.47	7.02	7.42	7.77	8.28	8.64
阿富汗	0.97	1.21	1.41	1.69	2.11	2.37	2.85
孟加拉国	3.29	3.82	4.28	4.72	5.12	5.99	7.38
不丹	—	—	—	—	2.31	3.32	5.17
印度	2.78	3.30	4.14	4.53	5.07	6.25	6.66
斯里兰卡	8.17	9.08	10.13	10.13	10.24	10.46	10.83
马尔代夫	4.04	3.51	3.05	3.07	4.38	6.65	7.32
尼泊尔	2.35	2.60	2.75	3.12	3.45	4.50	5.12
巴基斯坦	2.29	2.78	3.29	4.53	4.59	5.16	4.54

资料来源:联合国开发计划署人类发展数据中心,https://hdr.undp.org/en。

说明:国别中对应年份数据出现缺失,用“—”表示。

从变化趋势看,1990～2020 年,中国—南亚 8 国人均受教育年限整体持续增长,提升幅度最大的是孟加拉国,其间增长了 4.09 年,同期世界增长了2.75年,高于世界均值的还有印度(3.88 年)、中国(3.46 年)、马尔代夫(3.28年)、尼泊尔(2.77 年),阿富汗、巴基斯坦和斯里兰卡其间分别提升了 1.88 年、2.25 年和 2.66 年。不丹从 2010 年至 2020 年提升了 2.86 年。总体上,中国—南亚 8 国该值提升快于世界均值,说明各国政府采取的措施积极有效,这为中国—南亚地区未来社会繁荣、经济发展奠定了坚实基础,但当前教育水平仍较低,未来应加大对教育的投资,提高中国—南亚 8 国人口质量水平。

(二)高等教育入学率

高等教育的重要性体现在多个方面,对于提升整体国民素质、人口素质和经济发展质量以及增强区域核心竞争力具有深远的影响。如表 2-3 所示,2020 年,南亚 8 国高等教育入学率最高的是马尔代夫(34.00%),超过20%的是孟加拉国、印度、斯里兰卡,10%～20%的国家有阿富汗、巴基斯坦、尼泊尔、不丹。可见,南亚各国高等教育入学率普遍不高,最高的马尔代夫与中国也有近 20 个百分点的差距,与同期世界均值相比也处于低位,各国政府需有针对性地加大教育投资。

表 2-3　1990～2020 年中国—南亚 8 国高等教育入学率　　单位:%

	1990 年	1995 年	2000 年	2005 年	2010 年	2015 年	2020 年
中国	2.97	4.39	7.59	19.09	24.20	46.04	58.42
世界	13.62	15.54	19.08	24.34	29.40	36.87	40.24
不丹	—	—	—	5.04	7.25	14.12	16.45
孟加拉国	4.21	—	5.63	6.45	—	13.79	22.83
巴基斯坦	3.08	—	—	4.92	—	9.23	12.00
马尔代夫	—	—	—	10.00	—	31.00	34.00
尼泊尔	5.17	4.33	4.19	7.74	14.34	14.97	13.46
斯里兰卡	—	—	—	—	16.34	19.76	21.61
印度	5.95	5.54	9.51	10.68	17.83	26.77	29.44
阿富汗	2.21	—	1.00	—	4.00	8.00	10.56

资料来源:世界银行数据库,https://data.worldbank.org.cn/indicator/SE.TER.ENRR? view =chart。

说明:国别中对应年份数据缺失用"—"表示。因数据缺失,马尔代夫 2005 年、2015 年、2020 年分别用 2007 年、2017 年、2019 年数据替代。阿富汗 2000 年、2010 年、2015 年用 2003 年、2011 年、2014 年数据替代。

1990～2020 年,中国—南亚 8 国高等教育入学率都有一定程度的提升。其间,中国从 2.97%提升至 2020 年的 58.42%,阿富汗从 2.21%提升至 10.56%,孟加拉国从 4.21%提升至 22.83%,印度由 5.95%提升至 2020 年的 29.44%,尼泊尔由5.17%提升至 13.46%。不丹由 2005 年的 5.04%提升至 2020 年的 16.45%,马尔代夫从 2007 年的 10.00%提升至 2020 年的 34.00%。南亚国家中印度与马尔代夫提升相对更快,也反映了政府对高等教育的投资,但是与同期世界提升水平相比仍显不足,还需各国政府部门高度关注。

(三)人口出生时预期寿命

1960～2020 年,中国—南亚各国人口出生时预期寿命均大幅增长,但各国增幅差异大。2020 年,中国—南亚 8 国出生时预期寿命最低的是阿富汗,最高的是马尔代夫,两国相差 14.04 岁(见表 2-4)。人口出生时预期寿命低于 70 岁的国家有阿富汗、印度和巴基斯坦。70～75 岁的有孟加拉国、不丹和尼泊尔。超过 75 岁的有中国、斯里兰卡和马尔代夫,同期世界平均预期寿命为72.75岁。中国—南亚8国大多数国家已超过了世界均值。

表 2-4　1960～2020 年中国—南亚 8 国人口出生时预期寿命　　单位：岁

	1960年	1970年	1980年	1990年	2000年	2010年	2020年
中国	43.73	59.09	66.84	69.15	71.40	74.41	77.10
世界	52.58	58.58	62.84	65.43	67.55	70.56	72.75
阿富汗	32.45	37.41	43.24	50.33	55.84	61.03	65.17
孟加拉国	45.38	46.94	52.90	58.21	65.45	69.88	72.87
不丹	34.53	39.64	45.46	52.88	60.88	68.38	72.08
印度	41.42	47.74	53.81	57.87	62.51	66.69	69.89
斯里兰卡	59.37	64.10	68.17	69.51	71.33	75.44	77.14
马尔代夫	37.34	44.14	53.05	61.53	70.17	75.91	79.21
尼泊尔	35.58	40.88	46.78	54.40	62.29	67.61	71.07
巴基斯坦	45.30	52.65	56.86	60.10	62.82	65.26	67.45

资料来源：世界银行数据库，https://data.worldbank.org.cn/indicator/SP.DYN.LE00。

1960～2020年，中国—南亚国家人口出生时预期寿命不同程度地增加。提升幅度较大的有中国（33.37岁）、阿富汗（32.72岁）、不丹（37.55岁）、马尔代夫（41.87岁）和尼泊尔（35.49岁），印度、孟加拉国、巴基斯坦和斯里兰卡分别提升了28.47岁、27.49岁、22.15岁和17.77岁，同期世界平均提升了20.17岁。可见，南亚国家近几十年社会经济取得了不错的发展，推动了各国人口身体素质大幅改善。

（四）新生儿死亡率

1960～2020年，中国—南亚各国都经历了大幅度的新生儿死亡率下降，虽然降幅各有不同，但这一趋势反映出这些地区在改善婴儿健康和提高医疗水平方面取得了显著进展。2020年，中国—南亚8国新生儿死亡率低于10‰的国家有中国、斯里兰卡和马尔代夫（见表2-5）。10‰～20‰的分别是孟加拉国、不丹和尼泊尔。超过20‰的有阿富汗、印度和巴基斯坦。同期世界均值为17‰。可见，南亚8国新生儿死亡率差距极大，最高的巴基斯坦（40.4‰）与最低的中国（3.5‰）相差36.9个千分点。除了斯里兰卡、马尔代夫外，其他国家新生儿死亡率仍较高。

表 2-5　1960～2020 年中国—南亚 8 国新生儿死亡率　　单位:‰

	1960 年	1970 年	1980 年	1990 年	2000 年	2010 年	2020 年
中国	—	—	—	29.6	21.4	8.4	3.5
世界	—	—	—	36.7	30.4	22.1	17.0
阿富汗	—	—	—	74.3	60.9	47.4	35.2
孟加拉国	102.7	94.4	89.1	65.6	44	29.4	17.5
不丹	—	—	—	42.3	31.8	22.5	15.3
印度	—	84.3	72	57.2	44.7	31.8	20.3
斯里兰卡	40.2	31.9	23.3	13.8	9.7	6.4	4.0
马尔代夫	—	—	—	39.0	22.4	7.7	4.1
尼泊尔	97.2	87.7	75.8	57.9	39.3	26.5	16.9
巴基斯坦	87.4	75.1	70.3	64	56.8	49.8	40.4

资料来源:世界银行数据库,https://data.worldbank.org.cn/indicator/SH.DYN.NMRT。

说明:国别中对应年份数据出现缺失,用"—"表示。

1960～2020 年,中国—南亚各国的新生儿死亡率均呈下降趋势,降幅较大的国家有孟加拉国(85.2 个千分点)、印度(64.0 个千分点)、尼泊尔(80.3个千分点)。其余国家降幅也都超过 20 个千分点,如中国(26.1 个千分点)、阿富汗(39.1 个千分点)、不丹(27.0 个千分点)、斯里兰卡(36.2 个千分点)、马尔代夫(34.9 个千分点)和巴基斯坦(47.0 个千分点)。中国—南亚 8 国新生儿死亡率已大大降低,但与发达国家和地区相比仍较高,社会经济发展相对落后,需采取措施持续发展,进一步降低新生儿死亡率。

三、人口结构变动及特征

(一)人口年龄结构

1.少儿人口比重变动及特征

2020 年,中国—南亚 8 国 0～14 岁少儿人口占比差距较大(见表 2-6)。少儿人口比重超过 30%的国家有阿富汗、巴基斯坦,20%～30%的有孟加拉国、不丹、印度、斯里兰卡和尼泊尔,低于 20%的分别是中国、马尔代夫。另外,阿富汗、孟加拉国、印度、尼泊尔、巴基斯坦 5 国高于世界均值。总体来说,南亚地区少儿人口占比较高,呈现典型的年轻型人口结构。

表 2-6　1960～2020 年中国—南亚 8 国 0～14 岁少儿人口比重　单位：%

	1960 年	1970 年	1980 年	1990 年	2000 年	2010 年	2020 年
中国	39.82	40.41	35.94	28.59	24.79	18.66	17.71
世界	37.17	37.55	35.33	32.86	30.16	27.02	25.48
阿富汗	42.14	44.33	46.18	48.31	48.89	48.18	41.82
孟加拉国	42.05	44.78	44.71	42.09	36.96	31.99	26.75
不丹	42.10	42.80	43.67	43.44	39.81	31.17	24.89
印度	40.46	40.91	39.25	37.97	34.73	30.81	26.16
斯里兰卡	42.03	40.28	35.89	32.10	26.75	25.38	23.68
马尔代夫	38.43	46.27	45.40	47.51	40.47	25.29	19.60
尼泊尔	40.41	40.98	41.41	42.43	40.96	36.29	28.81
巴基斯坦	39.27	42.34	42.86	43.00	41.96	37.69	34.82

资料来源：世界银行数据库，https://data.worldbank.org.cn/indicator/SP.POP.0014.TO.ZS。

1960～2020 年，中国—南亚 8 国 0～14 岁少儿人口比重均发生了较大变化。仅阿富汗、巴基斯坦没有明显变化，分别下降了 0.32 个、4.45 个百分点。除中国外，其他国家少儿人口比重变化在 10～20 个百分点。2020 年南亚 8 国大多属于年轻型人口结构，人口仍然充满活力。

2.劳动年龄人口变动及特征

2020 年，中国—南亚 8 国劳动年龄人口比重超过 70%的有中国、马尔代夫(见表 2-7)；比重在 60%～70%的国家是孟加拉国、不丹、印度、斯里兰卡、尼泊尔和巴基斯坦 6 国；阿富汗最低，仅为 55.53%。南亚国家中有 5 个国家的劳动年龄人口比重超过同期世界均值。可见，南亚国家劳动年龄人口比重普遍较高，仍可提供丰厚的人力资源参与国家建设。

表 2-7　1960～2020 年中国—南亚 8 国 15～64 岁劳动年龄人口比重　单位：%

	1960 年	1970 年	1980 年	1990 年	2000 年	2010 年	2020 年
中国	56.49	55.84	59.39	65.78	68.40	73.27	70.32
世界	57.86	57.15	58.78	60.98	62.97	65.42	65.20
阿富汗	55.06	53.04	51.39	49.46	48.81	49.49	55.53
孟加拉国	55.25	52.45	52.20	54.76	59.19	63.24	68.02

续表

	1960 年	1970 年	1980 年	1990 年	2000 年	2010 年	2020 年
不丹	55.54	54.85	53.86	53.73	56.27	63.69	68.90
印度	56.50	55.78	57.14	58.23	60.91	64.11	67.27
斯里兰卡	53.45	56.04	59.74	62.42	67.03	67.19	65.08
马尔代夫	59.00	51.39	52.06	49.70	55.77	70.15	76.81
尼泊尔	57.04	56.08	55.30	54.04	55.27	58.70	65.36
巴基斯坦	56.41	53.85	53.30	53.09	54.04	58.07	60.83

资料来源：世界银行数据库，https://data.worldbank.org.cn/indicator/SP.POP.1564.TO.ZS?view=chart。

与 1960 年相比，2020 年比重上升最快的是马尔代夫（17.81 个百分点），中国、孟加拉国、不丹、印度、斯里兰卡也有较大增幅，分别增长了 13.83 个、12.77 个、13.36 个、10.77 个、11.63 个百分点；阿富汗、尼泊尔和巴基斯坦增幅较小，仅提升了 0.47 个、8.32 个、4.42 个百分点。

3.老年人口变动及特征

2020 年，中国—南亚 8 国 65 岁及以上老年人口比重高于 10%的仅有中国、斯里兰卡，5%～10%的国家有孟加拉国、不丹、印度和尼泊尔，低于 5%的是阿富汗、马尔代夫和巴基斯坦（见表 2-8）。除了中国、斯里兰卡外，其余国家尚未进入老龄化社会。南亚国家只有斯里兰卡的老年人口比重高于世界均值。

表 2-8　1960～2020 年中国—南亚 8 国 65 岁及以上老年人口比重　单位：%

	1960 年	1970 年	1980 年	1990 年	2000 年	2010 年	2020 年
中国	3.69	3.75	4.67	5.63	6.81	8.07	11.97
世界	4.97	5.30	5.89	6.16	6.87	7.57	9.32
阿富汗	2.80	2.63	2.43	2.23	2.29	2.33	2.65
孟加拉国	2.69	2.77	3.09	3.14	3.85	4.77	5.23
不丹	2.36	2.35	2.47	2.83	3.92	5.14	6.20
印度	3.05	3.30	3.61	3.80	4.37	5.08	6.57
斯里兰卡	4.52	3.68	4.36	5.47	6.22	7.43	11.23
马尔代夫	2.58	2.34	2.53	2.79	3.76	4.56	3.59

续表

	1960年	1970年	1980年	1990年	2000年	2010年	2020年
尼泊尔	2.54	2.94	3.29	3.53	3.77	5.01	5.83
巴基斯坦	4.32	3.81	3.84	3.90	4.00	4.24	4.35

资料来源:世界银行数据库,https://data.worldbank.org.cn/indicator/SP.POP.65UP.TO.ZS?view=chart。

从变化趋势看,1960～2020年,除了阿富汗外,老年人口比重均出现不同程度上升,升幅较大的是中国(8.28个百分点)、斯里兰卡(6.71个百分点),升幅较小的是孟加拉国(2.54个百分点)、马尔代夫(1.01个百分点)和巴基斯坦(0.03个百分点)。1960～2020年,中国—南亚8国人口老龄化率平均仅上升3.23个百分点,比世界同期平均升幅小很多,多数国家尚未进入老龄化社会,养老负担较轻。

综上,南亚8国人口年龄结构变化主要是少儿人口、劳动年龄人口比重持续走低,老年人口比重持续攀升,但幅度均较小,各国均处于人口红利期,应趁机加快社会经济建设。中国与南亚各国应通力合作,借助其年轻且丰沛的劳动力资源,推进双方优势互补,实现双赢。

(二)人口性别比变动及特征

2020年,中国—南亚8国中,人口性别比低于100的有斯里兰卡和尼泊尔,超过100的国家有中国、阿富汗、孟加拉国、不丹、印度、马尔代夫和巴基斯坦(见表2-9)。在正常范围内的有中国、阿富汗和巴基斯坦,其余存在一定的性别失衡问题,尤其不丹和尼泊尔,人口性别比例过高和过低。

表2-9　1960～2020年中国—南亚8国人口性别比

	1960年	1970年	1980年	1990年	2000年	2010年	2020年
中国	106.4	105.4	105.4	105.4	105.4	115.8	105.3
世界	97.0	97.1	98.3	98.3	97.1	95.3	95.3
阿富汗	107.0	104.0	103.4	104.6	105.9	106.0	105.4
孟加拉国	108.3	107.1	106.2	106.5	105.7	104.9	102.2
不丹	104.0	102.9	107.1	105.7	104.7	104.0	113.4
印度	106.6	107.4	107.5	107.9	108.3	110.0	108.2
斯里兰卡	110.5	106.2	104.0	102.0	99.5	104.2	92.1

续表

	1960年	1970年	1980年	1990年	2000年	2010年	2020年
马尔代夫	119.5	107.0	109.6	105.2	102.4	107.4	107.4
尼泊尔	99.4	99.2	100.4	98.8	99.2	105.4	84.5
巴基斯坦	115.5	112.3	109.8	107.7	106.7	108.7	106.0

资料来源：世界银行数据库，https://data.worldbank.org.cn/indicator/SP.POP.BRTH.MF。

从变化趋势看，相比1960年，2020年，中国、阿富汗、孟加拉国、斯里兰卡、尼泊尔、巴基斯坦和马尔代夫出现下降，分别下降了1.1个、1.6个、6.1个、18.4个、14.9个、9.5个和12.1个单位值，不丹、印度人口性别比上升。

四、人口分布变动及特征

（一）城镇化率变动及特征

2020年，中国—南亚8国城镇化率低于40%的分别是阿富汗、孟加拉国、印度、斯里兰卡、尼泊尔和巴基斯坦（见表2-10）；超过40%的是中国、不丹、马尔代夫；同期世界均值为56.16%。南亚国家城镇化率均未超过世界均值。可见，中国—南亚国家城镇化率不高，尤其是阿富汗、斯里兰卡和尼泊尔，还不足30%。为了实现国家现代化，各国需要加速城镇化。

表2-10 1960～2020年中国—南亚8国城镇化率 单位：%

	1960年	1970年	1980年	1990年	2000年	2010年	2020年
中国	16.20	17.40	19.36	26.44	35.88	49.23	61.43
世界	33.62	36.55	39.35	43.03	46.69	51.65	56.16
阿富汗	8.40	11.64	16.00	21.18	22.08	23.74	26.03
孟加拉国	5.14	7.59	14.85	19.81	23.59	30.46	38.18
不丹	3.60	6.09	10.13	16.39	25.42	34.79	42.32
印度	17.92	19.76	23.10	25.55	27.67	30.93	34.93
斯里兰卡	16.43	17.60	18.61	18.54	18.38	18.23	18.71
马尔代夫	11.17	11.89	22.25	25.84	27.71	36.43	40.67
尼泊尔	3.48	3.96	6.09	8.85	13.40	16.77	20.58
巴基斯坦	22.10	24.82	28.07	30.58	32.98	35.00	37.17

资料来源：世界银行数据库，https://data.worldbank.org.cn/indicator/SP.URB.TOTL.IN.ZS。

1960～2020年，各国城镇化率呈上升态势，升幅较大的是中国（45.23个百分点）、不丹（38.72个百分点）和孟加拉国（33.04个百分点）；升幅较小的有阿富汗（17.63个百分点）、印度（17.01个百分点）、斯里兰卡（2.28个百分点）、尼泊尔（17.10个百分点）和巴基斯坦（15.07个百分点）。但出于历史原因，南亚各国城镇化率低，需进一步提高城镇化率，并推进社会经济发展和产业结构转型。

（二）国际人口迁移变动及特征

2020年，国际人口迁移为净流入的国家有不丹、马尔代夫和尼泊尔，其余国家均为负值，为净流出国家，中国国际人口迁移率为－0.2%，阿富汗为－1.7%，孟加拉国为－2.3%，印度为－0.4%，斯里兰卡为－4.6%，巴基斯坦为－1.1%（见图2-2）。整体上，中国—南亚国家大多为人口净流出。

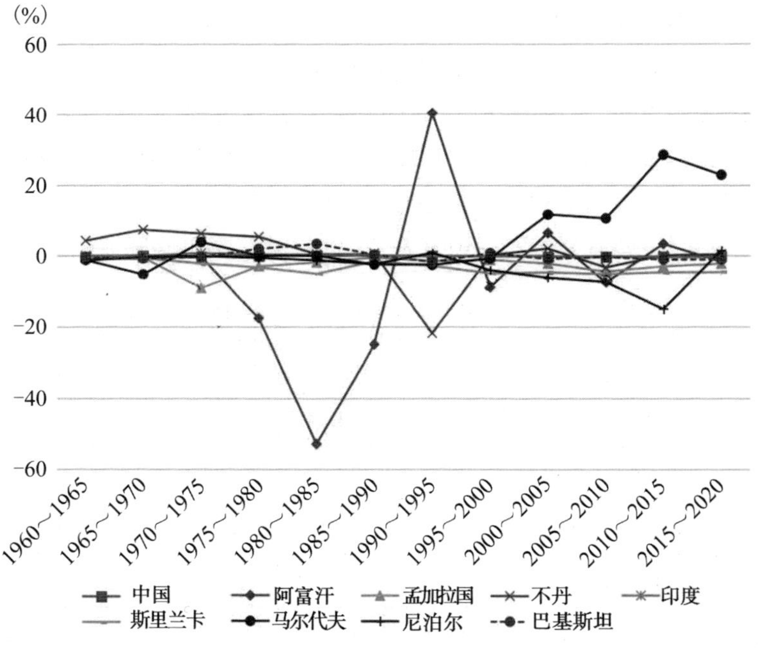

图2-2　1960～2020年中国—南亚8国国际人口迁移率变动

资料来源：根据世界银行（https://data.worldbank.org.cn/indicator/SM.POP.TOTL）数据计算获得。

从动态看，1960～2020年，中国—南亚8国大部分国家处于人口净迁出状态。其中，中国、孟加拉国、斯里兰卡始终为净迁出，阿富汗1990～1995年、2000～2005年和2010～2015年为人口净迁入，其余时期为人口净迁出。不丹在1990～1995年、2005～2010年为人口净迁出，其余时期为人口净迁入。印度在1970～1990年为人口净迁入，其余时期为人口净迁出。马尔代夫在1960～1970年、1985～2000年为人口净迁出，其余时期为零或净迁入。尼泊尔在1960～2015年为人口净迁出，2015～2020年为人口净迁入。巴基斯坦在1975～1990年、1995～2000年为人口净迁入，其余年份为人口净迁出。中国—南亚8国历史上人口迁徙频繁，但从全球角度看，这些国家均属发展中国家，长期受发达国家虹吸效应明显，高技术人才迁出明显且持续时间长。该结果总体弊大于利，对各国经济建设、人口抚养、高科技创新发展等极为不利，各国需结合本国国情，制定发展战略，尽量减少高素质人口外迁。

第二节　中国—南亚国家人口发展比较及主要问题

人类历史上由生产力革命引起的人口再生产由低级向高级发展，一般以低出生率、低死亡率、低人口自然增长率为特征的现代人口再生产类型与以现代科学技术为基础的社会化大生产经济相适应。

一、人口红利与机会窗口

“人口红利”是指一个国家或地区的劳动力人口比例相对较大，通常伴随着低依赖比率(儿童和老年人占总人口的比例较低)。这种情况可以对经济增长产生深远的影响。这一现象主要影响生产、消费和储蓄等多个方面。

(一)总抚养比变动

2020年，中国—南亚8国中总抚养比高于50%的有阿富汗、斯里兰卡、尼泊尔和巴基斯坦(见表2-11)，这说明上述国家中一个青壮年劳动力需供养超过一个老人或小孩。世界同期总抚养比为54.55%。中国—南亚8国平均总抚养比为51.59%，中国为42.21%。

表2-11　1960～2020年中国—南亚8国总抚养比变化　　单位：%

	1960年	1970年	1980年	1990年	2000年	2010年	2020年
中国	77.02	79.07	68.38	52.02	46.20	36.49	42.21
世界	73.70	76.18	71.34	65.51	60.19	54.52	54.55
阿富汗	81.62	88.53	94.61	102.19	104.86	102.05	80.09

续表

	1960 年	1970 年	1980 年	1990 年	2000 年	2010 年	2020 年
孟加拉国	80.98	90.67	91.56	82.60	68.95	58.12	47.02
不丹	80.05	82.33	85.67	86.10	77.71	57.02	45.14
印度	77.00	79.27	75.00	71.73	64.18	55.99	48.66
斯里兰卡	87.10	78.46	67.38	60.19	49.19	48.83	53.65
马尔代夫	69.50	94.60	92.09	101.22	79.30	42.55	30.20
尼泊尔	75.30	78.30	80.83	85.03	80.93	70.36	52.99
巴基斯坦	77.28	85.70	87.62	88.34	85.05	72.21	64.39

资料来源：根据世界银行数据（https://data.worldbank.org.cn/indicator/SP.POP.DPND.YG 和 https://data.worldbank.org.cn/indicator/SP.POP.DPND.OL）计算获得。

从变化趋势看，1960～2020 年，总抚养比下降较快的国家是中国（34.81 个百分点）、孟加拉国（33.96 个百分点）、不丹（34.91 个百分点）、斯里兰卡（33.45 个百分点）和马尔代夫（39.30 个百分点），印度下降了 28.34 个百分点，尼泊尔下降了 22.31 个百分点，巴基斯坦下降了 12.89 个百分点，而阿富汗总抚养比基本持平，其间仅下降了 1.53 个百分点。世界总抚养比从 73.70％下降至 54.55％，下降了 19.15 个百分点。2020 年，中国—南亚 8 国总抚养比相对较高。

（二）人口红利期判断

中国—南亚 8 国整体人口资源优势明显，除了阿富汗因长期战乱处于人口暴债期，巴基斯坦处于人口负债期外，其余国家人力资源状况均较为良好（见表 2-12）。中国、孟加拉国、不丹和印度四国仍处于人口红利期，斯里兰卡、马尔代夫和尼泊尔人口红利期已结束，进入人口盈亏平衡期。

表 2-12　2020 年中国—南亚 8 国人口红利期判断

国家	人口红利期判断	国家	人口红利期判断
中国	人口红利期	斯里兰卡	人口盈亏平衡期
阿富汗	人口暴债期	马尔代夫	人口盈亏平衡期
孟加拉国	人口红利期	尼泊尔	人口盈亏平衡期
不丹	人口红利期	巴基斯坦	人口负债期
印度	人口红利期		

仍处于人口红利期的国家，应抓紧人口优势带来的发展机遇，促进本国产业结构转型，尽快在人口红利期走出中等收入陷阱。斯里兰卡、马尔代夫和尼泊尔面临人口红利期结束，应尽早开启第二次人口红利。阿富汗及巴基斯坦应高度关注本国人口结构问题，采取措施扭转人口负债情况，促进人口生育率回升、完善社会福利制度或通过吸引人口迁入以改善本国人口结构，同时在面临劳动力短缺、社会抚养压力过大、社会活力不足等问题时，应引进高新技术，以缓解人口结构转变带来的压力。

二、人口转变进程与指数比较

（一）人口转变进程比较

整体来看，2020 年，中国—南亚 8 国中，孟加拉国、不丹、印度、马尔代夫、尼泊尔五国人口转变处于后期减速阶段（见表 2-13），说明上述国家处于低人口自然增长率状态。巴基斯坦、阿富汗处于中期扩张阶段，即人口转变处于死亡率持续下降、高出生率、高人口自然增长率状态。中国、马尔代夫分别在 1999 年、2016 年进入人口转变低位静止阶段，人口增长处于相对静止状态。

表 2-13　中国—南亚 8 国人口转变进程

国家	高位静止	初期加速	中期扩张	后期减速	低位静止
中国	1960 年以前	1961～1965 年	1966～1982 年	1983～1998 年	1999 年至今
阿富汗	1964 年以前	1965～2014 年	2015 年至今	无	无
孟加拉国	1975 年以前	1976～1990 年	1991～2010 年	2011 年至今	无
不丹	1978 年以前	1979～1992 年	1993～2007 年	2008 年至今	无
印度	1963 年以前	1964～1980 年	1981～2010 年	2011 年至今	无
斯里兰卡	1960 年以前	1961～1963 年	1964～1990 年	1991 年至今	无
马尔代夫	1971 年以前	1972～1992 年	1993～2000 年	2001～2015 年	2016 年至今
尼泊尔	1967 年以前	1968～1996 年	1997～2014 年	2015 年至今	无
巴基斯坦	1970 年以前	1971～1999 年	2000 年至今	无	无

资料来源：根据人口转变阶段划分标准判断获得。

（二）人口转变指数比较

20 世纪 90 年代，中国—南亚国家中人口转变指数最高的是中国

(0.768),且处于后期减速阶段;阿富汗为初期加速阶段,人口转变指数为0.067,总和生育率为7.559个(见表2-14)。其他7国中,斯里兰卡的人口转变指数最高,为0.715,其总和生育率是最低的,为2.327个。此时南亚8国的总和生育率均高于人口更替水平,自然增长率除了斯里兰卡和印度外,其余6国均高于20‰。

表2-14 中国—南亚8国人口转变指数

国家	20世纪90年代			21世纪10年代		
	总和生育率(个)	人口自然增长率(‰)	人口转变指数(TDI)	总和生育率(个)	人口自然增长率(‰)	人口转变指数(TDI)
中国	1.807	11.001	0.768	1.661	4.8010	0.831
阿富汗	7.559	35.222	0.067	5.103	28.3629	0.283
孟加拉国	3.821	22.846	0.484	2.148	13.8043	0.689
不丹	4.601	22.066	0.436	2.083	11.7240	0.718
印度	3.698	19.322	0.533	2.347	11.7715	0.696
斯里兰卡	2.327	12.216	0.715	2.217	10.3672	0.722
马尔代夫	4.452	24.991	0.414	2.018	13.6007	0.702
尼泊尔	4.731	25.268	0.389	2.166	14.5123	0.680
巴基斯坦	5.717	28.626	0.278	3.691	21.9332	0.471

资料来源:世界银行数据库,https://data.worldbank.org.cn/indicator/SP.POP.GROW。

21世纪10年代,中国、不丹、印度、孟加拉国、斯里兰卡、马尔代夫、尼泊尔人口转变指数均高于0.6;阿富汗、巴基斯坦人口转变指数较低,分别是0.283和0.471。南亚国家中不丹和马尔代夫总和生育率已低于人口更替水平,但也高于中国,分别高出了0.422个、0.357个。人口自然增长率除了阿富汗和巴基斯坦高于20‰,其余6国均在10‰~20‰;中国远低于10‰,其人口转变指数也高于南亚8国。

三、人口效率发展比较

(一)人口效率分类指标比较

1.劳动生产率

从静态指标看(见表2-15),2019年,中国—南亚8国劳动生产率排前三的是中国、马尔代夫和斯里兰卡，分别为22138、18990和11419美元/人。排在后两位的国家是阿富汗、尼泊尔，分别为2155、2092美元/人，这两国经济发展落后，劳动生产率低下。劳动生产率最高的中国是最低尼泊尔的10.58倍。同时，阿富汗也仅2155美元/人，不丹为6690美元/人，印度为6631美元/人，巴基斯坦为4118美元/人。总体上，这些国家劳动生产率普遍不高。

表2-15　1990～2019年中国—南亚8国劳动生产率　　单位：美元/人

国家	1990年	1995年	2000年	2005年	2010年	2015年	2016年	2017年	2018年	2019年
中国	628	1175	1852	3435	9088	16578	16907	18705	21193	22138
阿富汗	4760	3240	2898	2258	2606	2587	2246	2267	2117	2155
孟加拉国	1009	1058	1308	1546	2428	3741	4142	4349	4683	5078
不丹	1392	1337	1853	2922	5066	5943	6144	6800	6615	6690
印度	1130	1135	1328	2068	4096	5005	5375	6240	6352	6631
斯里兰卡	1440	2241	2423	3507	7923	10883	10942	11473	11997	11419
马尔代夫	3546	5860	7171	10783	16923	17252	17685	18060	18755	18990
尼泊尔	421	440	495	675	1245	1658	1596	1835	2050	2092
巴基斯坦	1358	1838	2049	2574	3259	4364	4402	4733	4793	4118

资料来源：根据世界银行数据库(https://data.worldbank.org.cn/indicator/NY.GNP.MKTP.CD、https://data.worldbank.org.cn/indicator/SP.POP.1564.TO、https://data.worldbank.org.cn/indicator/SL.EMP.TOTL.SP.ZS)相关指标计算得到。

说明：(1)从1990年起，所有国家15岁以上就业人口总量才有数据公布；为了统一口径，人口效率都是从1990年起计算的。(2)由于阿富汗1982～2008年国民总收入(现价美元)数据不可获得。为了数据可比性，统一把1990年阿富汗国民收入用2009年数据代替，1995年用2011年数据代替，2000年用2012年数据代替，2005年用2013年数据代替。

从变化趋势看，劳动生产率整体呈增长态势，增幅明显的是中国、马尔代夫和斯里兰卡。马尔代夫从1990年的3546美元/人上升到2019年的18990美元/人，增速为5.36倍；斯里兰卡从1990年的1440美元/人提高到2019年的11419美元/人，增速为7.93倍。另外，阿富汗呈下降趋势，1990

年最高，为 4760 美元/人，随后下降，2019 年为 2155 美元/人，其间减少了 2605 美元/人。增速较慢的是尼泊尔和巴基斯坦。尼泊尔从 1990 年的 421 美元/人增加到 2019 年的 2092 美元/人，仅增加了 1671 美元/人。巴基斯坦其间从 1358 美元/人上升到 4118 美元/人，仅增加了 2760 美元/人。总体上，中国—南亚国家除了阿富汗因为战争劳动生产率持续下降外，其他国家普遍增长。

计算人口效率要求劳动生产率取值为 0～1，因此对劳动生产率进行标准化处理（见表 2-16）。可以看出，各国变化趋势与劳动生产率变动一致。

表 2-16　1990～2018 年中国—南亚 8 国标准化劳动生产率

国家	1990 年	1995 年	2000 年	2005 年	2010 年	2015 年	2016 年	2017 年	2018 年	2019 年
中国	0.0088	0.0120	0.0218	0.0332	0.0725	0.1378	0.1416	0.1430	0.1626	0.1707
阿富汗	0.0934	0.0440	0.0375	0.0199	0.0129	0.0086	0.0064	0.0039	0.0010	0.0013
孟加拉国	0.0166	0.0102	0.0136	0.0118	0.0113	0.0193	0.0239	0.0216	0.0227	0.0261
不丹	0.0244	0.0145	0.0218	0.0274	0.0355	0.0396	0.0424	0.0423	0.0391	0.0397
印度	0.0190	0.0114	0.0139	0.0177	0.0266	0.0310	0.0353	0.0376	0.0369	0.0392
斯里兰卡	0.0254	0.0285	0.0304	0.0340	0.0618	0.0852	0.0866	0.0818	0.0847	0.0798
马尔代夫	0.0686	0.0845	0.1017	0.1162	0.1445	0.1440	0.1488	0.1376	0.1420	0.1440
尼泊尔	0.0045	0.0006	0.0014	0.0020	0.0004	0.0001	0.0004	0.0003	0.0004	0.0008
巴基斯坦	0.0237	0.0223	0.0248	0.0234	0.0189	0.0251	0.0263	0.0248	0.0237	0.0180

2.就业产值系数比较

从静态指标看（见表 2-17），2019 年就业产值系数排名前 3 的是马尔代夫（0.319）、斯里兰卡（0.294）和中国（0.255），上述国家就业人口创造的社会价值比其他国家高。但中国—南亚 8 国总体就业产值系数较低，均低于 0.4。排名靠后的是尼泊尔、阿富汗和孟加拉国，仅为 0.031、0.052 和 0.082，均低于 0.1，说明其就业人口产值较低，国家发展落后，就业人口创造的价值较低。

表 2-17　1990～2019 年中国—南亚 8 国就业产值系数

国家	1990 年	1995 年	2000 年	2005 年	2010 年	2015 年	2016 年	2017 年	2018 年	2019 年
中国	0.001	0.015	0.032	0.064	0.124	0.191	0.205	0.221	0.238	0.255
阿富汗	0.026	0.026	0.026	0.028	0.058	0.056	0.055	0.054	0.052	0.052
孟加拉国	0.018	0.021	0.026	0.034	0.047	0.065	0.070	0.071	0.076	0.082
不丹	0.039	0.053	0.066	0.089	0.143	0.176	0.187	0.191	0.193	0.200
印度	0.023	0.031	0.043	0.057	0.086	0.123	0.133	0.143	0.152	0.157
斯里兰卡	0.081	0.105	0.119	0.142	0.194	0.256	0.263	0.268	0.287	0.294
马尔代夫	0.341	0.341	0.368	0.309	0.363	0.293	0.301	0.303	0.311	0.319
尼泊尔	0.003	0.005	0.009	0.012	0.017	0.026	0.025	0.028	0.029	0.031
巴基斯坦	0.072	0.081	0.078	0.088	0.089	0.097	0.101	0.105	0.111	0.108

资料来源：根据世界银行数据库（https://data.worldbank.org.cn/indicator/SL.GDP.PCAP.EM.KD）指标计算得到。

从动态指标看，马尔代夫与中国一样处于中等偏上收入行列，就业产值系数先升后降，从 1990 年的 0.341 上升到 2000 年的 0.368 的峰值，其间增加了 0.027 个单位值，随后递减，2019 年降至 0.319。该国经济结构单一、资源贫乏、严重依赖进口，经济基础较为薄弱，实行小规模开放型经济政策。①

斯里兰卡就业产值系数从 1990 年的 0.081 上升到 2019 年的 0.294，提高了 0.213 个单位值。其以种植园经济为主，工业基础薄弱，在南亚国家中率先实行经济自由化政策。实行自由外贸政策，除政府控制石油外，其他商品均可自由进口。②

不丹就业产值系数从 1990 年的 0.039 上升到 2019 年的 0.200 峰值，是最不发达国家之一，在 2016 年联合国发展署发表的全球人类发展报告中排名第 134 位。其对外贸易主要在南盟成员间进行。③

印度就业产值系数从 1990 年的 0.023 上升到 2019 年的 0.157，是世界

① 参见《马尔代夫》，https://www.yidaiyilu.gov.cn/gbjg/gbgk/894.htm。

② 参见《斯里兰卡》，https://www.yidaiyilu.gov.cn/gbjg/gbgk/895.htm。

③ 参见《不丹》，https://www.yidaiyilu.gov.cn/gbjg/gbgk/10018.htm。

上发展最快的国家之一，经济增速引人瞩目。1991 年前实施贸易保护主义政策，1991 年经济危机后逐步转型为自由市场，经济规模获得较快增长。人口贫富悬殊，人均 GDP 很低。

孟加拉国就业产值系数从 1990 年的 0.018 上升到 2019 年的 0.082，是最不发达国家之一，经济发展水平较低，国民经济主要依靠农业。国际援助是其外汇储备与投资发展项目的主要资金来源。

巴基斯坦就业产值系数从 1990 年的 0.072 上升到 2019 年的 0.108 峰值。2021 年人口约 2.08 亿，以农业为主，农业人口约占全国人口的 66.5%，工业基础薄弱。政府一直努力加速工业化，扩大出口，缩小外贸逆差。①

尼泊尔就业产值系数持续递增，从 1990 的 0.003 上升到 2019 年的 0.031，是典型的农业国，经济落后，世界上最不发达国家之一，但水力资源丰富。主要贸易伙伴有印度、美国、中国、欧盟等。②

阿富汗就业产值系数从 1990 年的 0.026 上升到 2010 年的 0.058 峰值后下降，2019 年降至 0.052，是最不发达国家之一，矿藏资源较丰富，但多年战乱，工业基础十分薄弱。③

3.人类发展指数比较

从静态看，中国—南亚国家 2019 年人类发展指数（HDI）排名前 3 的是斯里兰卡、中国和马尔代夫，分别为 0.782、0.761 和 0.740（见表 2-18），属高等人类发展指数国家。孟加拉国、不丹、印度、尼泊尔和巴基斯坦属中等人类发展指数，阿富汗为低人类发展指数阶段。

表 2-18　1990～2019 年中国—南亚 8 国人类发展指数（HDI）

国家	1990 年	1995 年	2000 年	2005 年	2010 年	2015 年	2016 年	2017 年	2018 年	2019 年
中国	0.501	0.549	0.591	0.643	0.702	0.742	0.749	0.753	0.758	0.761
阿富汗	0.298	0.327	0.345	0.410	0.464	0.490	0.491	0.493	0.496	0.511
孟加拉国	0.388	0.427	0.470	0.506	0.549	0.588	0.599	0.609	0.614	0.632
不丹	0.512	0.512	0.512	0.512	0.571	0.606	0.610	0.615	0.617	0.654
印度	0.431	0.463	0.497	0.539	0.581	0.627	0.637	0.643	0.647	0.645

① 参见《巴基斯坦》，https://www.yidaiyilu.gov.cn/gbjg/gbgk/11084.htm。

② 参见《尼泊尔》，https://www.yidaiyilu.gov.cn/gbjg/gbgk/900.htm。

③ 参见《阿富汗》，https://www.yidaiyilu.gov.cn/gbjg/gbgk/10048.htm。

续表

国家	1990年	1995年	2000年	2005年	2010年	2015年	2016年	2017年	2018年	2019年
斯里兰卡	0.625	0.650	0.687	0.721	0.750	0.772	0.774	0.776	0.780	0.782
马尔代夫	0.546	0.546	0.610	0.632	0.669	0.709	0.713	0.716	0.719	0.740
尼泊尔	0.380	0.411	0.446	0.474	0.527	0.568	0.572	0.574	0.579	0.602
巴基斯坦	0.404	0.428	0.449	0.499	0.524	0.550	0.556	0.558	0.56	0.557

资料来源：联合国开发计划署，https://hdr.undp.org/data-center/human-development-index#/indicies/HDI。

从动态看，南亚国家人类发展指数均有所提高，孟加拉国从1990年的0.388上升至2019年的0.632，增长较快。总体上，南亚国家人类发展指数均实现上升，表明各国经济不断发展，社会不断进步。

（二）人口效率综合比较

从静态指标看（见表2-19），2019年人口效率排前3位的国家是马尔代夫、中国和斯里兰卡，分别为0.401、0.396和0.385。总体上，南亚国家人口效率较低，仅马尔代夫进入了中等人口效率阶段。阿富汗更是处于极低人口效率阶段，仅0.188。该国经济发展滞后，是联合国确定的最不发达的47国之一，人口效率极为低下。南亚8国人口效率最高的是马尔代夫，另外，孟加拉国为0.247，不丹为0.298，印度为0.280，尼泊尔为0.211，巴基斯坦为0.228，人口效率均比较低。

表2-19　1990～2019年中国—南亚8国人口效率比较

国家	1990年	1995年	2000年	2005年	2010年	2015年	2019年
中国	0.170	0.192	0.215	0.247	0.300	0.357	0.396
阿富汗	0.139	0.132	0.136	0.153	0.178	0.185	0.188
孟加拉国	0.141	0.153	0.170	0.184	0.202	0.224	0.247
不丹	0.192	0.193	0.200	0.210	0.250	0.274	0.298
印度	0.158	0.168	0.185	0.204	0.231	0.260	0.280
斯里兰卡	0.244	0.261	0.279	0.299	0.335	0.371	0.385
马尔代夫	0.318	0.324	0.360	0.353	0.392	0.382	0.401

续表

国家	1990 年	1995 年	2000 年	2005 年	2010 年	2015 年	2019 年
尼泊尔	0.129	0.139	0.152	0.163	0.181	0.198	0.211
巴基斯坦	0.167	0.177	0.184	0.203	0.211	0.224	0.228

从动态指标看(见图 2-3),1990～2019 年,中国—南亚 8 国人口效率均呈上升态势。中国升幅最大,上升了 0.226 个单位值。其次是斯里兰卡、印度、不丹和孟加拉国,分别上升了 0.141、0.122、0.106 和 0.106 个单位值。升幅较小的是阿富汗、巴基斯坦、尼泊尔和马尔代夫,均低于 0.1 个单位值。可见,人口效率升幅与国家经济发展程度关系并不密切,马尔代夫在南亚地区属经济发展较好的国家,不过人口效率增幅较小。

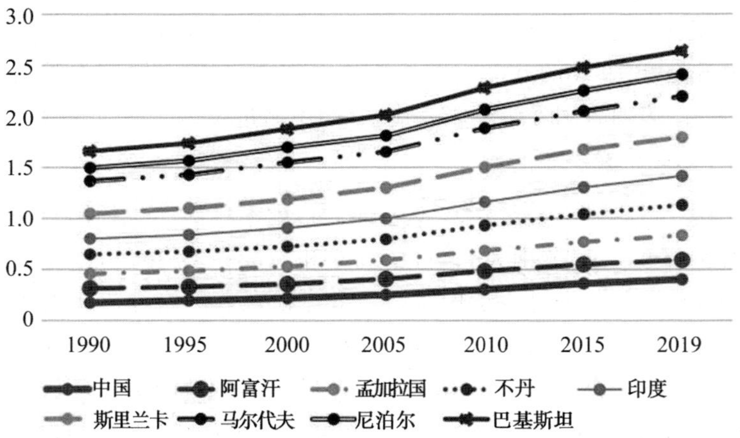

图 2-3　1990～2019 年中国—南亚 8 国人口效率比较

四、主要人口问题

南亚各国均为发展中国家,与发达国家相比还有较大差距,人口方面主要面临以下问题。

(一)人口质量整体偏低

一是南亚各国人均受教育年限整体不高。2019 年,阿富汗仅为 2.85 年,国民人均受教育年限不到 3 年。不丹也仅为 5.17 年,尼泊尔为 5.12 年,巴基斯坦仅 4.54 年。上述几国不仅大幅度低于同期世界平均水平8.64年,同时也不到中国的小学教育文化程度,这对上述国家人口质量的提升、实现现代化以及依靠人口质量转型助力本国社会经济发展十分不利。

二是南亚各国高等教育入学率均低于世界平均水平。与人均受教育年限相比，高等教育入学率更能反映一个国家高水平科学技术发展的程度和潜力。在过去几十年中，南亚各国高等教育入学率都有一定程度上升，但总体高等教育入学率仍不高。如阿富汗、不丹、尼泊尔等国均不到20%，2019年分别为10.56%、16.45%、13.46%。中国—南亚8国仅中国的高等教育入学率超过了世界平均值(40.24%)，2019年为58.42%，其他国家如孟加拉国(22.83%)、印度(29.44%)和斯里兰卡(21.61%)也都远低于世界均值。

三是南亚各国人口出生时预期寿命短。2020年，南亚8国中一些国家因为经济、卫生、战争等因素，预期寿命与同期其他国家或地区相比均较短，比如阿富汗、印度和巴基斯坦预期寿命低于70岁，分别为65.17岁、69.89岁和67.45岁，均低于同期世界均值(72.75岁)。较低的人口出生时预期寿命反映了各国医疗健康卫生环境较差，公共卫生投入较低，因各国对人口质量投资不足，可能因不同族裔预期寿命不同而导致社会冲突。

(二)城镇化水平偏低

目前，许多南亚国家的城镇化发展相对较慢，可能受到一系列因素的影响，包括土地利用规划、基础设施建设和政策支持等。因此，这些国家需要采取措施来加速城镇化进程，以实现更快速的经济发展，并提高人民生活水平。城镇化发展应该被视为一项综合性的战略，有助于实现国家现代化的目标。2019年，阿富汗城镇化率仅为26.03%；斯里兰卡不到20%，仅为18.71%；尼泊尔刚超过20%，为20.58%。上述国家均低于30%，这严重影响了本国经济发展，其余各国也比较低，如孟加拉国(38.18%)、不丹(42.32%)、印度(34.93%)、马尔代夫(40.67%)和巴基斯坦(37.17%)。上述国家均远低于世界同期56.16%的均值，这极大地影响了各国为经济社会发展及产业结构转型提供高质量的人力资源保障，也严重影响了就业人口产业转移。

(三)新生儿死亡率依然处于高位

南亚各国已经历了几十年的发展历程，但新生儿死亡率仍然偏高，说明该地区经济社会发展与医疗卫生状况较差。孟加拉国、尼泊尔和印度等国家自20世纪90年代以来已经实现了新生儿死亡率的显著下降。1960～2020年，孟加拉国新生儿死亡率下降了85.2个千分点，尼泊尔下降了80.3个千分点，印度下降了64个千分点。这些国家通过长期的医疗投资，取得了一些成就。然而，尽管如此，这些国家的新生儿死亡率仍然高于发达国家和地区的水平，这表明还需要进一步改进医疗卫生体系和政策。相比之下，像阿富汗、巴基斯坦等国家的新生儿死亡率极高，这是一个值得关注的问题。

(四)人口性别比失衡较严重

南亚地区的8个国家中,斯里兰卡(92.1)和尼泊尔(84.5)人口性别比低于正常值100。这表明在这些国家,女性相对较多,性别比失衡的情况相对较轻。然而,不丹(113.4)、印度(108.2)和马尔代夫(107.4)人口性别比高于正常范围,这意味着男性人口相对较多。这种性别比失衡可能会在未来几十年产生严重后果,因为人口变量通常是一种惰性变量,其影响需要相当长的时间才能显现。

失衡的人口性别比可能对国家的人口结构、经济社会可持续发展等产生负面影响。例如,高性别比可能导致有较多的未婚男性,从而增加社会不稳定因素。此外,人口性别比失衡还可能影响家庭和社会的性别平等,以及女性在社会中的地位。

第三节　中国—南亚国家经济增长比较

一、各国经济增长比较

经济增长率是衡量一个国家或地区发展水平的常用指标之一。通过观察南亚各国的经济增长率,可以了解它们在经济方面的表现,包括国内生产总值(GDP)总量和增长率等方面的情况。这有助于比较各国的经济状况,识别经济领先和滞后的地区,对于提高人民的生活水平和社会福祉至关重要,且有助于实现政治稳定和提升国际竞争力。因此,南亚各国需要采取适当的措施,以促进可持续的经济增长,同时注重社会公平和可持续性发展。

(一)GDP总量比较

2020年,中国—南亚8国GDP总量,中国最高(146876.74亿美元),其次是印度(26676.88亿美元)和孟加拉国(3739.02亿美元),巴基斯坦为3003.06亿美元,不丹仅有23.15亿美元,马尔代夫为37.43亿美元,尼泊尔为334.34亿美元,斯里兰卡为809.70亿美元,阿富汗为201.16亿美元(见表2-20)。总体来看,南亚8国GDP总量总体较低,且地区差异大。

表 2-20 1960～2020 年中国—南亚 8 国 GDP 总量 单位:亿美元

国家	1960 年	1970 年	1980 年	1990 年	2000 年	2010 年	2020 年
中国	597.16	926.03	1911.49	3608.58	12113.47	60871.64	146876.74
不丹	—	—	1.29	2.88	4.24	15.48	23.15
孟加拉国	42.75	89.93	181.38	315.98	533.70	1152.79	3739.02
巴基斯坦	37.49	100.28	236.54	400.10	820.18	1771.66	3003.06
马尔代夫	—	—	0.42	2.15	6.24	25.88	37.43
尼泊尔	5.08	8.66	19.46	36.28	54.94	160.03	334.34
斯里兰卡	14.10	22.96	40.25	80.33	163.31	567.26	809.70
印度	370.30	624.22	1863.25	3209.79	4683.95	16756.15	26676.88
阿富汗	5.38	17.49	36.42	—	—	158.57	201.16

资料来源:世界银行数据库,https://data.worldbank.org.cn/indicator/NY.GDP.MKTP.CD。

说明:“—”表示数据缺失。

从动态看,1960～2020 年,中国—南亚 8 国 GDP 总量均实现了较大提升,其间中国从 597.16 亿美元增长到 146876.74 亿美元,印度从 370.30 亿美元增长至 26676.88 亿美元,两国堪称世界经济发展奇迹。此外,不丹从 1980 年的 1.29 亿美元增长到 2020 年的 23.15 亿美元。1960～2020 年,孟加拉国从 42.75 亿美元增加到 3739.02 亿美元,巴基斯坦从 37.49 亿美元增长到 3003.06 亿美元,尼泊尔从 5.08 亿美元增长到 334.34 亿美元,斯里兰卡从 14.10 亿美元增长到 809.70 亿美元,阿富汗从 5.38 亿美元增长到 201.16 亿美元。马尔代夫从 1980 年的 0.42 亿美元增长到 2020 年的 37.43 亿美元。各国经济发展均有较大突破。

(二)GDP 增长率比较

2019 年,中国—南亚 8 国人均 GDP 增长率高于 5%的国家有中国、孟加拉国(见表 2-21),增长率在 2%～5%的有不丹、马尔代夫、尼泊尔和印度,低于 2%的是巴基斯坦和阿富汗,斯里兰卡 GDP 呈现负增长。

表 2-21 1990～2019 年中国—南亚 8 国人均 GDP 增长率 单位:%

国家	1990 年	1995 年	2000 年	2005 年	2010 年	2015 年	2019 年
中国	2.41	9.75	7.64	10.74	10.10	6.42	5.58
不丹	8.59	6.53	1.06	5.64	10.77	5.35	4.55

续表

国家	1990年	1995年	2000年	2005年	2010年	2015年	2019年
孟加拉国	3.09	2.90	3.26	4.97	4.39	5.37	6.78
巴基斯坦	1.42	2.07	1.54	4.10	−0.60	2.57	0.44
马尔代夫	—	—	1.66	−14.50	3.65	−1.60	3.81
尼泊尔	2.09	0.90	4.29	2.17	4.31	3.56	4.74
斯里兰卡	5.05	4.64	5.35	5.38	7.28	4.05	−0.8
印度	3.37	5.53	2.02	6.23	7.04	6.80	2.69
阿富汗	—	—	—	7.21	11.26	−1.62	1.54

资料来源：世界银行数据库，https://data.worldbank.org.cn/indicator/SP.POP.GROW。

说明：“—”表示数据缺失。

1990～2019年，南亚各国人均GDP增长率大多年份为正值，说明各国经济实现了持续发展。印度除了2000年外，其余年份人均GDP增长率均超过3%。综上，中国—南亚8国人均GDP增长率近20年来均比较高。此外，巴基斯坦在以下年份人均GDP为负增长：1993年(−0.8%)、1997～1998年(−1.9%、−0.4%)、2008年(−0.5%)、2010年(−0.7%)，2002年为零增长。马尔代夫在2001年(−5.6%)、2005年(−14.5%)、2009年(−10.5%)、2012年(−0.9%)、2015年(−1.6%)为负增长。阿富汗自2003年有该数据记录以来，分别在2004年(−2.5%)、2011年(−3.2%)、2014～2018年(−1.0%、−1.7%、−0.3%、−0.3%、−1.7%)为负增长。不丹1991年为−2.0%。尼泊尔分别在2002年(−1.4%)、2016年(−0.5%)为负增长。斯里兰卡在2001年(−2.2%)、2019年(−0.8%)为负增长。印度在1991年为负增长(−1.0%)。可见，南亚各国人均GDP增长率起伏较大，说明各国经济发展不稳定，其间南亚国家仅孟加拉国未出现负增长。

二、人口转变与收入阶段比较

(一)人均GNI比较

2020年，中国—南亚8国人均GNI较高的3国是中国、马尔代夫和斯里兰卡，分别为10530美元、6450美元和3720美元；较低的3国是阿富汗、尼泊尔和巴基斯坦，分别为500美元、1190美元和1460美元(见图2-4)。另外，孟加拉国为2340美元，不丹为2840美元，印度为1910美元。中国—南亚8国人均GNI仅中国过万美元，其他国家均较低。

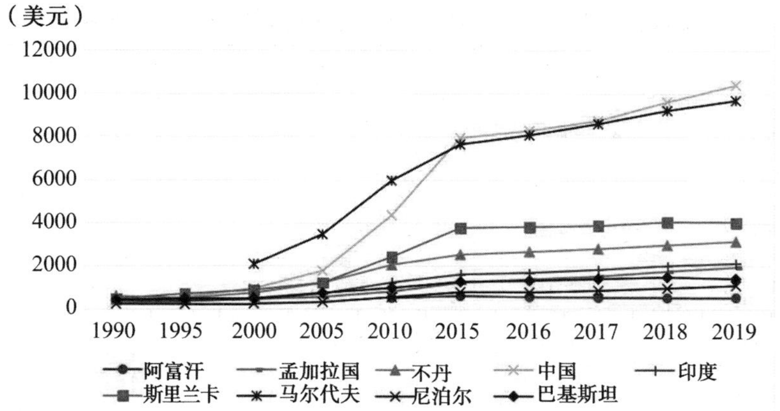

图 2-4　1990～2019 年中国和南亚人均国民收入

资料来源：世界银行数据库，https://data.worldbank.org.cn/indicator/NY.GNP.PCAP.CD?view=chart。纵轴加单位：(美元)

说明：阿富汗 1985～2000 年人均 GNI(现价美元)和人均 GDP(现价美元)数据缺失，不丹和马尔代夫 1960～1975 年人均 GNI(现价美元)和人均 GDP(现价美元)数据缺失。

从动态指标看，1990～2020 年除了阿富汗数据缺失，南亚其他国家人均 GNI 均实现增长。斯里兰卡从 460 美元增长至 3720 美元，孟加拉国从 320 美元增长至 2340 美元，马尔代夫从 2000 年的 2070 美元增长至 2020 年的 6450 美元。上述国家均为南亚人均 GNI 增长较快的国家。不丹从 580 美元增长至 2840 美元，印度从 380 美元增长至 1910 美元，尼泊尔从 210 美元增长至 1190 美元，巴基斯坦从 400 美元增长至 1460 美元，是南亚人均 GNI 增长相对缓慢的国家。

（二）收入阶段比较

2020 年，南亚国家人均 GNI 由高到低排序为马尔代夫、斯里兰卡、不丹、印度、孟加拉国、巴基斯坦、尼泊尔和阿富汗。按收入阶段划分，仅马尔代夫进入中等偏上收入行列，且人均 GNI 增幅最显著；斯里兰卡、不丹、印度、巴基斯坦、尼泊尔和孟加拉国处在中等偏下收入行列；阿富汗仍处在低收入行列。

2020 年，马尔代夫、中国处于人口转变低位静止阶段，均进入中等偏上收入行列(见表 2-22)。斯里兰卡、不丹、印度、孟加拉国和尼泊尔均处在人口转变后期减速阶段，为中等偏下收入国家。巴基斯坦和阿富汗处于人口转变中期扩张阶段，巴基斯坦处于中等偏下收入行列，阿富汗属低收入国家。可见，人口转变和经济发展相辅相成，经济快速发展可加快人口转变进程，人口转变速度一定程度上影响人均国民收入的增长。

表 2-22　2020 年中国和南亚八国的人口转变与中等收入阶段进程

国家	人口转变阶段	收入行列	是否跨越中等收入陷阱
中国	低位静止	中等偏上收入国家	否
阿富汗	中期扩张	低收入国家	否
孟加拉国	后期减速	中等偏下收入国家	否
不丹	后期减速	中等偏下收入国家	否
印度	后期减速	中等偏下收入国家	否
斯里兰卡	后期减速	中等偏下收入国家	否
马尔代夫	低位静止	中等偏上收入国家	否
尼泊尔	后期减速	中等偏下收入国家	否
巴基斯坦	中期扩张	中等偏下收入国家	否

资料来源：根据表 1、表 2 中相关指标与世界银行数据库（https://data.worldbank.org.cn/indicator/SP.POP.GROW）判断。

三、能否成功跨越中等收入陷阱比较

截至 2020 年，中国和南亚 8 国早已掉进中等收入陷阱的是斯里兰卡和马尔代夫，均在 1997 年进入中等偏下收入行列，且斯里兰卡一直停留在该阶段，马尔代夫 2006 年跨入中等偏上收入行列（见表 2－23）。斯里兰卡 2020 年人均 GNI 仅 3720 美元，距离中等偏上收入行列门槛 376 美元；马尔代夫 2020 年人均 GNI 为 6450 美元，距离高收入行列最低值 6246 美元，差距较大。

表 2-23　2020 年中国—南亚 8 国是否跨越中等收入陷阱比较

国家	进入低收入行列时的人均 GNI 及年份	进入中等偏下收入行列时的人均 GNI 及年份	进入中等偏上收入行列时的人均 GNI 及年份	进入高收入行列时的人均 GNI 及年份	中等收入阶段停留时长	跨过中等收入陷阱可能性大小及 2020 年人均 GNI
中国	1987 年以前	800（1998 年）	4340（2010 年）	否	22 年	较大（10530）
阿富汗	2009 年以前	未进入	否	否	未进入	很小（500）

续表

国家	进入低收入行列时的人均 GNI 及年份	进入中等偏下收入行列时的人均GNI及年份	进入中等偏上收入行列时的人均 GNI 及年份	进入高收入行列时的人均GNI及年份	中等收入阶段停留时长	跨过中等收入陷阱可能性大小及2020年人均GNI
孟加拉国	1987 年以前	1110(2014 年)	否	否	6 年	很小(2340)
不丹	1987 年以前	750(2001 年)	否	否	19 年	很小(2840)
印度	1987 年以前	1000(2008 年)	否	否	12 年	很小(1910)
斯里兰卡	1987 年以前	800(1997 年)	否	否	23 年	已掉进(3720)
马尔代夫	1987 年以前	1760(1997 年)	4540(2006 年)	否	23 年	已掉进(6450)
尼泊尔	1987 年以前	1120(2018 年)	否	否	2 年	很小(1190)
巴基斯坦	1987 年以前	1030(2011 年)	否	否	9 年	很小(1460)

资料来源：根据世界银行数据库历年收入划分标准进行判断。

说明：人均 GNI 数据单位为美元。

跨过中等收入陷阱概率极低的是孟加拉国、不丹、印度、尼泊尔和巴基斯坦。孟加拉国 2014 年进入中等偏下收入行列，人均 GNI 从 1110 美元缓慢上升到 2020 年的 2340 美元，比 2020 年中等偏上收入行列最低值少 1756 美元，与高收入行列差值更大；不丹 2001 年进入中等偏下收入行列，人均 GNI 从 2001 年的 750 美元增加到 2020 年的 2840 美元；印度 2008 进入中等偏下收入行列，人均 GNI 很低；尼泊尔 2018 年进入中等偏下收入行列，2020 年人均 GNI 仅为 1190 美元，比中等偏上收入行列最低值低 2906 美元；巴基斯坦 2011 年进入中等偏下收入行列，人均 GNI 从 1030 美元缓慢提升至 2020 年的 1460 美元，增幅较小。2020 年仍未进入中等收入行列的是阿富汗，其经济发展滞后，名列联合国最不发达的 47 国之一，人均 GNI 从 2009 年的 450 美元增长到 2020 年的 500 美元，仍处于低收入行列。

南亚 8 国均未迈入高收入行列，有的已掉进中等收入陷阱，有些在努力跨越。结合现实、指标和经验判断，斯里兰卡和马尔代夫已掉进中等收入陷阱；中国短期跨越中等收入陷阱的可能性很大；孟加拉国、不丹、印度、尼泊尔和巴基斯坦短期很难迈入高收入行列；阿富汗至今未进入中等收入行列。

第四节　中国—南亚国家人口发展与经济增长实证分析

一、变量描述

表 2-24 是中国—南亚 8 国人口与经济发展主要变量的定义及描述性结果统计，各变量指标均值与其中位数比较接近，表明样本接近正态分布。就南亚经济发展水平而言，其均值为 6.85，标准差为 0.95，最大值和最小值分别为 9.25、5.25。为衡量人口效率与人口转变对经济发展水平的贡献，对其进行回归分析，人口效率指数和人口转变指数的均值分别为 0.23、0.55，其标准差分别为 0.08、0.20，其最小值分别为 0.13、0.01，最大值分别为0.41、0.85。从人口效率指数看，南亚国家大多处于低效率水平，仅马来西亚处于中等效率水平，阿富汗还处在极低效率水平。从人口转变指数看，除了马尔代夫处于低位静止阶段，阿富汗、巴基斯坦处于中期扩张阶段外，其他国家处于后期减速阶段。

表 2-24　变量定义及描述统计

变量类型	变量名称	表示	均值	标准差	最小值	最大值	中位数
因变量	区域经济发展水平	$\ln GNI$	6.85	0.95	5.25	9.25	6.65
核心自变量	人口效率指数	P	0.23	0.08	0.13	0.41	0.21
	人口转变指数	O	0.55	0.20	0.01	0.85	0.59

此外，模型中重要变量指标之间相关系数均呈现显著相关性（见表 2-25）。仅从简单相关系数(r)判断，区域经济发展水平与人口效率指数具有显著的正相关关系，r 为 0.921；其中，区域经济发展水平与人口转变指数显著正相关，r 为0.568；同样，人口效率指数与人口转变指数也显著正相关，r 为 0.577。这体现了区域经济发展水平与人口效率指数之间的正相关关系伴随着人口转变不断现代化而正向作用愈发明显。虽然变量间有高度的相关性，但都在可接受范围内，并不影响实证结果。

表 2-25 解释变量的相关系数矩阵

变量	ln*GNI*	*P*	*O*
ln*GNI*	1.000		
P	0.921***	1.000	
O	0.568***	0.577**	1.000

说明：***、**、*分别表示在1%、5%、10%统计意义上显著。

二、实证结果分析

从经济发展水平看，南亚8国已掉进中等收入陷阱的有斯里兰卡、马尔代夫以及巴基斯坦（见图2-5）。2019年，马尔代夫人均GNI为9680美元，仍处于中等偏上收入阶段，斯里兰卡和巴基斯坦处于中等偏下收入阶段。从人口转变指数看，马尔代夫处于低位静止，斯里兰卡处于后期减速阶段。从人口效率看，只有马尔代夫处于中等人口效率水平，且其在南亚8国中人口效率最高，2019年为0.401。巴基斯坦、斯里兰卡处于低人口效率水平。南亚是"一带一路"六大区域中经济最为落后的地区，其人均GNI以中等偏下收入阶段为主，人口效率大部分处于低水平阶段，人口转变大部分处于后期减速阶段。

综合分析看，很难短期跨过中等收入陷阱的国家有阿富汗、孟加拉国、不丹和印度、尼泊尔。南亚国家未出现人口负增长，均未完成人口转变。从中等收入阶段看，2019年，不丹人均GNI最高，为3150美元，已在中等收入行列停留了18年，短期很难迈进高收入行列。孟加拉国和印度还处在中等偏下收入阶段，在中等收入阶段停留时间较长，且离当年高收入行列还有很大差距，很难短期跨过中等收入陷阱。从人口转变阶段看，孟加拉国、不丹和印度均处于后期减速阶段。2019年，3国人口自然增长率仍较高，巴基斯坦高达20.948‰。从人口效率看，孟加拉国、不丹和印度仍处于低人口效率水平阶段。同时，印度社会财富分配极不均衡，应引起高度警觉。

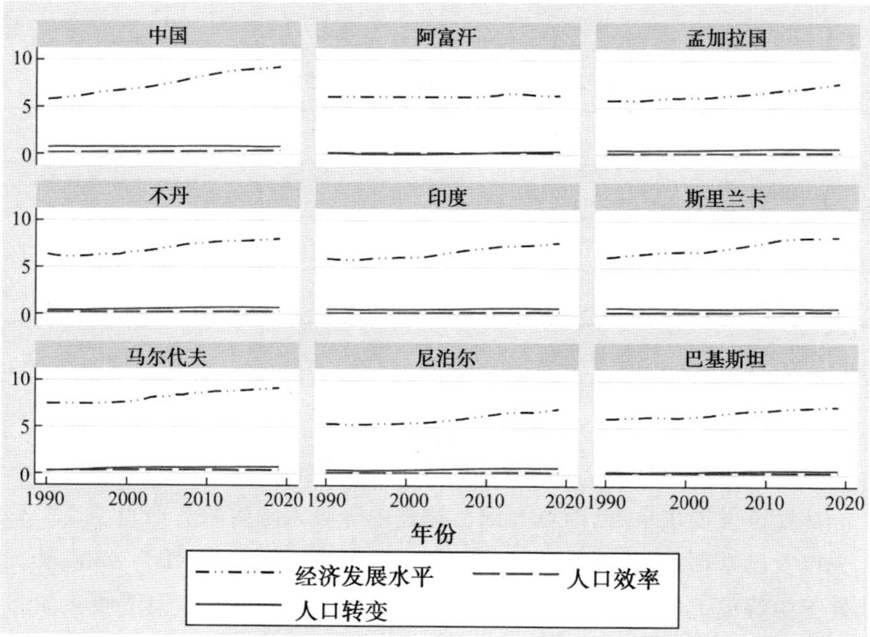

图 2-5　中国—南亚 8 国人口发展与经济发展水平散点图

阿富汗仍未进入中等收入阶段,因自身特殊地理区位和多年战乱等,该国经济发展十分滞后。从人口转变阶段看,阿富汗属中期扩张阶段,其人口自然增长率高居南亚 8 国之首。从人口效率看,该国在六大区域中最低,2019 年仅 0.188,处在极低人口效率阶段。

总体上,从经济发展水平与人口效率关系看,两者基本呈同步正向增长,随着人口效率水平的提高,各国经济发展差异也相对较大。从经济发展水平与人口转变关系看,两者同样呈现显著正相关关系,人口转变处于低位静止阶段,人口自然增长率则处于零增长甚至负增长。从人口转变与人口效率关系看,人口转变有利于人口效率水平提高,高人口效率反过来促进人口转变向现代经济阶段推进。

三、结果检验

(一)单位根检验

如表 2-26 所示,在没有差分条件下,lnGNI、P 和 O 是非平稳序列,P 值均大于 0.1,说明接受原假设,认为存在单位根。为了得到平稳序列,故采用一阶差分的形式。经过一阶差分之后,lnGNI、P 和 O 均变成平稳序列,即三个研究变量都是一阶单整序列,因此具备协整条件。

表 2-26　面板数据的单位根检验

变量	LLC		IPS		是否单整
	统计值	P 值	统计值	P 值	
$\ln GNI_{it}$	−0.48	0.32	−1.29	0.72	否
$\Delta\ln GNI_{it}$	−6.10***	0.00	−5.90***	0.00	I(1)
P	0.43	0.67	−0.47	0.32	否
ΔP	−9.80***	0.00	−10.41***	0.00	I(1)
O	−13.76	0.14	1.06	0.86	否
ΔO	−1.55***	0.006	−0.88***	0.009	I(1)

说明：*** 表示在 1%统计意义上显著。下同。

(二)面板数据的协整检验

如表 2-27 所示，进行 Kao 协整检验时，选用的核函数为 Bartlett，检验统计量为调整的 DF 统计量、DF 统计量以及 ADF 统计量，主要看 ADF 统计量检验值。由于其 P 值小于 0.01，在 1%的置信水平上拒绝原假设，说明变量间存在长期协整关系。

表 2-27　Kao 协整检验

检验统计量	统计值	P 值
Modified Dickey-Fuller t	−9.50***	0.000
Dickey-Fuller t	−6.41***	0.000
Augmented Dickey-Fuller t	−5.323***	0.000

如表 2-28 所示，Pedroni 协整检验统计量分别是调整的 PP 统计量、PP 统计量以及 ADF 统计量。其 P 值全部小于 0.01，在 1%的置信水平上拒绝原假设，认为变量之间存在协整关系。通过上述两个协整检验可知，变量间存在长期协整关系。

表 2-28　Pedroni 协整检验

检验统计量	统计值	P 值
Modified Dickey-Fuller t	3.10***	0.001
Dickey-Fuller t	2.30***	0.000

续表

检验统计量	统计值	P 值
Augmented Dickey-Fuller t	3.63***	0.000

(三)面板数据的误差修正模型

VECM 估计包含两个模型,如表 2-29 所示。对于模型(1)而言,变量均在 1%的显著水平下通过了检验。长期来看,人口效率与区域经济发展水平之间的弹性系数为 11.16,即人口效率每增长 1%,经济发展提升幅度为 11.16%。人口转变与区域经济发展水平的弹性系数为 0.26,即人口转变程度每增长 1%,经济发展水平将提高 0.26%。这说明,随着时间流逝,南亚地区经济发展水平主要受人口转变和人口效率变动影响。相对来说,人口效率对区域经济发展水平的正向作用更为显著。

对于模型(2)来说,指标变量均在 5%的显著水平下通过了检验。在短期中,人口效率与区域经济发展水平之间的弹性系数为 7.32,即人口效率每增加 1%,带来的经济发展水平涨幅为 7.32%。人口效率短期内对经济增长的刺激作用很显著。人口转变与区域经济发展水平之间的弹性系数为 0.56,即人口转变程度每增长 1%,可带来经济发展水平上升 0.56%。人口转变相对来说对经济发展水平刺激作用不那么显著。从短期看,区域经济发展水平同样依靠人口效率与人口转变程度,而人口效率对区域经济发展水平的正向作用更突出。面板误差修正项系数为负且通过了检验。这表明,当人口转变和人口效率偏离长期均衡时,面板误差修正模型以 0.25 的力度反向调整,将其调回均衡状态。

表 2-29　VECM 估计方法结果

模型	变量	系数值	统计值	P 值
(1)	P	11.16	30.61***	0.000
	O	0.26	1.89***	0.000
	c	4.14	54.06***	0.000
(2)	ECM_{it-1}	−0.25	−1.28***	0.000
	ΔP	7.32	18.49***	0.000
	ΔO	0.56	3.18**	0.032
	c	0.03	5.76***	0.000

四、主要研究结论

通过构建面板数据模型，进行单位根检验、协整检验与误差修正模型的实证研究，得出以下结论。

一是从影响系数看，无论长期还是短期，人口效率对经济发展水平的正向作用都相当明显。人口转变与人口效率提升均有利于各国经济社会发展，这与相关理论以及一般常识相符。南亚地区实证结果表明，在区域中，人口效率提升不仅可以提升人口预期寿命、人力资本存量以及知识创新能力，而且更有利于提高各国人均收入、民众生活质量与经济发展水平。

二是从人口效率看，区域内长期的人口效率对经济长期增长的刺激效应更大，由误差修正模型可知，长期高人口效率指数对经济发展水平的影响是短期的 1.52 倍，这主要是因为人口效率是由劳动生产率、就业产值系数以及人类发展指数构成的，尤其是人力资本中的教育资本存量和健康资本存量对经济发展水平的作用很难在短期内显现，需要通过更长时间才能体现出人口效率对经济增长的实际效应。同时可见，南亚国家人口效率除了马尔代夫处于中等水平外，其余国家以低人口效率居多，尤其是阿富汗，目前依然处于极低人口效率水平。为此，需要加大南亚各国人力资本和健康资本投资，才能通过提高人口效率以更有效地促进经济增长，以及提升人民生活水平，进而引导南亚各欠发达国家开启从人口数量型到质量型经济增长模式的升级。

三是从人口转变看，相较于长期的人口转变进程，短期快速的转变过程对经济发展水平贡献更大，这与人口效率对经济增长的效应刚好相反。南亚 8 国除了马尔代夫现阶段处于人口转变的低位静止阶段外，剩余大部分国家处于后期减速阶段，仅阿富汗、巴基斯坦仍处于人口转变中期扩张阶段，目前南亚没有一个国家处于后人口转变阶段。在人口转变向现代化进程迈进中，随着区域产业结构升级与不断调整以及数字化和人工智能的应用，快速的人口转变可带动区域经济有效增长。

总之，南亚国家仅马尔代夫处于中等偏上收入阶段，人口转变较快，人口效率在南亚 8 国中处于较高水平，但也应注意人口转变到一定阶段，随着老龄化程度的持续加深，是否依然对经济产生有利影响，这值得进一步研究。其余大多数国家均处于中等偏下收入阶段，南亚超过一半国家的人口效率处于低水平阶段，这进一步验证了人口效率和经济增长的正向关系，目前还没有国家进入人口转变的低位静止阶段。值得注意的是，阿富汗仍未进入中等收入阶段，其人口转变在中期扩张阶段，人口效率处于极低水平。由此可见，人口转变和人口效率对经济发展水平均能产生正向作用，只是前者的短期效应更为明显，后者的长期效应更为显著。

第三章　中国—西亚、北非国家人口发展与经济增长比较分析

西亚和北非地处三洲两洋五海[①]的交通要冲之地，是全球主要的石油能源基地之一。该区域由20个国家和地区组成，包括波斯湾沿岸伊朗伊斯兰共和国（以下简称“伊朗”）、伊拉克、科威特、沙特阿拉伯、巴林、阿拉伯联合酋长国（以下简称“阿联酋”）、卡塔尔和阿曼8国，地中海沿岸土耳其共和国（以下简称“土耳其”）、阿拉伯叙利亚共和国（以下简称“叙利亚”）、以色列、巴勒斯坦（即约旦河西岸和加沙地区）、约旦和黎巴嫩6国，外加格鲁吉亚、阿塞拜疆、亚美尼亚3国，以及塞浦路斯、也门共和国（以下简称“也门”）与阿拉伯埃及共和国（以下简称“埃及”）3国。中国与西亚、北非各国友谊源远流长、历久弥坚，在文化交往与经贸往来方面保持蓬勃发展势头。这不仅在历史上体现在中华文化与伊斯兰文化之间相互交流、共同为人类发展和进步作出重要贡献上，还具体体现在“一带一路”国际合作框架中。

西亚与北非地理位置十分重要，是“海上丝绸之路”直达欧洲的最便捷通道，中国与西亚、北非国家在资源禀赋和产业结构上互补性较强。中国—海合会自贸区谈判的稳定推进，更是为双方合作创造了良好的外部环境。可以说，未来中国—西亚、北非贸易增长空间十分广阔，三方能够在积极协作和不断努力下、在互利共赢合作中实现更深层次的多边贸易发展。

---

① 指联系亚洲、欧洲、非洲，沟通大西洋、印度洋，位于地中海、红海、黑海、阿拉伯海、里海之间的交通要道。

第一节　中国—西亚、北非国家主要人口指标变动及特征

一、人口数量变动及特征

(一)人口总量变动

1960～2020年，中国—西亚、北非各国人口总量增量较大，但增速不一。从总量看，2020年世界人口总量为776393.3万人(见表3-1)，中国—西亚、北非国家人口超过1亿的有中国和埃及；1000万～1亿人的有土耳其、伊朗、伊拉克、沙特阿拉伯、也门、叙利亚、约旦、阿塞拜疆8国；500万～1000万人的有阿联酋、以色列、黎巴嫩、阿曼4国；100万～500万的有巴勒斯坦、科威特、格鲁吉亚、亚美尼亚、卡塔尔、巴林、塞浦路斯7国。没有人口低于100万的国家，说明各国人口总量较多。与1960年相比，2020年总人口超过1亿人的国家增加了1个；低于100万人的国家从7个减至零个；超过500万人的国家从6个增加至14个。

表3-1　1960～2020年中国—西亚、北非各国人口总量　　单位：万人

	1960年	1970年	1980年	1990年	2000年	2010年	2020年
中国	66707.0	81831.5	98123.5	113518.5	126264.5	133770.5	141110.0
世界	303215.6	368197.6	443296.3	528006.3	611432.4	692185.5	776393.3
埃及	2663.3	3451.4	4330.9	5613.4	6883.2	8276.1	10233.4
土耳其	2747.2	3487.6	4397.6	5392.2	6324.0	7232.7	8433.9
伊朗	2190.7	2851.4	3865.0	5636.6	6562.3	7376.3	8399.3
伊拉克	729.0	992.0	1365.0	1742.0	2349.8	2974.2	4022.3
沙特阿拉伯	408.7	583.6	969.1	1623.4	2066.4	2742.1	3481.4
也门	531.5	619.3	794.2	1171.0	1740.9	2315.5	2982.6
叙利亚	457.4	635.1	893.1	1244.6	1641.1	2136.3	1750.1
约旦	93.3	172.1	237.8	356.6	512.2	726.2	1020.3
阿塞拜疆	389.5	518.0	615.1	717.5	804.9	905.4	1009.3
阿联酋	9.2	23.5	102.0	182.8	313.4	855.0	989.0

续表

	1960 年	1970 年	1980 年	1990 年	2000 年	2010 年	2020 年
以色列	211.4	297.4	387.8	466.0	628.9	762.4	921.5
黎巴嫩	180.5	229.7	258.9	280.3	384.3	495.3	682.5
阿曼	55.2	72.4	115.4	181.2	226.8	304.1	510.7
巴勒斯坦	—	—	—	197.8	292.2	378.6	480.3
科威特	26.9	74.4	136.9	209.5	204.5	299.2	427.1
格鲁吉亚	364.6	412.0	446.8	480.2	407.7	378.7	372.3
亚美尼亚	187.4	252.5	310.0	353.8	307.0	287.7	296.3
卡塔尔	4.7	11.0	22.4	47.6	59.2	185.6	288.1
巴林	16.2	21.3	36.0	49.6	66.5	124.1	170.1
塞浦路斯	57.3	61.4	68.5	76.7	94.3	111.3	120.7

资料来源：世界银行数据库，https://data.worldbank.org.cn/indicator/SP.POP.TOTL? view=chart。

说明："—"表示国家对应年份数据缺失。

从人口增长比例看，1960～2020 年，世界人口总量增长了 156.05%，中国、埃及分别增长了 111.54%、284.24%。土耳其、伊朗、伊拉克、沙特阿拉伯、也门、叙利亚、约旦、阿塞拜疆人口增长率分别为 207.00%、283.41%、451.76%、751.82%、461.17%、282.62%、993.57%与 159.13%。阿联酋、以色列、黎巴嫩、阿曼分别增长了 10601.93%、335.90%、278.12%、825.18%。科威特、格鲁吉亚、亚美尼亚、卡塔尔、巴林、塞浦路斯分别增长了 1487.73%、2.11%、58.11%、6029.79%、950.00%、110.65%。可见，西亚、北非仅格鲁吉亚、亚美尼亚人口增长率低于 100%，前者仅增长了 2.11%。阿联酋人口增长率极高，增长了 105 倍。可见，西亚、北非各国人口发展与其经济发展状况紧密相关。在世界人口规模不断增大背景下，部分国家期间出现了人口负增长，比如叙利亚、科威特、格鲁吉亚和亚美尼亚。

叙利亚是一个中等收入国家，地处世界石油天然气最丰富的中东中心位置。2011 年初开始，叙利亚政府与叙利亚反对派间爆发了旷日持久的冲突。2015 年，叙利亚和伊拉克动荡加剧，因大量人口外流，2010～2020 年叙利亚人口增长率为－18.08%，人口总量减少了386.2万人。

科威特位于亚洲西部波斯湾西北岸，与沙特阿拉伯、伊拉克相邻，东濒波斯湾，同伊朗隔海相望。石油、天然气工业为国民经济主要支柱，现已探明的石油储量140亿吨,居世界第七位。天然气储量为1.78万亿立方米,居世界第18位。出口的商品主要有石油和化工产品,石油出口占出口总额的95%。进口商品有机械、运输设备、工业制品、粮食和食品等。①

格鲁吉亚位于南高加索中西部,是一个年轻而又动荡不安的国家。1991年4月9日正式宣布独立;1995年8月24日通过新宪法,定国名为“格鲁吉亚”。1990～2000年,与俄罗斯等国交恶,加上国内存在人口与经济发展难题,内忧外患之下人口增长率从1980～1990年的7.48%跌至−15.1%。

亚美尼亚是一个位于欧亚交界的高加索地区的国家,于1991年9月23日从苏联独立,恢复独立国家身份,并在当年12月21日加入独联体。亚美尼亚与格鲁吉亚相似,在脱苏独立后面临内忧外患局势,人口增长率从1980～1990年的14.13%跌至1990～2000年的−13.23%。

(二)人口自然增长率变动

中国—西亚、北非多数国家人口自然增长率持续波动,但均未进入“后人口时代”。2020年,世界人口自然增长率为9.63‰,比1960年降低了4.41个千分点。埃及、土耳其、伊朗、伊拉克、沙特阿拉伯、叙利亚、约旦、阿塞拜疆、阿联酋、以色列、黎巴嫩、阿曼、科威特、格鲁吉亚、亚美尼亚、卡塔尔、巴林、塞浦路斯18国,2020年人口自然增长率比1960年分别降低了8.24个、15.07个、12.73个、1.20个、13.99个、14.46个、18.65个、28.10个、23.01个、7.30个、15.30个、11.53个、22.99个、12.51个、25.38个、25.05个、20.41个、15.23个千分点。巴勒斯坦自1990年有数据开始,人口自然增长率也出现下降,到2020年已降低13.74个千分点,也门人口自然增长率则表现为上升,2020年比1960年高出6.06个千分点(见图3-1)。部分国家在20世纪八九十年代人口达到峰值后不断下降;部分国家人口持续降低,整体波动下降,负增长年份较少。格鲁吉亚2005年人口自然增长率为−0.07‰,与前后年份比较差距不大,可以判断为平常过渡,2010年增长至0.77‰,虽然增长率不高,但已为正增长。

从人口自然增长率变化看,1960～2020年,各国差异较大,分层明显。其中,格鲁吉亚、塞浦路斯始终处于低位,均值低于10‰;约旦高于30‰,增速最快;多数国家平均在10%～30‰。中国—西亚、北非各国人口自然增长率增速与各国环境和发展状况相关。但在全球化浪潮下,多数国家人口自然增长率与世界均值呈类似趋势,仅少数国家脱离了该轨迹,如2005年

① 参见《科威特》,https://www.yidaiyilu.gov.cn/gbjg/gbgk/884.htm。

的格鲁吉亚。格鲁吉亚局势向来不太稳定，人口持续下降，增长率在1‰附近徘徊，主要因为其国内动荡的政治环境，导致出生率很低。

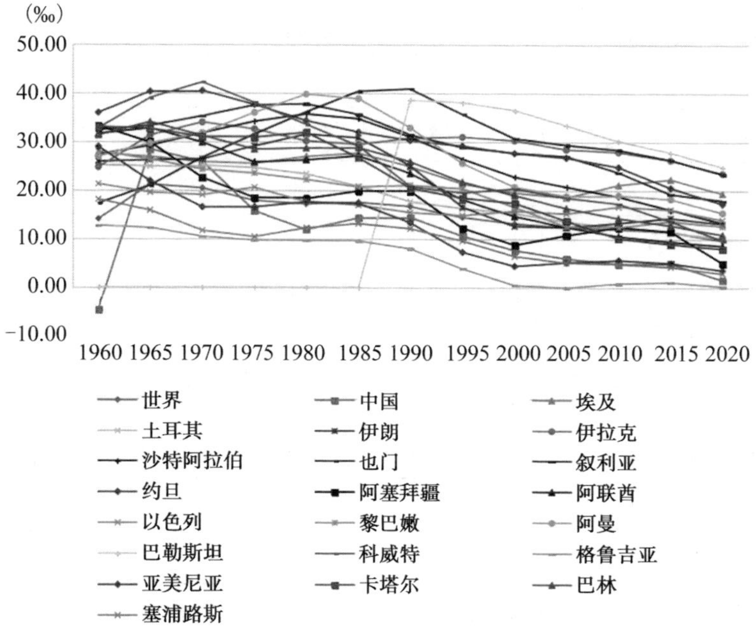

图3-1　1960～2020年中国—西亚、北非各国人口自然增长率

资料来源：世界银行数据库，https://data.worldbank.org.cn/indicator/SP.POP.GROW。

二、人口质量变动及特征

(一)人均受教育年限

2020年，中国—西亚、北非各国人均受教育年限比1990年有很大提升，但升幅不同。2020年世界均值8.64年，最高为以色列(13.34年)，10年及以上的国家有格鲁吉亚、卡塔尔、塞浦路斯、土耳其、亚美尼亚、巴林、阿联酋、伊朗、阿塞拜疆、约旦、阿曼。人均受教育年限较低的国家是伊拉克和也门(见表3-2)。从变化趋势看，1990～2020年，中国—西亚、北非各国人口受教育年限均持续提升，提升超过5年的有卡塔尔、土耳其、阿联酋、巴林和约旦；升幅不足2年的有沙特阿拉伯、亚美尼亚、伊拉克、黎巴嫩、格鲁吉亚和阿塞拜疆；其余升幅均在2～5年。中国提升3.46年，比世界平均提升的2.75年高了0.71年。人均受教育年限是社会发展的重要标志之一，中国—西亚、北非各国均不断提升，这反映了各国该时期教育状况不断改善。

表 3-2　1990～2020 年中国—西亚、北非各国人均受教育年限　　单位：年

	1990 年	1995 年	2000 年	2005 年	2010 年	2015 年	2020 年
中国	4.14	5.04	5.93	6.33	6.73	7.20	7.60
世界	5.89	6.47	7.02	7.42	7.77	8.28	8.64
伊朗	5.74	7.15	8.46	9.56	9.71	10.21	10.64
伊拉克	3.78	4.27	4.36	5.86	6.25	5.06	5.10
科威特	3.50	4.58	5.53	6.41	7.00	7.82	7.91
沙特阿拉伯	5.64	5.83	6.22	6.11	6.85	7.07	7.33
巴林	5.57	6.08	6.67	7.76	8.95	9.94	11.31
阿联酋	5.11	6.57	8.04	8.20	8.03	9.11	11.05
卡塔尔	5.76	7.25	8.48	8.99	9.83	10.67	12.69
阿曼	6.41	7.08	7.65	8.69	8.55	9.70	10.00
土耳其	—	—	5.43	6.96	7.92	9.55	11.65
叙利亚	4.46	4.73	5.45	5.97	7.09	7.96	8.63
以色列	9.90	10.24	10.59	11.28	12.50	12.96	13.34
巴勒斯坦	—	—	—	7.63	8.36	9.08	9.94
约旦	5.01	6.40	7.36	8.49	9.61	10.07	10.45
黎巴嫩	—	—	—	7.52	8.23	8.50	8.72
格鲁吉亚	—	—	11.81	12.09	12.38	12.72	12.82
阿塞拜疆	—	9.92	10.25	10.58	10.47	10.48	10.54
亚美尼亚	9.78	10.13	10.49	10.77	11.12	11.57	11.33
塞浦路斯	8.30	9.10	9.91	10.72	11.44	11.87	12.44
也门	0.29	0.65	1.20	1.86	2.60	3.00	3.20
埃及	5.31	6.12	6.37	6.41	7.37	8.57	9.57

资料来源：世界银行数据库，https://data.worldbank.org.cn/indicator/SE.SEC.DURS。

说明：“—”表示数据缺失。

（二）高等教育入学率

1980～2020 年，中国—西亚、北非各国高等教育入学率持续提升，大幅增长（见表 3-3）。1980 年，高等教育入学率低于 10％的国家是中国、土耳

其、卡塔尔、阿曼、沙特阿拉伯、巴林、伊拉克和塞浦路斯；10%～20%的是埃及、叙利亚、约旦和科威特；30%以上的是黎巴嫩、以色列；世界均值为12.39%。这说明1980年中国—西亚、北非各国高等教育入学率低于世界均值。2020年在有数据记录的国家中，高等教育入学率低于50%的是埃及、叙利亚、卡塔尔、阿曼、约旦、巴勒斯坦和阿塞拜疆；超过50%的是中国、土耳其、以色列、伊朗、沙特阿拉伯、阿联酋、科威特、巴林、格鲁吉亚、亚美尼亚、塞浦路斯。其中土耳其最高，上升速度也最快。以色列在2012年达到69%的峰值后又下降，2020年为61.00%。2020年，多数国家超过50%，且大多高于世界均值。

表3-3　1980～2020年中国—西亚、北非各国高等教育入学率　　单位：%

	1980年	1990年	2000年	2010年	2020年
中国	1.13	2.97	7.59	24.20	58.42
世界	12.39	13.62	19.08	29.40	40.24
埃及	16.70	14.43	—	31.42	39.00
土耳其	6.67	13.15	24.00	—	115.00
伊朗	—	—	18.70	44.17	58.22
伊拉克	9.00	—	12.12	16.00	—
沙特阿拉伯	6.51	9.54	22.32	36.63	70.63
也门	—	—	11.00	10.76	—
叙利亚	13.85	18.05	12.00	25.85	43.00
约旦	14.22	19.48	27.23	37.15	33.56
阿塞拜疆	—	24.20	—	19.26	35.25
阿联酋	—	—	—	—	53.72
以色列	31.67	34.03	50.01	65.93	61.00
黎巴嫩	32.50	26.00	—	—	—
阿曼	0.02	4.12	—	23.34	45.48
巴勒斯坦	—	—	23.95	47.83	43.10
科威特	10.64	12.01	—	—	61.13
格鲁吉亚	—	—	39.06	32.58	66.69

续表

	1980 年	1990 年	2000 年	2010 年	2020 年
亚美尼亚	—	23.20	35.55	52.99	50.82
卡塔尔	9.14	20.19	—	9.36	20.79
巴林	3.22	—	—	—	60.32
塞浦路斯	2.25	9.03	19.56	48.31	88.00

资料来源：世界银行数据库，https://data.worldbank.org.cn/indicator/SE.TER.ENRR? view=chart。

说明：国家中对应年份数据缺失，用“—”表示。其中，因数据缺失，埃及 2020 年用 2018 年数据替代；土耳其 2000 年用 1999 年数据替代，2020 年用 2019 年数据替代；伊拉克 2010 年用 2015 年数据替代；也门 2000 年用 2002 年数据替代，2010 年用 2011 年数据替代；黎巴嫩 1990 年用 1985 年数据替代；叙利亚 2000 年用 2002 年数据替代，2020 年用 2019 年数据替代。

与 1980 年相比，2020 年中国—西亚、北非各国高等教育入学率变化不一，主要受不同时期不同国家经济社会发展形势和教育政策差异影响所致。西亚、北非国家中土耳其上升幅度最大，其间提高了 108.33 个百分点，塞浦路斯、沙特阿拉伯上升幅度均超过 60 个百分点，科威特、巴林超过 50 个百分点。这说明上述国家高等教育发展较快，人口文化素质均显著提高。

（三）人口出生时预期寿命

1960～2020 年，中国—西亚、北非各国人口出生时预期寿命均有大幅增长，国家增幅差异大（见表 3-4）。2020 年，除了也门（66.18 岁）外，其余 20 国均超过 70 岁，最高为以色列（82.70 岁），两国相差 16.52 岁。人口出生时预期寿命在 70～75 岁的国家有约旦、巴勒斯坦、格鲁吉亚、叙利亚、阿塞拜疆、埃及和伊拉克 7 国；75～80 岁的国家有科威特、沙特阿拉伯、巴林、伊朗、亚美尼亚、黎巴嫩、阿联酋、阿曼、土耳其和中国 10 国；超过 80 岁的有以色列、卡塔尔和塞浦路斯 3 国。相比 1960 年，2020 年提高幅度较高的 5 国是也门、阿曼、中国、土耳其、伊朗，分别增加了 36.26 岁、35.41 岁、33.37 岁、32.56 岁、31.92 岁，增幅均超过 30 岁。增幅小于 15 岁的 4 国是阿塞拜疆、塞浦路斯、格鲁吉亚、亚美尼亚，分别增加了 12.09 岁、11.52 岁、10.27 岁、9.25岁。2020 年，世界均值为 72.75 岁，中国—西亚、北非各国大多高于世界均值。

表 3-4　1960～2020 年中国—西亚、北非各国人口出生时预期寿命　单位:岁

	1960 年	1970 年	1980 年	1990 年	2000 年	2010 年	2020 年
中国	43.73	59.09	66.84	69.15	71.40	74.41	77.10
世界	52.58	58.58	62.84	65.43	67.55	70.56	72.75
埃及	48.04	52.15	58.33	64.57	68.60	70.35	72.15
土耳其	45.37	52.29	58.67	64.26	70.01	74.51	77.93
伊朗	44.95	50.86	54.11	63.84	70.18	73.91	76.87
伊拉克	48.02	58.20	59.88	66.01	69.08	68.57	70.75
沙特阿拉伯	45.64	52.70	62.86	69.08	72.56	73.92	75.28
也门	29.92	36.82	48.53	57.35	60.68	65.55	66.18
叙利亚	51.97	58.81	65.77	70.55	73.11	72.11	73.65
约旦	52.65	60.17	66.21	69.87	71.73	73.43	74.66
阿塞拜疆	61.03	63.14	64.16	64.83	66.76	70.94	73.12
阿联酋	51.54	61.22	68.21	71.94	74.33	76.33	78.12
以色列	—	71.21	73.88	76.61	78.95	81.60	82.70
黎巴嫩	63.27	66.07	67.95	70.27	74.51	78.36	79.00
阿曼	42.67	50.31	59.76	67.18	72.13	75.68	78.08
巴勒斯坦	—	—	—	68.05	71.02	72.79	74.21
科威特	59.34	65.72	69.69	72.15	73.14	74.36	75.59
格鲁吉亚	63.65	67.45	69.70	70.39	69.90	71.46	73.92
亚美尼亚	65.97	70.14	70.94	67.88	71.41	73.33	75.22
卡塔尔	61.09	68.16	72.87	75.82	77.47	79.11	80.36
巴林	51.87	63.45	69.55	72.39	74.44	76.06	77.42
塞浦路斯	69.62	72.58	74.79	76.55	78.01	79.43	81.14

资料来源:世界银行数据库,https://data.worldbank.org.cn/indicator/SP.DYN.LE00.IN。

说明:国家中对应年份数据出现缺失,用"—"表示。

(四)新生儿死亡率

1960～2020 年,中国—西亚、北非各国新生儿死亡率均下降,降幅各异(见表 3-5)。2020 年,新生儿死亡率低于 2‰的有以色列、塞浦路斯 2 国。

2‰～5‰的有科威特、土耳其、格鲁吉亚、阿曼、黎巴嫩、阿联酋、卡塔尔、沙特阿拉伯、中国和巴林 10 国。超过 5‰的有也门、伊拉克、叙利亚、埃及、巴勒斯坦、阿塞拜疆、亚美尼亚、约旦、伊朗 9 国。其中，也门最高(28.1‰)，塞浦路斯最低(1.6‰)。从各国变化趋势看，1990～2020 年，土耳其、中国、埃及和阿塞拜疆 4 国降幅均超过 20 个千分点；塞浦路斯、阿联酋、科威特和以色列降幅较小，低于 5 个千分点。相比 1990 年，2020 年世界平均下降了 19.7 个千分点，中国—西亚、北非 20 国中 16 国低于世界降幅。1960～2020 年中国—西亚、北非各国该指标变化说明，各国经济社会与医疗发展水平均取得了巨大成就，民众健康水平得到了很大提升，但区域国家差异也客观真实存在，需持续改善。

表 3-5　1960～2020 年中国—西亚、北非各国新生儿死亡率　单位：‰

	1960 年	1970 年	1980 年	1990 年	2000 年	2010 年	2020 年
中国	—	—	—	29.6	21.4	8.4	3.5
世界	—	—	—	36.7	30.4	22.1	17.0
埃及	66.4	60.4	52.1	33.2	22.4	15.2	10.3
土耳其	63.1	56.6	44.3	33.1	18.2	9.0	5.0
伊朗	—	—	—	24.9	19.5	12.6	8.3
伊拉克	—	—	—	26.4	23.9	19.9	14.4
沙特阿拉伯	—	—	—	21.8	11.5	6.3	3.5
也门	—	75.7	58.9	43.6	37.0	28.1	28.1
叙利亚	22.6	21.7	21.2	16.5	12.1	10.1	10.7
约旦	40.1	31.1	25.5	20.0	16.0	11.8	8.8
阿塞拜疆	—	—	—	30.4	34.3	20.3	9.8
阿联酋	—	—	15.9	8.2	5.9	4.6	3.6
以色列	—	—	10.0	6.3	3.6	2.4	1.9
黎巴嫩	—	—	30.2	20.6	11.7	5.9	4.0
阿曼	—	—	34.5	17.5	7.3	5.2	4.9
巴勒斯坦	—	—	—	22.7	17.1	13.2	10.3
科威特	—	—	—	9.6	6.6	5.5	5.0

续表

	1960 年	1970 年	1980 年	1990 年	2000 年	2010 年	2020 年
格鲁吉亚	—	—	26.8	24.9	22.8	10.1	5.0
亚美尼亚	—	—	26.0	22.8	16.1	9.6	5.7
卡塔尔	—	—	—	11.5	6.6	4.5	3.5
巴林	—	—	18.6	15.2	4.7	3.2	2.9
塞浦路斯	—	—	—	6.4	3.7	1.9	1.6

资料来源：世界银行数据库，https://data.worldbank.org.cn/indicator/SH.DYN.NMRT。

说明："—"表示国家中对应年份数据出现缺失。

三、人口结构变动及特征

（一）人口年龄结构

1.少儿人口比重变动及特征

1960～2020 年，中国—西亚、北非各国 0～14 岁少儿人口比重与变化幅度均发生了较大变化（见表 3-6）。2020 年，少儿人口比重超过 30%的有也门、巴勒斯坦、伊拉克、埃及、约旦和叙利亚 6 国；不到 20%的有巴林、中国、塞浦路斯、阿联酋和卡塔尔 5 国；20%～30%的有以色列、黎巴嫩、伊朗、沙特阿拉伯、土耳其、阿塞拜疆、阿曼、科威特、亚美尼亚和格鲁吉亚 10 国。比重最高的是也门（38.83%），最低的是卡塔尔（13.64%），两国相差 25.19 个百分点。1960～2020 年，中国—西亚、北非各国降幅超过 20 个百分点的有阿联酋、卡塔尔、巴林、中国、阿曼和塞浦路斯 6 国；降幅低于 10 个百分点的有埃及、巴勒斯坦、以色列、伊拉克、格鲁吉亚与也门 6 国。降幅最大的是阿联酋，其间下降了 29.75 个百分点，降幅最小的也门仅降低了 3.18 个百分点。

表 3-6　1960～2020 年中国—西亚、北非各国 0～14 岁少儿人口比重 单位：%

	1960 年	1970 年	1980 年	1990 年	2000 年	2010 年	2020 年
中国	39.82	40.41	35.94	28.59	24.79	18.66	17.71
世界	37.17	37.55	35.33	32.86	30.16	27.02	25.48
埃及	42.11	41.81	40.78	40.76	36.86	32.56	33.92
土耳其	41.90	41.52	39.64	35.79	30.60	26.90	23.94

续表

	1960 年	1970 年	1980 年	1990 年	2000 年	2010 年	2020 年
伊朗	42.73	44.11	43.60	45.55	33.96	24.04	24.74
伊拉克	41.45	44.61	46.84	45.79	42.93	41.81	37.71
沙特阿拉伯	43.14	44.23	43.63	42.00	38.27	29.70	24.70
也门	42.01	44.92	49.58	51.57	48.93	42.67	38.83
叙利亚	46.48	48.07	48.95	47.08	41.01	37.39	30.77
约旦	43.54	46.01	48.98	45.77	39.61	37.48	32.85
阿塞拜疆	39.53	43.82	34.89	33.20	31.15	22.84	23.52
阿联酋	44.56	34.80	28.11	31.06	26.04	13.16	14.81
以色列	36.48	32.77	33.02	31.25	28.08	27.26	27.83
黎巴嫩	41.61	41.90	39.11	37.26	31.09	25.82	25.07
阿曼	43.64	46.29	45.08	45.25	37.10	25.69	22.49
巴勒斯坦	46.24	49.42	49.84	48.52	47.81	42.29	38.36
科威特	34.42	43.89	40.29	34.90	28.38	23.22	21.46
格鲁吉亚	28.61	30.76	25.52	24.86	20.82	17.95	20.22
亚美尼亚	38.65	39.34	30.27	30.04	25.81	19.46	20.83
卡塔尔	41.36	36.07	33.64	28.29	25.72	12.89	13.64
巴林	41.29	44.80	34.57	32.69	30.14	20.31	18.28
塞浦路斯	36.71	30.96	24.99	25.49	22.40	17.84	16.58

资料来源：世界银行数据库，https://data.worldbank.org.cn/indicator/SP.POP.0014.TO.ZS。

总体看，1960 年，中国—西亚、北非各国基本为年轻型人口结构，少儿人口占总人口比重较高，充满活力。这主要受积极的生育政策、部分难民涌入西亚、北非等因素影响。2020 年，部分国家已进入老龄化社会，主要是 20 世纪出生人口长大、新生代人口绝对比重降低所致。

2.劳动年龄人口变动及特征

劳动力数量多少和质量高低，对一个国家或地区经济社会可持续发展至关重要。中国—西亚、北非各国劳动年龄人口占比与增幅有较大差异，使得各国在劳动力资源方面有着巨大合作潜力。中国—西亚北非各国 15～64 岁劳动年龄人口占比差距较大，2020 年，劳动年龄人口比重超过 70%的有卡塔尔、阿联酋、巴林、科威特、阿曼、沙特阿拉伯和中国 7 国；低于 60%的有以色列、伊拉克、巴勒斯坦和也门 4 国；其余国家在 60%～70%（见表 3-7）。比重最高的是卡塔尔，高达 84.67%，最低的是也门，仅 58.24%，两国差 26.43 个百分点。从增长幅度看，1960～2020 年，增幅最大的是阿联酋，超过 30 个百分点，增幅在 20～30 个百分点的是阿曼、卡塔尔、巴林，增幅在 10～20 个百分点的是中国、土耳其、伊朗、沙特阿拉伯、叙利亚、约旦、阿塞拜疆、黎巴嫩、科威特、亚美尼亚、塞浦路斯，增幅低于 10 个百分点的是埃及、伊拉克、也门、以色列、巴勒斯坦、格鲁吉亚。世界同期增长 7.34 个百分点，中国—西亚、北非各国中埃及、伊拉克、也门、以色列、格鲁吉亚增幅低于世界均值。

表 3-7　1960～2020 年中国—西亚、北非各国 15～64 岁劳动年龄人口比重　单位：%

	1960 年	1970 年	1980 年	1990 年	2000 年	2010 年	2020 年
中国	56.49	55.84	59.39	65.78	68.40	73.27	70.32
世界	57.86	57.15	58.78	60.98	62.97	65.42	65.20
埃及	54.09	54.02	54.73	54.64	58.23	62.65	60.75
土耳其	54.91	54.49	55.64	59.60	63.30	65.89	67.08
伊朗	53.25	52.59	53.44	51.16	61.66	70.81	68.69
伊拉克	55.43	51.38	49.07	50.38	53.59	54.83	58.84
沙特阿拉伯	53.23	52.33	53.35	55.18	58.73	67.33	71.81
也门	54.29	51.67	47.39	45.90	48.28	54.66	58.24
叙利亚	49.53	48.60	48.08	49.90	55.65	59.20	64.35
约旦	52.20	50.74	47.84	51.03	57.33	58.89	63.19
阿塞拜疆	55.08	50.99	60.03	62.16	63.00	71.27	69.74
阿联酋	52.00	63.76	70.44	67.74	72.86	86.16	83.92
以色列	58.87	60.75	58.31	59.82	61.89	62.29	59.76
黎巴嫩	52.44	53.05	55.45	57.48	63.21	67.83	67.38
阿曼	53.37	50.53	52.19	52.46	60.46	71.62	75.00
巴勒斯坦	49.74	47.73	47.90	49.35	49.92	54.95	58.42
科威特	63.59	54.25	58.08	63.77	70.04	74.79	75.50

续表

	1960 年	1970 年	1980 年	1990 年	2000 年	2010 年	2020 年
格鲁吉亚	62.75	61.50	65.23	65.83	66.25	67.80	64.53
亚美尼亚	55.00	55.11	63.77	64.32	64.17	69.55	67.36
卡塔尔	55.70	61.92	64.78	70.41	72.53	86.40	84.67
巴林	55.72	52.70	63.36	65.13	67.41	77.61	79.07
塞浦路斯	57.39	58.97	65.66	64.60	67.37	70.75	69.01

资料来源：世界银行数据库，https://data.worldbank.org.cn/indicator/SP.POP.1564.TO.ZS?view=chart。

3.老年人口变动及特征

中国—西亚北非各国 65 岁及以上老年人口占比差距较大。2020 年，老年人口比重高于 10%的有格鲁吉亚、塞浦路斯、以色列、中国和亚美尼亚；7%～10%的仅土耳其(8.98%)，不到 2%的有卡塔尔和阿联酋。这说明大部分国家未进入老龄化社会。比重最高的是格鲁吉亚(15.25%)，最低的是阿联酋(1.26%)(见表 3-8)。从增长幅度看，1960～2020 年，塞浦路斯、中国、以色列、格鲁吉亚、土耳其和亚美尼亚分别增长了 8.51 个、8.28 个、7.76个、6.61 个、5.79 个和 5.45 个百分点，是增幅较大的国家；而沙特阿拉伯、约旦、巴林、阿曼、也门、巴勒斯坦、卡塔尔和阿联酋则出现了老年人口占比下降。2020 年，中国—西亚、北非各国老年人口占比高于 7%的仅 7 个国家，与世界均值 9.32%相比，大多数国家低于世界均值。这说明西亚、北非国家养老负担较轻，仅少数国家面临老龄化问题。

表 3-8　1960～2020 年中国—西亚、北非各国 65 岁及以上老年人口比重　单位：%

	1960 年	1970 年	1980 年	1990 年	2000 年	2010 年	2020 年
中国	3.69	3.75	4.67	5.63	6.81	8.07	11.97
世界	4.97	5.30	5.89	6.16	6.87	7.57	9.32
埃及	3.80	4.17	4.49	4.60	4.92	4.79	5.33
土耳其	3.19	3.99	4.72	4.61	6.09	7.21	8.98
伊朗	4.01	3.31	2.96	3.29	4.38	5.15	6.56
伊拉克	3.11	4.01	4.09	3.83	3.48	3.36	3.44
沙特阿拉伯	3.62	3.44	3.02	2.82	3.00	2.97	3.50

续表

	1960 年	1970 年	1980 年	1990 年	2000 年	2010 年	2020 年
也门	3.71	3.41	3.02	2.53	2.78	2.66	2.93
叙利亚	4.00	3.33	2.96	3.02	3.34	3.41	4.87
约旦	4.26	3.25	3.18	3.20	3.06	3.63	3.95
阿塞拜疆	5.38	5.19	5.08	4.64	5.85	5.90	6.74
阿联酋	3.43	1.44	1.45	1.20	1.09	0.69	1.26
以色列	4.65	6.48	8.66	8.93	10.03	10.45	12.41
黎巴嫩	5.95	5.05	5.44	5.26	5.70	6.36	7.55
阿曼	2.99	3.18	2.73	2.29	2.43	2.69	2.51
巴勒斯坦	4.01	2.85	2.26	2.13	2.28	2.75	3.22
科威特	2.00	1.86	1.63	1.33	1.58	2.00	3.04
格鲁吉亚	8.64	7.74	9.25	9.31	12.93	14.24	15.25
亚美尼亚	6.35	5.56	5.96	5.63	10.02	10.99	11.80
卡塔尔	2.94	2.01	1.58	1.31	1.74	0.71	1.69
巴林	2.99	2.50	2.06	2.18	2.45	2.08	2.65
塞浦路斯	5.90	10.07	9.35	9.91	10.23	11.42	14.41

资料来源：世界银行数据库，https://data.worldbank.org.cn/indicator/SP.POP.65UP.TO.ZS?view=chart。

(二)人口性别比变动及特征

1960～2020 年，中国—西亚、北非各国人口性别比变化不大，且相对均衡。2020 年，人口性别比低于 90 的是亚美尼亚(88.8)，90～100 的国家有塞浦路斯、阿塞拜疆、以色列、土耳其、格鲁吉亚，其余国家最高也没有超过 106。从变化趋势看，1960～2020 年这些国家起伏变化不大(见表 3-9)。西亚北非不同国家不同程度地出现性别失衡，与历史事件(如第二次世界大战)、社会结构变动、传统观念、宗教等因素有关，男性人口数高于女性。同时其大多为伊斯兰国家，民众婚姻更注重妇女在家庭生活的地位与作用，妇女在婚前依靠家人和亲属，在婚后依靠丈夫，由男子担负养育子女义务，经济上不独立，社会地位较低，男性占比稍高于女性。但格鲁吉亚与亚美尼亚人口性别比偏低。自苏联解体后，长时间国外局势动荡与国内政局不稳对本国人口造成冲击，使经济变得脆弱，寻找工作困难迫使国内数以十万计的男性出国寻找工作机会，国内女性人口占比高于男性，性别失衡问题较为严重。

表 3-9　1960～2020 年中国—西亚、北非各国人口性别比(女＝100)

	1960 年	1970 年	1980 年	1990 年	2000 年	2010 年	2020 年
中国	106.4	105.4	105.4	105.4	105.4	105.7	105.3
世界	100.1	100.6	100.9	101.3	101.4	101.7	101.7
埃及	103.6	103.2	102.3	101.0	101.4	102.1	102.1
土耳其	99.4	98.7	98.4	97.6	97.0	96.7	97.5
伊朗	105.4	105.7	106.3	104.1	103.6	101.6	102.0
伊拉克	101.2	103.5	104.4	101.8	101.8	102.1	102.5
沙特阿拉伯	100.9	100.7	100.5	100.2	100.5	100.0	100.0
也门	99.9	96.7	95.2	97.5	101.8	101.6	101.5
叙利亚	104.6	102.7	101.9	102.2	102.4	102.0	100.2
约旦	109.5	107.7	109.4	110.0	107.6	104.1	102.6
阿塞拜疆	91.7	94.7	96.2	95.7	95.7	98.2	99.8
阿联酋	100.3	100.4	100.4	100.2	100.2	100.0	100.0
以色列	103.0	101.8	99.7	99.6	97.1	97.6	99.1
黎巴嫩	101.1	102.0	98.1	97.4	99.3	103.2	101.4
阿曼	98.1	96.6	100.4	100.5	100.0	100.0	100.1
巴勒斯坦	103.9	102.4	102.4	102.8	103.1	103.0	102.9
科威特	100.7	100.5	100.7	100.6	100.7	100.1	100.0
格鲁吉亚	87.2	88.9	88.6	90.6	90.5	91.0	91.1
亚美尼亚	93.0	95.3	94.9	94.0	88.5	87.9	88.8
卡塔尔	100.0	100.0	100.0	100.0	100.0	100.0	100.0
巴林	100.2	100.6	100.7	100.4	100.5	100.0	100.1
塞浦路斯	96.7	97.7	101.4	102.8	101.6	99.7	99.9

资料来源：世界银行数据库，https://data.worldbank.org.cn/indicator/SP.POP.BRTH.MF。

四、人口分布变动及特征

（一）城镇化变动及特征

1960～2020年，中国—西亚、北非国家城镇化率增速较快，增幅差异较大。2020年，城镇化率低于50%的有埃及和也门；50%～60%的有叙利亚、阿塞拜疆和格鲁吉亚；60%～70%的有中国、亚美尼亚和塞浦路斯；70%～80%的有伊朗、土耳其、巴勒斯坦和伊拉克；超过80%的有9个，分别是科威特、卡塔尔、以色列、约旦、巴林、黎巴嫩、阿联酋、阿曼和沙特阿拉伯。其中科威特最高，城镇化率为100%，此时世界均值为56.16%，西亚、北非20国仅埃及、也门和叙利亚低于世界同期均值（见表3-10）。从增幅看，与1960年相比，2020年，阿曼、中国、沙特阿拉伯、土耳其、伊朗和黎巴嫩增速均超过40个百分点；埃及、阿塞拜疆增速仅为4.92个、3.74个百分点。综上可见，中国—西亚、北非有7国处于城镇化加速阶段，13国处于高度城镇化阶段，多数国家城镇化还有待加速发展。

表3-10　1960～2020年中国—西亚、北非各国城镇化率　　单位：%

	1960年	1970年	1980年	1990年	2000年	2010年	2020年
中国	16.20	17.40	19.36	26.44	35.88	49.23	61.43
世界	33.62	36.55	39.35	43.03	46.69	51.65	56.16
埃及	37.86	41.48	43.86	43.48	42.80	43.02	42.78
土耳其	31.52	38.23	43.78	59.20	64.74	70.83	76.11
伊朗	33.74	41.21	49.69	56.33	64.04	70.63	75.87
伊拉克	42.90	56.15	65.52	69.71	68.50	69.10	70.89
沙特阿拉伯	31.25	48.67	65.86	76.58	79.85	82.08	84.29
也门	9.10	13.30	16.53	20.93	26.27	31.78	37.91
叙利亚	36.81	43.35	46.71	48.93	51.95	55.60	55.48
约旦	50.88	55.97	60.03	73.29	78.27	86.09	91.42
阿塞拜疆	52.66	50.01	52.78	53.75	51.39	53.41	56.40
阿联酋	73.50	79.80	80.71	79.05	80.24	84.09	87.05
以色列	76.85	84.20	88.58	90.36	91.20	91.83	92.59
黎巴嫩	42.34	59.48	73.67	83.12	86.00	87.33	88.93

续表

	1960 年	1970 年	1980 年	1990 年	2000 年	2010 年	2020 年
阿曼	16.40	29.67	47.56	66.10	71.57	75.16	86.28
巴勒斯坦	44.04	54.30	62.39	67.71	71.97	74.15	76.72
科威特	74.89	85.66	94.78	97.97	99.00	100.00	100.00
格鲁吉亚	43.07	48.01	52.50	55.04	52.64	55.54	59.45
亚美尼亚	51.28	59.86	66.05	67.42	64.67	63.44	63.31
卡塔尔	85.28	88.35	89.36	92.79	96.31	98.50	99.24
巴林	82.32	83.78	86.10	88.14	88.37	88.63	89.51
塞浦路斯	35.63	40.76	58.61	66.78	68.65	67.55	66.82

资料来源：世界银行数据库，https://data.worldbank.org.cn/indicator/SP.URB.TOTL.IN.ZS。

（二）国际人口迁移变动及特征

1960～2020 年，中国—西亚、北非各国国际人口迁移量与变动差距较大。2020 年，净迁入人口小于净迁出人口的是中国、埃及、伊朗、也门、叙利亚、黎巴嫩、格鲁吉亚和亚美尼亚 8 国（见图 3-2）。

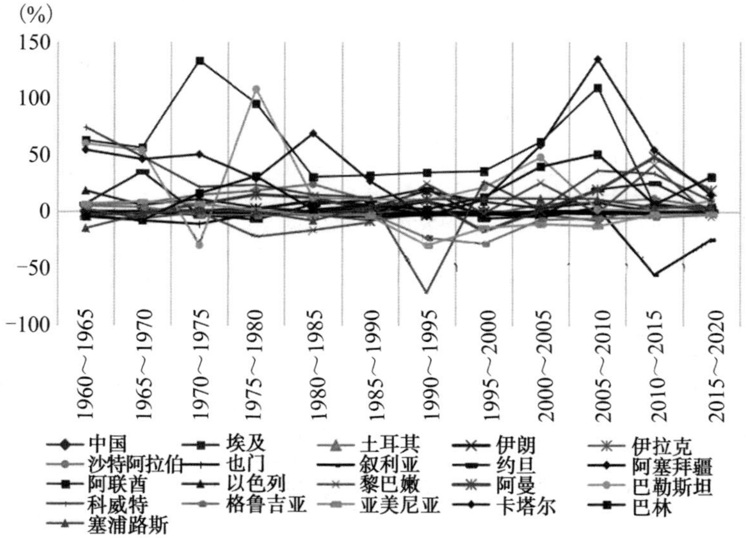

图 3-2　1962～2020 年中国—西亚、北非各国国际人口迁移变动

资料来源：世界银行数据库，https://data.worldbank.org.cn/indicator/SM.POP.TOTL。

净迁入人口大于净迁出的是土耳其、伊拉克、沙特阿拉伯、约旦、阿塞拜疆、阿联酋、以色列、阿曼、巴勒斯坦、科威特、卡塔尔、巴林和塞浦路斯13国。从动态趋势看，1960～2020年，中国—西亚、北非多数国家延续了20世纪六七十年代国际人口迁移状况。

总体来看，1960～2020年，西亚、北非地区土耳其、沙特阿拉伯、阿曼、巴林、卡塔尔、阿联酋等拥有优越的生活环境与较发达的经济体，吸引了大量外来人口；叙利亚因常年战乱导致生活环境差与经济发展不景气，造成了人口大量外流。多数国家人口国际迁移相对保持在一定的均衡范围内，周期性迁移现象普遍。

第二节　中国—西亚、北非国家人口发展比较及主要问题

一、人口红利与机会窗口

（一）总抚养比变动

1960～2020年，中国—西亚、北非各国总抚养比在波动中呈下降趋势，且变化较大（见表3-11）。降幅超过30个百分点的有阿联酋、卡塔尔、阿曼、巴林、沙特阿拉伯、叙利亚、黎巴嫩、伊朗、阿塞拜疆、中国、亚美尼亚、约旦、土耳其和巴勒斯坦14国，其间分别下降了73.14个、61.42个、54.05个、53.00个、48.58个、46.51个、42.29个、42.2个、38.16个、34.81个、33.38个、33.33个、33.04个和31.45个百分点。可能由于上述国家出生率持续下降，导致新生儿数量减少，加上人均寿命提高，老年人口数量持续增加，少儿人口数量降幅远超老年人增幅，所以大多数国家抚养比整体下降。

2020年，中国—西亚、北非国家总抚养比低于40%的有阿联酋、卡塔尔、沙特阿拉伯、科威特、阿曼、巴林6国，40%～50%的国家有土耳其、中国、黎巴嫩、伊朗、阿塞拜疆、亚美尼亚和塞浦路斯7国，超过50%的有以色列、也门、约旦、叙利亚、伊拉克、巴勒斯坦、格鲁吉亚、埃及8国。整体上，有13个国家总抚养比低于50%，说明这些国家一个青壮年劳动力需要供养的老人或孩子数量相对较少，人口结构充满活力，劳动力供养负担相对较小，这对经济社会发展和产业结构转型升级具有积极意义。

表 3-11　1960～2020 年中国—西亚、北非各国总抚养比变化　单位：%

	1960 年	1970 年	1980 年	1990 年	2000 年	2010 年	2020 年
中国	77.02	79.07	68.38	52.02	46.20	36.49	42.21
世界	73.70	76.18	71.34	65.51	60.19	54.52	54.55
阿联酋	92.30	56.83	41.96	47.63	37.24	16.07	19.16
科威特	57.27	84.35	72.19	56.82	42.77	33.72	32.45
土耳其	82.12	83.52	79.73	67.78	57.97	51.78	49.08
卡塔尔	79.52	61.49	54.37	42.03	37.87	15.74	18.10
阿曼	87.38	97.91	91.59	90.60	65.39	39.62	33.33
黎巴嫩	90.70	88.49	80.34	73.96	58.21	47.44	48.41
沙特阿拉伯	87.85	91.08	87.44	81.23	70.28	48.53	39.27
巴林	79.48	89.76	57.82	53.55	48.35	28.85	26.48
以色列	69.87	64.62	71.48	67.17	61.57	60.54	67.34
也门	84.20	93.52	111.01	117.88	107.11	82.94	71.71
伊朗	87.78	90.17	87.13	95.48	62.19	41.23	45.58
约旦	91.58	97.10	109.04	95.95	74.43	69.80	58.25
叙利亚	101.91	105.77	107.97	100.40	79.71	68.93	55.40
伊拉克	80.39	94.64	103.79	98.49	86.59	82.37	69.94
巴勒斯坦	—	—	—	102.62	100.33	81.98	71.17
阿塞拜疆	81.54	96.11	66.59	60.88	58.72	40.32	43.38
格鲁吉亚	59.35	62.60	53.30	51.91	50.95	47.48	54.98
亚美尼亚	81.83	81.47	56.81	55.46	55.83	43.79	48.45
塞浦路斯	74.25	69.59	52.30	54.79	48.43	41.35	44.90
埃及	84.87	85.11	82.70	83.01	71.74	59.61	64.62

资料来源：根据世界银行数据库（https://data.worldbank.org.cn/indicator/SP.POP.DPND.YG 与 https://data.worldbank.org.cn/indicator/SP.POP.DPND.OL）数据计算获得。

（二）人口红利期判断

2020 年，中国—西亚、北非国家有 7 国处于人口暴利期，分别是阿联酋、科威特、卡塔尔、阿曼、沙特阿拉伯、巴林和阿塞拜疆（见表 3-12）。中国、土耳其、黎巴嫩、伊朗、亚美尼亚和塞浦路斯处在人口红利期，这些国家劳动力数量充足，新生儿比例相对较高，具有利用充足和素质较高的劳动力资源促进经济社会发展的人口优势。约旦、叙利亚和格鲁吉亚3国处于人口盈亏平衡期，说明其抚养负担较重，尤其是顶部人口老龄化导致人口结构变动，需尽早开启第二次人口红利或提升人口质量红利。以色列和埃及处于人口负债期，也门、伊拉克和巴勒斯坦3国处于人口暴债期，需要引起高度关注与重视。

表3-12　2020年中国—西亚、北非各国人口红利期判断

国家	人口红利期判断	国家	人口红利期判断
中国	人口红利期	也门	人口暴债期
阿联酋	人口暴利期	伊朗	人口红利期
科威特	人口暴利期	约旦	人口盈亏平衡期
土耳其	人口红利期	叙利亚	人口盈亏平衡期
卡塔尔	人口暴利期	伊拉克	人口暴债期
阿曼	人口暴利期	巴勒斯坦	人口暴债期
黎巴嫩	人口红利期	阿塞拜疆	人口暴利期
沙特阿拉伯	人口暴利期	格鲁吉亚	人口盈亏平衡期
巴林	人口暴利期	亚美尼亚	人口红利期
以色列	人口负债期	塞浦路斯	人口红利期
埃及	人口负债期		

二、人口转变进程与指数比较

（一）人口转变进程比较

整体看，1960～2020年，中国—西亚、北非国家步入后期减速阶段的时间有较大差异，大多在1990年后陆续进入（见表3-13），说明西亚、北非多数国家的人口转变是在1990年后逐渐处于死亡率低、出生率持续下降但高于死亡率、较低的人口自然增长率状态。黎巴嫩、也门、约旦、叙利亚、伊拉克、巴勒斯坦和埃及7国处于中期扩张阶段，其人口增长处于死亡率持续下降、出生率居高位、高人口自然增长率状态。

2020年，西亚、北非20国（除数据缺失国家外）和中国均处于低位静止阶段，均处于人口死亡率、出生率先后降至低水平后重新达到均衡，人口增长再次处于静止状态。

表 3-13　中国—西亚、北非各国人口转变进程判断

国家	高位静止	初期加速	中期扩张	后期减速	低位静止
中国	1960 年以前	1961～1965 年	1966～1982 年	1983～1998 年	1999 年至今
阿联酋	1963 年以前	1964～1970 年	1971～1994 年	1995～2003 年	2004 年至今
科威特	1973 年以前	1974～1981 年	1982～2004 年	2005～2016 年	2017 年至今
土耳其	1969 年以前	1970～1977 年	1978～2001 年	2002 年至今	无
卡塔尔	1964 年以前	1965～1970 年	1971～1992 年	1993～2005 年	2006 年至今
阿曼	1978 年以前	1979～1991 年	1992～2014 年	2015 年至今	无
黎巴嫩	1964 年以前	1965～2000 年	2001 年至今	无	无
沙特阿拉伯	1976 年以前	1977～1989 年	1990～2012 年	2013 年至今	无
巴林	1963 年以前	1964～1971 年	1972～2001 年	2002～2015 年	2016 年至今
以色列	1960 年以前	1960 年以前	1961～2017 年	2018 年至今	无
也门	1991 年以前	1992～2006 年	2007 年至今	无	无
伊朗	1964 年以前	1965～1988 年	1989～1995 年	1996 年至今	无
约旦	1975 年以前	1976～1988 年	1989 年至今	无	无
叙利亚	1979 年以前	1980～1989 年	1990 年至今	无	无
伊拉克	1971 年以前	1972～1999 年	2000 年至今	无	无
巴勒斯坦	1990～1999 年	2000～2002 年	2003 年至今	无	无
阿塞拜疆	1962 年以前	1963～1968 年	1969～1994 年	1995～2016 年	2017 年至今
格鲁吉亚	1960 年以前	1960 年以前	1961～1967 年	1968～1993 年	1994 年至今
亚美尼亚	1960 年以前	1961～1962 年	1963～1990 年	1991～2013 年	2014 年至今
塞浦路斯	1960 年以前	1960 年以前	1961～1966 年	1967～1997 年	1998 年至今
埃及	1960～1971 年	1972～1980 年	1981 年至今	无	无

资料来源：世界银行数据库，https://data.worldbank.org.cn/indicator/SP.POP.GROW。

整体上，中国—西亚、北非各国人口自然增长率持续下降，少数国家已进入“后人口转变时代”。从时间看，西亚国家均未进入“后人口转变时代”，格鲁吉亚在 2005 年人口自然增长率为负数，为－0.069‰，2005 年后又持续正增长。西亚、北非各国人口自然增长率基本集中于20世纪60年代或者80年代出现峰值，后平缓回落。其中，格鲁吉亚和塞浦路斯人口自然增长率一直很低。

（二）人口转变指数比较

中国—西亚、北非国家20世纪90年代、21世纪10年代两个时点人口转变指数及相关指标见表3-14。20世纪90年代，总和生育率也门最高，为7.619个，人口转变指数为0.052，处于初期加速阶段。巴勒斯坦总和生育率为6.243个，人口转变指数为0.130，处于高位静止阶段。阿曼总和生育率为5.553个，人口转变指数为0.315，处于中期扩张阶段。另外，伊拉克总和生育率为5.464个，人口转变指数为0.272，处于初期加速阶段。沙特阿拉伯总和生育率为5.060个，人口转变指数为0.346，处于中期扩张阶段。科威特总和生育率为2.790个，人口转变指数为0.594，处于中期扩张阶段。土耳其总和生育率为2.802个，人口转变指数为0.632，处于中期扩张阶段。卡塔尔总和生育率为3.639个，人口转变指数为0.545，处于后期减速阶段。黎巴嫩总和生育率为2.967个，人口转变指数为0.580，处于初期加速阶段。巴林总和生育率为3.237个，人口转变指数为0.533，处于中期扩张阶段。以色列总和生育率为2.867个，人口转变指数为0.642，处于中期扩张阶段。伊朗总和生育率为3.233个，人口转变指数为0.584，从中期扩张阶段转向后期减速阶段。约旦总和生育率为4.766个，人口转变指数为0.343，处于中期扩张阶段。叙利亚总和生育率为4.631个，人口转变指数为0.351，处于中期扩张阶段。阿塞拜疆总和生育率为2.406个，人口转变指数为0.688，处于后期减速阶段。格鲁吉亚总和生育率为1.912个，人口转变指数为0.837，处于后期减速阶段。亚美尼亚总和生育率为2.116个，人口转变指数为0.776，处于后期减速阶段。塞浦路斯总和生育率为2.136个，人口转变指数为0.758，处于后期减速阶段。埃及总和生育率为3.948个，人口转变指数为0.486，处于中期扩张阶段。

表3-14　中国—西亚、北非国家人口转变指数

国家	20世纪90年代			21世纪10年代		
	总和生育率（个）	人口自然增长率（‰）	人口转变指数（TDI）	总和生育率（个）	人口自然增长率（‰）	人口转变指数（TDI）
中国	1.807	11.001	0.768	1.661	4.801	0.831
阿联酋	3.558	18.851	0.549	1.582	9.531	0.784

续表

国家	20 世纪 90 年代			21 世纪 10 年代		
	总和生育率（个）	人口自然增长率(‰)	人口转变指数(TDI)	总和生育率（个）	人口自然增长率(‰)	人口转变指数(TDI)
科威特	2.790	19.808	0.594	2.116	13.949	0.690
土耳其	2.802	16.423	0.632	2.104	11.354	0.720
卡塔尔	3.639	18.692	0.545	1.945	9.019	0.760
阿曼	5.553	26.550	0.315	2.902	17.957	0.580
黎巴嫩	2.967	19.945	0.580	2.063	13.188	0.703
沙特阿拉伯	5.060	26.954	0.346	2.579	16.259	0.626
巴林	3.237	22.285	0.533	2.065	12.828	0.707
以色列	2.867	15.110	0.642	3.058	16.010	0.589
也门	7.619	36.150	0.052	4.169	26.323	0.382
伊朗	3.233	17.981	0.584	2.007	13.875	0.700
约旦	4.766	29.134	0.343	3.145	21.029	0.526
叙利亚	4.631	29.223	0.351	3.022	20.078	0.547
伊拉克	5.464	30.786	0.272	4.000	26.172	0.398
巴勒斯坦	6.243	37.930	0.130	4.005	27.896	0.403
阿塞拜疆	2.406	14.090	0.688	1.895	11.070	0.741
格鲁吉亚	1.912	4.298	0.837	2.018	0.849	0.846
亚美尼亚	2.116	8.255	0.776	1.738	4.918	0.823
塞浦路斯	2.136	9.703	0.758	1.365	4.130	0.863
埃及	3.948	21.856	0.486	3.361	21.545	0.502

资料来源：根据世界银行数据库（https://data.worldbank.org.cn/indicator/SP.POP.GROW）相关数据计算获得。

21 世纪 10 年代，总和生育率也门最高，为 4.169 个，人口自然增长率降至26.323‰，人口转变指数为 0.382，处于中期扩张阶段。巴勒斯坦总和生育率降至 4.005 个，人口自然增长率降至 27.896‰，人口转变指数为 0.403，处于中期扩张阶段。伊拉克总和生育率降至 4.000 个，人口自然增长率降至26.172‰，人口转变指数为0.398，处于中期扩张阶段。阿联酋总和生育率降至1.582个，人口自然增长率下降到9.531‰，人口转变指数为0.784，处于低位静止阶段。科威特总和生育率降至2.116个，人口自然增长率降至13.949‰，人口转变指数为0.690，从后期减速阶段转向低位静止阶段。土耳其总和生育率降至2.104个，人口自然增长率降至11.354‰，人口转变指数为0.720，处于低位静止阶段。卡塔尔总和生育率1.945个，人口自然增长率降至9.019‰，人口转变指数为0.760，处于低位静止阶段。阿曼总和生育率降至2.902个，人口自然增长率下降到17.956‰，人口转变指数为0.580，从后期减速阶段转向低位静止阶段。黎巴嫩总和生育率降至2.063个，人口自然增长率降至13.188‰，人口转变指数为0.703，处于中期扩张阶段。沙特阿拉伯总和生育率降至2.579个，人口自然增长率降至16.259‰，人口转变指数为0.626，处于后期减速阶段。巴林总和生育率降至2.065个，人口自然增长率为12.828‰，人口转变指数为0.707，从后期减速阶段转向低位静止阶段。以色列总和生育率为3.058个，人口自然增长率上升到16.010‰，人口转变指数为0.589，从后期减速阶段转向低位静止阶段。伊朗总和生育率降至2.007个，人口自然增长率为13.875‰，人口转变指数为0.700，处于后期减速阶段。约旦总和生育率降至3.145个，人口自然增长率降至21.029‰，人口转变指数为0.526，处于中期扩张阶段。叙利亚总和生育率降至3.022个，人口自然增长率为20.078‰，人口转变指数为0.547，处于中期扩张阶段。伊拉克总和生育率降至4.000个，人口自然增长率为26.172‰，人口转变指数为0.398，处于中期扩张阶段。阿塞拜疆总和生育率降至1.895个，人口自然增长率为11.070‰，人口转变指数为0.741，处于低位静止阶段。格鲁吉亚总和生育率为2.018个，人口自然增长率为0.849‰，人口转变指数为0.846，处于低位静止阶段。亚美尼亚总和生育率降至1.738个，人口自然增长率降至4.918‰，人口转变指数为0.823，处于低位静止阶段。塞浦路斯总和生育率降至1.365个，人口自然增长率降至4.130‰，人口转变指数为0.863，处于低位静止阶段。埃及总和生育率降至3.361个，人口自然增长率降至21.545‰，人口转变指数为0.502，处于中期扩张阶段。

三、人口效率发展比较

（一）人口效率分类指标比较

1.劳动生产率

2019年，劳动生产率排前两位的是以色列和卡塔尔，分别为111376、

82243 美元/人；排后两位的是也门和阿塞拜疆，分别为 4005、10340 美元/人（见表 3-15），两国经济发展落后，劳动生产率较低。劳动生产率标准化后，最高的以色列是最低的也门的 54.53 倍。值得注意的是，阿联酋在 1990 年标准化劳动生产率为 1，说明该国当年含量纲数劳动生产率大于其最高指标。

从变化趋势看，1990～2019 年，劳动生产率整体呈增长态势，增幅最明显的是以色列和卡塔尔。以色列劳动生产率从 1990 年的 33542 美元/人上升到 2019 年的 111376 美元/人，其间增加了 77834 美元/人。卡特尔劳动生产率从 1990 年的 28169 美元/人上升到 2019 年的 82243 美元/人，增加了 54074 美元/人。劳动生产率增幅最慢的两国是也门和阿曼。阿曼劳动生产率从 1990 年的 21555 美元/人上升到 2019 年的 27550 美元/人，仅增加了 5995 美元/人。也门劳动生产率从 1990 年的 2577 美元/人增加到 2019 年的 4005 美元/人，仅增加了 1428 美元/人。另外，阿联酋和伊拉克出现了负增长。阿联酋劳动生产率从 1990 年的 123111 美元/人下降到 2019 年的 64235 美元/人，减少了 58876 美元/人。而伊拉克劳动生产率减少了 25717 美元/人。因劳动生产率取值不在 0～1 范围，对劳动生产率进行标准化处理，处理公式详见第一章，标准化劳动生产率见表3-16，这些国家劳动生产率有一定的起伏，对经济发展产生了不同程度的影响。

表 3-15　1990～2019 年中国—西亚、北非各国劳动生产率　单位：美元/人

国家	1990 年	1995 年	2000 年	2005 年	2010 年	2015 年	2016 年	2017 年	2018 年	2019 年
中国	628	1175	1852	3435	9088	16578	16907	18705	21193	22138
阿联酋	123111	85758	64538	65058	48077	56099	55859	60375	64988	64235
科威特	30849	44050	46370	83330	81991	60970	56736	62965	70633	69647
土耳其	8899	9320	14797	27713	37944	35754	35083	33435	29525	29416
卡塔尔	28169	28616	49702	73151	80395	82106	76233	79770	87606	82243
阿曼	21555	17772	25592	34321	42145	30001	27205	27771	30218	27550
黎巴嫩	5332	13472	17084	16307	25917	26005	25713	26485	26971	24844
沙特阿拉伯	27655	29134	32984	46407	59876	56237	53695	56096	63080	62112
巴林	21551	23471	30281	35760	33945	39342	38877	40262	40166	38781
以色列	33542	43853	53041	55942	73937	99361	93955	97820	106840	111376

续表

国家	1990年	1995年	2000年	2005年	2010年	2015年	2016年	2017年	2018年	2019年
也门	2577	1411	2598	3965	6698	8494	6145	5106	4318	4005
伊朗	10690	7346	6913	11364	25127	18524	19548	20115	20360	19887
约旦	6579	6900	8037	11020	17213	20006	20461	20708	20997	21459
叙利亚	3883	3119	4442	6257	11491	15483	15783	15973	16010	15767
伊拉克	52704	43774	36491	8021	22265	21882	20883	24027	26559	26987
巴勒斯坦	10378	8332	9061	10211	15919	19141	20823	21749	22442	21104
阿塞拜疆	1237	869	1431	3243	12574	11900	8113	8870	10035	10340
格鲁吉亚	3701	1293	2024	4513	8851	10173	10246	10964	12370	12543
亚美尼亚	1707	1461	2122	5511	10655	11697	11642	12979	14636	16143
塞浦路斯	19025	28907	24852	41160	53663	45333	45505	48235	50834	48681
埃及	3226	4206	5962	4665	9237	13644	13579	9590	10011	11807

资料来源：根据世界银行数据库（https://data.worldbank.org.cn/indicator/NY.GNP.MKTP.CD、https://data.worldbank.org.cn/indicator/SP.POP.1564.TO、https://data.worldbank.org.cn/indicator/SL.EMP.TOTL.SP.ZS）相关指标计算得到。

表 3-16　1990～2019 年中国—西亚、北非各国标准化劳动生产率

国家	1990年	1995年	2000年	2005年	2010年	2015年	2016年	2017年	2018年	2019年
中国	0.009	0.012	0.022	0.033	0.072	0.138	0.142	0.143	0.163	0.171
阿联酋	1.000	1.000	0.963	0.729	0.431	0.503	0.501	0.496	0.534	0.527
科威特	0.628	0.676	0.690	0.936	0.743	0.547	0.509	0.517	0.582	0.573
土耳其	0.178	0.138	0.216	0.307	0.338	0.315	0.309	0.268	0.233	0.232
卡塔尔	0.573	0.437	0.740	0.821	0.728	0.743	0.689	0.660	0.725	0.680
阿曼	0.438	0.269	0.378	0.382	0.376	0.262	0.237	0.220	0.239	0.217
黎巴嫩	0.105	0.202	0.251	0.179	0.227	0.225	0.223	0.209	0.212	0.194
沙特阿拉伯	0.563	0.445	0.489	0.519	0.539	0.504	0.481	0.459	0.518	0.509
巴林	0.438	0.357	0.449	0.398	0.301	0.348	0.344	0.325	0.323	0.312
以色列	0.683	0.673	0.790	0.626	0.669	0.902	0.852	0.812	0.888	0.927

续表

国家	1990 年	1995 年	2000 年	2005 年	2010 年	2015 年	2016 年	2017 年	2018 年	2019 年
也门	0.049	0.016	0.033	0.039	0.051	0.063	0.042	0.028	0.020	0.017
伊朗	0.215	0.108	0.098	0.123	0.220	0.156	0.166	0.155	0.156	0.152
约旦	0.131	0.101	0.115	0.119	0.147	0.169	0.174	0.160	0.161	0.165
叙利亚	0.075	0.042	0.061	0.065	0.095	0.128	0.131	0.120	0.119	0.117
伊拉克	1.000	0.671	0.542	0.085	0.194	0.187	0.178	0.188	0.208	0.212
巴勒斯坦	0.209	0.123	0.130	0.110	0.135	0.161	0.178	0.169	0.173	0.162
阿塞拜疆	0.021	0.007	0.015	0.031	0.105	0.095	0.061	0.060	0.068	0.071
格鲁吉亚	0.072	0.014	0.024	0.045	0.070	0.079	0.080	0.078	0.088	0.089
亚美尼亚	0.031	0.016	0.026	0.057	0.087	0.093	0.093	0.095	0.107	0.120
塞浦路斯	0.386	0.441	0.367	0.459	0.482	0.403	0.405	0.393	0.414	0.396
埃及	0.062	0.059	0.084	0.047	0.074	0.111	0.111	0.066	0.068	0.083

2.就业产值系数比较

2019 年，就业产值系数为 1 的国家有卡塔尔和沙特阿拉伯（见表3-17），从 20 世纪 90 年代起至今，两国都是发达国家，经济实力强，就业人口创造的价值高于西亚和北非其他国家。

表 3-17　1990～2019 年中国—西亚、北非各国就业产值系数

国家	1990 年	1995 年	2000 年	2005 年	2010 年	2015 年	2016 年	2017 年	2018 年	2019 年
中国	0.001	0.015	0.032	0.064	0.124	0.191	0.205	0.221	0.238	0.255
阿联酋	1.000	1.000	1.000	1.000	0.695	0.843	0.867	0.887	0.885	0.890
科威特	1.000	1.000	1.000	1.000	1.000	0.889	0.885	0.816	0.810	0.800
土耳其	0.322	0.359	0.429	0.554	0.574	0.686	0.689	0.715	0.718	0.737
卡塔尔	1.000	1.000	1.000	1.000	1.000	1.000	1.000	1.000	1.000	1.000
阿曼	0.787	0.739	0.918	0.795	0.686	0.503	0.500	0.480	0.481	0.456
黎巴嫩	0.367	0.421	0.433	0.412	0.537	0.452	0.443	0.437	0.420	0.383
沙特阿拉伯	1.000	1.000	1.000	1.000	1.000	1.000	1.000	1.000	1.000	1.000

续表

国家	1990 年	1995 年	2000 年	2005 年	2010 年	2015 年	2016 年	2017 年	2018 年	2019 年
巴林	0.876	0.944	0.986	0.852	0.705	0.776	0.764	0.750	0.715	0.687
以色列	0.603	0.637	0.725	0.714	0.749	0.774	0.785	0.794	0.805	0.820
也门	0.026	0.026	0.030	0.036	0.041	0.015	0.010	0.007	0.006	0.005
伊朗	0.372	0.352	0.338	0.341	0.431	0.387	0.428	0.428	0.395	0.357
约旦	0.365	0.337	0.347	0.433	0.436	0.407	0.410	0.407	0.405	0.405
叙利亚	0.013	0.003	0.018	0.035	0.054	0.054	0.054	0.054	0.054	0.054
伊拉克	0.099	0.172	0.331	0.289	0.351	0.378	0.425	0.425	0.406	0.411
巴勒斯坦	0.175	0.175	0.195	0.243	0.256	0.254	0.274	0.275	0.275	0.260
阿塞拜疆	0.122	0.032	0.056	0.119	0.259	0.263	0.249	0.246	0.247	0.252
格鲁吉亚	0.138	0.035	0.077	0.127	0.184	0.226	0.237	0.249	0.270	0.285
亚美尼亚	0.085	0.052	0.083	0.164	0.211	0.259	0.263	0.286	0.321	0.349
塞浦路斯	0.374	0.437	0.480	0.505	0.515	0.504	0.527	0.536	0.534	0.534
埃及	0.198	0.216	0.247	0.261	0.294	0.329	0.338	0.353	0.370	0.384

资料来源：根据世界银行数据库(https://data.worldbank.org.cn/indicator/SL.GDP.PCAP.EM.KD)指标计算得到。

格鲁吉亚就业产值系数从 1990 年的 0.138 上升到 2019 年的 0.285 峰值，增加了0.147个单位值，总体不断增长但有波动。该国大力推进经济改革，实施结构调整和私有化，吸引外资。

伊拉克就业产值系数从 1990 年的 0.099 上升到 2019 年的 0.411，上升了 0.312 个单位值。伊拉克石油、天然气资源丰富，石油储量居世界第 5 位，天然气储量居世界第 12 位。伊拉克战争后实行开放的外贸政策，对大部分进口商品免征关税。①

土耳其就业产值系数从 1990 年的 0.322 上升到 2019 年 0.737 峰值。20 世纪 80 年代实行对外开放政策以来，经济实现了跨越式发展，由经济基础较为落后的传统农业国向现代化工业国快速转变，不断改善投资环境以吸引外资，大力发展对外贸易。②

① 参见《伊拉克》，https://www.yidaiyilu.gov.cn/gbjg/gbgk/853.htm。
② 参见《土耳其》，https://www.yidaiyilu.gov.cn/gbjg/gbgk/836.htm。

以色列就业产值系数从 1990 年的 0.603 增加到 2019 年的 0.820。以色列实施混合型经济，工业化程度较高，以知识密集型产业为主，总体经济实力较强，竞争力居世界先列。以色列奉行以美国为中心的非平衡外交政策，同欧洲国家联系密切，积极发展同中国、印度等新兴市场国家关系。[①] 该国纳斯达克上市公司逾 80 家，仅次于美国和加拿大，居世界第 3 位。

塞浦路斯就业产值系数从 1990 年的 0.374 上升到 2019 年的 0.534。该国为传统农业国，着重发展旅游业，人民相对富足。

约旦就业产值系数从 1990 年的 0.365 上升到 2019 年的 0.405。约旦经济基础薄弱，资源较贫乏，可耕地少，农产品主要依赖进口，国民经济主要支柱为侨汇、外援和旅游。[②]

伊朗就业产值系数先升后降，从 1990 年的 0.372 下降到 2019 年的 0.357。该国盛产石油，是世界第四大石油生产国、欧佩克第二大石油输出国，石油是伊朗经济命脉和外汇收入的主要来源之一，石油收入占其外汇总收入的一半以上。[③] 但由于受世界复杂局势与美国遏制影响，经济发展缓慢，石油输出受阻。

科威特就业产值系数 1990～2010 年均保持在 1.000 的高位，随后逐年下降至 2019 年的 0.800。以石油、天然气工业为国民经济主要支柱，其产值占国内生产总值的 45%，占出口收入的 92%。[④]

也门就业产值系数从 1990 年的 0.026 下降到 2019 年的 0.005。也门是世界经济最不发达的国家之一，经济发展主要依赖石油出口收入。[⑤]

阿塞拜疆就业产值系数从 1990 年的 0.122 下降到 1995 年的 0.032 最低值，随后增长至 2019 年的 0.252。该国积极实施经济发展多元化战略，油气工业是其支柱产业。[⑥]

亚美尼亚就业产值系数从 1990 年的 0.085 降至 1995 年的 0.052，随后上升至 2019 年的 0.349。该国奉行平衡外交政策。2015 年 1 月加入欧亚经济联盟；积极发展同美国及欧盟的关系，寻求安全政策多元化。[⑦]

黎巴嫩就业产值系数从 1990 年的 0.367 上升到 2010 年的 0.537，又下降至 2019 年的 0.383。该国实行自由、开放的市场经济，私营经济占主导地

---

① 参见《以色列》，https://www.yidaiyilu.gov.cn/gbjg/gbgk/9975.htm。

② 参见《约旦》，https://www.yidaiyilu.gov.cn/gbjg/gbgk/10040.htm。

③ 参见《伊朗》，https://www.yidaiyilu.gov.cn/gbjg/gbgk/864.htm。

④ 参见《科威特》，https://www.yidaiyilu.gov.cn/gbjg/gbgk/884.htm。

⑤ 参见《也门》，https://www.yidaiyilu.gov.cn/gbjg/gbgk/10037.htm。

⑥ 参见《阿塞拜疆》，https://www.yidaiyilu.gov.cn/gbjg/gbgk/874.htm。

⑦ 参见《亚美尼亚》，https://www.yidaiyilu.gov.cn/gbjg/gbgk/901.htm。

位。农业欠发达，工业基础相对薄弱，以加工业为主。①

巴林就业产值系数呈先升后降态势，从 1990 年的 0.876 上升到 2000 年的 0.986 峰值后下降，2019 年为 0.687。该国是海湾地区最早开采石油的国家，奉行自由经济政策，注重经济多元化发展，是中东地区重要经济中心和最大铝业生产中心。②

阿曼就业产值系数从 1990 年的 0.787 上升到 2000 年的 0.918 峰值，2019 年降至0.456。石油、天然气产业是其支柱产业，油气收入占国家财政收入的 75%，占国内生产总值的 41%。工业以石油开采为主，实行自由和开放的经济政策。③

阿联酋就业产值系数 1990～2005 年持续处于高位，达到 1.000，随后降至 2010 年的 0.695，又升至 2019 年的 0.890。该国以石油生产和石油化工工业为主，注重经济多样化发展。

土耳其、塞浦路斯、以色列该值不断上升。卡塔尔、沙特阿拉伯就业产值系数持续保持在 1.000 的高位。卡塔尔农牧产品不能自给，仅鱼、虾类海产品产量可基本满足本国需求。④ 沙特阿拉伯以“石油王国”著称，是世界上石油储量、产量和销售量最多的国家之一。叙利亚就业产值系数先上升后保持在 0.054 不变，因战争因素无法进行有效与实质性分析。

3.人类发展指数比较

2019 年，中国—西亚、北非国家人类发展指数排名从高到低依次是以色列、阿联酋、塞浦路斯、沙特阿拉伯、巴林、卡塔尔、土耳其、阿曼、格鲁吉亚、科威特、伊朗、亚美尼亚、中国、阿塞拜疆、黎巴嫩、约旦、埃及、伊拉克、巴勒斯坦、叙利亚和也门（见表 3-18）。这在一定程度上反映出这些国家经济社会发展水平的高低。

表 3-18　1990～2019 年中国—西亚、北非各国人类发展指数(HDI)

国家	1990 年	1995 年	2000 年	2005 年	2010 年	2015 年	2016 年	2017 年	2018 年	2019 年
中国	0.501	0.549	0.591	0.643	0.702	0.742	0.749	0.753	0.758	0.761
阿联酋	0.724	0.764	0.782	0.809	0.821	0.860	0.863	0.864	0.866	0.890
科威特	0.712	0.748	0.786	0.783	0.794	0.807	0.809	0.809	0.808	0.806

① 参见《黎巴嫩》，https://www.yidaiyilu.gov.cn/gbjg/gbgk/10025.htm。

② 参见《巴林》，https://www.yidaiyilu.gov.cn/gbjg/gbgk/10036.htm。

③ 参见《阿曼》，https://www.yidaiyilu.gov.cn/gbjg/gbgk/10027.htm。

④ 参见《卡塔尔》，https://www.yidaiyilu.gov.cn/gbjg/gbgk/885.htm。

续表

国家	1990年	1995年	2000年	2005年	2010年	2015年	2016年	2017年	2018年	2019年
土耳其	0.579	0.607	0.655	0.691	0.743	0.800	0.800	0.805	0.807	0.820
卡塔尔	0.757	0.789	0.816	0.838	0.834	0.851	0.847	0.848	0.848	0.848
阿曼	0.704	0.704	0.704	0.748	0.793	0.827	0.834	0.833	0.834	0.813
黎巴嫩	0.724	0.724	0.724	0.724	0.751	0.728	0.725	0.732	0.730	0.744
沙特阿拉伯	0.698	0.723	0.744	0.771	0.810	0.857	0.857	0.856	0.857	0.854
巴林	0.736	0.775	0.792	0.792	0.796	0.834	0.839	0.839	0.838	0.852
以色列	0.792	0.824	0.853	0.871	0.887	0.901	0.902	0.904	0.906	0.919
也门	0.392	0.393	0.432	0.472	0.499	0.493	0.477	0.463	0.463	0.470
伊朗	0.577	0.64	0.671	0.696	0.756	0.789	0.799	0.799	0.797	0.783
约旦	0.616	0.683	0.702	0.729	0.728	0.721	0.722	0.722	0.723	0.729
叙利亚	0.558	0.579	0.59	0.635	0.644	0.540	0.539	0.544	0.549	0.567
伊拉克	0.574	0.569	0.608	0.632	0.652	0.665	0.672	0.684	0.689	0.674
巴勒斯坦	0.638	0.638	0.646	0.671	0.685	0.687	0.689	0.690	0.708	0.638
阿塞拜疆	0.612	0.612	0.641	0.681	0.732	0.749	0.749	0.752	0.754	0.756
格鲁吉亚	0.669	0.669	0.669	0.705	0.732	0.771	0.776	0.783	0.786	0.812
亚美尼亚	0.633	0.604	0.649	0.694	0.729	0.748	0.751	0.758	0.760	0.776
塞浦路斯	0.731	0.783	0.799	0.830	0.850	0.864	0.869	0.871	0.873	0.887
埃及	0.546	0.576	0.611	0.635	0.666	0.690	0.695	0.696	0.700	0.707

资料来源：联合国开发计划署，https://hdr.undp.org/data-center/human－development-index#/indicies/HDI。

1990～2019年，中国—西亚、北非国家人类发展指数整体不断上升。巴林从1990年的0.736上升到2019年的0.852。约旦2005年达到0.729峰值随后下降。2010年达到峰值的国家有黎巴嫩、也门和叙利亚，分别为0.751、0.499和0.644。2015年达到峰值的国家是沙特阿拉伯和卡塔尔，分别为0.857、0.851。2016年达到峰值的国家有科威特、伊朗和阿曼，分别为0.809、0.834和0.799。2018年达到峰值的国家为伊拉克，为0.689。2019年达到峰值的国家有阿联酋、土耳其、巴林、以色列、阿塞拜疆、格鲁吉亚、亚美尼亚、塞浦路斯和埃及，分别为0.890、0.820、0.852、0.919、0.756、0.812、

0.776、0.887 和 0.707。总体上，各国人类发展指数均上升了一个梯度，表明经济不断发展，社会不断进步。

（二）人口效率综合比较

2019 年，人口效率排前五的是以色列、卡塔尔、沙特阿拉伯、阿联酋和科威特，分别为 0.889、0.843、0.788、0.769 和 0.726（见表 3-19）。这些国家经济发展快，人民生活水平高，人口效率指数较高。排后五位的是也门、叙利亚、阿塞拜疆、埃及和格鲁吉亚，分别为 0.164、0.246、0.360、0.391、0.396。也门经济发展滞后，是联合国确定的最不发达的 47 个国家之一，人口效率极低。西亚、北非国家的人口效率普遍较高，除了也门、叙利亚、阿塞拜疆、埃及和格鲁吉亚在低人口效率水平，其他国家均在中等人口效率水平以上，沙特阿拉伯和卡塔尔更是到了极高人口效率水平。

表 3-19　1990～2019 年中国—西亚、北非国家人口效率比较

国家	1990 年	1995 年	2000 年	2005 年	2010 年	2015 年	2016 年	2017 年	2018 年	2019 年
中国	0.170	0.192	0.215	0.247	0.300	0.357	0.365	0.372	0.386	0.396
阿联酋	0.908	0.921	0.915	0.846	0.649	0.735	0.744	0.749	0.762	0.769
科威特	0.780	0.808	0.825	0.906	0.846	0.748	0.734	0.714	0.733	0.726
土耳其	0.360	0.368	0.433	0.518	0.552	0.600	0.599	0.596	0.586	0.596
卡塔尔	0.777	0.742	0.852	0.886	0.854	0.865	0.845	0.836	0.858	0.843
阿曼	0.643	0.571	0.667	0.642	0.618	0.530	0.523	0.511	0.518	0.495
黎巴嫩	0.399	0.449	0.469	0.438	0.505	0.468	0.464	0.459	0.454	0.440
沙特阿拉伯	0.754	0.723	0.744	0.763	0.783	0.787	0.779	0.772	0.792	0.788
巴林	0.683	0.692	0.742	0.681	0.601	0.653	0.649	0.638	0.626	0.617
以色列	0.693	0.711	0.790	0.737	0.768	0.859	0.846	0.837	0.866	0.889
也门	0.155	0.145	0.165	0.182	0.197	0.190	0.176	0.166	0.163	0.164
伊朗	0.388	0.366	0.369	0.387	0.469	0.444	0.464	0.461	0.449	0.430
约旦	0.371	0.374	0.388	0.427	0.437	0.433	0.435	0.429	0.430	0.433
叙利亚	0.215	0.208	0.223	0.245	0.264	0.241	0.242	0.239	0.241	0.246
伊拉克	0.558	0.471	0.494	0.335	0.399	0.410	0.425	0.432	0.434	0.432
巴勒斯坦	0.274	0.312	0.321	0.333	0.354	0.367	0.380	0.378	0.380	0.377

续表

国家	1990 年	1995 年	2000 年	2005 年	2010 年	2015 年	2016 年	2017 年	2018 年	2019 年
阿塞拜疆	0.252	0.217	0.237	0.277	0.365	0.369	0.353	0.353	0.356	0.360
格鲁吉亚	0.293	0.239	0.257	0.293	0.329	0.358	0.364	0.370	0.381	0.396
亚美尼亚	0.250	0.224	0.253	0.305	0.342	0.367	0.369	0.380	0.396	0.415
塞浦路斯	0.497	0.554	0.549	0.598	0.616	0.591	0.600	0.600	0.607	0.605
埃及	0.269	0.284	0.314	0.314	0.345	0.377	0.381	0.372	0.379	0.391

资料来源：根据世界银行数据库（https://data.worldbank.org.cn/indicator/SP.POP.GROW）相关数据与公式（4）计算获得。

1990～2019 年，除了阿联酋、科威特、巴林、阿曼、伊拉克人口效率呈下降趋势外，其他国家呈增长态势，还有部分国家在特定年份达到了人口效率的最高值，随后下降（见图 3-3）。1990 年达到峰值的是伊拉克（0.558）。1995 年达到峰值的是阿联酋（0.921）。2000 年达到峰值的有阿曼（0.667）、巴林（0.742）。2005 年达到峰值的有科威特（0.906）、卡塔尔（0.886）。2010 年达到峰值的有黎巴嫩、也门、伊朗、约旦、叙利亚和塞浦路斯，分别为 0.505、0.197、0.469、0.437、0.264 和 0.616。2015 年达到峰值的有土耳其（0.600）、阿塞拜疆（0.369）。2016 年达到峰值的是巴勒斯坦（0.380）。2019 年达到峰值的是中国、以色列、格鲁吉亚和亚美尼亚，分别为 0.396、0.889、0.396 和 0.415。可以看出，经济发展越快的国家，人口效率增幅越明显。

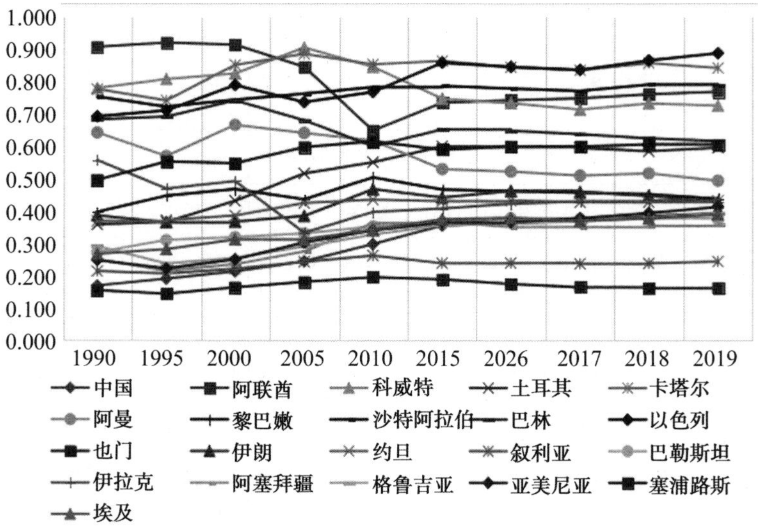

图 3-3　1990～2019 年中国—西亚、北非国家人口效率发展状况

四、主要人口问题

中国—西亚、北非各国人口数量经历了不同程度增长，人口质量实现了稳步提升，人口结构得到了不同程度的改善，同时国家之间人口效率差异较大，人口转变进程有一定差异，各国均存在不同程度的人口问题。

（一）人口数量变动较大

人口增长与社会经济发展进程、发展程度息息相关，短时间规模过大或过急的人口总量变动都可能导致社会不稳定，中国—西亚、北非部分国家人口骤升骤降，如叙利亚因战争，2000～2010 年人口增长 30.17%，2010～2020 年人口增长−18.08%；卡塔尔 2000～2020 年人口增长也是先大幅上升后下降。上述人口急增急降状况明显反映出近几十年来西亚、北非部分国家人口突变，这种突发式人口大幅增加容易导致经济紊乱、就业困难、环境污染、住房条件难以改善等问题，突发式人口下降容易导致劳动力短缺、消费下降等问题。

（二）人口质量参差不齐、差异大

人口数量向人口质量升级是国家发展经济的劳动力需求，而中国与西亚、北非部分国家人口受教育水平、出生时预期寿命或新生儿存活率处于不同程度的较低水平。2020 年，世界平均高等教育入学率为 40.24%，而卡塔尔仅为 20.79%、阿塞拜疆为 35.25%、约旦为 33.56%、埃及为 39.00%、叙利亚为43.00%。高等教育入学率不足 50%的 5 个国家中，除了叙利亚外，其他 4 国远低于世界平均值。中国—西亚、北非各国人均受教育年限超过 10 年的有 12 个国家，也门仅为 3.20 年，伊拉克为 5.10 年，与以色列的 13.34 年相比，各国差异较大，给人员往来带来较大抑制性障碍。

与 1960 年相比，2020 年，亚美尼亚、格鲁吉亚、塞浦路斯、阿塞拜疆 4 国出生时预期寿命仅分别增加了 9.25 岁、10.27 岁、11.52 岁与 12.09 岁，比世界平均增加值 20.17 岁低很多。2020 年，世界新生儿死亡率平均水平为 17.00‰，而同期也门高达 28.10‰，伊拉克达 14.40‰，同时，伊拉克、也门人口转变指数还不足 0.4，在西亚、北非 20 国中甚至六大区域中均很低。可见，人口受教育水平、人口效率、人口转变指数、出生时预期寿命、新生儿存活率的“五低”状况，困扰着西亚、北非部分国家人口质量的提高。上述指标值均低的国家有着重叠特征，包括也门、伊拉克、叙利亚等，5 个指标均低，自然影响总体人口质量水平的提升，十分不利于各国人口要素增长以及经济社会交流合作事项的顺利开展。

（三）人口结构失衡

人口结构分布可以较准确地反映未来人口发展类型和人口变化趋势，甚至可以在一定程度上预测未来经济社会发展走势。中国—西亚、北非部分国家少儿人口比重较低、劳动力不足、老龄化严重或人口性别比严重失衡等结构性问题较为突出。2020 年，卡塔尔、阿联酋、塞浦路斯、巴林 4 国 0～14 岁少儿人口比重分别为 13.64％、14.81％、16.58％、18.28％，不足 20％，说明上述国家这“一小”的问题已开始显现。同时，伊拉克、也门、以色列与巴勒斯坦 4 国 15～64 岁劳动年龄人口占比均低于 60％，比世界 65.2％的均值低了约六个百分点，也有沙特阿拉伯这样高达 71.81％的国家，说明国家间的差距较大，前述 4 国可能会存在本国市场劳动年龄人口不足的问题。2020 年，以色列、格鲁吉亚、亚美尼亚和塞浦路斯的老年人口占比突破了 10％，说明这 4 国人口老龄化问题相对较为突出，而阿联酋、卡塔尔该值仅为 1.26％、1.69％，老年人口比重还不到 2％，说明各国人口结构不平衡。另外，格鲁吉亚与亚美尼亚 2 国的人口性别比仅为 91.1 与 88.8，与世界 101.7 的平均水平差距很大，存在男女性别比失衡现象，女多男少性别失衡，同样会带来较为严重的社会问题。人口结构失衡与扭曲会弱化社会创新能力，降低社会劳动生产率，降低消费能力，影响内需发展，可能导致社会养老面临空前压力，甚至会导致社会总投资能力下降，一定程度上还会弱化经济增长动力。

（四）人口分布不均衡

城镇化是世界各国工业化、现代化发展的必经过程，中国—西亚、北非部分国家农村人口占比偏高，城镇化水平相对较低。2020 年，埃及与也门的城镇化率分别为 42.78％、37.91％，远低于世界同期 56.16％均值。上述两国由于自然环境恶劣，交通、通信等基础设施相当薄弱，发展条件较差，既阻碍了城镇化进程，也限制了地区之间经济交流以及产业升级发展，加上科学技术水平低，资源利用率低，大部分地区人口发展缓慢，人口质量不高，农村地区广阔与农村人口占比偏高，严重影响了国家整体人力资源开发，导致人口效率升高缓慢，从而影响了人均国民收入提高与人口转变进程。

从国际人口迁移指标看，大多数国家人口迁移频率较高，每年国际人口净迁入超过 10 万人的国家不在少数，但也有叙利亚、也门、黎巴嫩、伊朗与埃及等国家人口呈净迁出，每年外迁人口规模较大造成了大量人才资源流失，尤其是战争以来的叙利亚，该国劳动力资源流失与高素质人才减少，给国家社会发展建设与经济复苏带来了严重的负面影响。较低的城镇化率、较高的国际人口迁移率，不仅反映了西亚、北非国家经济发展的不同层次与差距，也一定程度上影响了国际合作。

第三节　中国—西亚、北非国家经济增长比较

一、各国经济增长比较

1990年，中国—西亚、北非国家GDP总量排名前五的依次是中国、伊拉克、土耳其、伊朗和沙特阿拉伯，分别为3608.579亿美元、1804.081亿美元、1506.763亿美元、1248.133亿美元和1176.303亿美元（见表3-20）。中国远高于西亚、北非的其他国家，比排名第二的伊拉克多1804.498亿美元。在排除数据缺失的以色列和巴勒斯坦后，排后五位的分别是塞浦路斯、巴林、约旦、黎巴嫩和亚美尼亚，分别为55.911亿美元、42.298亿美元、41.600亿美元、28.385亿美元和22.568亿美元。这说明区域国家GDP差距大。

表3-20　1990～2020年中国—西亚、北非国家GDP　　单位：亿美元

	1990年	1995年	2000年	2005年	2010年	2015年	2020年
中国	3608.579	7345.479	12113.469	22859.659	60871.639	110615.530	146876.730
世界	227799.790	310436.480	338308.790	477797.150	665960.510	751792.660	849068.140
阿联酋	507.014	657.437	1043.374	1806.175	2897.875	3581.349	3588.688
科威特	184.278	271.914	377.128	807.986	1154.194	1145.673	1059.602
土耳其	1506.763	1694.859	2743.030	5063.083	7769.926	8643.167	7199.548
卡塔尔	73.604	81.379	177.599	445.305	1251.223	1617.400	1444.114
阿曼	116.850	138.026	195.075	310.820	649.935	787.108	739.714
黎巴嫩	28.385	117.188	172.604	214.973	384.439	499.293	259.489
沙特阿拉伯	1176.303	1433.430	1895.149	3284.597	5282.073	6542.697	7033.678
巴林	42.298	58.495	90.629	159.687	257.133	310.506	347.234
以色列	—	1006.057	1324.557	1426.571	2346.546	3000.783	4071.007
也门	56.471	42.588	96.524	167.463	309.067	424.445	188.405
伊朗	1248.133	964.192	1095.917	2264.521	4868.076	4082.129	2315.476

续表

	1990 年	1995 年	2000 年	2005 年	2010 年	2015 年	2020 年
约旦	41.600	67.274	84.604	125.887	271.338	385.870	436.977
叙利亚	239.045	508.664	805.900	1342.038	2525.182	176.221	—
伊拉克	1804.081	128.940	483.643	499.549	1385.167	1667.741	1843.698
巴勒斯坦	—	32.828	43.136	51.257	96.815	139.724	155.317
阿塞拜疆	88.580	24.174	52.728	132.457	529.093	530.744	426.930
格鲁吉亚	77.535	26.938	30.575	64.108	122.435	149.540	158.429
亚美尼亚	22.568	14.683	19.116	49.005	92.603	105.533	126.412
塞浦路斯	55.911	99.331	99.858	184.334	257.324	198.424	246.921
埃及	429.789	601.592	998.385	896.007	2189.837	3293.666	3652.527

资料来源：世界银行数据库：GDP（现价美元），https://data.worldbank.org.cn/indicator/NY.GDP.MKTP.CD。

说明：“—”表示数据缺失。

2020 年，GDP 总量排名前五的依次是中国、土耳其、沙特阿拉伯、以色列和埃及，分别为 146876.730 亿美元、7199.548 亿美元、7033.678 亿美元、4071.007 亿美元和 3652.527 亿美元。较 1990 年排名发生了较大变化，伊拉克和伊朗均掉出前五，以色列和埃及进入前五。中国 GDP 比土耳其高 139677.182 亿美元。排除数据缺失的叙利亚，排后五位的分别是塞浦路斯、也门、格鲁吉亚、巴勒斯坦和亚美尼亚，GDP 分别为 246.921 亿美元、188.405亿美元、158.429 亿美元、155.317 亿美元和 126.412 亿美元。与 1990 年相比，塞浦路斯和亚美尼亚仍位于后五位，亚美尼亚依然在末位。

1990～2020 年，中国—西亚、北非国家 GDP 增长率呈波动变化，2020 年之前有科威特、阿曼、也门、伊朗等 8 国曾在相关年份出现负增长。2020 年，GDP 增长率超过世界均值的仅 6 个（见表 3-21），分别是中国、土耳其、以色列、伊朗、约旦和埃及。其中伊朗（4.700%）GDP 增长相对较快，其他国家不仅为负值，且均低于世界均值（−3.100%）。这说明西亚、北非 20 国总体经济发展波动较大，水平较低，存在一定发展困境。从变化趋势看，1990～2020 年，区域各国 GDP 增长率均呈下降趋势，进一步验证了该区域国家经济发展面临的挑战与发展阻力。

表 3-21 1990～2020 年中国—西亚、北非国家 GDP 增长率 单位：%

	1990 年	1995 年	2000 年	2005 年	2010 年	2015 年	2020 年
中国	3.920	10.953	8.490	11.394	10.635	7.041	2.239
世界	1.113	1.561	3.123	2.762	3.289	1.877	－3.100
阿联酋	18.327	6.687	10.852	4.855	1.602	5.060	－5.000
科威特	—	4.858	4.694	10.609	－2.370	0.593	－8.900
土耳其	9.266	7.878	6.933	8.992	8.427	6.084	1.900
卡塔尔	—	—	—	7.492	19.592	4.753	－3.640
阿曼	－0.130	4.997	6.551	2.490	1.714	5.017	－3.400
黎巴嫩	26.533	6.449	1.342	2.686	7.975	0.462	－21.400
沙特阿拉伯	15.193	0.212	5.625	5.574	5.039	4.106	－4.138
巴林	4.438	3.930	5.300	6.769	4.334	2.485	－4.936
以色列	—	—	8.892	4.159	5.685	2.280	－2.153
也门	—	5.669	6.182	5.592	7.702	－27.995	－8.50
伊朗	13.595	2.401	5.846	3.190	5.798	－1.425	4.700
约旦	－0.276	6.201	4.246	8.147	2.315	2.497	－1.551
叙利亚	3.740	7.027	0.676	6.215	5.192	－3.187	－3.9
伊拉克	57.818	2.120	16.922	1.672	6.403	4.723	－11.324
巴勒斯坦	—	7.119	－8.556	11.291	5.777	3.721	－11.318
阿塞拜疆	—	－11.800	11.100	27.962	5.049	1.094	－4.300
格鲁吉亚	－14.788	2.600	1.838	9.590	6.249	3.022	－6.760
亚美尼亚	—	6.900	5.900	13.900	2.200	3.200	－7.400
塞浦路斯	7.404	8.362	5.965	4.853	2.015	3.383	－4.984
埃及	5.667	4.642	6.370	4.472	5.147	4.372	3.570

资料来源：世界银行数据库，https://data.worldbank.org.cn/indicator/NY.GNP.PCAP.CD?view=chart。

说明："—"表示数据缺失。

二、人口转变与收入阶段比较

总体上，中国—西亚、北非国家人均GNI逐年增长，经济发展促进了人均GNI增加，经济社会发展总体呈现积极向好发展势头。

从静态指标看（见图3-4），2020年，人均GNI由高到低排序分别是：卡塔尔、以色列、阿联酋、科威特、塞浦路斯、沙特阿拉伯、巴林、阿曼、中国、土耳其、伊拉克、黎巴嫩、阿塞拜疆、约旦、格鲁吉亚、亚美尼亚、巴勒斯坦、伊朗、埃及、叙利亚、也门。其中，卡塔尔、以色列、阿联酋、科威特、塞浦路斯、沙特阿拉伯、巴林、阿曼已属高收入国家，2020年人均GNI远高于高收入行列门槛值；中国、土耳其、伊拉克、黎巴嫩、阿塞拜疆、约旦、格鲁吉亚、亚美尼亚属中等偏上收入国家；巴勒斯坦、伊朗、埃及属中等偏下收入国家；仅叙利亚（战争原因跌出中等偏下收入行列）、也门处在低收入行列。

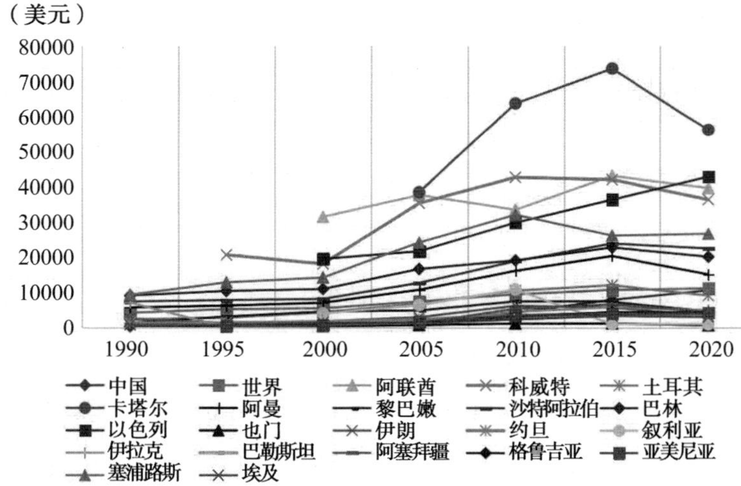

图3-4　1990～2020年中国—西亚、北非各国人均GNI

资料来源：世界银行数据库，https://data.worldbank.org.cn/indicator/NY.GNP.PCAP.CD?view=chart。

从变化趋势看，1990～2020年，中国—西亚、北非大部分国家人均GNI显著提升，但也有部分国家人均GNI有所下降。具体来看，叙利亚和伊拉克由于战争导致人均GNI有所下降，分别减少了3140和2080美元，其余国家人均GNI均有所上升，其中上升幅度最大的是以色列，从2000年的19360美元上升至2020年的42610美元，增加了23250美元，增幅较为明显，高于同期世界均值变化幅度（5578美元）17672美元。增幅较不明显的是也门，从1995年的320美元上升至2020年的670美元，增加了350美元，远低于世界均值变化幅度。1990～2020 年，增幅超过 10000 美元的国家有中国、科威特、卡塔尔、沙特阿拉伯、巴林、以色列、塞浦路斯；增幅在 5000～10000 美元的国家有阿联酋、土耳其、阿曼；增幅在 3000～5000 美元的国家有黎巴嫩、约旦、阿塞拜疆、格鲁吉亚、亚美尼亚；其余国家增幅均小于 3000 美元。

2020 年，巴林、卡塔尔、科威特、阿联酋和塞浦路斯 5 国处于人口转变低位静止阶段，均属高收入行列（见表 3-22）；阿塞拜疆、格鲁吉亚和亚美尼亚人口转变也在低位静止阶段，属中等偏上收入行列，尚未跨越中等收入陷阱；沙特阿拉伯、以色列和阿曼人口转变处于后期减速阶段，均属高收入国家，并早已进入高收入行列。土耳其和伊朗处于人口转变后期减速阶段，土耳其属中等偏上收入国家，伊朗属于中等偏下收入国家，还未跨过中等收入陷阱。伊拉克、巴勒斯坦、黎巴嫩、约旦和叙利亚均处于人口转变中期扩张阶段，除了巴勒斯坦属中等偏下收入行列、叙利亚属于低收入行列（由于战争进入）外，另外 3 国属中等偏上收入国家，均掉入中等收入陷阱。综上，人口转变和经济发展相互促进，经济快速发展加快人口转变进程，人口转变一定程度上影响人均收入增长。值得注意的是，高收入国家已进入人口转变低位静止阶段，同时也迈入高收入行列，但低位静止阶段的国家不一定都顺利进入高收入国家。

表 3-22　2020 年中国—西亚北非人口转变与中等收入阶段进程

国家	人口转变阶段	收入行列阶段判断	是否跨越中等收入陷阱
阿联酋	低位静止	高收入国家	是
塞浦路斯	低位静止		
科威特	低位静止		
阿拉伯	后期减速		
巴林	低位静止		
以色列	后期减速		
卡塔尔	低位静止		
阿曼	后期减速		

续表

国家	人口转变阶段	收入行列阶段判断	是否跨越中等收入陷阱
中国	低位静止	中等偏上收入国家	否
土耳其	后期减速		
黎巴嫩	中期扩张		
约旦	中期扩张		
伊拉克	中期扩张		
阿塞拜疆	低位静止		
格鲁吉亚	低位静止		
亚美尼亚	低位静止		
巴勒斯坦	中期扩张		
伊朗	后期减速		
埃及	中期扩张		
叙利亚	中期扩张	中等偏下收入国家	
也门	中期扩张	低收入国家	

资料来源：根据表 1、表 2 中相关指标与世界银行数据库（https://data.worldbank.org.cn/indicator/SP.POP.GROW）数据判断。

总的来说，西亚北非各国中，巴林、卡塔尔、科威特、阿联酋和塞浦路斯人口转变处于低位静止阶段，并成功迈入高收入行列；沙特阿拉伯、以色列和阿曼处于后期减速阶段，也进入了高收入阶段；已掉进陷阱的有土耳其、黎巴嫩、伊朗、约旦、叙利亚、伊拉克、巴勒斯坦、阿塞拜疆、格鲁吉亚、亚美尼亚和埃及，其中土耳其、伊朗处后期减速阶段，其他国家均处于中期扩张阶段；也门、埃及短时间跨过中等收入陷阱可能性极小。

三、是否成功跨越中等收入陷阱比较

中国和西亚北非 20 国已迈入高收入国家的有巴林、卡塔尔、科威特、巴勒斯坦、阿联酋、塞浦路斯、沙特阿拉伯、以色列和阿曼（见表 3-23）。其中，阿曼和其他已跨过中等收入陷阱的国家不同，1990 年已进入中等偏上行列，2006 年进入高收入行列，其他国家 1990 年或 1991 年直接进入高收入行列，至 2020 年保持长期较稳定增长态势。进入中等收入行列的国家中，土耳其、黎巴嫩、伊朗、约旦、叙利亚、伊拉克、巴勒斯坦和埃及在该阶段停留

30 年，已掉入中等收入陷阱，格鲁吉亚也停留将近 30 年，短期内跨过中等收入陷阱的可能性较小。

表 3-23　2020 年中国—西亚、北非各国跨越中等收入陷阱情况

	进入低收入行列时的人均 GNI 及年份	进入中等偏下收入行列时的人均 GNI 及年份	进入中等偏上收入行列时的人均 GNI 及年份	进入高收入行列时的人均 GNI 及年份	中等收入阶段停留时间	跨过中等收入陷阱可能性大小及 2020 年人均 GNI
中国	1987 年以前	800(1998 年)	4340(2010 年)	否	22 年	较大(10530)
阿联酋	1990 年以前	1990 年以前	1990 年以前	1990 年以前	跨过	跨过(39410)
科威特	1990 年以前	1990 年以前	1990 年以前	1990 年以前	跨过	跨过(36200)
土耳其	1990 年以前	1990 年以前	2590(1991 年)	否	30 年	掉进(9040)
卡塔尔	1990 年以前	1990 年以前	1990 年以前	1990 年以前	跨过	跨过(55920)
阿曼	1990 年以前	1990 年以前	1990 年以前	12660(2006)	跨过	跨过(15030)
黎巴嫩	1990 年以前	1990 年以前	3160(1995 年)	否	30 年	掉进(4660)
阿拉伯	1990 年以前	1990 年以前	1991 年以前	8310(1991)	跨过	跨过(22270)
巴林	1990 年以前	1990 年以前	1990 年以前	9070(1990)	跨过	跨过(19930)
以色列	1990 年以前	1990 年以前	1990 年以前	12170(1990)	跨过	跨过(42610)
也门	1992 年以前	1010(2008)	否	否	12 年	很小(670)
伊朗	1990 年以前	1990 年以前	4270(2007 年)	否	30 年	掉进(2960)
约旦	1990 年以前	1990 年以前	4080(2017 年)	否	30 年	掉进(4310)
叙利亚	1990 年以前	1990 年以前	否	否	30 年	掉进(930)
伊拉克	1990 年以前	1990 年以前	4160(2009 年)	否	30 年	掉进(4990)

续表

	进入低收入行列时的人均 GNI 及年份	进入中等偏下收入行列时的人均 GNI 及年份	进入中等偏上收入行列时的人均 GNI 及年份	进入高收入行列时的人均 GNI 及年份	中等收入阶段停留时间	跨过中等收入陷阱可能性大小及 2020 年人均 GNI
巴勒斯坦	1990 年以前	1990 年以前	4190(2018 年)	否	30 年	掉进(3700)
阿塞拜疆	1990 年以前	740(2002 年)	3890(2008 年)	否	18 年	掉进(4480)
格鲁吉亚	1990 年以前	1992 年以前	4150(2012 年)	否	28 年	掉进(4260)
亚美尼亚	1990 年以前	800(2002 年)	3950(2017 年)	否	18 年	掉进(4220)
塞浦路斯	1990 年以前	1990 年以前	1990 年以前	1990 年以前	跨过	跨过(26490)
埃及	1990 年以前	1990 年以前	否	否	30 年	掉进(3000)

资料来源：根据世界银行数据库历年收入划分标准进行判断获得。

说明：人均 GNI 数据单位为美元。

结合现实和经验看，西亚、北非 20 国中，土耳其、黎巴嫩、伊朗、约旦、叙利亚、伊拉克、巴勒斯坦、阿塞拜疆、格鲁吉亚、亚美尼亚和埃及 11 已掉进中等收入陷阱；而中国跨越中等收入陷阱的可能性很大；也门、叙利亚和埃及 3 国还未进入中等偏上收入行列。

第四节　中国—西亚、北非国家人口发展与经济增长实证分析

一、变量描述

选取西亚、北非区域人均 GNI 为因变量，用该指标测算经济发展状况。该指标取值越大，说明该区域的经济发展水平越高。核心自变量是人口效率指数和人口转变指数。

西亚、北非各国经济发展水平，均值为8.50，标准差为1.35，最大值和最小值分别为11.30、5.70（见表3-24）。人口效率指数和人口转变指数的均值分别为0.50、0.60，其标准差分别为0.22、0.18，最小值分别为0.14、0.01，最大值分别为0.94、0.88。从人口效率看，西亚、北非各国主要处于相对较低人口效率水平，其中，只有沙特阿拉伯和卡塔尔处于极高人口效率水平。此外，除了也门处于低人口效率水平外，其余国家都属于中等或高人口效率水平。从人口转变看，叙利亚、也门、伊拉克、约旦、黎巴嫩和埃及仍处于中期扩张阶段，除了塞浦路斯、巴林、卡塔尔、科威特、阿联酋、阿塞拜疆、格鲁吉亚和亚美尼亚处在低位静止外，仅少数西亚、北非国家处于后期减速阶段。

表3-24　变量及描述统计

变量类型	变量名称	表示	均值	标准差	最小值	最大值	中位数
因变量	区域经济发展水平	lnGNI	8.50	1.35	5.70	11.30	8.57
核心自变量	人口效率指数	P	0.50	0.22	0.14	0.94	0.44
	人口转变指数	O	0.60	0.18	0.01	0.88	0.62

模型中重要的变量指标之间相关系数均呈现出显著相关。仅从简单相关系数判断，区域经济发展水平与人口效率指数具有显著的正相关关系，r为0.892（见表3-25）。虽然变量间高度相关，但都在可接受的范围内，并不影响实证部分的结果。其中，区域经济发展水平与人口转变指数显著正相关，r为0.266；同样，人口效率指数与人口转变指数也显著正相关，r为0.095，体现了经济发展水平与人口效率之间的正相关关系伴随着人口转变不断现代化而正向作用愈发明显。

表3-25　解释变量的相关系数矩阵

变量	lnGNI	P	O
lnGNI	1.000		
P	0.892***	1.000	
O	0.266***	0.095***	1.000

说明：***表示在1%统计意义上显著。

二、实证结果分析

从经济发展水平看，巴林、卡塔尔、沙特阿拉伯、土耳其、以色列、阿曼、科威特、塞浦路斯和阿联酋经济发展水平较高，人口效率与人口转变指数也相对较高。人口效率均属于极高人口效率水平，且沙特阿拉伯人口效率即将达到1，表明其国家人口创造的价值非常大；人口转变都处于低位静止阶段，但未出现人口负增长，都还没进入“后人口转变”阶段；上述8国除了卡塔尔和巴林外，均在2000年以后迈入高收入行列。

掉进中等收入陷阱的国家有土耳其、黎巴嫩、伊朗、约旦、叙利亚、伊拉克、巴勒斯坦、阿塞拜疆、格鲁吉亚、亚美尼亚和埃及，这些国家都未出现人口负增长，均未进入“后人口转变”阶段。从人口转变阶段看，黎巴嫩、约旦、叙利亚、伊拉克、巴勒斯坦和约旦处于中期扩张阶段，土耳其、伊朗处于后期减速阶段，阿塞拜疆、格鲁吉亚、和亚美尼亚处于低位静止阶段。从人口效率看，叙利亚、阿塞拜疆、埃及和格鲁吉亚处于低人口效率水平，其余国家均属于中等水平，2019年土耳其人口效率指数为0.596，即将向高人口效率水平迈进。

还未跨过中等收入陷阱的国家有中国、也门和格鲁吉亚，这些国家未出现人口负增长，也都未进入“后人口转变”期。从人口转变阶段看，中国和格鲁吉亚处于人口转变低位静止阶段，也门处于人口转变中期扩张阶段。从中等收入阶段看，中国和格鲁吉亚都属于中等偏上收入国家。也门距离当年高收入阶段差距极大，跨过中等收入陷阱的可能性很小。格鲁吉亚距离当年高收入阶段还差7276美元，跨过中等收入陷阱概率很低。也门被联合国列为世界上最不发达的国家之一。从人口效率看，也门为低人口效率阶段，中国和格鲁吉亚属中等人口效率阶段，2019年中国该指标为0.562，即将进入高人口效率阶段。

总体而言，从区域经济发展水平与人口转变关系看，两者同样处于显著正相关关系，人口转变处于低位静止阶段，自然增长率处于零增长，甚至负增长。从人口转变与人口效率关系看，人口转变有利于提高人口效率水平，高人口效率反过来推进人口转变向现代阶段的跨越。

三、结果检验

（一）单位根检验

如表3-26所示，在没有差分的条件下，lnGNI、P 和 O 是非平稳序列，P 值均大于0.01，说明接受原假设，认为存在单位根。为了得到平稳序列，故采用一阶差分的形式。经过一阶差分之后，ln*GNI*、*P* 和 *O* 均变成平稳序列，即三个研究变量都是一阶单整序列，因此具备协整条件。

表 3-26　面板数据的单位根检验

变量	LLC		IPS		是否单整
	统计值	*P* 值	统计值	*P* 值	
$\ln GNI_{it}$	0.65	0.74	−2.37	0.07	否
$\Delta\ln GNI_{it}$	−14.78***	0.00	−14.10***	0.00	I(1)
P	−3.12	0.09	−0.60	0.27	否
ΔP	−12.05***	0.00	−12.01***	0.00	I(1)
O	−12.36	0.21	−0.07	0.47	否
ΔO	−1.20***	0.01	−2.33***	0.01	I(1)

（二）面板数据的协整检验

在进行如表 3-27 所示的 Kao 协整检验时，选用的核函数为 Bartlett，检验统计量为调整的 DF 统计量、DF 统计量以及 ADF 统计量，主要看 ADF 统计量检验值。由于其 *P* 值小于 0.01，在 1%的置信水平上拒绝原假设，说明变量之间存在长期协整关系。

表 3-27　Kao 协整检验

检验统计量	统计值	*P* 值
Modified Dickey-Fuller *t*	−19.20***	0.000
Dickey-Fuller *t*	−10.17***	0.000
Augmented Dickey-Fuller *t*	−10.63***	0.000

如表 3-28 所示，Pedroni 协整检验统计量分别是调整的 PP 统计量、PP 统计量以及 ADF 统计量。其 *P* 值全部小于 0.01，在 1%的置信水平上拒绝原假设，因此认为变量之间存在协整关系。通过上述两个协整检验可知，变量之间存在长期协整关系。

表 3-28 Pedroni 协整检验

检验统计量	统计值	P 值
Modified Dickey-Fuller t	−3.11***	0.001
Dickey-Fuller t	−11.49***	0.000
Augmented Dickey-Fuller t	−6.07***	0.000

(三)面板数据的误差修正模型

如表 3-29 所示,对于模型(1)而言,指标均在 1%的显著水平下通过了检验。从长期看,人口效率与经济发展水平之间的弹性系数为 5.34,即人口效率每增长 1%,经济发展提升幅度为 5.34%。人口转变与经济发展水平的弹性系数为 1.38,即人口转变越往现代化进程跨越,其指数每增长 1%,经济发展水平将提高 1.38%。这说明,随着时间流逝,西亚、北非国家经济发展水平主要受人口转变和人口效率的影响。相对来说,人口效率对经济发展水平的正向作用更为明显。

表 3-29 VECM 估计方法结果

模型	变量	系数值	统计值	P 值
(1)	c	5.01	54.89***	0.000
	P	5.34	51.58***	0.000
	O	1.38	10.81***	0.000
(2)	ECM_{it-1}	−0.65	−4.28***	0.000
	ΔP	2.49	10.19***	0.000
	ΔO	0.78	2.12***	0.034
	c	0.35	7.23***	0.000

对于模型(2)来说,指标变量同样在 1%的显著水平下通过了检验。在短期中,人口效率与经济发展水平之间的弹性系数为 2.49,即人口效率规模每增加 1%,带来的经济发展水平涨幅为 2.49%。人口效率规模短期内对经济增长的刺激作用很显著。人口转变与经济发展水平之间的弹性系数为 0.78,即人口转变程度每增长 1%,经济发展水平上升0.78%,人口转变对经济发展水平的刺激作用没那么显著。从短期看,经济发展水平同样依靠人口效率规模与人口转变程度,人口效率规模对经济发展水平的正向作用更

突出。面板误差修正项系数为负且通过了检验，这表明，当人口转变和人口效率偏离长期均衡时，面板误差修正模型以 0.65 的力度反向调整，将其调回均衡状态。

四、主要研究结论

通过构建面板数据模型，进行单位根检验、协整检验与误差修正模型的实证研究，得出以下结论。

第一，人口红利与高人口效率均十分有利于经济发展，从影响系数看，无论长期还是短期，人口效率对经济发展的正向作用更明显。这说明在西亚、北非区域中，人口效率可以提升人口的预期寿命以及知识积累水平，其更有利于提高经济发展水平。

第二，从人口效率看，长期的人口效率对经济发展刺激较大。由误差修正模型中可知，国家长期的人口效率指数对经济发展水平的影响是短期的2.14倍，可能是因为人口效率是由劳动生产率、就业产值系数以及人类发展指数构成的，尤其是人力资本中的教育资本存量和健康资本存量对经济发展水平的影响很难在短期内显现。这表明西亚、北非国家中，除了沙特阿拉伯和卡塔尔处于高人口效率水平外，其余国家以低效率居多，需要加大人力资本和健康资本的投资，这有利于提高经济增长速度及人民生活水平的质量，引导较欠发达国家开启人口数量代替质量型的经济增长模式。

第三，从人口转变看，相较于长期的人口转变而言，短期快速的人口转变对经济发展贡献更大，西亚、北非国家中除了塞浦路斯、巴林、卡塔尔、科威特、阿联酋、阿塞拜疆、格鲁吉亚和亚美尼亚在 2019 年依然处于人口转变的低位静止阶段外，其他国家已进入中期扩张和后期减速阶段，没有一个国家已进入“后人口转变”阶段。这可能是因为各国在向现代化进程中，由于区域产业结构升级与不断调整，以及数字化和人工智能的应用，带动了区域经济增长，从而对各国经济产生了长期增长效应。

总体而言，西亚、北非国家中的巴林、卡塔尔、沙特阿拉伯、以色列、塞浦路斯、阿曼、科威特和阿联酋已处于高收入阶段，其人口转变和人口效率也均属于高水平发展阶段。应注意人口转变到一定阶段，老龄化程度的持续加深与少儿人口比重下降，可能会对各国经济产生负面影响或一定程度上阻碍经济转型升级与发展。其余国家属于中等收入国家，而也门、叙利亚还处在低收入阶段。有的国家已成功跨越了中等收入陷阱一定时间，但由于经济长期增长乏力又短期回到中等收入阶段。还有的国家跨越中等收入陷阱的可能性极低，例如也门、叙利亚和埃及，不太可能短时期内进入高收入行列，同时这些国家的人口效率大部分处于低水平阶段，进一步验证了人口效率和经济增长的正向关系。由此可见，人口转变和人口效率的经济发展水平均产生了正向作用。

五、典型案例分析

（一）卡塔尔基本情况以及人口分布特点

卡塔尔坐落于阿拉伯湾西海岸中部，面积约 11521 平方公里，2020 年统计人口为 280 万，卡塔尔公民约占 15%，外籍人士主要来自印度、巴基斯坦以及东南亚各国。[①] 国土多为沙漠或岩石戈壁，东、北、西三面环海，西与沙特阿拉伯接壤。

卡塔尔自 1938 年在多哈发现石油之后，石油出口收入增加，在英国的帮助下，开启了现代化的道路，又随着北穹顶气田的开放，成为天然气出口国。卡塔尔的兴起与油气密不可分，石油、天然气以及相关石化产业一直是其支柱产业，长期以来占本国 GDP 的 60%以上。卡塔尔人口基数小，劳动力人口少，劳动力供应紧张。卡塔尔本国人超过 90%在政府部门或国有企业供职，故需要大量引进国外人才和普通劳动力。卡塔尔失业率一直保持在较低水平。据世界银行测算，2016 年卡塔尔失业率估计为 0.6%，大幅低于 5.7%的世界平均水平。依照国家愿景，未来卡塔尔经济发展目标是以非能源产业取代传统能源产业，使非能源产业成为带动国民经济增长的主要力量。卡塔尔所在地区处于欧亚非三大陆的链接地带，也是推进“一带一路”倡议的重点地区之一。21 世纪初期以来，中国已经成为多个中东国家的第一大贸易伙伴。

卡塔尔先靠大规模能源出口致富，随后用赚取的资本疯狂投资金融、旅游、地产等行业，以获取长期持续的收入。这些产业也都需要大量外籍人士的往来，所以该国也通过巨资创造出了世界闻名的卡塔尔航空。

卡塔尔政府按月公布人口数据，据卡塔尔规划和统计局发布的数据，2020 年 4 月，卡塔尔常住人口总数为 280 万。卡塔尔人口中，男性居民近 204 万，女性居民超过 76 万。从国籍分布看，卡塔尔籍公民约占 15%，外籍人口约占 85%。外籍人口主要来自埃及、约旦、黎巴嫩和叙利亚等阿拉伯国家，以及印度、孟加拉、尼泊尔和菲律宾等东南亚国家。城镇人口占总人口比重为 99.34%，农村人口所占比重仅为 0.76%。近 40%的卡塔尔人口

① 参见《卡塔尔》，https://www.yidaiyilu.gov.cn/gbjg/gbgk/885.htm。

集中在首都多哈特别行政区范围内，临近首都的 Al-Rayyan、Al-Wakra、Al-Khor 和 Al-Thakhira 行政区人口也较为集中，比例分别达到了 25%、12% 和 8%。在卡塔尔的华人约有 3000 人，绝大部分从事建筑工程、商贸等工作，大多数中国人工作、生活在多哈。①

（二）卡塔尔与各国间第三方市场合作以及经济发展战略

进入 21 世纪以来，中国已经成为多个中东国家的第一大贸易伙伴。而卡塔尔等国多元化的经济发展状况，以及中国和卡塔尔等各个国家间的政治共识、实现“可持续”高质量发展的共同利益基础，构成了其间第三方市场合作的重要前提。

在和中国进行第三方市场合作的国家中，卡塔尔较为特殊。该国为发展中国家，没有和中国签署关于进行/加强第三方市场合作的谅解备忘录或备忘录，也没有组件协商第三方市场合作实践。第三方市场合作可以调节国家间的资源配置、增进共同利益、避免系统性风险，成为稳定和发展中国和中东国家关系的战略抓手。绿地投资方面，卡塔尔、巴林和沙特阿拉伯分别提供了占中东地区总投入 10%～16%的贡献。在第三方市场合作方面，比较优势和资源禀赋差异是第三方市场合作的物质基础。对卡塔尔等中东国家而言，存在通过工业化建设促进产业结构多元化和经济快速增长的迫切需求，同时在基础设施、能源电力、通信信息系统建设方面有巨大的需求和发展空间，而中国在制造业领域的技术、产能和人才优势，以及与卡塔尔等国家在国际工程承包和劳务输出的合作，恰好可以形成互补性合作。②

卡塔尔与中国共建“一带一路”已初步形成以油气合作为主轴、以基础设施建设为重点、以金融和投资为新增长点的合作新格局，下一步就是要统筹推进能源、基础设施建设、高新技术、投资四大领域合作。卡塔尔政府 2019 年财政预算将为“2030 国家愿景”的大型项目提供财政支持，并拨出专款用于本国公民住房土地开发、促进食品安全以及自由区、经济区和工业物流园区的基础设施开发建设。在具体规划中，大型项目建设预算金额 896 亿里亚尔，占预算支出的 43.3%，为占比最大的一项，将用于卫生、教育、交通和 2022 世界杯足球赛相关的主要项目建设；基础设施建设方面预算 330 亿里亚尔，占支出总额的 16%，主要的项目包括布斯坦高速公路、赖扬—杜

---

① 参见《2020 年对外投资合作国别（地区）指南（新加坡）》，2021 年 2 月 5 日，https://www.yidaiyilu.gov.cn/p/164039.html。

② 参见喻珍：《“一带一路”背景下中国与中东国家的第三方市场合作》，《国际关系研究》2023 年第 4 期。

坎段公路、豪尔海滨路、北方路、瓦克拉主路和辅路、水电网络和污水管网扩建以及为卡塔尔公民住房开发新地块等。

经济发展战略方面，卡塔尔长期积极实施经济多元化发展战略，包括以油气和石化产业带动非石油产业高速发展，并通过举办2022届足球世界杯等国际赛事提升国家软实力等。① 卡塔尔的经济呈现出超出以往的良好发展态势，提供了优越的投资环境，能够为中卡两国以及沿线各国共建“一带一路”提供重要保障。

金融中心计划是卡塔尔经济多元化战略的重要组成部分。卡塔尔货币为可自由兑换货币，实行与美元挂钩的汇率政策，汇率稳定。卡塔尔国内通货膨胀率仍在可控范围之内。多哈已经成为中东地区最具实力和竞争力的新型金融中心之一。正处于上升期的天然气开发投资则有可能使卡塔尔避免迪拜信贷危机的厄运。2022年世界杯足球赛等多个大型赛事所带来的基建需求，以及卡塔尔2030国家发展规划带来的金融服务需求给卡塔尔带来巨大的发展机遇。这也为其“一带一路”发展创造了条件。在此基础上，卡塔尔经济多元化政策寻求以非能源产业作为国民经济发展的新引擎，正在以航空业、港口运输业、金融业为中心，谋求国家发展转型，带动贸易、旅游、房地产、商业、通信等服务业发展。这为中国企业“走出去”提供了良机，中国巨大的经济发展潜力也吸引卡塔尔资本来华投资。

（三）卡塔尔主权财富基金的关键作用

卡塔尔主权财富基金是中东地区主要的主权财富基金之一，既具有中东主权财富基金的一般特征，即来源于能源交易的贸易顺差和实现国家财富代际转移的目的，也具有特殊性，即为配合卡塔尔国家“品牌化”战略的多样性的资金运作方式。中卡双方主权财富基金合作为主体的金融合作，既是双方建立和强化战略伙伴关系的重要合作，也是实施“一带一路”倡议的重要一步。② 卡塔尔主权财富基金在管理资产规模及其运营和投资方式方面都表现出扩大和多样化的趋势。

从卡塔尔发展计划与统计部和中央银行发布的数据来看，卡塔尔的实际国内生产总值、物价水平和外汇储备在2009年经历短期下降之后，于2011年出现了复苏、稳步上涨的趋势。这一表现离不开卡塔尔主权财富基金的良好运作和积极的货币与财政政策的相互配合。

---

① 姜英梅：《卡塔尔经济发展战略与“一带一路”建设》，《阿拉伯世界研究》2016年第6期。

② 张瑾：《卡塔尔主权财富基金与“一带一路”战略下的中卡金融合作》，《上海师范大学学报》（哲学社会科学版）2016年第4期。

从长期来看，卡塔尔主权财富基金对于卡塔尔国家财富实现代际转移尤为重要。因为卡塔尔的财富主要来源于石油、天然气等非可再生能源的生产和出口，而当国家资源被消费殆尽时，本国的人口和资源环境劣势便会凸显。因此，主权财富基金的建立不仅为卡塔尔提供了管理巨额石油外汇基金的新机制，而且可以长期维持资本出租型国家的高议价地位。“一带一路”金融方面的合作以强化中国与卡塔尔主权财富基金投融资合作为主题。经过良好的运作，目前卡塔尔主权财富基金和中国主要主权财富基金都已经成为排名世界前十的主权基金。双方利用各自主权财富基金规模大、来源广、稳定性好、资金管理经验丰富和双方国家经济结构互补性强等特点，开展相关领域的合作。

（四）外国直接投资与卡塔尔经济发展的关系

卡塔尔国内生产总值在过去 20 年发生了令人印象深刻的增长。2010 年，其国内生产总值的增长均匀分布在油气和非油气行业。同年，卡塔尔的银行系统保持了十足的流动性和舒适的资本状况以及高利润率。同年年底，共有 43 家上市公司在卡塔尔交易所注册。① 由于卡塔尔长期保持稳定的金融环境，对于外国投资者的吸引力大大增加，也促进了外国直接投资，从而实现了更大的经济多样化。

卡塔尔政府也将外国直接投资作为其 2030 年经济增长和发展战略的关键要素。外国直接投资能够提高技术转让的速度。此外，它也能使国家更好地融入世界经济，并使其进入全球市场。对外国直接投资的关注可以为卡塔尔政府持续强调促进外国投资打下坚实基础。

研究结果显示，短期外国直接投资主要受国内生产总值和政府支出的影响，这意味着政府应该继续努力创造对外国直接投资有吸引力的经济环境。卡塔尔的经济增长与外国直接投资流入之间存在着显著的正相关关系，二者也存在着双向因果关系，这意味着外国直接投资将为卡塔尔带来经济增长。②

（五）“一带一路”合作成果与卡塔尔发展障碍及风险

首先，能源合作方面，卡塔尔地处西亚的半岛，油气资源丰富，天然气总储量、产量、出口量均位于世界前列。“一带一路”倡议为中卡双方能源合作

---

① Qatar Central Bank，2010：*The Thirty Fourth Annual Report*.

② Alkhasawneh M F，1767：“The Granger Causality Relationship between Foreign Direct Investment（FDI）and Economic Development in the State of Qatar”，*Applied Mathematics & Information Sciences*，vol.7，no.5，pp.1767-1771.

创造了新的机遇，为卡塔尔能源进入中国市场搭建了新平台，与卡塔尔“2030国家愿景”相契合。近年来，全球能源市场格局发生改变，能源出口竞争日益激烈。卡塔尔审时度势，及时调整其贸易地理方向。在“一带一路”背景下，中卡能源合作机遇很多，尤其在天然气领域。自2008年以来，尽管中国大型油企与卡塔尔签署了许多LNG长期协议，但在这些协议中存在诸多灵活性问题，例如目的地受限，气源供应、参与模式形式固定等。由于卡塔尔开采技术不够先进，北方气田未得到充分开发，目前卡塔尔希望借助国际石油公司的高超技术来获得更多的能源资源，这不仅为中国石油企业提供了机会，也利好卡塔尔的发展。

卡塔尔与我国一同书写了“一带一路”中东能源合作新篇章。2023年，卡塔尔能源公司便与中国石化在卡塔尔首都多哈签署了全球规模最大的LNG项目——北部气田扩能项目参股协议。根据协议，卡塔尔能源公司将向中国石化转让1.25%的股份，并将在未来27年内持续向中国石油供应400万吨/年的LNG资源，代表着双方在该项目上的一体化合作的实现。北部气田扩能项目合作是中国石化与卡塔尔能源公司落实两国元首战略共识的重大成果和出色实践，是推动中国共建“一带一路”倡议与卡塔尔“2030国家愿景”战略对接的又一重要里程碑。

其次，进入21世纪之后，资金、技术与石油的融合发展成为一种新趋势，也是现阶段合作的新方式。国际石油市场格局有了新变化。西方能源公司在能源开发技术、高端设备制造、油气提炼等领域进行了钻研，掌握了核心技术，在赚取高额回报的同时，也以另一种身份重新占据国际能源市场，并发挥着主导作用。对于卡塔尔来说，经济来源单一性是表面问题，对西方国家的资金、技术上的依赖才是根本问题。而中国在石油勘探、开采、提炼技术上比较有优势，同时正在智慧能源、储能、页岩油气等新兴技术领域积极寻求合作。这便为卡塔尔经济多样化发展创造了条件。

不过在共建“一带一路”中，卡塔尔也面临着一些障碍和风险。① 首要是卡塔尔政府资金充裕，对外资需求度不高。卡塔尔油气资源丰富，政府财力雄厚，大型项目均由政府出资建设，对外资的需求并不十分强烈。虽然当前国际油价下跌，但卡塔尔实力雄厚的主权财富基金和发展迅速的非油气产业基本可以弥补政府开支。

外资主要集中在石油、天然气上游开发和石化项目领域。卡塔尔国内已经建成和在建的液化天然气生产线全部由卡塔尔石油公司与欧美跨国石

① 姜英梅：《卡塔尔经济发展战略与“一带一路”建设》，《阿拉伯世界研究》2016年第6期。

油公司合资共建。但在该领域，卡塔尔与欧美、日本、韩国等国家和地区经贸往来密切，更青睐于它们的欧洲标准、产品和技术，环保要求也更高。中国在卡塔尔中低端市场具有较高性价比，但在高端市场的话语权则远远低于欧美和日本等。

再次，卡塔尔国内市场容量小，人口少，地区辐射能力相对有限。卡塔尔的国土面积为 11521 平方公里，本国公民数量也极少，外来人员多，劳动力供应紧张。这一现实决定了卡塔尔既需要从西方发达国家引进高端技术和高端人才，又需要大量外籍劳工从事普通劳动。而卡塔尔的经济多元化政策仍然是更多地依赖于石油和天然气，大量消费品也是依赖进口，经济结构比较单一。

最后，卡塔尔的投资环境有待改善。外国投资者在卡塔尔的投资以建立合资公司或参股经营为主，一般情况下外资持股比例不得超过投资总额的 49%，难以获得项目主导权。除去获得特别许可，外国投资者一般被禁止在卡塔尔银行业、保险公司、商业代理和房地产等领域进行投资，只能参与卡塔尔证券市场二级市场买卖，不能进入一级市场。

此外，卡塔尔还具备潜在的社会动荡风险，面临着一定的外部压力。卡塔尔外来人口占绝大多数，外来劳工工资待遇问题突出，导致外来劳工抗议活动日益频繁，社会治安压力也与日俱增。卡塔尔虽为阿拉伯和海湾地区小国，但政治野心较大，企图与沙特阿拉伯、埃及竞争阿拉伯国家“老大”地位，容易引起不满。卡塔尔特立独行的外交活动有可能导致该国与其海湾邻国的外交裂痕，并加深与美国的紧张关系。

第四章　中国—中亚、东北亚国家人口发展与经济增长比较分析

中亚包括哈萨克斯坦、吉尔吉斯斯坦、土库曼斯坦、塔吉克斯坦和乌兹别克斯坦5国，东北亚2国，即俄罗斯联邦、蒙古国，7国既是“一带一路”沿线主要国家，也是联通欧亚大陆的关键枢纽[①]，区位优势十分重要。“一带一路”建设进程加快推进，将进一步加深中国和中亚、东北亚国家的政治互信与全方位合作。该地区扼守新欧亚大陆桥经济走廊，位于中国—中亚—西亚经济走廊核心区域，“丝绸之路经济带”建设成功与否，国内首先看新疆，国外首先看中亚。[②] 截至2020年3月7日，中国已累计从中亚进口天然气超过3000亿立方米。中亚天然气进入中国后，惠及国内27个省、自治区、直辖市共3亿多人口。2022年，中国和俄罗斯发表的联合声明提出，双方将积极推进共建“一带一路”与欧亚经济联盟对接合作，加强中国同欧亚经济联盟各领域务实合作，提高亚太和欧亚地区互联互通水平。[③]

在“一带一路”国际合作框架下，连接亚洲和欧洲大陆的中蒙俄、中国—中亚—西亚经济走廊基础设施建设已取得明显进展。2019年，中国对中亚、东北亚国家直接投资超过1亿美元的国家有哈萨克斯坦(7.864亿美元)、吉尔吉斯斯坦(2.156亿美元)、蒙古(1.280亿美元)、塔吉克斯坦(0.696亿美元)。2020年，中国对俄罗斯投资流量为5.7亿美元，占对欧洲投资流量的4.5%。[④]

---

① 参见《“一带一路”倡议下中亚地区投资机会分析》，《大陆桥视野》2017年第9期。

② 参见《“一带一路”倡议下中亚地区投资机会分析》，《大陆桥视野》2017年第9期。

③ 参见《中华人民共和国和俄罗斯联邦关于新时代国际关系和全球可持续发展的联合声明》，《人民日报》2022年2月5日。

④ 参见《商务部等部门联合发布〈2019年度中国对外直接投资统计公报〉》，2020年9月16日，http://www.gov.cn/xinwen/2020-09/16/content_5543773.htm。

第一节　中国—中亚、东北亚国家主要人口指标变动及特征

人口是生产力的主导因素，是振兴经济、推进经济转型升级与经济发展的必要条件。首先，经济发展决定了区域内所能提供的生活资料数量和质量，从而决定了该区域人口容量和密度。其次，经济发展、产业变化也将引起人口分布变动。同时，经济重心或生产部门结构变化决定了人口职业构成与人口文化构成变化。最后，经济决定了人口生产和再生产条件，直接或间接地对人口出生、死亡与迁移产生重要影响。

一、人口数量变动及特征

（一）人口规模变动

整体看，中国—中亚、东北亚 7 国 2020 年人口总量均超过 1960 年，增量最多的是中国，增幅最大的是塔吉克斯坦（见表 4-1）。2020 年，中国人口总量是中亚、东北亚 7 国人口总量的 6.34 倍，中国—中亚、东北亚人口总量占世界总量的 21.04%。1960～1990 年，俄罗斯人口持续增长，增加了 2807.24 万人，增长率为 23.41%，之后持续下降，2020 年比 1990 年减少了 386.53 万人，下降率为 2.61%，2020 年比 1960 年增长了 2420.71 万人，增长率为 20.19%。

表 4-1　1960～2020 年中国—中亚、东北亚 7 国人口总量　　单位：万人

	1960 年	1970 年	1980 年	1990 年	2000 年	2010 年	2020 年
中国	66707.00	81831.50	98123.50	113518.50	126264.50	133770.50	141092.94
世界	303215.61	368197.59	443296.37	528006.26	611432.40	692185.46	776393.27
哈萨克斯坦	993.46	1303.61	1479.62	1634.80	1488.36	1632.19	1875.44
吉尔吉斯斯坦	217.23	295.99	361.74	439.12	489.84	544.79	659.16
塔吉克斯坦	208.71	293.01	390.54	528.38	621.63	752.74	953.76
乌兹别克斯坦	852.63	1208.03	1589.88	2051.00	2465.04	2856.24	3423.21

续表

	1960 年	1970 年	1980 年	1990 年	2000 年	2010 年	2020 年
土库曼斯坦	160.33	219.52	287.68	368.40	451.61	508.72	603.12
俄罗斯	11989.70	13040.40	13901.00	14796.94	14659.69	14284.95	14410.41
蒙古	95.55	127.88	168.96	218.41	239.74	271.99	327.83

资料来源：世界银行数据库，https://data.worldbank.org.cn/indicator/SP.POP.TOTL? view=chart。

2020 年，人口总量在 1000 万～1 亿人的是乌兹别克斯坦、哈萨克斯坦，人口持续增加，分别比 1960 年增加了 2570.58 万人、881.99 万人，增长率分别为 301.49%、88.78%；500 万～1000 万人的有塔吉克斯坦、吉尔吉斯斯坦、土库曼斯坦，人口分别增加了 745.05 万人、441.93 万人、442.79 万人，增长率分别为 356.98%、203.44%、276.17%；100 万～500 万的是蒙古，2020 年比 1960 年增加了 232.28 万人，增长率为 243.10%。

（二）人口自然增长率

1961～2020 年，中国—中亚、东北亚 7 国自然增长率均呈下降趋势（见图 4-1）。中亚 5 国 2000～2015 年因国内形势较好，自然增长率呈"V"形小幅增长。中亚、东北亚仅俄罗斯出现人口负增长，其余国家 2010 年后人口自然增长率基本稳定在 20‰左右。

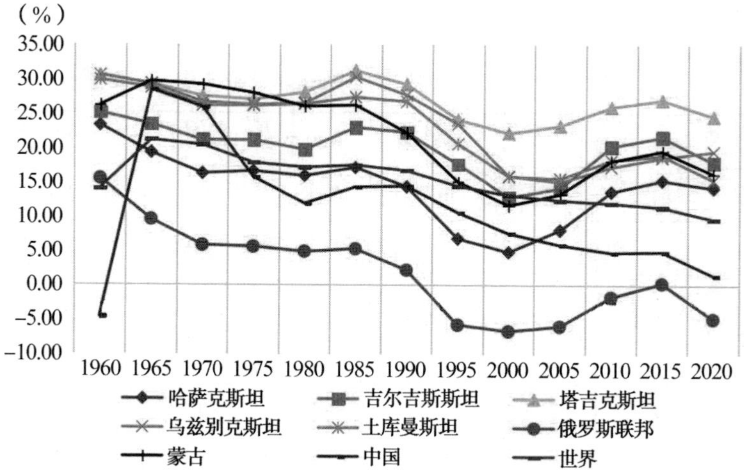

图 4-1　1960～2020 年中国—中亚、东北亚国家人口自然增长率变动

资料来源：世界银行数据库，https://data.worldbank.org.cn/indicator/SP.DYN.CBRT.IN。

分阶段看，中亚5国人口自然增长率变化差异较大，1990年前均维持在一个较高水平。人口转变进程最快的是哈萨克斯坦，其人口自然增长率接近5‰的低水平，其他4国平均在27‰～30‰高位。1990～2005年，受苏联解体等世界复杂关系的影响，中亚各国经济社会发展缓慢，不同程度地出现了人口外流，人口自然增长率大幅下降，降幅最大的是乌兹别克斯坦，从1990年的27.600‰降到2005年的15.017‰，下降了12.583个千分点；降幅最小的是塔吉克斯坦，从1990年的29.132‰降到23.17‰，下降了5.962个千分点。2005年至今，随着各国采取了符合本国情况的经济社会发展政策，中亚5国经济得到了一定复苏，人民生活水平不断改善，人口自然增长率又持续上升，但受人口结构等影响，并没有回到1990年前的增幅。除了吉尔吉斯斯坦从2005年的14.100‰增长到2020年的19.000‰外，其余国家平均增幅在3‰左右。

俄罗斯已进入极低人口增长状态，一是因其社会老龄化日趋严重；二是受到经济社会发展和生育观念变化等影响，出生率一直在低位徘徊。蒙古人口自然增长率自1961年起波浪式整体下降，2000年有所回升，但增幅不大，该国已进入后期减速阶段。

二、人口质量变动及特征

（一）人均受教育年限

2020年，中亚、东北亚7国平均受教育年限为11.49年，各国均高于世界平均值。最高的是俄罗斯，然后是哈萨克斯坦、乌兹别克斯坦。该值偏低的是中国，主要受人口基数过大、各区域教育事业发展差距明显等影响。

1990～2020年，中国—中亚、东北亚国家人均受教育年限均持续提升，国别提升幅度差距较大。升幅不到2年的是乌兹别克斯坦、土库曼斯坦；2～4年的国家分别是俄罗斯、中国、塔吉克斯坦、吉尔吉斯斯坦（见表4-2）。升幅最小的是土库曼斯坦，升幅最大的是哈萨克斯坦。人均受教育年限持续提升，说明各国人口素质持续改善，这为中国—中亚、东北亚区域经济社会高质量发展提供了高素质人才保障。

表4-2　1990～2020年中国—中亚、东北亚7国人均受教育年限　单位：年

	1990年	2000年	2005年	2010年	2015年	2020年
中国	4.14	5.93	6.33	6.73	7.20	7.60
世界	5.89	7.02	7.42	7.77	8.28	8.64

续表

	1990 年	2000 年	2005 年	2010 年	2015 年	2020 年
哈萨克斯坦	7.39	9.67	10.99	11.15	11.81	12.35
吉尔吉斯斯坦	9.17	10.35	10.63	11.03	11.35	11.37
塔吉克斯坦	9.31	10.80	10.99	11.17	11.35	11.33
乌兹别克斯坦	—	10.05	10.50	10.97	11.36	11.90
土库曼斯坦	—	10.89	10.83	10.95	11.12	11.26
俄罗斯	9.65	12.06	12.27	12.41	12.53	12.77
蒙古	8.49	9.04	9.54	10.04	9.73	9.42

资料来源：联合国开发计划署人类发展数据中心，https://hdr.undp.org/en。

说明：“—”表示数据缺失。

（二）高等教育入学率

中国—中亚、东北亚 7 国高等教育入学率整体呈上升趋势（见表 4-3），但各国差异较大，最高的是俄罗斯、哈塞克斯坦，2019 年均高于 70%；然后是蒙古和中国，均高于 50%；2020 年吉尔吉斯斯坦接近 50%。上述 5 国均高于世界平均值。土库曼斯坦、乌兹别克斯坦高等教育入学率长年低于 20%，低于世界均值。除了乌兹别克斯坦有下降外，其余几国均持续上升，只是升幅各不相同。1990～2020 年，升幅较快的是中国、蒙古、俄罗斯、哈萨克斯坦、吉尔吉斯斯坦，其间分别上升了 55.45 个、48.80 个、31.40 个、30.95个、19.67 个百分点。仅乌兹别克斯坦下降了 1.55 个百分点。

随着中国—中亚、东北亚 7 国经济快速发展，各国高等教育入学率持续攀升，这对于提升整体国民素质、人口和经济发展质量，增强区域核心竞争力具有重要意义。同时，这些国家 2020 年与 1990 年比排序有明显变化，主要是不同时期各国受经济社会发展形势和教育政策推行差异所致。

表 4-3　1990～2020 年中国—中亚、东北亚 7 国高等教育入学率　单位：%

	1990 年	2000 年	2010 年	2016 年	2017 年	2018 年	2019 年	2020 年
中国	2.97	7.59	24.20	48.02	49.07	50.60	53.76	58.42
世界	13.62	19.08	29.40	37.40	37.85	38.43	39.41	40.24
哈萨克斯坦	39.73	31.81	46.25	46.62	50.15	53.99	61.75	70.68

续表

	1990年	2000年	2010年	2016年	2017年	2018年	2019年	2020年
吉尔吉斯斯坦	26.78	35.40	42.16	45.11	42.82	41.27	42.32	46.45
塔吉克斯坦	22.50	17.86	22.90	29.17	31.26	—	—	—
乌兹别克斯坦	17.47	13.07	9.38	8.46	9.18	10.08	12.58	15.92
土库曼斯坦	12.08	—	—	—	—	—	14.23	15.61
俄罗斯	55.00	55.80	—	80.63	81.91	84.58	86.40	—
蒙古	18.20	30.18	53.73	64.02	64.16	65.60	68.75	67.0

资料来源：世界银行数据库，https://data.worldbank.org.cn/indicator/SE.TER.ENRR? view=chart。

说明："—"表示数据缺失。

（三）人口出生时预期寿命

2020年，中国—中亚、东北亚多数国家人口出生时预期寿命超过70岁（见表4-4），最低土库曼斯坦与最高中国相差8.82岁。吉尔吉斯斯坦、塔吉克斯坦、乌兹别克斯坦、土库曼斯坦、蒙古、俄罗斯均低于世界平均水平，说明该区域整体医疗卫生投入急需大幅提升。

表4-4　1960～2020年中国—中亚、东北亚7国人口出生时预期寿命 单位：岁

	1960年	1970年	1980年	1990年	2000年	2010年	2020年
中国	43.73	59.09	66.84	69.15	71.40	74.41	77.13
世界	52.58	58.58	62.84	65.43	67.55	70.56	72.75
哈萨克斯坦	58.37	62.28	66.62	68.34	65.45	68.45	73.57
吉尔吉斯斯坦	56.13	60.24	62.90	68.30	68.56	69.30	71.54
塔吉克斯坦	50.61	54.01	57.11	58.82	61.97	68.74	71.30
乌兹别克斯坦	58.84	62.39	64.64	66.48	67.16	69.67	71.78
土库曼斯坦	54.47	58.47	61.00	62.81	63.61	66.66	68.31
俄罗斯	66.06	68.13	67.03	68.89	65.48	68.84	72.50
蒙古	48.39	55.36	56.94	60.27	62.87	67.38	70.06

资料来源：世界银行数据库，https://data.worldbank.org.cn/indicator/SP.DYN.LE00.IN。

相比1960年，2020年中国—中亚、东北亚7国人口出生时预期寿命均大幅提高，中国、蒙古、塔吉克斯坦、吉尔吉斯斯坦、哈萨克斯坦、土库曼斯坦、乌兹别克斯坦，分别提高了33.40岁、21.67岁、20.69岁、15.41岁、15.20岁、13.84岁、12.92岁。仅俄罗斯增长小于10岁，因其1960年该值相对较高。受增长惯性及经济社会、医疗发展差异的影响，中国—中亚、东北亚各国增幅差距较大。

(四)新生儿死亡率

1990～2020年，中国—中亚、东北亚7国新生儿死亡率均呈下降态势(见表4-5)。2020年，大多国家已处较低水平，整体还有下降空间。1990～2020年，降幅低于10个千分点的是俄罗斯、土库曼斯坦。降幅超过10个千分点的是中国、乌兹别克斯坦、蒙古、哈萨克斯坦、塔吉克斯坦、吉尔吉斯斯坦。2020年，新生儿死亡率最高的土库曼斯坦高于世界平均值，与最低的俄罗斯相差21.2个千分点。

表4-5　1990～2020年中国—中亚、东北亚7国新生儿死亡率　　单位：‰

	1990年	2000年	2010年	2020年
中国	29.6	21.4	8.4	3.5
世界	36.7	30.4	22.1	17.0
哈萨克斯坦	22.7	23.9	11.8	4.8
吉尔吉斯斯坦	24.4	20.6	16.9	11.7
塔吉克斯坦	30.9	28.4	20.1	14.0
乌兹别克斯坦	30.5	27.8	15.5	7.6
土库曼斯坦	26.7	29.6	23.0	23.5
俄罗斯联邦	10.9	9.0	4.6	2.3
蒙古	29.6	23.7	11.4	7.9

资料来源：世界银行数据库，https://data.worldbank.org.cn/indicator/SH.DYN.NMRT。

从变化趋势看，中国—中亚、东北亚各国新生儿死亡率均持续下降，但降幅各异。2020年，中国、蒙古、乌兹别克斯坦、哈萨克斯坦、吉尔吉斯斯坦、塔吉克斯坦比1990年分别下降了26.1个、21.7个、22.9个、17.9个、12.7个、16.9个千分点。俄罗斯、土库曼斯坦仅下降了8.6个、3.2个千分点。这一方面说明中亚、东北亚大部分国家新生儿存活率较高，各国妇幼保健水平均得到了快速改善；另一方面也说明中亚、东北亚大部分国家经济社会发展取得了巨大进步，人民生活水平不断提高。不过，土库曼斯坦新生儿死亡率仍较高，主要可能是该国是世界上最干旱的地区之一，经济发展滞后、经济结构单一，长期以来以种植业和畜牧业为主，医疗条件欠佳，导致新生儿死亡率还处于高位水平。

三、人口结构变动及特征

（一）人口年龄结构

1.少儿人口比重变动及特征

1960～2020年，中国—中亚、东北亚国家0～14岁少儿人口占比在下降（见表4-6）。1960年均超过30％，8国均值为37.39％。2020年均值为28.23％，超过30％的是塔吉克斯坦、吉尔吉斯斯坦、蒙古和土库曼斯坦。可见，1960年，各国均为年轻人口结构状态，2020年，各国该值差距较大，中亚5国和蒙古国均高出世界平均值，人口年龄结构相对年轻，仅俄罗斯为老龄结构。

表4-6　1960～2020年中国—中亚、东北亚7国0～14岁少儿人口比重　　单位：％

	1960年	1970年	1980年	1990年	2000年	2010年	2020年
中国	39.82	40.41	35.94	28.59	24.79	18.66	17.71
世界	37.17	37.55	35.33	32.86	30.16	27.02	25.48
哈萨克斯坦	36.26	37.56	32.38	31.43	27.52	24.05	29.14
吉尔吉斯斯坦	36.29	41.72	36.94	37.44	34.94	29.90	32.65
塔吉克斯坦	39.89	46.03	42.78	43.82	42.53	35.68	37.27
乌兹别克斯坦	39.65	45.19	40.73	40.69	37.27	29.14	28.80
土库曼斯坦	39.85	44.76	41.56	40.59	36.27	29.52	30.79
俄罗斯联邦	30.37	26.22	21.56	22.90	18.24	14.93	18.36
蒙古	37.00	44.26	43.69	40.47	34.77	27.02	31.09

资料来源：世界银行数据库，https://data.worldbank.org.cn/indicator/SP.POP.0014.TO.ZS。

2020年，少儿人口占比在15％～20％的有中国、俄罗斯；20％～30％的是哈萨克斯坦、乌兹别克斯坦。1960年，少儿人口比重最高的塔吉克斯坦与最低俄罗斯相差9.52个百分点。2020年，最高塔吉克斯坦与最低中国相差19.56个百分点。从变化趋势看，1960～2020年，中国—中亚、东北亚各国少儿人口比重不同程度地下降，降幅较大的是中国、俄罗斯、乌兹别克斯坦，分别下降了 22.11 个、12.01 个、10.85 个百分点，吉尔吉斯斯坦、塔吉克斯坦仅分别下降了 3.64 个、2.62 个百分点。

2.劳动年龄人口变动及特征

1960～2020 年，中国—中亚、东北亚 7 国劳动力比重大多在 50%～70%，基本呈均衡发展(见表 4-7)。2020 年，中国—中亚、东北亚劳动年龄人口比重低于 65%的分别是蒙古、土库曼斯坦、哈萨克斯坦、吉尔吉斯斯坦、塔吉克斯坦，比重在 65%～70%的有乌兹别克斯坦、俄罗斯联邦，比重最高的中国比最低的塔吉克斯坦高出 10.77 个百分点。从变化趋势看，相比 1960 年，2020 年 8 国劳动年龄人口比重均上升，升幅排名依次为中国、乌兹别克斯坦、土库曼斯坦、蒙古、吉尔吉斯斯坦、哈萨克斯坦、塔吉克斯坦、俄罗斯，分别上升了13.83个、11.98 个、9.49 个、6.41 个、6.00 个、4.91 个、4.22个、2.58 个百分点。2020 年，中亚、东北亚 7 国仅乌兹别克斯坦、俄罗斯高于世界平均值，说明该区域劳动力市场仍然有较大的可开发空间。

表 4-7　1960～2020 年中国—中亚、东北亚 7 国 15～64 岁劳动年龄人口比重　单位：%

	1960 年	1970 年	1980 年	1990 年	2000 年	2010 年	2020 年
中国	56.49	55.84	59.39	65.78	68.40	73.27	70.32
世界	57.86	57.15	58.78	60.98	62.97	65.42	65.20
哈萨克斯坦	58.04	57.05	61.51	62.71	65.64	69.13	62.95
吉尔吉斯斯坦	56.62	52.06	57.26	57.53	59.55	65.58	62.62
塔吉克斯坦	55.33	48.89	52.62	52.35	53.87	61.02	59.55
乌兹别克斯坦	54.43	48.88	54.11	55.21	58.11	66.36	66.41
土库曼斯坦	54.95	50.59	54.19	55.64	59.46	66.34	64.44
俄罗斯联邦	63.55	66.06	68.15	66.80	69.31	71.97	66.13
蒙古	58.18	50.95	51.82	55.41	61.54	69.17	64.59

资料来源：世界银行数据库，https://data.worldbank.org.cn/indicator/SP.POP.1564.TO.ZS?view=chart。

3.老年人口变动及特征

1960 年，中国—中亚、东北亚 7 国仅吉尔吉斯斯坦迈入人口老龄化社会(见表 4-8)。2020 年处于老龄化社会的有俄罗斯、中国和哈萨克斯坦，俄罗斯老年人口占比更高。与世界平均值相比，2020 年中亚地区人口相对更年轻，中国和中亚 5 国在劳动力资源上有持续合作潜力。

表 4-8　1960～2020 年中国—中亚、东北亚 7 国 65 岁及以上老年人口比重 单位：%

	1960 年	1970 年	1980 年	1990 年	2000 年	2010 年	2020 年
中国	3.69	3.75	4.67	5.63	6.81	8.07	11.97
世界	4.97	5.30	5.89	6.16	6.87	7.57	9.32
哈萨克斯坦	5.70	5.39	6.11	5.86	6.84	6.81	7.90
吉尔吉斯斯坦	7.08	6.22	5.80	5.03	5.51	4.52	4.73
塔吉克斯坦	4.78	5.08	4.60	3.84	3.60	3.30	3.18
乌兹别克斯坦	5.92	5.93	5.16	4.11	4.62	4.51	4.79
土库曼斯坦	5.20	4.65	4.25	3.77	4.28	4.14	4.77
俄罗斯	6.08	7.72	10.29	10.31	12.44	13.11	15.51
蒙古	4.83	4.79	4.49	4.13	3.69	3.80	4.31

资料来源：世界银行数据库，https://data.worldbank.org.cn/indicator/SP.POP.65UP.TO.ZS?view=chart。

1960～2020 年，只有俄罗斯和中国老年人口比重大幅上升，分别上升了 9.43 个、8.28 个百分点；哈萨克斯坦小幅上升，上升了 2.2 个百分点。吉尔吉斯斯坦、塔吉克斯坦、乌兹别克斯坦、蒙古、土库曼斯坦降幅分别为 2.35 个、1.60 个、1.13 个、0.52 个、0.43 个百分点。这主要得益于上述国家 0～14 岁少儿人口比重降幅较小。

综上所述，2020 年中亚、东北亚 7 国除了俄罗斯、哈萨克斯坦进入老龄化社会外，其余 5 国人口结构较年轻，0～14 岁少儿人口占比小幅下降，劳动年龄人口比重均有提升，老年人口比重下降。人口结构给中亚、东北亚各国当前和未来很长一段时间经济社会发展带来深远影响，各国需重视提升人口质量。同时，中国人口年龄结构相对年轻并充满活力，依旧处于人口红利期。

（二）人口性别比变动及特征

2020 年，中国—中亚、东北亚 7 国人口性别比大多低于 100（见表4-9）。从变化趋势看，1960～2020 年，各国出生人口性别比小幅提升，中国小幅下降。综上所述，除中国和塔吉克斯坦外，其他中亚、东北亚国家人口性别比均是女性多于男性。

表 4-9　1960～2020 年中国—中亚、东北亚 7 国人口性别比

	1960 年	1970 年	1980 年	1990 年	2000 年	2010 年	2015 年	2020 年
中国	106.4	105.4	105.4	105.4	105.4	105.7	105.6	105.3
世界	100.1	100.6	101.1	101.3	101.4	101.7	101.7	101.7
哈萨克斯坦	92.8	92.9	93.3	94.3	92.7	93.6	93.9	94.3
吉尔吉斯斯坦	90.5	91.9	94.6	96.2	97.8	97.7	97.9	97.9
塔吉克斯坦	94.7	96.1	97.3	98.3	100.4	101.8	101.8	101.6
乌兹别克斯坦	92.4	94.7	96.6	97.9	98.9	98.9	99.3	99.6
土库曼斯坦	95.2	95.7	95.9	96.6	96.9	96.8	97.0	97.0
俄罗斯	81.1	84.0	85.7	88.0	87.9	86.5	86.3	86.4
蒙古	96.7	97.1	97.3	97.5	99.5	98.4	97.7	97.1

资料来源：世界银行数据库，https://data.worldbank.org.cn/indicator/SP.POP.BRTH.MF。

四、人口分布变动及特征

（一）城镇化变动及特征

1960～2020 年，除了塔吉克斯坦外，其余各国城镇化率持续上升（见表 4-10）。2020 年，中亚、东北亚 7 国城镇化率均值为 52.63%，低于世界均值的有吉尔吉斯斯坦、塔吉克斯坦、乌兹别克斯坦和土库曼斯坦。最高俄罗斯比最低塔吉克斯坦高了 47.24 个百分点。基于城市化划分标准，中国—中亚、东北亚 7 国正处于城镇化加速阶段的有 5 个，处于高度城镇化阶段的仅 1 个，各国城镇化率增幅差异较大。1960～2020 年，城镇化率增幅较大的是中国、蒙古、俄罗斯，分别增长了 45.23 个、32.98 个和 21.02 个百分点。增幅较小的是土库曼斯坦、吉尔吉斯斯坦，分别增长了 6.11 个、2.68个百分点。塔吉克斯坦下降了 5.66 个百分点，境内多山，约占国土面积的 93%，有“高山国”之称①，不足 7%的可耕地阻碍了其城镇化发展。中国—中亚、东北亚大部分国家城镇化处于加速阶段，许多农村人口正向城镇转移。

① 参见《塔吉克斯坦》，https://www.yidaiyilu.gov.cn/gbjg/gbgk/825.htm。

表 4-10　1960～2020 年中国—中亚、东北亚 7 国城镇化率变动　　单位：%

	1960 年	1970 年	1980 年	1990 年	2000 年	2010 年	2020 年
中国	16.20	17.40	19.36	26.44	35.88	49.23	61.43
世界	33.62	36.55	39.35	43.03	46.69	51.65	56.16
哈萨克斯坦	44.20	50.24	54.14	56.27	56.10	56.83	57.67
吉尔吉斯斯坦	34.18	37.47	38.63	37.78	35.30	35.31	36.86
塔吉克斯坦	33.17	36.88	34.29	31.66	26.50	26.52	27.51
乌兹别克斯坦	33.98	36.71	40.78	41.37	46.13	50.96	50.42
土库曼斯坦	46.41	47.78	47.08	45.08	45.91	48.49	52.52
俄罗斯	53.73	62.47	69.75	73.39	73.35	73.69	74.75
蒙古	35.68	45.05	52.08	57.03	57.13	67.57	68.66

资料来源：世界银行数据库，https://data.worldbank.org.cn/indicator/SP.URB.TOTL.IN.ZS。

（二）国际人口迁移变动及特征

2015～2020 年，中国—中亚、东北亚 7 国国际人口迁出大于迁入（见图 4-2）。只有俄罗斯大于 0，即迁入人口大于迁出人口，其余 6 国均为净迁出。

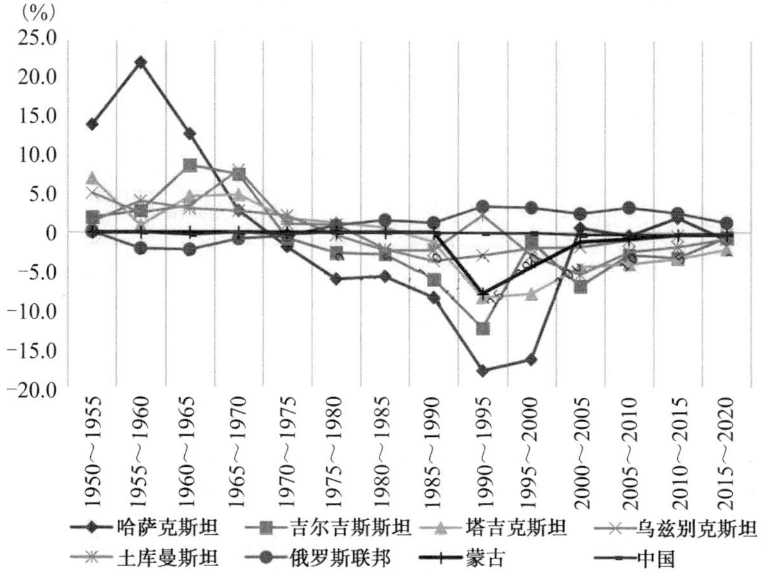

图 4-2　1960～2020 年中国—中亚、东北亚国家国际人口迁移率变动

各国国际人口迁移率差距较大，中亚地区迁出人口大于迁入人口，东北亚地区迁入人口大于迁出人口。中亚国家独立后，各国发展差异大，区域认同度较差，地区合作水平很低，政局动荡，加上种族和宗教冲突时有发生，推动了人口流出。

第二节　中国—中亚、东北亚国家人口发展比较及主要问题

一、人口红利与机会窗口

（一）总抚养比变动

1960～2020 年，中国—中亚、东北亚 7 国总抚养比整体呈下降趋势，中国降幅最高（见表 4-11）。2020 年，世界平均值为 54.55％。总抚养比超过 50％且高于世界平均值的国家有蒙古、土库曼斯坦、哈萨克斯坦、吉尔吉斯斯坦，超过 60％的仅塔吉克斯坦。整体上，中亚、东北亚 7 国 2020 年平均总抚养比为 56.89％，说明这些国家一个青壮年劳动力需要供养超过一个孩子或老人，这些国家供养的更多是未来劳动力资源。

表 4-11　1960～2020 年中国—中亚、东北亚 7 国总抚养比变化　　单位：％

	1960 年	1970 年	1980 年	1990 年	2000 年	2010 年	2020 年
中国	77.02	79.07	68.38	52.02	46.20	36.49	42.21
世界	73.70	76.18	71.34	65.51	60.19	54.52	54.55
哈萨克斯坦	72.30	75.27	62.58	59.48	52.36	44.65	58.85
吉尔吉斯斯坦	76.60	92.07	74.65	73.81	67.92	52.49	59.69
塔吉克斯坦	80.72	104.53	90.04	91.03	85.62	63.87	67.93
乌兹别克斯坦	83.73	104.58	84.81	81.14	72.09	50.70	50.58
土库曼斯坦	81.99	97.67	84.53	79.73	68.19	50.73	55.18
俄罗斯	57.36	51.37	46.73	49.71	44.28	38.95	51.22
蒙古	71.89	96.28	92.99	80.48	62.50	44.56	54.81

资料来源：根据世界银行数据库（https://data.worldbank.org.cn/indicator/SP.POP.DPND.YG 与 https://data.worldbank.org.cn/indicator/SP.POP.DPND.OL）相关数据计算获得。

1960～2020 年，总抚养比降幅超过 30 个百分点的有中国、乌兹别克斯

坦，分别下降了34.81个、33.15个百分点，主要源于出生率持续下降，导致新生儿大量减少，同时随着生活水平提高和医疗条件不断改善，人均寿命逐年提高，老年人口数量持续增加，但少儿人口减少的数量远超老年人口增加数量，所以导致大多数国家抚养比整体下降。降幅最低的是俄罗斯，主要与其1960年总抚养比最低、人口出生率较低有关。

(二)各国人口红利期判断

2020年，中亚、东北亚7国中，乌兹别克斯坦、俄罗斯仍处于人口机会窗口期，同时中国处在人口红利期(见表4-12)。上述各国劳动力人口负担相对较轻，具有利用充足和素质较高的劳动力资源以促进经济社会发展的人口优势。

表4-12　2020年中国—中亚、东北亚7国人口红利期判断

国家	人口红利期判断	国家	人口红利期判断
哈萨克斯坦	人口盈亏平衡期	吉尔吉斯斯坦	人口负债期
塔吉克斯坦	人口负债期	乌兹别克斯坦	人口红利期
土库曼斯坦	人口盈亏平衡期	俄罗斯	人口红利期
蒙古	人口盈亏平衡期	中国	人口红利期

资料来源：根据表1、表2指标并依据表4-11整理所得。

另外，哈萨克斯坦、土库曼斯坦、蒙古人口红利窗口已关闭，并进入人口盈亏平衡期，说明其抚养负担较重，结合人口年龄结构可推测上述三国的抚养负担主要源于少儿人口。另外，吉尔吉斯斯坦、塔吉克斯坦处于人口负债期，这需引起两国政府高度关注。整体上，各国需从青少年人口福利制度着手，提高人口效率消除因人口红利消失导致的负面效应。仅俄罗斯老年人口抚养压力较大，需通过技术进步、科技创新与数字经济等多种措施缓解劳动力减少带来的压力，尽可能缓解因人口红利期关闭给经济社会发展带来的负面影响。

二、人口转变进程与指数比较

(一)人口转变进程比较

哈萨克斯坦1992年至今处于后期减速阶段(见表4-13)，出生率下降至1999年的14.57‰后缓慢上升，2020年上升至23.0‰，死亡率基本稳定在7‰～9‰，人口自然增长率主要受制于出生率先降后升，后期维持在15‰

左右的较高水平。吉尔吉斯斯坦从1967年至今处于中期扩张阶段，人口自然增长率保持在22‰左右。土库曼斯坦从1995年至今处于中期扩张阶段。塔吉克斯坦1995年至今处于中期扩张阶段。乌兹别克斯坦从1979年至今处于中期扩张阶段。蒙古国1998年至今处于后期减速阶段，人口转变还将持续较长时间。俄罗斯1989年至今处于低位静止阶段，人口自然增长率受出生率持续下降、死亡率升高，呈现出极低位态势，部分年份甚至为负增长。

表4-13　中国—中亚、东北亚国家人口转变进程

	高位静止	初期加速	中期扩张	后期减速	低位静止
中国	1960年以前	1961～1965年	1966～1982年	1983～1998年	1999年至今
哈萨克斯坦	1960年以前	1961～1964年	1965～1991年	1992年至今	无
吉尔吉斯斯坦	1961年以前	1962～1966年	1967年至今	无	无
土库曼斯坦	1967年以前	1968～1994年	1995年至今	无	无
塔吉克斯坦	1976年以前	1977～1994年	1995年至今	无	无
乌兹别克斯坦	1966年以前	1967～1978年	1979年至今	无	无
蒙古	1968年以前	1969～1988年	1989～1997年	1998年至今	无
俄罗斯	1960年以前	1960年以前	1961～1966年	1967～1988年	1989年至今

资料来源：根据世界银行数据库中相关数据计算判断。

（二）人口转变指数比较

整体上，中国—中亚、东北亚7国人口自然增长率持续下降，仅俄罗斯进入后人口转变时代，1990年后人口自然增长率长期为负，其余多数国家仍处于人口扩张阶段，少数国家进入人口减速增长阶段（见表4-14）。

表4-14　中国—中亚、东北亚国家人口转变指数

国家	20世纪90年代			21世纪10年代		
	总和生育率（个）	人口自然增长率（‰）	人口转变指数（TDI）	总和生育率（个）	人口自然增长率（‰）	人口转变指数（TDI）
中国	1.807	11.001	0.768	1.661	4.801	0.831
哈萨克斯坦	2.240	8.486	0.764	2.717	14.577	0.634
吉尔吉斯斯坦	3.063	17.630	0.599	3.160	20.970	0.525

续表

国家	20世纪90年代			21世纪10年代		
	总和生育率（个）	人口自然增长率（‰）	人口转变指数（TDI）	总和生育率（个）	人口自然增长率（‰）	人口转变指数（TDI）
土库曼斯坦	3.615	21.377	0.516	2.875	18.253	0.579
塔吉克斯坦	4.649	24.990	0.398	3.603	26.366	0.428
乌兹别克斯坦	3.515	22.890	0.506	2.433	17.760	0.621
俄罗斯	1.418	−3.710	0.965	1.654	−1.590	0.903
蒙古	2.963	16.236	0.623	2.842	18.787	0.576

资料来源：根据世界银行数据库相关数据计算。

说明：0～0.2为高位静止，0.2～0.4为初期加速，0.4～0.6为中期扩张，0.6～0.8为后期减速，0.8～1为低位静止。

哈萨克斯坦20世纪90年代总和生育率为2.240个，人口转变指数为0.764，处于后期减速阶段；21世纪10年代总和生育率提升至2.717个，人口自然增长率增长至14.577‰，人口转变指数为0.634，处于后期减速阶段。

吉尔吉斯斯坦20世纪90年代总和生育率为3.063个，人口自然增长率为17.630‰，人口转变指数为0.599，处于中期扩张阶段；21世纪10年代总和生育率提升至3.160个，人口自然增长率增加为20.970‰，人口转变指数为0.525，处于中期扩张阶段。

土库曼斯坦20世纪90年代总和生育率3.615个，人口自然增长率为21.377‰，人口转变指数为0.516，处于中期扩张阶段；21世纪10年代总和生育率下降至2.875个，人口自然增长率下降至18.253‰，人口转变指数为0.579，处于中期扩张阶段。

塔吉克斯坦20世纪90年代总和生育率为4.649个，人口自然增长率为24.990‰，人口转变指数为0.398，处于初期加速阶段；21世纪10年代总和生育率下降至3.603个，人口自然增长率至26.366‰，人口转变指数为C.428，处于中期扩张阶段。

乌兹别克斯坦20世纪90年代总和生育率为3.515个，人口自然增长率为22.890‰，人口转变指数为0.506，处于中期扩张阶段；21世纪10年代总和生育率下降至2.433个，人口自然增长率下降为17.760‰，人口转变指数为0.621，处于中期扩张阶段。

俄罗斯20世纪90年代总和生育率为1.418个，人口自然增长率为

−3.710‰，人口转变指数为 0.965，处于低位静止阶段；21 世纪 10 年代总和生育率上升至 1.654 个，人口自然增长率升至−1.590‰，人口转变指数为 0.903，长期处于低位静止阶段。

蒙古 20 世纪 90 年代总和生育率为 2.963 个，人口自然增长率为 16.236‰，人口转变指数为 0.623，处于后期减速阶段；21 世纪 10 年代总和生育率下降至 2.842 个，人口自然增长率上升至 18.787‰，人口转变指数为 0.576，处于中期扩张阶段。

三、人口效率发展比较

（一）人口效率分类指标比较

1.劳动生产率

2019 年，中国—中亚、东北亚国家劳动生产率排前 3 位的是俄罗斯、中国、哈萨克斯坦，分别为 29116、22138、20653 美元/人；排后 3 位的是吉尔吉斯斯坦、乌兹别克斯坦、塔吉克斯坦，分别为 3515、4513、4572 美元/人（见表 4-15），这 3 国经济发展落后，劳动生产率相对较低。

表 4-15　1990～2019 年中国—中亚、东北亚国家劳动生产率　单位：美元/人

国家	1990 年	1995 年	2000 年	2005 年	2010 年	2015 年	2016 年	2017 年	2018 年	2019 年
中国	628	1175	1852	3435	9088	16578	16907	18705	21193	22138
哈萨克斯坦	3226	3141	2820	7859	17199	21959	15874	19270	20403	20653
吉尔吉斯斯坦	1813	989	739	1216	2146	2911	2917	3328	3648	3515
土库曼斯坦	2707	1839	1855	4485	10865	16504	17084	17414	18459	18247
塔吉克斯坦	2162	979	641	1723	3955	4655	3948	4066	4241	4572
乌兹别克斯坦	1840	1756	1656	1465	4165	6675	6538	4743	4032	4513
蒙古	3840	1933	1358	2641	6370	9314	9163	8508	9894	9939
俄罗斯	8315	7148	4552	12934	24853	22362	21078	26353	28242	29116

资料来源：根据公式（1）计算获得。

说明：从 1990 年起，所有国家 15 岁以上就业人口总量才有数据公布；为了统一口径，人口效率都是从 1990 年起计算的。

从变化趋势看，各国劳动生产率整体呈增长态势，增长最多的是中国和土库曼斯坦。1990～2019 年，中国从 628 美元/人上升到 2213 美元/人，增长了 33.25 倍；土库曼斯坦从 2707 美元/人上升到 18247 美元/人，增长了 4.74 倍；哈萨克斯坦从 3226 美元/人上升到 20653 美元/人，增长了 4.40 倍；俄罗斯从 8315 美元/人上升到 29116 美元/人，增长了 1.50 倍。

1990～2019 年，增速较低的是吉尔吉斯斯坦、塔吉克斯坦、乌兹别克斯坦和蒙古。吉尔吉斯斯坦从 1813 美元/人上升到 3515 美元/人，增长了 93.88%；塔吉克斯坦从 2162 美元/人上升到 4572 美元/人，增长了 111.47%；乌兹别克斯坦从 1840 美元/人上升到 4513 美元/人，增长了 145.27%；蒙古从 3840 美元/人上升到 9939 美元/人，增长了 158.83%。整体上，中亚 5 国除土库曼斯坦外劳动生产率均处于较低层次，且增长乏力，主要源于长期经济发展形式单一，加上常年动荡，人民收入水平较低。

对劳动生产率进行标准化处理，如表 4-16 所示。

表 4-16　1990～2019 年中国—中亚、东北亚国家标准化劳动生产率

国家	1990 年	1995 年	2000 年	2005 年	2010 年	2015 年	2016 年	2017 年	2018 年	2019 年
中国	0.009	0.012	0.022	0.033	0.072	0.138	0.142	0.143	0.163	0.171
哈萨克斯坦	0.062	0.042	0.036	0.083	0.147	0.187	0.132	0.148	0.156	0.158
吉尔吉斯斯坦	0.033	0.009	0.005	0.008	0.009	0.012	0.013	0.013	0.014	0.013
土库曼斯坦	0.051	0.022	0.022	0.045	0.089	0.137	0.143	0.132	0.139	0.138
塔吉克斯坦	0.040	0.009	0.004	0.014	0.025	0.028	0.022	0.019	0.019	0.022
乌兹别克斯坦	0.034	0.021	0.019	0.011	0.027	0.046	0.046	0.025	0.017	0.021
蒙古	0.075	0.024	0.014	0.024	0.048	0.071	0.070	0.057	0.067	0.067
俄罗斯	0.166	0.104	0.062	0.141	0.217	0.191	0.180	0.208	0.222	0.230

2.就业产值系数

2019 年，中国—中亚、东北亚各国就业产值系数排前 3 位的是俄罗斯、哈萨克斯坦、土库曼斯坦，分别为0.507、0.502、0.333(见表4-17)。排在后3位的是吉尔吉斯斯坦、塔吉克斯坦、乌兹别克斯坦，分别为0.107、0.110和0.132。就业产值系数最高的俄罗斯是最低吉尔吉斯斯坦的4.7倍，差异较大。

表4-17　1990～2019年中国—中亚、东北亚国家就业产值系数

国家	1990年	1995年	2000年	2005年	2010年	2015年	2016年	2017年	2018年	2019年
中国	0.001	0.015	0.032	0.064	0.124	0.191	0.205	0.221	0.238	0.255
哈萨克斯坦	0.204	0.151	0.187	0.294	0.359	0.433	0.441	0.463	0.481	0.502
吉尔吉斯斯坦	0.094	0.034	0.049	0.055	0.069	0.088	0.093	0.099	0.103	0.107
土库曼斯坦	0.157	0.082	0.098	0.113	0.177	0.286	0.301	0.317	0.333	0.333
塔吉克斯坦	0.108	0.031	0.028	0.045	0.060	0.080	0.085	0.093	0.101	0.110
乌兹别克斯坦	0.060	0.040	0.047	0.054	0.078	0.109	0.115	0.120	0.126	0.132
蒙古	0.104	0.087	0.089	0.115	0.148	0.226	0.238	0.243	0.254	0.253
俄罗斯	0.366	0.258	0.278	0.364	0.429	0.466	0.467	0.479	0.493	0.507

资料来源：根据世界银行数据库(https://data.worldbank.org.cn/indicator/SL.GDP.PCAP.EM.KD)指标计算得到。

中亚、东北亚7国就业产值系数除了1990～1995年短暂下降外，1995年起持续上升。其中，哈萨克斯坦、土库曼斯坦、俄罗斯增幅明显，2019年分别达0.502、0.333和0.507，比1995年分别上升了0.351个、0.251个和0.249个单位值。上述3国均为中等偏上收入国家，经济发展形势较好，就业压力较小。

吉尔吉斯斯坦、乌兹别克斯坦、蒙古属中等偏下收入国家，1995～2019年就业产值系数整体上升。升幅较大的是蒙古，从1995年的0.087上升到2019年的0.253。这在一定程度上说明上述国家面临更大的经济发展和就业压力。

塔吉克斯坦属低收入国家，就业产值系数由1995年的0.031上升至

2019 年的 0.110，小幅上升。1991 年苏联解体后的政治经济危机以及多年内战使其国民经济遭受严重破坏，经济发展压力较大，就业形势严峻。

3.人类发展指数

中国—中亚、东北亚国家人类发展指数存在一定差异（见表 4-18）。2019 年，位于极高人类发展指数阶段的有哈萨克斯坦、俄罗斯联邦，分别为 0.825、0.824；位于高人类发展指数阶段的是中国、蒙古、乌兹别克斯坦、土库曼斯坦，分别为 0.761、0.737、0.720、0.715，说明这些国家经济社会发展较好。吉尔吉斯斯坦和塔吉克斯坦分别为 0.697、0.668，处于中等人类发展指数阶段，还需大力提升其经济社会发展水平。

表 4-18　1990～2019 年中国—中亚、东北亚国家人类发展指数

国家	1990 年	1995 年	2000 年	2005 年	2010 年	2015 年	2016 年	2017 年	2018 年	2019 年
中国	0.501	0.549	0.591	0.643	0.702	0.742	0.749	0.753	0.758	0.761
哈萨克斯坦	0.690	0.664	0.685	0.747	0.764	0.806	0.808	0.813	0.817	0.825
吉尔吉斯斯坦	0.618	0.563	0.594	0.616	0.636	0.666	0.669	0.671	0.674	0.697
土库曼斯坦	0.673	0.673	0.673	0.673	0.673	0.701	0.706	0.708	0.710	0.715
塔吉克斯坦	0.603	0.532	0.538	0.590	0.630	0.642	0.647	0.651	0.656	0.668
乌兹别克斯坦	0.596	0.596	0.596	0.629	0.665	0.696	0.701	0.707	0.710	0.720
蒙古	0.583	0.553	0.589	0.649	0.697	0.736	0.730	0.729	0.735	0.737
俄罗斯	0.734	0.701	0.721	0.752	0.780	0.813	0.817	0.822	0.824	0.824

资料来源：联合国开发计划署，https://hdr.undp.org/data-center/human-development-index#/indicies/HDI。

从人类发展指数变化看，各国整体小幅下降后逐渐上升。1990～2019 年，中国人类发展指数从 0.501 上升至 0.761，增加了 51.90%；哈萨克斯坦 1990 年为 0.690，1995 年为 0.664，小幅下降，2000 年回升至 0.685，2019 年为 0.825，1990～2019 年增加了 19.57%；乌兹别克斯坦从 1990 年的 0.596 上升至 2019 年的 0.720，增加了 20.81%；土库曼斯坦从 1990 年的 0.673 上升至2019年的0.715，增加了6.24%；吉尔吉斯斯坦从1990年的0.618小幅下降后逐步回升至2005年的0.616，2019年增至0.697；塔吉克斯坦从1990年的0.603小幅下降后逐步回升至2010年的0.630，2019年增至0.668；俄罗斯从0.734小幅下降后逐步回升至2019年的0.824；蒙古从0.583小幅下降后逐步回升至2019年的0.737，其间增加了26.42%。可见，中国人类发展指数上升最快，其次是蒙古、乌兹别克斯坦，土库曼斯坦上升最慢。可见，人类发展指数并不是随人口增加而提升。提高该指数需调整产业结构，大力发展生产力，提高人口效率。

（二）人口效率综合比较

2019年，中国—中亚、东北亚7国人口效率排前3的是俄罗斯、哈萨克斯坦和中国，分别为0.520、0.495和0.396，均处在中等人口效率阶段，经济发展较快，人口效率较高（见表4-19）。位于后两位的是吉尔吉斯斯坦、塔吉克斯坦，分别为0.272、0.267，处于低人口效率阶段。人口效率最高的俄罗斯是最低的塔吉克斯坦的1.95倍。

表4-19　1990～2019年中国—中亚、东北亚国家人口效率比较

国家	1990年	1995年	2000年	2005年	2010年	2015年	2016年	2017年	2018年	2019年
中国	0.170	0.192	0.215	0.247	0.300	0.357	0.365	0.372	0.386	0.396
哈萨克斯坦	0.319	0.286	0.303	0.375	0.423	0.475	0.460	0.475	0.485	0.495
吉尔吉斯斯坦	0.248	0.202	0.216	0.226	0.238	0.255	0.258	0.261	0.264	0.272
土库曼斯坦	0.294	0.259	0.264	0.277	0.313	0.375	0.383	0.386	0.394	0.395
塔吉克斯坦	0.250	0.191	0.190	0.216	0.239	0.250	0.251	0.254	0.259	0.267
乌兹别克斯坦	0.230	0.219	0.221	0.231	0.257	0.284	0.287	0.284	0.284	0.291
蒙古	0.254	0.221	0.231	0.263	0.298	0.344	0.346	0.343	0.352	0.352
俄罗斯	0.422	0.355	0.354	0.419	0.475	0.490	0.488	0.503	0.513	0.520

中亚、东北亚7国人口效率变化趋势基本一致，大致经过了1990～1995年下降，1995年起随经济逐步好转而逐渐提升(见图4-3)。中国人口效率自1990～2019年逐步上升，2005～2015年增幅明显。中亚、东北亚7国多数国家人口效率提高较快。虽然各国人口效率差距较大，但都持续上升，具有较好的发展和合作潜力，有大幅提升空间。

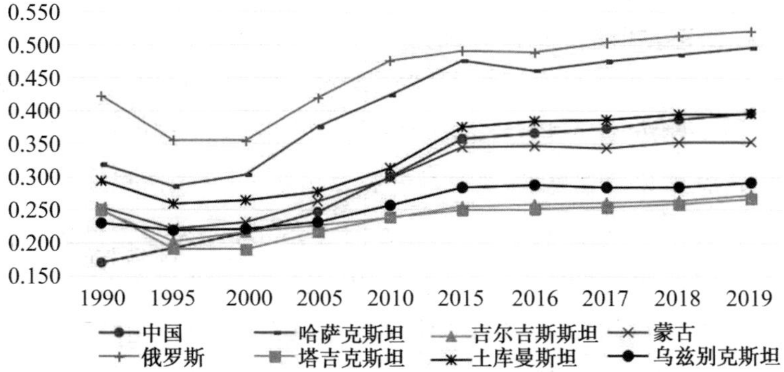

图4-3　1990～2019年中国—中亚、东北亚国家人口效率比较

资料来源：世界银行数据库，https://data.worldbank.org.cn/indicator/SP.POP.GROW。

四、主要人口问题

(一)人口数量增长较快，与经济发展不同步

中亚、东北亚各国普遍面临经济发展与人口效率提升不同步问题。2020年，中亚、东北亚7国人口总数为22252.93万人，除了俄罗斯人口超1亿人外，多数国家人口集中在500万～1000万人，人口自然增长率平均维持在3‰左右较低水平。2005年至今，中亚5国经济不断得到复苏，人民生活水平也不断得到改善，各国人口自然增长率又呈现持续上升趋势，0～14岁少儿人口抚养压力加大。究其原因，“多子女”早已成为当地民族的生活习俗，而区域城镇化水平不高，农村的生活水准低，子女所需费用少，由此推进了人口数量的较快提升。

目前，中亚国家的主要人口工作在于解决新增人口的吃饭问题，及时消化丰富劳动力资源的就业问题。另外，由于中亚地区建于苏联时期的基础设施已经严重老化，基础设施建设十分缓慢，市场化水平较低，腐败严重，国内发展资本也严重不足，国内区域发展不均衡等制约了经济社会发展，再加上种族和宗教冲突、就业冲突、土地荒漠化以及水资源争议等问题，阻碍了中亚国家大多以农业为主要支柱产业的发展与振兴。

如前所述，中亚地区在2000～2010年人口出生率提升带动人口自然增长率的提升，人口相对年轻，而位于东北亚地区的蒙古人口增速放缓，俄罗斯较长时间出现人口负增长，老年人口占比最高，使得两国普遍面临劳动力人口不足问题，人口的减少也将影响两国经济社会长远发展。虽两国都已采取鼓励生育的政策，但成效并不十分显著。另外，中亚、东北亚国家中0～14岁少儿人口，俄罗斯不足20%，仅为18.36%，乌兹别克斯坦(28.80%)、哈萨克斯坦(29.14%)也低于30%，说明上述3国少儿人口在减少，其作为劳动力重要补充来源，需要引起政府重视。同时，65岁及以上人口比重仅俄罗斯达15.51%，进入中度老龄化社会，其他国家比重较低。

(三)人口整体质量较低，优质教育资源稀缺

从文化素质看，中国与中亚、东北亚国家人口质量发展差异较大。高等教育入学率最高的是俄罗斯、哈塞克斯坦，然后是蒙古和中国，加上吉尔吉斯斯坦，这5个国家的高等教育入学率高于世界均值；土库曼斯坦、乌兹别克斯坦、塔吉克斯坦高等教育入学率低于世界均值。从变化趋势看，1990～2020年，除了乌兹别克斯坦高等教育入学率有下降外，其余几国均持续上升，但升幅差距大，中亚、东北亚国家中升幅最快的是蒙古，其间上升了48.8个百分点，升幅最低的是土库曼斯坦，仅提升了3.53个百分点。这表明域内国家之间的教育发展差距较大，部分国家教育发展处在低位，其值低于世界平均水平，制约着人口高质量发展。

从出生时预期寿命看，2020年，中国—中亚、东北亚7国中仅中国(77.13岁)、哈萨克斯坦(73.57岁)超过世界均值(72.75岁)，其他国家较低，尤其是土库曼斯坦，还不足70岁，仅为68.31岁。这不利于人均受教育年限均高于世界均值的中亚、东北亚国家实施第二次人口红利开发。

第三节　中国—中亚、东北亚国家经济增长比较

一、经济增长比较

(一)GDP总量比较

1990～2019年，中国—中亚、东北亚各国GDP总量均实现增长，增长率最高的是中国(见表4-20)。1991年，苏联解体，同年中亚、东北亚7国经济都遭遇重创，经济下滑，2000年左右该地区经济逐渐复苏，2005年左右基本恢复到1990年的经济水平。从GDP总量看，2019年，中亚地区GDP总

量最高的是哈萨克斯坦，然后是乌兹别克斯坦、土库曼斯坦，经济发展较为落后的是吉尔吉斯斯坦、塔吉克斯坦。2019年，中亚地区GDP总量排名第一的哈萨克斯坦是排名最后的塔吉克斯坦的21.89倍，说明该地区经济发展差距悬殊。东北亚地区GDP总量最高的是俄罗斯，然后是蒙古。2019年俄罗斯GDP总量是蒙古的119.18倍，两国经济发展差距较大。

表4-20　1990～2019年中国—中亚、东北亚国家GDP总量 单位：亿美元

	1990年	1995年	2000年	2005年	2010年	2015年	2019年
中国	36085.79	73454.79	121134.69	228596.59	608716.39	1106155.31	1427993.75
世界	2277997.87	3104364.79	3383087.88	4777971.48	6659605.10	7517926.63	8765286.32
哈萨克斯坦	2693.27	2037.43	1829.20	5712.37	14804.73	18438.84	18166.72
吉尔吉斯斯坦	267.50	166.10	136.97	246.02	479.44	667.82	887.10
塔吉克斯坦	263.18	123.10	86.05	231.23	564.22	827.15	830.08
乌兹别克斯坦	1336.06	1335.05	1376.05	1430.75	4976.57	8619.63	5990.77
土库曼斯坦	318.81	248.22	290.47	810.39	2258.32	3579.97	4523.14
俄罗斯联邦	51681.43	39553.72	25971.01	76401.71	152491.75	136348.11	169311.39
蒙古	256.08	145.22	113.69	252.35	718.95	1161.99	1420.64

资料来源：世界银行数据库，https://data.worldbank.org.cn/indicator/NY.GDP.MKTP.CD。

（二）人均GDP增长率

从各国人均GDP增长率看，2019年中国—中亚、东北亚地区经济GDP增长率最高的是中国，为5.575%；其次是塔吉克斯坦和土库曼斯坦，GDP增长率在4.6%～4.9%；然后是蒙古和乌兹别克斯坦，GDP增长率在3.7%～3.9%；最低的是俄罗斯，仅为2.244%。总体上，中国—中亚、东北亚地区2019年人均GDP增长率均高于世界均值（见表4-21）。

从变化趋势看，哈萨克斯坦2000年后出现经济增速下滑，2019年GDP增长率为3.161%；吉尔吉斯斯坦在2013年经济短暂提升后出现下滑，2019年GDP增长率为2.439%；塔吉克斯坦和乌兹别克斯坦GDP增长率有所提高，但塔吉克斯坦人均GDP增长率在2000年达到最高值，随后逐年下降，乌兹别克斯坦则在2005年达到最高值，随后呈波动变化，2010年有所下降，2015年又回升，2019年则又表现为下降；土库曼斯坦2005～2011年经

济增长较为迅速，后出现下滑，GDP 年平均增长率大约为 7.07%；俄罗斯联邦在 2000 年后经济增速放缓，2014 年、2015 年出现了负增长，2019 年 GDP 增长率为 2.244%；蒙古 2011 年经济短暂提升后出现下滑，2019 年 GDP 增长率是 3.803%。

表 4-21　1990～2019 年中国—中亚、东北亚国家人均 GDP 增长率　单位：%

	1990 年	1991 年	1995 年	2000 年	2005 年	2010 年	2015 年	2019 年
中国	2.407	7.782	9.755	7.639	10.741	10.103	6.421	5.575
世界	1.113	−0.204	1.561	3.123	2.762	3.289	1.877	1.532
哈萨克斯坦	3.688	−11.561	−6.287	10.130	8.729	5.794	−0.268	3.161
吉尔吉斯斯坦	3.688	−9.437	−6.363	4.195	−1.295	−1.652	1.759	2.439
塔吉克斯坦	−3.120	−9.110	−13.717	6.640	4.705	4.199	3.496	4.864
乌兹别克斯坦	−1.332	−2.591	−2.675	2.408	5.713	4.602	5.365	3.745
土库曼斯坦	31.779	−7.254	−9.245	4.301	11.816	7.499	4.606	4.669
俄罗斯	−3.163	−5.319	−4.123	10.464	6.807	4.453	−2.184	2.244
蒙古	−5.096	−10.084	5.564	0.252	5.979	4.562	0.388	3.803

资料来源：世界银行数据库，https://data.worldbank.org.cn/indicator/NY.GDP.PCAP.KD.ZG。

二、人口转变与收入阶段比较

2020 年，中国、中亚—东北亚 7 国人均 GNI 均未超过世界平均值，仅俄罗斯和中国接近世界平均值（见图 4-4）。

哈萨克斯坦 1990 年人均 GNI 为 1430 美元，比当年中等偏上收入国家最低指标值（2336 美元）低 906 美元，然后持续上升到 2018 年（8070 美元），增加了 6640 美元，2020 年依然在中等偏上收入行列。

乌兹别克斯坦 1990 年进入中等偏下收入行列，人均 GNI 为 600 美元，比当年中等偏上收入国家最低指标（2336 美元）少 1736 美元，此后上升至 2020 年的 1740 美元，仍处中等偏下收入行列。

土库曼斯坦 1990 年已进入中等偏下收入行列，人均 GNI 为 800 美元，比当年中等偏上收入国家最低指标（2336 美元）少 1536 美元。2020 年人均 GNI 为 6970 美元，该国仍在中等偏上收入行列，已在中等收入阶段停留超过 30 年。

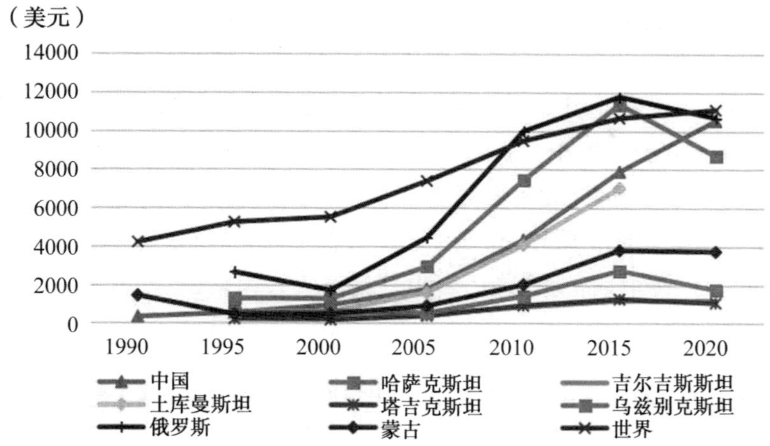

图 4-4　1990～2020 年中国—中亚、东北亚国家人均 GNI

资料来源：世界银行数据库，https://data.worldbank.org.cn/indicator/NY.GNP.PCAP.CD?view=chart。

说明：因数据缺失，哈萨克斯坦、土库曼斯坦 1990 年用 1993 年的数据替代，乌兹别克斯坦、吉尔吉斯斯坦、塔吉克斯坦 1990 年用 1992 年的数据替代，俄罗斯 1990 年用 1991 年的数据替代，土库曼斯坦 2020 年用 2019 年的数据替代。

塔吉克斯坦 1990 年进入低收入行列，人均 GNI 为 350 美元，比当年中等偏下收入最低指标（581 美元）少 231 美元，缓慢上升至 2012 年的 1150 美元并进入中等偏下收入行列，2014 年后人均 GNI 不增反降，2020 年为 1060 美元。该国依然在中等偏下收入行列，经济增长乏力，收入增长后劲不足。

吉尔吉斯斯坦 1990 年进入低收入行列，人均 GNI 为 520 美元，比当年中等偏下收入最低指标（581 美元）少 61 美元，2012 年以 1040 美元进入中等偏下收入行列，2020 年人均 GNI 为 1170 美元。

俄罗斯 1990 年已进入中等偏上收入行列，人均 GNI 为 6329 美元，比当年高收入国家最低指标（7621 美元）低 1292 美元，2020 年为 10740 美元，仍处中等偏上收入行列。21 世纪头 10 年，俄罗斯借助丰厚的自然资源和素质较高的人力资本，逐渐走上了经济社会快速发展道路，居民生活水平得到大幅提升。

蒙古 1990 年进入低收入水平行列，人均 GNI 为 474 美元，比当年中等偏下收入国家最低指标（610 美元）低 136 美元，2006 年进入中等偏下收入行列，然后人均 GNI 上升至 2020 年的 3720 美元，仍在中等偏下收入行列。

总之，中国—中亚、东北亚各国人均 GNI 逐年增长，经济发展水平逐年提高。2020年，中国人口转变处于低位静止阶段，属中等偏上收入国家，暂未跨过中等收入陷阱；哈萨克斯坦处于人口转变后期减速阶段，属中等偏上收入国家；土库曼斯坦处于中期扩张阶段，属中等偏上收入行列，跨过中等收入陷阱的可能性极小；乌兹别克斯坦、塔吉克斯坦、吉尔吉斯斯坦都处在中期扩张阶段，均属于中等偏下收入国家，已掉入中等收入陷阱；俄罗斯人口转变处于低位静止阶段，长期位于中等偏上收入行列，暂未跨过中等收入陷阱；蒙古处在中期扩张阶段，属中等偏下收入国家，也已掉入中等收入陷阱（见表4-22）。

表4-22　2020年中国和中亚、东北亚7国人口转变与中等收入阶段进程

国家	人口转变阶段	收入行列	是否跨越中等收入陷阱
中国	低位静止	中等偏上收入国家	否
哈萨克斯坦	后期减速	中等偏上收入国家	否
吉尔吉斯斯坦	中期扩张	中等偏下收入国家	否
塔吉克斯坦	中期扩张	中等偏下收入国家	否
土库曼斯坦	中期扩张	中等偏上收入国家	否
乌兹别克斯坦	中期扩张	中等偏下收入国家	否
蒙古	中期扩张	中等偏下收入国家	否
俄罗斯	低位静止	中等偏上收入国家	否

三、是否成功跨越中等收入陷阱比较

中国—中亚、东北亚早已掉进中等收入陷阱的是哈萨克斯坦、乌兹别克斯坦、俄罗斯和土库曼斯坦（见表4-23）。哈萨克斯坦1990年进入中等偏下收入阶段，2008年进入中等偏上收入阶段，此后人均GNI仍保持在中等偏上收入行列，且已在该阶段停留30年。乌兹别克斯坦于1990年进入中等偏下收入列行后一直在该行列徘徊，人均GNI在30年间只上升了1140美元，经济增长乏力。土库曼斯坦1990年进入中等偏下收入阶段，2010年进入中等偏上收入行列，到2020年一直在中等偏上收入行列。上述3国在中等收入阶段均停留了30年，且各自经济增长有限，与高收入行列最低值相差很大，均已掉进中等收入陷阱。俄罗斯于1990年进入中等偏上收入阶段直到2020年，连续30年处于中等收入阶段，2021年人均GNI为11610美元，距离高收入阶段还有较大差距。蒙古经济发展相对于上述几国较为滞后，于 1990 年进入低收入行列，2006 年进入中等偏下收入行列，2020 年依然在中等偏下收入行列。

跨过中等收入陷阱概率很低的国家是吉尔吉斯斯坦、塔吉克斯坦。吉尔吉斯斯坦 1990 年进入低收入行列，2012 年进入中等偏下收入行列，与中等偏上收入阶段最低值仍有较大差距。该国虽然在中等收入阶段停留时间不足 10 年，但经济增长乏力，很难保证在未来的二三十年能迈入高收入行列。塔吉克斯坦 1990 年人均 GNI 为 350 美元，2012 年进入中等偏下收入行列，2020 年人均 GNI 为 1060 美元，增长十分缓慢，短期内也难迈进高收入行列。

表 4-23　2020 年中国—中亚、东北亚国家是否跨越中等收入陷阱比较

国家	进入低收入行列时的人均 GNI 及时间	进入中等偏下收入行列时的人均 GNI 及时间	进入中等偏上收入行列时的人均 GNI 及时间	进入高收入行列时的人均GNI及时间	中等收入停留时间	跨过中等收入陷阱可能性大小及 2020 年人均 GNI
中国	1987 年以前	800（1998 年）	4340（2010 年）	否	22 年	较大（10530）
哈萨克斯坦	1990 年以前	1430（1990 年）	6150（2008 年）	否	30 年	已掉进（8710）
吉尔吉斯斯坦	520（1990 年）	1040（2012 年）	否	否	8 年	很小（1170）
土库曼斯坦	（1990 年以前）	800（1990 年）	4070（2010 年）	否	30 年	已掉进（6740）
塔吉克斯坦	350（1990 年）	1150（2012 年）	否	否	8 年	很小（1060）
乌兹别克斯坦	（1990 年以前）	600（1990 年）	否	否	30 年	已掉进（1740）
蒙古	474.22（1990 年）	1334.21（2006 年）	否	否	14 年	很小（3740）
俄罗斯	1990 年以前	1990 年以前	6329（1990 年）	否	30 年	已掉进（10690）

说明：表中数字单位为美元。

2020年，仅中国跨过中等收入陷阱的可能性较大；俄罗斯、哈萨克斯坦、土库曼斯坦、乌兹别克斯坦已掉进中等收入陷阱；塔吉克斯坦、吉尔吉斯斯坦、蒙古掉进中等收入陷阱的可能性很大。

第四节　中国—中亚、东北亚国家人口发展与经济增长实证分析

一、变量描述

表4-24为主要变量的描述性结果统计，各变量的均值与其中位数比较接近，表明样本接近正态分布。

表4-24　变量定义及描述统计

变量类型	变量名称	表示	均值	标准差	最小值	最大值	中位数
因变量	经济发展水平	$\ln GNI$	7.25	1.13	5.08	9.63	7.13
核心自变量	人口效率指数	P	0.29	0.09	0.17	0.52	0.27
	人口转变指数	O	0.65	0.16	0.37	0.99	0.62

就中亚和东北亚经济发展水平而言，均值为7.25，标准差为1.13，最大值和最小值分别为9.63和5.08。为衡量人口效率与人口转变对经济发展水平的贡献，对其进行有效回归，人口效率指数和人口转变指数的均值分别为0.29和0.65，标准差分别为0.09和0.16，最小值分别为0.17和0.37，最大值分别为0.52和0.99。从人口效率看，中亚和东北亚各国人口效率均不高，除了俄罗斯、哈萨克斯坦处于中等人口效率阶段外，其余国家均处于低人口效率阶段。从人口转变看，除了俄罗斯处于低位静止阶段外，哈萨克斯坦处于后期减速阶段，吉尔吉斯斯坦、土库曼斯坦、塔吉克斯坦、乌兹别克斯坦、蒙古处于中期扩张阶段。

由表4-25可知，变量的相关系数均显著。仅从简单相关系数判断，经济发展水平与人口效率指数具有显著的正相关关系，r为0.909。其中，经济发展水平与人口转变指数显著正相关，r为0.512；同样，人口效率指数与人口转变指数也显著正相关，r为0.525。这体现了经济发展水平与人口效

率之间的正相关性随着人口转变现代化进程而愈发明显。虽然变量间有高度的相关性，但都在可接受范围内，并不影响实证结果。

表 4-25　解释变量的相关系数矩阵

变量	$\ln GNI$	P	O
$\ln GNI$	1.000		
P	0.909***	1.000	
O	0.512***	0.525***	1.000

说明：*** 表示在 1%的统计意义上显著。

二、实证结果分析

从经济发展水平看，哈萨克斯坦和俄罗斯发展水平在中亚和东北亚地区均处于最高点(见图 4-5)，位于中等人口效率阶段，人口效率与人口转变值也相对较高，分别为 0.520、0.495，两国人口创造的价值相对更高。俄罗斯直到 2020 年连续 30 年在中等收入阶段停留，距离当年高收入行列最低值还差 1486 美元。哈萨克斯坦人均 GNI 在中等偏上收入行列已达 30 年，且经济增长乏力，与高收入行列最低值差距很大，短期很难迈入高收入行列。

乌兹别克斯坦、土库曼斯坦、蒙古、吉尔吉斯斯坦均处于低人口效率阶段。乌兹别克斯坦人均 GNI 一直在中等偏下收入行列，经济增长乏力。土库曼斯坦 2010 年进入中等偏上收入行列，2020 年均稳定在此阶段。蒙古相对其他各国发展滞后，2006 年进入中等偏下收入行列一直到 2020 年。吉尔吉斯斯坦 2012 年进入中等偏下收入行列，与中等偏上收入行列最低值仍有较大差距，经济增长后劲不足，很难保障在较短时间内迈进高收入行列。除了俄罗斯、哈萨克斯坦处于中等人口效率阶段，其余国家均处于低人口效率阶段。2019 年，人口效率最高的俄罗斯是最低的塔吉克斯坦的 1.95倍。

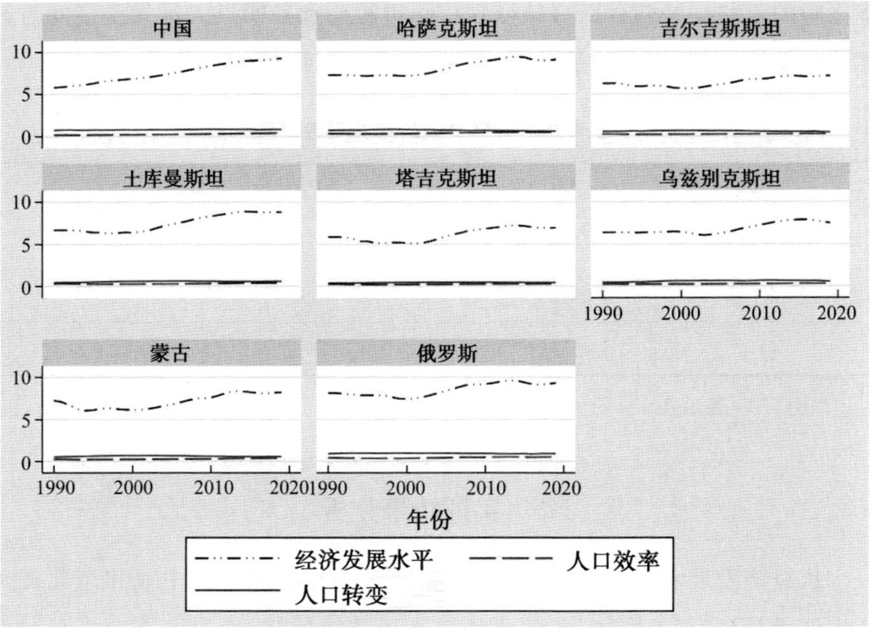

图 4-5　中亚和东北亚人口转变、人口效率与经济发展水平散点图

资料来源：经济发展水平的数据来源于世界银行数据库(World Bank)，人口效率数据来源于世界银行以及人类发展指数官网(HumanDevelopment Index)。

从人口转变看，2019 年，俄罗斯人口自然增长率呈负增长态势，处于低位静止阶段；哈萨克斯坦已进入后期减速阶段。另外，吉尔吉斯斯坦、塔吉克斯坦、土库曼斯坦、乌兹别克斯坦、蒙古各国在出生率、死亡率共同影响下，自然增长率稳定在 20%左右，已进入中期扩张阶段。

总体上，人口效率与经济发展水平密切相关，二者基本呈同步正向增长，且随着人口效率稳步提高，经济发展能力更强，发展速度更快。从经济发展水平与人口转变关系看，两者同样有显著正相关关系。人口转变处于低位静止阶段，或人口自然增长率呈零增长甚至负增长，人口抚养负担轻，经济增长快。从人口转变与人口效率关系看，人口转变有利于人口效率水平提高，高人口效率反过来促进人口加快向现代人口阶段转变与跨越。

三、结果检验

(一)单位根检验

在没有差分的条件下，lnGNI、P 和 O 是非平稳序列，P 值均大于0.1(见表 4-27)，说明接受原假设，认为存在单位根。为了得到平稳序列，故采用一阶差分的形式。经过一阶差分之后，lnGNI、P 和 O 变量均变成平稳序列，即三个研究变量都是一阶单整序列，因此具备协整条件。

表 4-26　面板数据的单位根检验

变量	LLC		IPS		是否单整
	统计值	*P* 值	统计值	*P* 值	
$\ln GNI_{it}$	−2.67	0.03	−0.53	0.30	否
$\Delta\ln GNI_{it}$	−4.97***	0.00	−4.74***	0.00	I(1)
P	−1.43	0.07	−1.46	0.07	否
ΔP	−5.96***	0.00	−5.28***	0.00	I(1)
O	−0.16	0.44	−1.08	0.14	否
ΔO	−8.20***	0.00	−8.84***	0.00	I(1)

（二）面板数据的协整检验

进行如表 4-27 所示的 Kao 协整检验时，选用核函数为 Bartlett，检验统计量为调整的 DF 统计量、DF 统计量以及 ADF 统计量，主要看 ADF 统计量检验值。由于其 *P* 值小于 0.01，在 1%的置信水平上拒绝原假设，说明变量之间存在长期协整关系。

表 4-27　Kao 协整检验

检验统计量	统计值	*P* 值
Modified Dickey-Fuller *t*	−8.90***	0.000
Dickey-Fuller *t*	−5.62***	0.000
Augmented Dickey-Fuller *t*	−8.11***	0.000

如表 4-28 所示，Pedroni 协整检验统计量分别是调整的 PP 统计量、PP 统计量以及 ADF 统计量。其 *P* 值全部小于 0.01，在 1%的置信水平上拒绝原假设，认为变量之间存在协整关系。通过上述两个协整检验可知，变量之间存在长期协整关系。

表 4-28　Pedroni 协整检验

检验统计量	统计值	*P* 值
Modified Dickey-Fuller *t*	2.36***	0.009

续表

检验统计量	统计值	P 值
Dickey-Fuller t	1.49***	0.032
Augmented Dickey-Fuller t	0.88***	0.050

(三)面板数据的误差修正模型

对于模型(1)而言,指标均在1%的显著水平下通过了检验。长期看,人口效率与经济发展的弹性系数为11.66(见表4-29),即人口效率规模每增长1%,经济发展提升幅度为11.66%。人口转变与经济发展水平的弹性系数为0.35,即人口转变越往现代化进程跨越,其每增长1%,经济发展水平将提高0.35%。这说明,随着时间流逝,中亚、东北亚地区经济发展水平主要受人口转变和人口效率的影响。相对来说,人口效率对经济发展水平的正向作用更明显。

对于模型(2)来说,指标变量同样在1%的显著水平下通过了检验。在短期中,人口效率与经济发展水平之间的弹性系数为10.21,即人口效率规模每增加1%,经济发展水平涨幅为10.21%。人口效率规模短期内对经济增长的刺激作用很显著。人口转变与经济发展水平之间的弹性系数为−0.32,即人口转变对经济发展水平来说刺激作用不明显。从短期来看,经济发展水平同样依靠人口效率规模与人口转变程度,同时,人口效率对经济发展水平的正向作用更突出。面板误差修正项系数为负且通过了检验。这表明,当人口转变和人口效率偏离长期均衡时,面板误差修正模型以0.34的力度反向调整,将其调回均衡状态。

表4-29 VECM估计方法结果

模型	变量	系数值	统计值	P 值
(1)	c	3.60	26.04***	0.000
	P	11.66	27.84***	0.000
	O	0.35	1.52***	0.013
(2)	ECM_{it-1}	−0.34	−2.18***	0.000
	ΔP	10.21	12.89***	0.000
	ΔO	−0.32	−0.75***	0.034
	c	0.02	2.71***	0.000

四、主要研究结论

通过构建中国—中亚、东北亚国家面板数据模型，进行单位根检验、协整检验与误差修正模型的实证研究，得出以下结论。

第一，不管时间长短，中国—中亚、东北亚国家人口转变与人口效率都有利于经济发展，这与相关理论以及常识基本相符。从影响系数与关系看，无论长期还是短期，人口效率对经济发展水平的正向作用均十分明显。这说明在中亚、东北亚区域，通过提高人口效率就可以提升区域人口出生时预期寿命、提高人口素质及知识资本等，从而有利于国家整体快速提高经济发展水平。同时，经济快速发展将加快人口转变进程。

第二，从人口效率看，长期稳步提升人口效率对经济发展刺激较大。由误差修正模型可知，国家长期的人口效率指数对经济发展水平的影响是短期的 1.142 倍，可能是因为人口效率是由劳动生产率、就业产值系数以及人类发展指数构成的，尤其是人力资本中的教育资本存量和健康资本存量对经济发展水平的影响很难在短期内显现，但长期效应十分显著。实际上，中亚、东北亚国家中，除了俄罗斯和哈萨克斯坦外，其他国家以低人口效率居多，为此需要加大人力资本和健康资本投资，加快提升人口质量，更快提高人口效率、经济增长速度与人民收入水平，从而引导各中亚、东北亚较欠发达国家开启人口质量型代替数量型的经济增长模式，促进各国尽快进入高收入行列。

第三，从人口转变看，因中亚、东北亚地区除了俄罗斯位于低位静止阶段，哈萨克斯坦位于后期减速阶段外，其余国家均位于中期扩张阶段。只有俄罗斯已进入后人口转变阶段。相较于短期人口快速转变，长期的人口转变对经济发展贡献更大。也就是说，人口转变与人口效率彼此相关，二者共同作用于经济增长。因此，未来中国—中亚、东北亚各国需要以推进人口效率的提升代替人口数量的快速增长，促进区域产业结构升级，实施积极创新发展战略并带动区域经济增长。

第五章　中国—中东欧国家人口发展与经济增长比较分析

第一节　中国—中东欧国家主要人口指标比较及特征

一、人口数量变动及特征

(一)人口规模变动

2020 年,中国—中东欧国家中,人口总数不足 100 万的国家仅有黑山。但黑山的人口总量呈持续上升的变化趋势,由 1960 年的 48.1 万人增加到 2020 年 62.2 万人(见表 5-1)。

表 5-1　1960～2020 年中国—中东欧 19 国人口总量　　单位:万人

	1960 年	1970 年	1980 年	1990 年	2000 年	2010 年	2020 年
中国	66707.0	81831.5	98123.5	113518.5	126264.5	133770.5	140211.2
世界	303215.6	368197.6	44329.4	528006.3	611432.4	692185.5	776393.3
阿尔巴尼亚	160.9	213.5	267.2	328.7	308.9	291.3	283.8
保加利亚	786.7	849.0	886.2	871.8	817.0	739.6	692.7
波黑	322.6	376.1	418.0	446.3	375.1	370.5	328.1
白俄罗斯	819.8	904.0	964.3	1018.9	998.0	949.1	939.9
捷克	960.2	985.8	1030.4	1033.3	1025.5	1047.4	1069.9
爱沙尼亚	121.2	136.0	147.7	156.9	139.7	133.1	133.1
克罗地亚	414.0	441.2	460.0	477.7	446.8	429.5	404.7
匈牙利	998.4	1033.8	1071.1	1037.4	1021.1	1000.0	975.0

续表

	1960年	1970年	1980年	1990年	2000年	2010年	2020年
立陶宛	277.9	314.0	341.3	369.8	350.0	309.7	279.5
拉脱维亚	212.1	235.9	251.2	266.3	236.8	209.8	190.2
摩尔多瓦	204.4	244.5	272.8	296.9	292.4	286.1	261.8
北马其顿	148.9	172.1	192.4	199.6	203.5	207.1	208.3
黑山	48.1	51.2	57.3	60.6	60.5	61.9	62.2
波兰	2963.7	3266.4	3557.4	3811.1	3825.9	3804.3	3795.1
罗马尼亚	1840.7	2025.0	2220.7	2320.2	2244.3	2024.7	1928.6
塞尔维亚	660.8	697.2	736.2	758.6	751.6	729.1	690.8
斯洛伐克	406.8	453.8	498.0	529.9	538.9	539.1	545.9
斯洛文尼亚	158.5	172.5	190.1	199.8	198.9	204.9	210.0
乌克兰	4266.5	4708.9	4996.6	5189.1	4917.7	4587.1	4413.5

资料来源：世界银行数据库，https://data.worldbank.org.cn/indicator/SP.POP.TOTL? view=chart。

2020年，人口总量在100万人～500万人的国家包括爱沙尼亚（133.1万人）、拉脱维亚（190.2万人）、北马其顿（208.3万人）、斯洛文尼亚（210.0万人）、摩尔多瓦（261.8万人）、立陶宛（279.5万人）、阿尔巴尼亚（283.8万人）、波黑（328.1万人）、克罗地亚（404.7万人）等。其中，爱沙尼亚、北马其顿、斯洛文尼亚人口总数呈持续上升，比1960年分别增加了11.9万人、59.4万人和51.5万人，上升比例分别为9.8%、39.9%和32.5%。拉脱维亚和克罗地亚持续下降，比1960年分别减少了21.9万人、9.3万人，下降比例分别为10.3%、2.2%。1960～2020年，摩尔多瓦、立陶宛、阿尔巴利亚、波黑人口总数呈先升后降趋势。摩尔多瓦由1960年的204.4万人增加到了1990年的296.9万人，增加比例为45.3%，此后持续下降到2020年的261.8万人，其间下降比例为11.8%。立陶宛由1960年的277.9万人增加到1990年的369.8万人，增加比例为33.1%，此后持续下降到2020年的279.5万人，下降比例为24.4%。阿尔巴尼亚由1960年的160.9万人增加到1990年的328.7万人，增加比例为104.3%，此后持续下降到2020年的283.8万人，下降比例为13.7%。波黑由1960年的322.6万人增加到1990年的446.3万人，增加比例为38.3%，此后持续下降到2020年的328.1万人，下降比例为26.5%。

人口总量在500万~1000万人的国家有五个，分别是：斯洛伐克(545.9万人)、塞尔维亚(690.8万人)、保加利亚(692.7万人)、白俄罗斯(939.9万人)、匈牙利(975.0万人)。在这5个国家当中，斯洛伐克人口总数持续增加，比1960年增加了139.1万人，增加比例为34.2%。塞尔维亚、保加利亚、白俄罗斯、匈牙利人口呈先升后降的变化趋势。塞尔维亚人口由1960年的660.8万人增加到1990年的758.6万人，增长比例为14.8%，此后持续下降到2020年的690.8万人，下降比例为8.9%。保加利亚人口由1960年的786.7万人增加到1980年的886.2万人，增长比例为12.6%，此后持续下降到2020年的692.7万人，下降比例为21.8%。白俄罗斯人口由1960年的819.8万人增加到1990年的1018.9万人，增长比例为24.3%，此后持续下降到2020年的939.9，下降比例为7.8%。匈牙利人口由1960年的998.4万人增加到1980年的1071.1万人，增长比例为7.3%，此后持续下降到2020年的975.0万人，下降比例为9.0%。

人口总量在1000万人以上的国家有捷克(1069.9万人)、罗马尼亚(1928.6万人)、波兰(3795.1万人)、乌克兰(4413.5万人)。2020年，上述4国人口比1960年分别增加了109.7万人、87.9万人、831.4万人和147.0万人，增加比例分别为11.4%、4.8%、28.1%和3.4%。4国中，增幅最大的为波兰。

由此可见，中国与中东欧19国人口总数差距较大。2020年，人口总数过亿的国家仅有中国(14.02亿人)。1960~2020年，中国人口总数呈持续增加态势，2020年比1960年增加了7.35亿人，增长率为110.2%。另外，1960~2020年，世界人口总数也在持续增加，截至2020年，世界人口总数达到776393.3万人，相比1960年，增加了156.1%。而中国—中东欧地区的人口总数占世界总人口数的20.3%，人口优势明显。

另外，通过对1960~2020年中国—中东欧19国人口总量的变化分析，可看出中国—中东欧19国的人口总量变动呈现出以下特征：首先，一部分国家的人口变动呈现出先升后降的趋势，而一部分国家呈现出持续下降的趋势，部分国家持续增长，但增长速度存在差异，其中增速最快的是中国。其次，国家之间的人口总量差距较大，最高人口总量的国家(中国)和最低人口总量的国家(黑山)之间的人口量相差了140159万人。最后，中国—中东欧国家的人口较为丰富，为这一区域的经济发展提供了良好的人力资源基础。

(二)人口自然增长率变动

从横向上看,截至 2020 年,在中国和中东欧国家当中,仅有中国和阿尔巴尼亚两个国家的人口自然增长率为正,其余 18 个国家的人口自然增长率皆为负。

从纵向上看,1960～2020 年,中国和中东欧 19 国人口自然增长率持续下降(见图 5-1)。中国—中东欧国家先后进入人口负增长阶段。

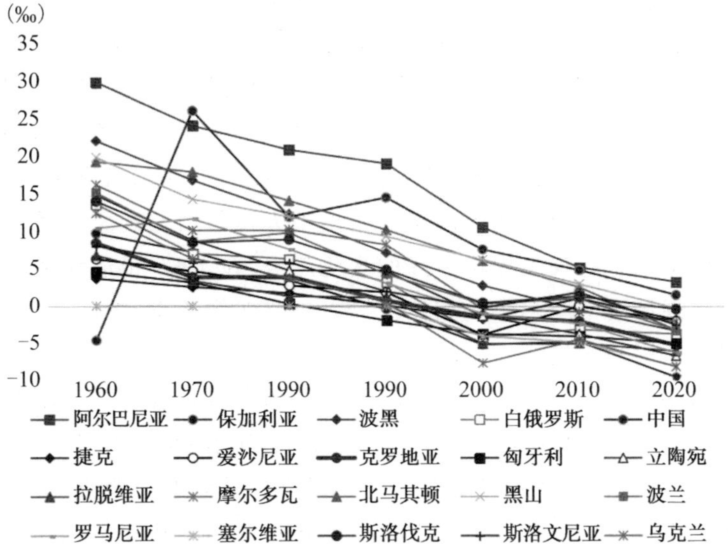

图 5-1　1960～2020 年中国—中东欧 19 国人口自然增长率变动

资料来源:世界银行数据库,https://data.worldbank.org.cn/indicator/SP.DYN.CBRT.IN。

首先,从进入人口负增长时间看。中东欧国家最先进入人口负增长的是匈牙利,该国 1981 年首次出现人口负增长,人口自然增长率为−0.2‰,自 1981 年起,持续 39 年人口为负增长状态,2020 年为−4.9‰。其后人口进入负增长的国家还有保加利亚,1990 年(−0.4‰)起持续呈现人口负增长,2020 年该值为−9.5‰。随后,爱沙尼亚、克罗地亚在 1991 年出现人口负增长,该年人口自然增长率分别为−0.2‰和−0.6‰,至 2020 年已持续 29 年,2020 年该值分别为−2‰和−5.2‰。罗马尼亚、拉脱维亚在 1992 年进入“人口负增长”时代,已持续 28 年,2020 年该值分别为−6.2‰、−6‰。斯洛文尼亚 1993 年开始出现人口负增长,已持续 27 年,2020 年为−2.5‰。捷克、立陶宛 1994 年起进入人口负增长,立陶宛已持续 26 年,2020 年为−6.6‰,而捷克在 2006～2019 年转为正增长后基本稳定为零增长,2020 年又转为负增长(−1.8‰)。塞尔维亚、波兰和波黑进入人口负增长的年份分别为 1995 年、2002 年和 2007 年，已分别持续了 25 年、18 年和 13 年，2020 年，上述 3 国人口自然增长率分别为－8‰、－3.2‰、－3.3‰。最后进入人口负增长的国家是斯洛伐克，自 2001 年进入人口负增长后，于 2004～2019 年持续呈现正增长，而在 2020 年又反转为负增长，2020 年人口自然增长率为－0.4‰。

总体来看，截至 2020 年，中国—中东欧国家中，仅有中国和阿尔巴尼亚两个国家自 1960 年有统计记录以来未出现人口负增长现象。综上所述，保加利亚、波兰、爱沙尼亚、克罗地亚、罗马尼亚、塞尔维亚、波黑、匈牙利、立陶宛、拉脱维亚、白俄罗斯、乌克兰等中东欧 12 国已进入“后人口转变”时代；捷克、斯洛伐克、斯洛文尼亚 3 国虽然曾出现人口负增长现象，但并未出现长期负增长，依然未进入“后人口转变”时代；2020 年，阿尔巴尼亚呈现人口持续增长，北马其顿、黑山两个国家开始出现人口负增长现象。另外，世界的人口自然增长率呈现出先增后降的变化趋势，在 1965 年达到增长峰值，之后总体呈现持续下降趋势。相比世界人口自然增长率，中国—中东欧国家的人口自然增长率较低。

综上，1960～2020 年中国—中东欧 19 国的人口发展呈现出以下特征：首先，就总人口数来说，中国—中东欧 19 国除保加利亚、爱沙尼亚、匈牙利、拉脱维亚外，其余国家人口总数基本上都呈现出总体增长趋势；其次，就人口自然增长率来说与世界人口自然增长率相比，中国—中东欧 19 国的人口自然增长率处于较低水平，中国—中东欧 19 国的人口自然增长率呈现出持续下降趋势，多数国家已进入人口负增长阶段；最后，中国—中东欧 19 国的人口增长模式发生了明显变化，一些国家已经进入“后人口转变”时代。

二、人口质量变动及特征

（一）人口受教育年限

表 5-2 展示了 1990～2020 年中国—中东欧 19 国人均受教育年限情况。2020 年，中国—中东欧 19 国人均受教育年限低于 10 年的仅有中国。平均受教育年限为 10～12 年的国家有 8 个，分别是阿尔巴尼亚、保加利亚、波黑、摩尔多瓦、北马其顿、罗马尼亚、塞尔维亚、乌克兰。平均受教育年限在 12 年以上的国家有 11 个，分别是白俄罗斯、捷克、爱沙尼亚、克罗地亚、匈牙利、立陶宛、拉脱维亚、黑山、波兰、斯洛伐克、斯洛文尼亚。在中国—中东欧 19 国中，人均受教育年限最小值为中国（7.6 年），最大值为爱沙尼亚和立陶宛（13.5 年），两者相差了 5.9 年，平均值为 11.9 年。与同期世界平均受教育年限相比，中国—中东欧国家中，其他国家的人均受教育年限均在世

界均值以上，而中国的人均受教育年限(7.6 年)比世界人均受教育年限(8.6 年)低了 1 年。

表 5-2　1990～2020 年中国—中东欧 19 国人均受教育年限　　单位:年

	1990 年	1995 年	2000 年	2005 年	2010 年	2015 年	2020 年
世界	5.9	6.5	7.0	7.4	7.8	8.3	8.6
中国	4.1	5.0	5.9	6.3	6.7	7.2	7.6
阿尔巴尼亚	7.4	7.3	8.8	9.1	9.6	10.5	11.3
保加利亚	6.8	8.3	9.7	10.3	10.7	11.2	11.4
波黑	—	—	6.2	6.2	7.1	9.3	10.5
白俄罗斯		10.0	10.4	10.8	11.3	11.8	12.1
捷克	9.1	10.0	11.0	11.9	12.4	12.7	12.9
爱沙尼亚	9.7	10.9	12.2	13.0	13.3	13.5	13.5
克罗地亚	6.6	8.1	9.6	10.4	11.0	11.7	12.2
匈牙利	9.5	9.8	10.2	10.8	11.9	11.8	12.2
立陶宛	9.2	10.0	11.0	11.9	12.5	13.0	13.5
拉脱维亚	9.2	10.8	11.5	12.3	12.6	12.9	13.3
摩尔多瓦	9.1	9.8	10.3	10.8	11.5	11.8	11.8
北马其顿	4.6	5.6	6.7	7.6	8.5	9.4	10.2
黑山	—	—	—	10.7	11.2	11.7	12.2
波兰	9.7	10.6	11.2	11.8	12.3	12.9	13.2
罗马尼亚	8.5	9.0	9.5	10.2	10.7	11.0	11.3
塞尔维亚	6.3	7.0	7.4	9.0	10.4	11.0	11.4
斯洛伐克	6.9	8.4	9.9	11.2	12.3	12.6	12.9
斯洛文尼亚	7.2	8.8	10.5	11.7	12.1	12.6	12.8
乌克兰	9.3	10.2	10.8	11.3	11.5	11.2	11.1

资料来源:联合国开发计划署人类发展数据中心,https://hdr.undp.org/en。

说明:“—”表示国别中对应年份数据缺失。

可以看出,中东欧 19 国人均受教育年限整体处于较高层次。相比较而言,中国人均受教育年限偏低,主要受其人口基数过大、各区域教育事业发展不平衡等因素影响，需要相关部门采取措施，推动国内人均受教育年限增加，全面提升整体国民文化素质。

从变化趋势看，1990～2020年，中国—中东欧19国人均受教育年限都在持续提升，但国别间提升幅度差距较大。其间提升幅度不到两年的国家有黑山(1.9年)和乌克兰(1.8年)；提升幅度在2～4年的国家有9个，分别是阿尔巴尼亚、白俄罗斯、中国、捷克、爱沙尼亚、匈牙利、摩尔多瓦、波兰、罗马尼亚；提升幅度超过4年的国家有9个，分别是保加利亚、波黑、克罗地亚、立陶宛、拉脱维亚、北马其顿、塞尔维亚、斯洛伐克、斯洛文尼亚。中东欧19国的人均受教育年限提升幅度，最小值为黑山(1.5年)，最大值为斯洛伐克(6.0年)，两者提升幅度相差4.5年。

中国—中东欧19国人均受教育年限的提升，说明各国人口受教育程度不断提升，人口素质持续改善，对人力资本的投资力度持续加大。这对于中国—中东欧地区未来推动区域社会经济高质量发展具有至关重要的意义。

(二)高等教育入学率

2020年，在有数据记录的中国—中东欧国家当中，高等教育入学率低于50%的国家仅有波黑，高等教育入学率在50%～60%的国家有4个，分别是黑山、摩尔多瓦、阿尔巴尼亚和中国(见表5-3)。而高等教育入学率高于60%的国家有2个，分别是塞尔维亚和白俄罗斯。2020年，在中国和中东欧19国中，高等教育入学率多数集中在50%～60%，与1990年相比均有所提高。其中比重最高的白俄罗斯(86.6%)与同期最低值波黑(37.9%)相差48.7个百分点。

表5-3 1990～2020年中国—中东欧19国高等教育入学率 单位：%

	1990年	1995年	2000年	2005年	2010年	2015年	2020年
中国	3.0	4.4	7.6	19.1	24.2	46.0	58.4
世界	13.6	15.5	19.1	24.3	29.4	36.9	40.2
阿尔巴尼亚	8.4	10.2	15.5	23.2	44.5	62	57.8
保加利亚	26.2	36.4	44.1	45.4	57.8	70.3	—
波黑	—	—	21.0	—	—	50.2	37.9
白俄罗斯	49.5	40.7	55.1	67.6	79.6	89.6	86.6
捷克	16.2	20.6	28.3	48.3	63.9	64.5	—
爱沙尼亚	24.8	25.4	54.5	67.9	68.2	72.2	—

续表

	1990年	1995年	2000年	2005年	2010年	2015年	2020年
克罗地亚	21.4	26.2	32.4	44.8	54.0	66.5	—
匈牙利	14.7	22.2	35.9	65.0	63.7	49.0	—
立陶宛	33.2	26.3	50.9	79.7	86.6	69.7	—
拉脱维亚	25.5	22.8	56.2	75.4	69.1	74.3	—
摩尔多瓦	—	—	—	—	—	52.1	58.0
北马其顿	16.6	18.6	22.7	29.2	37.5	41.1	—
黑山	—	—	—	22.1	52.2	—	55.5
波兰	20.2	31.2	49.7	63.6	74.8	66.9	—
罗马尼亚	8.4	13.4	23.9	46.4	64.0	46.7	—
塞尔维亚		—	—	44.2	49.1	58.3	68.1
斯洛伐克	—	18.6	28.4	40.4	57.1	50.7	—
斯洛文尼亚	22.8	30.4	55.2	79.2	89.2	80.3	—
乌克兰	48.7	42.3	48.8	70.3	80.2	—	—

资料来源：世界银行数据库，https://data.worldbank.org.cn/indicator/SE.TER.ENRR? view=chart。

说明："—"表示国别中对应年份数据缺失。

1990年，世界银行数据库中有记录的15个国家中，高等教育入学率低于10%的国家有3个，分别是阿尔巴尼亚、罗马尼亚以及中国；10%～20%的国家有3个，分别是北马其顿、匈牙利、捷克；20%～30%的国家有6个，分别是爱沙尼亚、拉脱维亚、斯洛文尼亚、克罗地亚、保加利亚、波兰；而高等教育入学率在30%以上的国家有3个，分别是立陶宛、白俄罗斯和乌克兰。由此可见，1990年，中国—中东欧19国中高等教育入学率多数集中在20%～30%。

由表5-3可看出，1990～2020年，中国—中东欧国家高等教育入学率均呈现持续上升变化，但上升幅度有差异。比较1990～2020年有相应数据记录的国家，中国—中东欧19国上升幅度最快的国家是斯洛文尼亚和中国，相比1990年，2020年分别增长了57.5个、55.4个百分点。其次是阿尔巴尼亚，增长了49.4个百分点。另外，2020年高等教育入学率最高的国家为白俄罗斯，与1990年相比，增长了37.1个百分点，这与其自身高等教育入学率就比较高有关。从世界高等教育入学率来看，1990～2020 年持续增加，2020 年达到 40.2%。2015 年，中国—中东欧所有国家的高等教育入学率均高于世界平均水平。而在 2020 年，在有数据记录的中国—中东欧国家当中，仅有波黑的高等教育入学率低于世界平均水平，其他国家均高于世界平均水平。

综上，可得出中国—中东欧国家的高等教育入学率呈现出以下特征：首先，截至 2020 年，各国的高等教育入学率已处于较高水平，多数国家的高等教育入学率高于世界平均水平。其次，从纵向上看，大多数国家的高等教育入学率呈现出上升现象，上升幅度有所差异。最后，中国—中东欧国家的教育事业得到不断的发展，为该地区经济发展提供高质量人力资源保障。

综上可说明，随着中国—中东欧 19 国经济社会快速发展，各国高等教育入学率也持续攀升，各国高等教育事业发展已取得明显进步。这有助于提升整体国民素质、人口质量和经济发展质量，增强区域核心竞争力。同时，与 1990 年相比，2020 年中国—中东欧 19 国高等教育入学率排序有明显变化，这主要受到不同时期各国经济社会发展形势和教育政策推行差异的影响。值得注意的是，1990 年中国该值仅为 3.0%，在研究对象 20 国中排名倒数第一。2020 年，中国高等教育入学率上升至 58.4%，比 1990 年上升了 55.4 个百分点，虽然和高等教育入学率较高的国家相比还存在一定的差距，但上升幅度明显。

（三）人口出生时预期寿命

2020 年，中国—中东欧 19 国人口出生时预期寿命均超过了 70 岁（见表 5-4）。其中，该值最低的是乌克兰，最高的是斯洛文尼亚，两国相差 9.34 岁。中东欧 19 国中，人口出生时预期寿命低于 75 岁的有乌克兰、摩尔多瓦、白俄罗斯、保加利亚、罗马尼亚、塞尔维亚、立陶宛等 7 国；75～79 岁的有拉脱维亚、北马其顿、匈牙利、黑山、波黑、斯洛伐克、波兰、克罗地亚、爱沙尼亚、阿尔巴尼亚、捷克 11 国；超过 79 岁的仅有斯洛文尼亚。2020 年，中国人口出生时预期寿命为 77.13 岁，与中东欧 19 国相比处于中等偏上水平，该健康指标居于中高收入国家水平的行列。可以看出，中东欧 19 国人口出生时预期寿命均已处于一个较高水平，说明该区域整体医疗卫生条件较好，社会经济发展较稳定，人民的健康水平较高，与中东欧各国相比，中国人口出生时预期寿命还有进一步提高空间。值得注意的是，1990～1995 年，多个国家的人口出生时预期寿命呈现下降趋势，这可能受当时国际环境的影响。二战后，欧洲失去了“霸主”的地位，美国取而代之，经济中心随之转移。另外，20 世纪 80 年代，美国为解决贸易逆差问题，联合英国、法国、德国及日本签订了《广场协议》,这为欧洲经济的下滑埋下伏笔。由此,也可以看到经济发展对人口发展的影响。

表 5-4　1960～2020 年中国—中东欧 19 国人口出生时预期寿命　　单位:岁

	1960 年	1970 年	1980 年	1990 年	2000 年	2010 年	2020 年
中国	43.73	59.09	66.84	69.15	71.40	74.41	77.13
世界	52.58	58.58	62.84	65.43	67.55	70.56	72.75
阿尔巴尼亚	62.28	66.94	70.21	71.84	73.96	76.56	78.69
保加利亚	69.25	71.26	71.16	71.64	71.66	73.51	73.61
波黑	60.35	66.19	70.40	70.88	74.40	76.03	77.55
白俄罗斯	67.71	70.08	69.80	70.84	68.91	70.40	74.23
捷克	70.35	69.44	70.28	71.38	74.97	77.42	78.23
爱沙尼亚	67.90	69.94	68.91	69.48	70.42	75.43	78.35
克罗地亚	64.61	68.20	70.18	72.17	72.81	76.48	77.72
匈牙利	68.00	69.16	69.06	69.32	71.25	74.21	75.62
立陶宛	69.85	70.80	70.48	71.16	72.02	73.27	74.93
拉脱维亚	69.79	69.84	68.81	69.27	70.31	73.48	75.39
摩尔多瓦	62.00	65.05	64.95	67.64	67.01	69.62	72.00
北马其顿	60.63	66.30	68.64	71.15	73.27	74.66	75.69
黑山	63.82	69.93	73.13	74.63	73.23	75.15	75.93
波兰	67.68	69.87	70.10	70.89	73.75	76.25	76.60
罗马尼亚	65.64	68.06	69.09	69.74	71.16	73.46	74.35
塞尔维亚	—	—	—	—	71.58	74.34	74.23
斯洛伐克	69.92	70.13	70.41	70.93	73.05	75.11	76.87
斯洛文尼亚	68.98	68.61	71.10	73.20	75.41	79.42	80.53
乌克兰	68.30	70.24	68.82	70.10	67.68	70.27	71.19

资料来源:根据世界银行数据库(https://data.worldbank.org.cn/indicator/SL.GDP.PCAP.EM.KD)指标计算得到。

说明:1960～1990 年塞尔维亚人口出生时预期寿命数据缺失,用“—”表示。

相比 1960 年,2020 年中国—中东欧 19 国人口出生时预期寿命均相应实现了不同程度的增加，提高幅度较大的5个国家分别是中国、波黑、阿尔巴尼亚、北马其顿、克罗地亚，分别增加了33.40岁、17.20岁、16.41岁、15.06岁和13.11岁。增加幅度较小的5个国家为乌克兰、保加利亚、立陶宛、拉脱维亚和白俄罗斯，分别增加了2.89岁、4.36岁、5.08岁、5.60岁和6.52岁。另外，世界人口出生时预期寿命呈现出持续增加趋势，从1990年的52.58岁到2020年的72.75岁，其间增加了20.17岁。与世界人口出生时预期寿命均值相比，中国—中东欧大部分国家的人口出生时预期寿命在世界均值之上，仅有乌克兰以及摩尔多瓦还处于世界均值之下。

可以看出，由于中东欧某些国家在1960年人口出生时预期寿命相对较高，受人口增长惯性以及经济社会、医疗发展水平差异的影响，中东欧各国人口出生时预期寿命增加幅度差距较大。而中国在其间增加幅度远大于中东欧19国。

（四）新生儿死亡率

2020年，中国—中东欧19国的新生儿死亡率低于2‰的国家有6个（见表5-5），分别是黑山、爱沙尼亚、斯洛文尼亚、立陶宛、白俄罗斯、捷克。新生儿死亡率为2‰～5‰的国家有12个，分别是拉脱维亚、北马其顿、波黑、克罗地亚、斯洛伐克、塞尔维亚、保加利亚、匈牙利、罗马尼亚、波兰、乌克兰、中国。超过5‰的国家有2个，分别是摩尔多瓦和阿尔巴尼亚。由此可见，中国—中东欧19国新生儿死亡率整体上已处在一个较低水平。但不同国家之间差距仍然较大，2020年该值最高的是摩尔多瓦（10.6‰），最低的是爱沙尼亚（0.9‰），两国相差了9.7个千分点。与世界平均水平相比，中国—中东欧19国的新生儿死亡率大大低于世界新生儿死亡率均值，且新生儿死亡率最高的国家摩尔多瓦（10.6‰）也比世界均值低了6.4个千分点。

表5-5　1990～2020年中国—中东欧19国新生儿死亡率　单位：‰

	1990年	1995年	2000年	2005年	2010年	2015年	2020年
中国	29.6	26.7	21.4	13.9	8.4	5.3	3.5
世界	36.7	34.1	30.4	25.9	22.1	19.3	17.0
阿尔巴尼亚	12.6	12.4	12.1	10.6	6.7	6.0	7.8
保加利亚	8.0	8.5	7.9	6.0	5.1	4.1	3.0
波黑	11.3	9.1	6.9	5.5	5.1	4.6	4.1
白俄罗斯	8.3	8.1	6.0	3.5	1.8	1.6	1.0

续表

	1990年	1995年	2000年	2005年	2010年	2015年	2020年
捷克	7.2	4.5	2.7	2.2	1.7	1.6	1.6
爱沙尼亚	9.8	8.5	5.3	3.4	2.1	1.4	0.9
克罗地亚	8.2	6.4	5.5	4.2	3.6	3.1	3.0
匈牙利	11.2	7.5	5.8	4.1	3.4	2.7	2.1
立陶宛	7.9	7.8	4.5	4.4	2.9	2.4	1.9
拉脱维亚	8.3	11.3	7.1	5.4	4.2	2.7	2.3
摩尔多瓦	18.5	22.5	20.4	13.8	12.6	11.5	10.6
北马其顿	17.3	12.4	9.6	8.7	7.0	8.1	3.9
黑山	10.8	9.3	8.6	6.9	4.4	2.3	1.1
波兰	11.1	9.7	5.8	4.6	3.6	2.9	2.7
罗马尼亚	16.1	13.9	10.5	8.5	5.4	4.3	3.5
塞尔维亚	17.4	12.2	7.8	5.6	4.8	4.0	3.6
斯洛伐克	8.6	7.1	5.0	3.8	3.3	3.1	3.0
斯洛文尼亚	5.8	4.0	3.2	2.4	1.8	1.4	1.2
乌克兰	11.8	12.3	11.0	8.6	7.0	5.6	4.8

资料来源：世界银行数据库，https://data.worldbank.org.cn/indicator/SH.DYN.NMRT。

另外，从各国变化趋势来看，中国—中东欧19国新生儿死亡率均呈现持续下降趋势，但不同国家下降幅度有所差异。下降幅度较大的5个国家分别是黑山、罗马尼亚、北马其顿、塞尔维亚和中国，与1990年相比，2020年分别下降了9.7个、12.6个、13.4个、13.8个和26.1个千分点。降幅较小的6个国家分别是斯洛文尼亚、阿尔巴尼亚、保加利亚、克罗地亚、捷克和斯洛伐克，比1990年分别下降了4.6个、4.8个、5.0个、5.2个、5.6个、5.6个千分点。

综上，一方面，中国—中东欧19国新生儿存活率较高，各国妇幼保健水平均得到快速提升。另一方面，中国—中东欧19国的经济社会发展取得了巨大进步，人民生活水平不断得到提高。同时值得注意的是阿尔巴尼亚、摩尔多瓦2国，其新生儿死亡率仍然较高，主要与其经济社会发展较为滞后、局势动荡，仍然存在一定程度的出生人口性别歧视等因素密切相关。

三、人口结构变动及特征

(一)人口年龄结构

1.少儿人口比重变动及特征

一个国家的人口年龄结构对于国家经济发展有着重要的意义,人口年龄结构年轻化是国家经济发展的重要动力。而年龄结构中少儿人口的比重是重要的劳动力储备,少儿比重的多少不仅影响了国家未来的劳动力供给,还决定了国家人口金字塔的形态变化,进而对国家的经济发展有着重要的意义。

2020 年,少儿人口占比低于 15%的国家有 4 个,分别是保加利亚、波黑、克罗地亚和匈牙利;15%~20%的国家有 16 个,分别是阿尔巴尼亚、白俄罗斯、中国、捷克、爱沙尼亚、立陶宛、拉脱维亚、摩尔多瓦、北马其顿、黑山、波兰、罗马尼亚、塞尔维亚、斯洛伐克、斯洛文尼亚、乌克兰(见表 5-6)。1960 年少儿人口比重最高的是阿尔巴尼亚(40.16%),比重最低的是拉脱维亚(22.04%),两者相差了 18.12 个百分点,差距明显。2020 年,少儿人口比最高的是黑山(18.04%),最低的是匈牙利(14.41%),两国相差 3.63 个百分点,相比 1960 年,极差变小,中国—中东欧 19 国少儿人口比重均值为 15.88%。可看出,1960 年中国—中东欧 19 国均处于比较年轻型人口结构状态,少年儿童在各年龄段人口中所占比例较高,人口充满活力。

表 5-6 1960~2020 年中国—中东欧 19 国 0~14 岁少儿人口比重 单位:%

	1960 年	1970 年	1980 年	1990 年	2000 年	2010 年	2020 年
中国	39.82	40.41	35.94	28.59	24.79	18.66	17.71
世界	37.17	37.55	35.33	32.86	30.16	27.02	25.58
阿尔巴尼亚	40.16	40.91	35.98	32.77	30.33	22.46	17.24
保加利亚	26.09	22.86	22.15	20.35	15.66	13.50	14.68
波黑	37.99	34.95	28.74	24.16	20.71	15.74	14.52
白俄罗斯	28.90	28.54	22.79	22.93	18.53	14.90	17.24
捷克	25.74	21.24	23.41	21.56	16.42	14.24	15.76
爱沙尼亚	23.10	22.02	21.62	22.18	17.58	15.13	16.50
克罗地亚	27.51	23.26	21.05	19.79	17.32	15.44	14.54
匈牙利	25.33	20.82	22.01	20.41	16.83	14.86	14.41

续表

	1960 年	1970 年	1980 年	1990 年	2000 年	2010 年	2020 年
立陶宛	27.14	27.03	23.32	22.57	20.04	14.77	15.48
拉脱维亚	22.04	21.59	20.33	21.46	17.86	14.09	16.43
摩尔多瓦	31.79	32.11	26.73	27.92	23.46	16.52	15.89
北马其顿	37.99	33.99	29.82	26.19	22.68	17.91	16.31
黑山	34.83	32.95	27.31	25.44	21.45	19.24	18.04
波兰	33.56	27.23	24.03	25.12	19.56	15.22	15.22
罗马尼亚	28.87	25.94	26.81	23.75	18.59	15.78	15.52
塞尔维亚	29.87	25.16	24.70	23.77	20.50	17.34	15.37
斯洛伐克	31.46	27.51	26.16	25.39	19.71	15.34	15.55
斯洛文尼亚	27.66	24.12	23.38	20.73	15.77	13.99	15.14
乌克兰	27.25	24.41	21.50	21.23	17.12	14.13	15.99

资料来源：世界银行数据库，https://data.worldbank.org.cn/indicator/SP.POP.0014.TO.ZS。

1960～2020 年，中国—中东欧 19 国 0～14 岁少儿人口占比均发生了较大变化。1960 年，少儿人口比重低于 25%的国家有爱沙尼亚（23.10%）和拉脱维亚（22.04%）两个国家；在 25%～30%的国家有 10 个，分别是保加利亚、白俄罗斯、捷克、克罗地亚、匈牙利、立陶宛、罗马尼亚、塞尔维亚、斯洛文尼亚、乌克兰；超过 30%的国家有 8 个，分别是阿尔巴尼亚、波黑、中国、摩尔多瓦、北马其顿、黑山、波兰、斯洛伐克。1960 年，中国—中东欧 19 国少儿人口所占比重均值为 30.47%。截至 2020 年，与世界少儿人口比重均值相比，中国—中东欧国家的少儿人口比重均低于世界平均水平，占比最高的国家黑山（18.04%）和世界均值相差了 7.54 个百分点，仍然有一定的差距。

从变化趋势看，1960～2020 年，中国—中东欧 19 国少儿人口比重不同程度下降。其中降幅较大的 5 个国家分别为波黑、阿尔巴尼亚、中国、北马其顿、波兰，其间分别下降了 23.47 个、22.92 个、22.11 个、21.68 个、18.34 个百分点，降幅较小的 5 个国家分别为拉脱维亚、爱沙尼亚、捷克、匈牙利和乌克兰，其间分别下降了 5.61 个、6.60 个、9.98 个、10.92 个、11.26 个百分点。另外，阿尔巴尼亚、保加利亚、波黑、捷克、爱沙尼亚、立陶宛、拉脱维亚、波兰、斯洛伐克、斯洛文尼亚、乌克兰 11 国，在最近几年少儿人口比重只跌未升。

总的来说，中国—中东欧19国的少儿人口比重呈现出以下特征：首先，2020年中国—中东欧19国的少儿人口比重普遍较低，都在20%以下；其次，从1960～2020年的少儿人口比重变化趋势可看出，基本上所有国家的少儿人口比重都呈现出下降趋势，只是下降的幅度有所差异；最后，和世界相比，中国—中东欧国家0～14岁少儿人口比重较低，距离世界均值较远，且部分国家少儿人口比重减少的幅度较世界均值更大。

2.劳动年龄人口变动及特征

2020年，中国—中东欧19国15～64岁劳动年龄人口比重低于65%的国家有7个(见表5-7)，分别是保加利亚、捷克、爱沙尼亚、克罗地亚、立陶宛、拉脱维亚、斯洛文尼亚。比重在65%～70%的国家有11个，分别是阿尔巴尼亚、波黑、白俄罗斯、匈牙利、北马其顿、黑山、波兰、罗马尼亚、塞尔维亚、斯洛伐克、乌克兰。比重超过70%的国家分别是中国和摩尔多瓦。劳动年龄人口比重最高的是摩尔多瓦(71.62%)，最低的是拉脱维亚(62.88%)，两者相差了8.74个百分点。可看出，中东欧19国劳动年龄人口比重基本均衡，大多处于63%～70%区间。与之相比，中国劳动年龄人口比重远高于中东欧各国，在劳动力资源方面存在巨大合作潜力。与同期世界均值相比，一半以上的中国—中东欧国家的劳动年龄人口比重较世界均值要高。这表明，中国—中东欧地区的劳动力资源在世界中具有一定的优势，应充分利用该地区的人力资源带动该区域经济的发展。

表5-7　1960～2020年中国—中东欧19国15～64岁劳动年龄人口比重　单位：%

	1960年	1970年	1980年	1990年	2000年	2010年	2020年
中国	56.49	55.84	59.39	65.78	68.40	73.27	70.32
世界	57.86	57.15	58.78	60.98	62.97	65.42	65.20
阿尔巴尼亚	54.43	53.89	58.72	61.73	62.61	66.90	68.06
保加利亚	66.33	67.52	66.00	66.51	67.75	68.43	63.85
波黑	58.57	60.55	65.47	69.26	68.31	70.30	67.56
白俄罗斯	62.75	62.45	66.46	66.40	68.00	71.14	67.18
捷克	64.91	66.65	63.03	65.76	69.77	70.32	64.10
爱沙尼亚	66.35	66.20	65.86	66.15	67.40	67.34	63.13
克罗地亚	65.56	67.40	67.34	68.64	67.11	67.00	64.21

续表

	1960 年	1970 年	1980 年	1990 年	2000 年	2010 年	2020 年
匈牙利	65.68	67.59	64.39	66.13	68.07	69.05	65.43
立陶宛	64.94	62.82	65.33	66.56	66.05	67.96	63.90
拉脱维亚	67.38	66.38	66.60	66.67	67.15	67.73	62.88
摩尔多瓦	62.03	61.55	65.52	63.79	67.12	73.34	71.62
北马其顿	57.31	61.28	63.84	66.60	67.43	70.50	69.21
黑山	59.00	59.85	64.56	66.32	66.99	67.79	66.19
波兰	60.75	64.56	65.76	64.93	68.42	71.31	66.04
罗马尼亚	64.30	65.59	63.00	65.85	67.80	68.56	65.25
塞尔维亚	63.54	66.51	66.09	66.64	65.97	67.92	65.57
斯洛伐克	61.76	63.31	63.35	64.37	68.99	72.21	67.75
斯洛文尼亚	64.56	66.02	65.24	68.63	70.12	69.32	64.13
乌克兰	65.61	66.33	66.67	66.78	69.08	70.17	67.06

资料来源：世界银行数据库，https://data.worldbank.org.cn/indicator/SP.POP.1564.TO.ZS?view=chart。

从变化趋势看，1960～2020 年，中国—中东欧 19 国中有保加利亚、捷克、爱沙尼亚、克罗地亚、匈牙利、立陶宛、拉脱维亚、斯洛文尼亚 8 国劳动年龄人口比重呈现出下降趋势，分别下降了 2.48 个、0.81 个、3.22 个、1.35 个、0.25 个、1.04 个、4.50 个、0.43 个百分点；阿尔巴尼亚、波黑、白俄罗斯、中国、摩尔多瓦、北马其顿、黑山、波兰、罗马尼亚、塞尔维亚、斯洛伐克、乌克兰 12 个国家的劳动年龄人口比重上升，这期间分别上升了 13.63 个、8.99个、4.43 个、13.83 个、9.59 个、11.90 个、7.19 个、5.29 个、0.95 个、2.03 个、5.99 个、1.45 个百分点。值得注意的是，中国—中东欧 19 国中，有 12 个国家的劳动年龄人口比重在 2010 年达到最大值之后均持续下降，有 3 个国家的劳动年龄人口比重在 2016 年达到最大值后持续下降。

总的来看，中国—中东欧 19 国的劳动年龄人口比重呈现出以下特征：首先，截至 2020 年，中国—中东欧各国的劳动年龄人口比重均在 60% 以上，大多数国家的劳动年龄人口比重介于 65%～70%，较世界平均劳动年龄人口占比要高；其次，从变化趋势看，1960～2020 年，超过半数国家的劳动年龄人口的比重上升，而部分国家的劳动年龄人口比重呈现出下降趋势；

最后，中国—中东欧地区人力资源仍然较充足。

3.老年人口变动及特征

通过对1960～2020年世界银行的65岁及以上老年人口比重数据分析，可得出中国—中东欧19国已先后进入人口老龄化社会的结论。最早在1960年，保加利亚、白俄罗斯、捷克、爱沙尼亚、匈牙利、立陶宛、拉脱维亚、斯洛文尼亚、乌克兰9国就已进入人口老龄化社会（见表5-8）。1970年进入人口老龄化的国家增加了克罗地亚、黑山、波兰、罗马尼亚、塞尔维亚、斯洛伐克6国。1980年摩尔多瓦进入人口老龄化社会，1990年北马其顿进入人口老龄化社会，2000年阿尔巴尼亚、波黑陆续进入人口老龄化社会。2010年，中国也加入人口老龄化行列。

表5-8　1960～2020年中国—中东欧19国65岁及以上老年人口比重 单位：%

	1960年	1970年	1980年	1990年	2000年	2010年	2020年
中国	3.69	3.75	4.67	5.63	6.81	8.07	11.97
世界	4.97	5.03	5.89	6.16	6.87	7.57	9.32
阿尔巴尼亚	5.41	5.19	5.30	5.50	7.06	10.65	14.71
保加利亚	7.58	9.62	11.85	13.15	16.60	18.08	21.47
波黑	3.44	4.50	5.79	6.59	10.98	13.96	17.92
白俄罗斯	8.35	9.02	10.75	10.67	13.48	13.96	15.58
捷克	9.36	12.11	13.56	12.68	13.80	15.44	20.14
爱沙尼亚	10.55	11.79	12.51	11.66	15.02	17.52	20.37
克罗地亚	6.93	9.34	11.61	11.58	15.57	17.56	21.25
匈牙利	8.99	11.58	13.60	13.46	15.10	16.09	20.16
立陶宛	7.93	10.15	11.35	10.88	13.91	17.27	20.62
拉脱维亚	10.57	12.02	13.07	11.88	14.99	18.18	20.69
摩尔多瓦	6.18	6.33	7.74	8.29	9.42	10.15	12.49
北马其顿	4.70	4.73	6.34	7.20	9.89	11.60	14.48
黑山	6.17	7.20	8.13	8.24	11.57	12.97	15.77
波兰	5.70	8.21	10.21	9.95	12.02	13.47	18.74
罗马尼亚	6.83	8.46	10.19	10.41	13.61	15.67	19.23

续表

	1960 年	1970 年	1980 年	1990 年	2000 年	2010 年	2020 年
塞尔维亚	6.58	8.33	9.22	9.59	13.54	14.74	19.06
斯洛伐克	6.78	9.18	10.48	10.24	11.29	12.45	16.70
斯洛文尼亚	7.78	9.86	11.38	10.64	14.11	16.69	20.74
乌克兰	7.14	9.27	11.83	11.99	13.80	15.71	16.95

资料来源：世界银行数据库，https://data.worldbank.org.cn/indicator/SP.POP.65UP.TO.ZS?view=chart。

从变化趋势看，1960～2020 年，中国—中东欧 19 国老年人口比重均不同程度上升。其中上升幅度较高的 5 个国家分别为波黑、克罗地亚、保加利亚、波兰和斯洛文尼亚，其间分别上升了 14.48 个、14.32 个、13.89 个、13.04 个、12.96 个百分点；上升幅度较小的 5 个国家分别为摩尔多瓦、白俄罗斯、中国、阿尔巴尼亚、黑山，其间分别上升了6.31个、7.23 个、8.28 个、9.30 个、9.60 个百分点。总体来看，1960～2020 年中国—中东欧 19 国老年人口比重平均上升了 10.92 个百分点。

截至 2020 年，中国—中东欧 19 国均进入人口老龄化社会，其老年人口比重皆超过 7%。其中，老年人口比重介于 10%～15%的国家有 4 个，分别是阿尔巴尼亚、北马其顿、中国和摩尔多瓦。而介于 15%～20%的国家有 8 个，分别是波黑、白俄罗斯、波兰、黑山、罗马尼亚、塞尔维亚、斯洛伐克、乌克兰。老年人口比重超过 20%的国家有爱沙尼亚、保加利亚、拉脱维亚、立陶宛、斯洛文尼亚、克罗地亚、匈牙利、捷克。在中国—中东欧国家中，老年人口比重最高的国家是保加利亚(21.47%)，老年人口比重最低的国家是中国(11.97%)，两者相差 9.50 个百分点。2020 年，世界老年人口比重均值为 9.32%，中国—中东欧 19 国的老年人口比重均高于世界均值。老年人口比重最高的国家保加利亚与世界均值相差 12.15 个百分点。由此可见，中国—中东欧国家的人口老龄化较为严重。

由此，可以得出中国—中东欧国家的老年人口比重呈现出以下特征：首先，从静态来看，截至 2020 年，中国—中东欧国家皆已进入人口老龄化社会，老年人口比重较高；其次，从动态来看，1960～2020 年，中国—中东欧国家陆续进入老龄化社会，虽然在 2020 年已经全部进入老龄化社会，但是人口老龄化的速度存在一定差异；最后，中东欧地区整体上均已在 2001 年前步入老龄化社会，且老龄化速度相对较快。

（二）人口性别比变动及特征

2020 年，中国—中东欧 19 国人口性别比在 90 以下的国家有 3 个（见表 5-9），分别为白俄罗斯、立陶宛、拉脱维亚。性别比在 90～100 的国家有 13 个，分别为保加利亚、波黑、捷克、爱沙尼亚、克罗地亚、匈牙利、摩尔多瓦、黑山、波兰、罗马尼亚、塞尔维亚、斯洛伐克、乌克兰。性别比超过 100 的国家有 4 个，分别是阿尔巴尼亚、中国、北马其顿、斯洛文尼亚。依据联合国将性别比在 104～107 作为正常水平标准，中国—中东欧 19 国只有中国人口性别比处于正常水平，说明人口性别结构整体合理；其余 19 个中东欧国家均在正常范围以外，性别比失衡现象在较多国家发生，大多数国家为女性人口数量多于男性。和同期的世界人口性别比相比，大多数国家女性多于男性，而从世界来看，是男性多于女性。

表 5-9　1960～2020 年中国—中东欧 19 国人口性别比

	1960 年	1970 年	1980 年	1990 年	2000 年	2010 年	2020 年
中国	106.4	105.4	105.4	105.4	105.4	1057	105.7
世界	—	—	—	107.0	—	107.0	107.0
阿尔巴尼亚	105.8	105.7	105.5	105.0	102.4	101.5	103.7
保加利亚	99.7	99.9	99.2	97.2	95.1	94.9	94.4
波黑	96.3	96.7	97.8	98.1	96.4	96.5	96.0
白俄罗斯	82.4	85.0	86.9	88.3	88.5	86.9	87.1
捷克	94.7	93.8	94.1	94.3	94.7	96.4	97.0
爱沙尼亚	79.0	84.3	86.2	87.8	87.4	87.2	90.0
克罗地亚	92.4	93.8	93.9	94.1	92.8	92.9	93.1
匈牙利	93.1	94.1	94.0	92.4	90.8	90.3	90.8
立陶宛	85.5	88.3	89.2	89.8	88.0	85.3	86.2
拉脱维亚	79.0	84.5	85.5	87.2	85.0	84.5	85.5
摩尔多瓦	87.9	87.8	89.7	91.1	91.8	92.6	91.9
北马其顿	102.5	103.0	102.7	101.2	100.4	99.9	100.1
黑山	94.9	95.4	96.4	99.2	97.8	97.6	97.8
波兰	93.7	94.4	94.8	94.9	94.4	93.6	94.0

续表

	1960 年	1970 年	1980 年	1990 年	2000 年	2010 年	2020 年
罗马尼亚	95.4	96.5	97.3	97.2	95.8	94.4	94.6
塞尔维亚	96.8	97.8	97.8	97.5	96.4	96.1	96.0
斯洛伐克	97.5	97.3	96.6	95.4	94.4	94.2	94.9
斯洛文尼亚	92.0	93.8	93.4	94.6	95.7	98.2	100.4
乌克兰	80.5	83.4	84.9	86.9	87.1	85.7	93.5

资料来源：世界银行数据库，https://data.worldbank.org.cn/indicator/SP.POP.BRTH.MF。

从变化趋势看，1960～2020 年，中国—中东欧国家中，阿尔巴尼亚、保加利亚、波黑、中国、匈牙利、北马其顿、罗马尼亚、塞尔维亚、斯洛伐克 9 国的人口性别比趋于下降，而白俄罗斯、捷克、爱沙尼亚、克罗地亚、立陶宛、拉脱维亚、摩尔多瓦、黑山、波兰、斯洛文尼亚、乌克兰这 11 个国家的人口性别比有所上升。

由此可看出中国—中东欧 19 国的人口性别比呈现出性别年龄结构失衡的特征，虽然在 1960～2020 年人口结构有所变动，部分国家呈现出先升后降，部分国家呈现出先降后升，但多数国家仍处于性别比失衡状态。

四、人口分布变动及特征

（一）城镇化变动及特征

2020 年，中国—中东欧 19 国城镇化率低于 50％的国家有波黑和摩尔多瓦（见表 5-10）。城镇化率介于 50％～60％的国家有 6 个，分别是克罗地亚、北马其顿、罗马尼亚、塞尔维亚、斯洛伐克和斯洛文尼亚。介于 60％～70％的国家有 8 个，分别是阿尔巴尼亚、中国、爱沙尼亚、立陶宛、拉脱维亚、黑山、波兰和乌克兰。城镇化率介于 70％～80％的国家有 4 个，分别是保加利亚、白俄罗斯、捷克和匈牙利。中国—中东欧 19 国城镇化率差距较大，比重最高的是白俄罗斯，最低的是摩尔多瓦，两者相差 36.63 个百分点。在中国—中东欧 19 国中，城镇化率均值为 62.74％，大部分国家仍处于城镇化加速阶段。全世界普遍将城市化率在 70％及以上的国家和地区定为高度城市化，将城市化率在 50％～70％定为城镇化加速阶段。基于该标准，中国—中东欧 19 国处于城镇化加速阶段的有 14 个，处于高度城镇化阶段的有 4 个，分别占中国—中东欧国家总数的 70％和 20％。与同年的世界均值相比,75%的中国—中东欧国家的城镇化率高于世界均值水平,仅有25%的国家的城镇化水平略低于世界平均水平。

表5-10　1960～2020年中国—中东欧19国城镇化率　　单位:%

	1960年	1970年	1980年	1990年	2000年	2010年	2020年
中国	16.20	17.40	19.36	26.44	35.88	49.23	61.43
世界	33.62	36.55	39.35	43.03	46.69	51.65	56.16
阿尔巴尼亚	30.71	31.74	33.76	36.43	41.74	52.16	62.11
保加利亚	37.10	52.30	62.10	66.38	68.90	72.30	75.69
波黑	19.04	27.20	35.54	39.25	42.38	45.56	49.02
白俄罗斯	32.40	44.01	56.50	65.98	69.97	74.67	79.48
捷克	59.55	64.40	75.17	75.22	73.99	73.26	74.06
爱沙尼亚	57.53	64.95	69.71	71.23	69.37	68.09	69.23
克罗地亚	30.15	40.20	47.29	51.04	53.43	55.16	57.55
匈牙利	55.91	60.11	64.19	65.84	64.58	68.91	71.94
立陶宛	39.46	49.56	61.16	67.58	66.99	66.76	68.05
拉脱维亚	52.87	60.71	67.10	69.25	68.07	67.84	68.32
摩尔多瓦	23.42	32.07	40.39	46.76	44.59	42.62	42.85
北马其顿	34.02	47.08	53.47	57.79	58.55	57.09	58.48
黑山	18.79	26.85	36.81	48.04	58.54	64.14	67.49
波兰	47.89	52.13	58.09	61.27	61.72	60.89	60.04
罗马尼亚	34.21	40.32	46.07	53.22	53.00	53.83	54.19
塞尔维亚	29.06	39.74	46.15	50.39	52.77	54.99	56.45
斯洛伐克	33.46	41.06	51.64	56.49	56.23	54.69	53.76
斯洛文尼亚	28.20	37.00	48.05	50.39	50.75	52.66	55.12
乌克兰	46.79	54.83	61.69	66.76	67.15	68.60	69.61

资料来源:世界银行数据库,https://data.worldbank.org.cn/indicator/SP.URB.TOTL.IN.ZS。

1960～2020年,中国—中东欧19国中,各国城镇化率都持续上升。增加幅度较大的5个国家是黑山、白俄罗斯、中国、保加利亚和阿尔巴尼亚,分别增长了48.70个、47.08个、45.23个、38.59个和31.40个百分点。增加幅度较小的5个国家分别为爱沙尼亚、波兰、捷克、拉脱维亚和匈牙利，其间分别增长了11.70个、12.15个、14.51个、15.45个和16.03个百分点。城镇化率增幅最大的是黑山，增幅最小的国家是爱沙尼亚，两者的增幅相差37个百分点，增幅差距明显。

可见，中国—中东欧国家的城镇化呈现出以下特征：首先，大部分国家还处于城镇化加速阶段，少部分国家的城镇化率较低；其次，从变化趋势来看，基本上所有国家的城镇化率都在增加，但是增加的幅度有所差异，部分国家的增幅较大，部分国家的增幅较小；最后，中国—中东欧国家城镇化发展不均衡，国家之间的城镇化率相差较大。

（二）国际人口迁移变动及特征

由图5-2可看出，2015～2020年，中国—中东欧大部分国家的人口迁移率呈现出负增长趋势，分别是阿尔巴尼亚、保加利亚、波黑、中国、克罗地亚、立陶宛、拉脱维亚、摩尔多瓦、北马其顿、波兰、黑山、罗马尼亚。人口迁移率呈现出正增长趋势的有8个国家，分别是白俄罗斯、捷克、爱沙尼亚、匈牙利、塞尔维亚、斯洛伐克、斯洛文尼亚、乌克兰。可以看出，中国—中东欧各国的国际人口迁移变动差距较大，整体上迁出人口大于迁入人口。

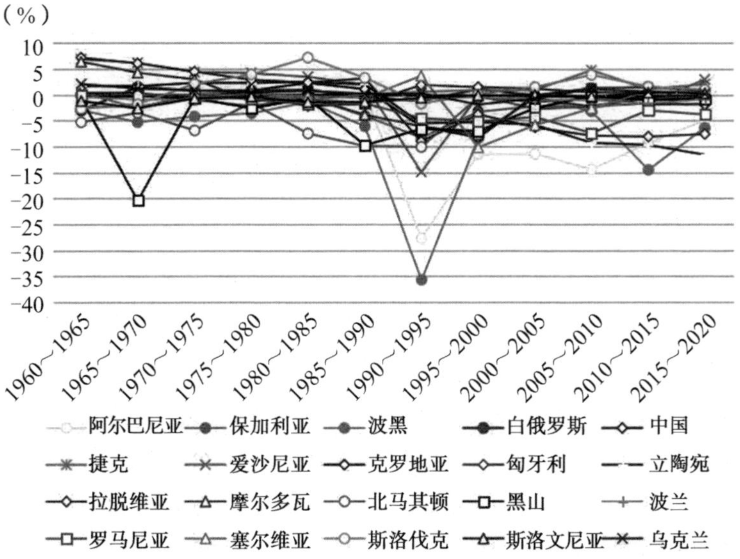

图5-2　1960～2020年中国—中东欧19国国际迁移率变动

资料来源：根据世界银行数据库（https://data.worldbank.org.cn/indicator/SM.POP.TOTL）国际迁徙者数据计算获得。

从变化趋势看，1960～2020年，白俄罗斯、捷克、匈牙利、斯洛伐克、北马其顿、塞尔维亚、斯洛文尼亚、中国等8国的国际迁移率整体增长，分别增长了3.9个、1.6个、0.2个、1.5个、4.8个、2.8个、3.7个、0.1个百分点。保加利亚、波兰、摩尔多瓦、罗马尼亚、乌克兰、爱沙尼亚、拉脱维亚、立陶宛、阿尔巴尼亚、波黑、克罗地亚等11个国家的国际迁移率整体呈下降趋势，其间分别下降了0.7个、0.4个、6.7个、3.8个、1.9个、3.9个、14.8个、13.3个、4.9个、3.4个、2.0个百分点。仅有黑山1个国家的整体国际迁移率保持不变。

通过对中国—中东欧19国的国际迁移率的分析可得出，该区域的国家迁移率呈现出以下特征：首先，超过一半的国家的人口迁移率呈现出下降趋势，不到一半的国家的人口迁移率呈现出上升趋势；其次，不同国家的人口迁移率变动有所差异，其中变动最大的国家阿尔巴尼亚和变动最小的国家黑山之间相差22.8个百分点；最后，整体来看，中国—中东欧国家中多数国家的人口呈现出外移情况，国内的人力资源外流。可见，中国—中东欧19国中大部分国家的国际迁移率持续小于0，即从本国迁出的人数大于迁入本国人数。

第二节　中国—中东欧国家人口发展比较及主要问题

一、人口红利与机会窗口

（一）总抚养比变动

2020年，人口总抚养比低于40%的国家仅有摩尔多瓦，为39.63%。介于40%～50%的国家有7个，分别是阿尔巴尼亚、中国、波黑、白俄罗斯、北马其顿、斯洛伐克、乌克兰。超过50%的国家有12个，分别是保加利亚、捷克、爱沙尼亚、克罗地亚、匈牙利、立陶宛、拉脱维亚、黑山、波兰、罗马尼亚、塞尔维亚、斯洛文尼亚。整体上，中国—中东欧19国总抚养比大多超过50%的较高水平。另外，2020年，世界人口总抚养比达到53.38%，与世界人口总抚养比相比，中国—中东欧国家中有13个国家比世界平均水平低，而另外7个国家比世界平均水平略高。而人口抚养比最高的国家拉脱维亚比世界平均水平高出5.65个百分点。

表5-11显示了1960～2020年中国—中东欧19国总抚养比变化，整体看，其间除了保加利亚、爱沙尼亚、拉脱维亚3国有5个百分点以上上升，同时捷克、克罗地亚、匈牙利、斯洛文尼亚、立陶宛4国有0.5～3.3个百分点上

升外，其余国家均为波动中整体呈下降趋势。降幅超过30个百分点的国家有阿尔巴尼亚、中国与北马其顿，其间分别下降了36.78个、34.81个、30.01个百分点。2020年，中东欧19国平均总抚养比为51.79%，中国为42.21%，仍处于较低水平。

表5-11　1960～2020年中国—中东欧19国总抚养比变化　　单位：%

	1960年	1970年	1980年	1990年	2000年	2010年	2020年
中国	77.02	79.07	68.38	52.02	46.20	36.49	42.21
世界	72.83	74.97	70.14	63.99	58.81	52.86	53.38
阿尔巴尼亚	83.71	85.55	70.30	61.99	59.72	49.48	46.93
保加利亚	50.76	48.10	51.51	50.36	47.61	46.15	56.61
波黑	70.74	65.15	52.74	44.39	46.39	42.24	48.01
白俄罗斯	59.36	60.14	50.46	50.61	47.07	40.57	48.86
捷克	54.06	50.03	58.65	52.06	43.32	42.21	56.00
爱沙尼亚	50.71	51.06	51.83	51.16	48.37	48.49	58.41
克罗地亚	52.53	48.36	48.50	45.70	49.00	49.26	55.75
匈牙利	52.25	47.94	55.31	51.22	46.90	44.83	52.84
立陶宛	54.00	59.18	53.08	50.25	51.40	47.14	56.48
拉脱维亚	48.40	50.64	50.15	50.00	48.91	47.64	59.03
摩尔多瓦	61.21	62.46	52.61	56.76	48.98	36.36	39.63
北马其顿	74.49	63.19	56.64	50.14	48.30	41.85	44.48
黑山	69.49	67.07	54.89	50.79	49.28	47.52	51.09
波兰	64.61	54.89	52.06	54.01	46.16	40.23	51.42
罗马尼亚	55.53	52.45	58.73	51.87	47.48	45.86	53.26
塞尔维亚	57.37	50.35	51.32	50.06	51.59	47.22	52.50
斯洛伐克	61.92	57.95	57.85	55.34	44.94	38.48	47.61
斯洛文尼亚	54.89	51.47	53.29	45.71	42.62	44.26	55.94
乌克兰	52.41	50.76	49.98	49.75	44.75	42.52	49.12

资料来源：根据世界银行数据库（https://data.worldbank.org.cn/indicator/SP.POP.DPND.YG与https://data.worldbank.org.cn/indicator/SP.POP.DPND.OL）相关数据计算获得。

（二）人口红利期判断

表 5-12 反映了 2020 年中国—中东欧 19 国的人口红利期情况，结合陈友华教授的研究判断国家人口红利期，中东欧 19 国中，有阿尔巴尼亚、波黑、白俄罗斯、匈牙利、北马其顿、黑山、波兰、罗马尼亚、塞尔维亚、斯洛伐克、乌克兰等 11 国仍然处于人口红利期阶段，还处在人口红利机会窗口期。摩尔多瓦全社会总抚养比仅为 39.63%。也就是说，上述各国劳动力数量依然较为充足，新生儿比例相对较高，具有利用充足和素质较高的劳动力资源以促进经济社会发展的人口优势。

表 5-12　2020 年中国—中东欧 19 国人口红利期判断

国家	人口红利期判断	国家	人口红利期判断
中国	人口红利期	波兰	人口红利期
阿尔巴尼亚	人口红利期	拉脱维亚	人口负债期
保加利亚	盈亏平衡期	摩尔多瓦	人口暴利期
波黑	人口红利期	北马其顿	人口红利期
白俄罗斯	人口红利期	黑山	人口红利期
捷克	盈亏平衡期	罗马尼亚	人口红利期
爱沙尼亚	盈亏平衡期	塞尔维亚	人口红利期
克罗地亚	盈亏平衡期	斯洛伐克	人口红利期
匈牙利	人口红利期	斯洛文尼亚	盈亏平衡期
立陶宛	盈亏平衡期	乌克兰	人口红利期

保加利亚、捷克、爱沙尼亚、克罗地亚、立陶宛、斯洛文尼亚 6 国人口红利窗口期已关闭，进入人口盈亏平衡期，说明上述国家抚养负担较重，尤其是顶部人口老龄化导致的人口结构变动，需要尽早开启第二次人口红利或开发人口素质红利。另外，拉脱维亚处于人口负债期，爱沙尼亚也即将进入，需要引起两国政府的高度关注。

整体来说，上述各国劳动力数量在减少、老龄化程度较为严重、抚养压力相对较大，需要国家从人口出生政策、社会福利制度、人口效率提高以及国际人才引进等手段着手解决因人口红利消失带来的问题，同时通过产业调整升级、技术进步与人工智能发展等多种措施缓解劳动力人口减少压力，尽可能缓解因人口红利期关闭给经济社会发展带来的负面影响。

二、人口转变进程与指数比较

(一)人口转变进程比较

整体来看,1960年前后,中国—中东欧19国中,爱沙尼亚、保加利亚、波兰、斯洛文尼亚、捷克、匈牙利、塞尔维亚、罗马尼亚、克罗地亚、拉脱维亚10国处于后期减速阶段(见表5-13),说明上述国家人口转变处于死亡率低位、出生率持续下降,但出生率高于死亡率、人口自然增长率较低状态。立陶宛、北马其顿、斯洛伐克、波黑、黑山、乌克兰、摩尔多瓦、白俄罗斯8国处于中期扩张阶段,即这些国家的人口转变处于死亡率持续下降、出生率位居高位、高人口自然增长率的状态。阿尔巴尼亚和中国处于初期加速阶段,即上述2国人口转变处于死亡率先于出生率下降、人口增长逐渐加速状态。

表5-13　中国—中东欧19国人口转变进程

国家	高位静止	初期加速	中期扩张	后期减速	低位静止
中国	1960年以前	1961～1965年	1966～1982年	1983～1998年	1999年至今
阿尔巴尼亚	1961年以前	1962～1965年	1966～1995年	1996～2001年	2002年至今
保加利亚	1960年以前	1960年以前	1960年以前	1960～1979年	1980年至今
波黑	1960年以前	1960年以前	1960～1974年	1975～1989年	1990年至今
白俄罗斯	1960年以前	1960年以前	1960～1963年	1964～1989年	1990年至今
捷克	1960年以前	1960年以前	1960年以前	1960～1979年	1980年至今
爱沙尼亚	1960年以前	1960年以前	1960年以前	1960～1989年	1990年至今
克罗地亚	1960年以前	1960年以前	1960年以前	1960～1979年	1980年至今
匈牙利	1960年以前	1960年以前	1960年以前	1960～1979年	1980年至今
立陶宛	1960年以前	1960年以前	1960～1962年	1963～1991年	1992年至今
拉脱维亚	1960年以前	1960年以前	1960年以前	1960～1963年	1964年至今
摩尔多瓦	1960年以前	1960年以前	1960～1966年	1967～1993年	1994年至今
北马其顿	1960年以前	1960年以前	1960～1980年	1981～1995年	1996年至今
黑山	1960年以前	1960年以前	1960～1971年	1972～1994年	1995年至今
波兰	1960年以前	1960年以前	1960～1961年	1962～1988年	1989年至今

续表

国家	高位静止	初期加速	中期扩张	后期减速	低位静止
罗马尼亚	1960 年以前	1960 年以前	1960 年以前	1960～1989 年	1990 年至今
塞尔维亚	1960 年以前	1960 年以前	1960 年以前	1961～1990 年	1991 年至今
斯洛伐克	1960 年以前	1960 年以前	1960～1964 年	1965～1990 年	1991 年至今
斯洛文尼亚	1960 年以前	1960 年以前	1960 年以前	1960～1982 年	1983 年至今
乌克兰	1960 年以前	1960 年以前	1960～1965 年	1966～1986 年	1987 年至今

资料来源：根据世界银行数据库中相关数据计算判断。

1980 年前后，斯洛文尼亚、保加利亚、捷克、匈牙利、克罗地亚 5 国人口转变处于低位静止阶段，即上述国家人口转变处于死亡率和出生率先后降至低水平并重新回到均衡状态，人口增长再次处于静止状态。其余的中东欧 14 国和中国处于后期减速阶段，即人口转变处于死亡率居低位、出生率持续下降，但出生率高于死亡率、人口自然增长率较低的状态。2020 年，中东欧 19 国和中国均处于低位静止阶段，即均处于人口死亡率、出生率先后降至低水平后重新达到均衡，人口增长再次回归静止状态。

整体上，中国—中东欧 19 国人口自然增长率呈持续下降趋势，少数国家甚至已进入以人口负增长为标志的“后人口转变”时代。保加利亚、波兰、爱沙尼亚、克罗地亚、罗马尼亚、塞尔维亚、斯洛文尼亚、波黑、匈牙利、立陶宛、拉脱维亚、白俄罗斯、乌克兰 13 国已进入“后人口转变”时代；捷克、斯洛伐克、斯洛文尼亚 3 国虽然曾短暂出现人口负增长，但并未长期停留在负增长阶段，依然在人口转变后期；2019 年，阿尔巴尼亚、北马其顿、黑山 3 国还在人口转变期，不过也即将进入后人口转变期。

（二）人口转变指数比较

表 5-14 展示了中国—中东欧国家 20 世纪 90 年代、21 世纪 10 年代两个时点的人口转变指数及相关指标，由此可以观察各国人口转变指数的变化特征。

表 5-14　中国—中东欧 19 国人口转变指数

国家	20 世纪 90 年代			21 世纪 10 年代		
	总和生育率（个）	人口自然增长率(‰)	人口转变指数	总和生育率（个）	人口自然增长率(‰)	人口转变指数
中国	1.807	11.001	0.768	1.661	4.801	0.831
阿尔巴尼亚	2.624	15.180	0.660	1.658	4.676	0.832
保加利亚	1.375	－3.960	0.971	1.536	－5.800	0.960
波黑	1.692	4.961	0.845	1.293	－1.598	0.933
白俄罗斯	1.524	－1.770	0.935	1.582	－1.650	0.910
捷克	1.450	－1.030	0.932	1.569	0.230	0.890
爱沙尼亚	1.512	－3.220	0.952	1.605	－0.960	0.900
克罗地亚	1.540	－0.280	0.917	1.451	－3.080	0.937
匈牙利	1.583	－3.210	0.947	1.417	－3.780	0.947
立陶宛	1.675	0.610	0.896	1.613	－3.730	0.931
拉脱维亚	1.428	－4.340	0.971	1.564	－4.220	0.940
摩尔多瓦	1.959	3.688	0.840	1.267	－0.934	0.928
北马其顿	1.996	7.519	0.794	1.493	1.264	0.884
黑山	1.986	6.816	0.802	1.735	1.571	0.861
波兰	1.729	1.990	0.877	1.375	－0.160	0.910
罗马尼亚	1.433	－0.640	0.929	1.614	－2.890	0.921
塞尔维亚	0.510	－1.246	1.000	1.456	－5.120	0.959
斯洛伐克	1.673	2.620	0.874	1.443	0.830	0.893
斯洛文尼亚	1.312	0.160	0.928	1.583	0.620	0.884
乌克兰	1.467	－4.160	0.966	1.431	－4.480	0.954

资料来源：世界银行数据库，https://data.worldbank.org.cn/indicator/SP.POP.GROW。

总和生育率方面，20 世纪 90 年代中国—中东欧 19 国中，总和生育率低于人口世代更替水平 2.1 的国家有 19 个，分别是保加利亚、波黑、白俄罗斯、中国、捷克、爱沙尼亚、克罗地亚、匈牙利、立陶宛、拉脱维亚、摩尔多瓦、北马其顿、黑山、波兰、罗马尼亚、塞尔维亚、斯洛伐克、斯洛文尼亚、乌克兰，总和生育率高于人口世代更替水平 2.1 的国家仅有 1 个，为阿尔巴尼亚。21 世纪 10 年代，中国—中东欧 19 国的总和生育率均低于人口世代更替水平 2.1。这说明上述各国的人口出生率处于长期低迷状态。

人口自然增长率方面，20 世纪 90 年代中国—中东欧 19 国中，人口自然增长率大于 0 的国家有 10 个，分别是阿尔巴尼亚、波黑、中国、立陶宛、摩尔多瓦、北马其顿、黑山、波兰、斯洛伐克、斯洛文尼亚。人口自然增长率小于 0 的国家有 10 个，分别是保加利亚、白俄罗斯、捷克、爱沙尼亚、克罗地亚、匈牙利、拉脱维亚、罗马尼亚、塞尔维亚、乌克兰。

21 世纪 10 年代中国—中东欧 19 国中，人口自然增长率大于 0 的国家有 7 个，分别是阿尔巴尼亚、北马其顿、中国、黑山、捷克、斯洛伐克、斯洛文尼亚。人口自然增长率小于 0 的国家有 13 个，分别是保加利亚、波兰、波黑、白俄罗斯、爱沙尼亚、立陶宛、匈牙利、塞尔维亚、罗马尼亚、克罗地亚、拉脱维亚、摩尔多瓦、乌克兰。

对比可看出，20 世纪 90 年代和 21 世纪 10 年代，中国—中东欧 19 国中，人口自然增长率大于 0 的国家由 10 个降为 7 个，小于 0 的国家由 10 个上升为 13 个。人口自然增长率大于 0 的国家中，人口自然增长率最大数值由 15.180‰降到了 4.801‰。这说明上述各国人口自然率持续下降，人口增长整体向负增长区间发展。

人口转变指数方面，20 世纪 90 年代，人口转变指数在 0.6～0.8 范围内的国家有 3 个，分别是中国、阿尔巴尼亚和北马其顿；在 0.8～1 范围内的国家有 17 个，分别是保加利亚、波黑、白俄罗斯、捷克、爱沙尼亚、克罗地亚、匈牙利、立陶宛、拉脱维亚、摩尔多瓦、黑山、波兰、罗马尼亚、塞尔维亚、斯洛伐克、斯洛文尼亚、乌克兰。中国—中东欧 19 国中，中国和阿尔巴尼亚的人口转变处于后期减速阶段，其余的 18 个国家均处于低位静止阶段。

21 世纪 10 年代，转变指数在 0.8～1 范围内的国家有 20 个，分别是阿尔巴尼亚、保加利亚、波黑、白俄罗斯、中国、捷克、爱沙尼亚、克罗地亚、匈牙利、立陶宛、拉脱维亚、摩尔多瓦、北马其顿、黑山、波兰、罗马尼亚、塞尔维亚、斯洛伐克、斯洛文尼亚、乌克兰。

由上可知，中国—中东欧 19 国的人口死亡率和出生率处于极低水平，两者重新达到均衡，人口增长再次处于静止状态。

三、人口效率发展比较

(一)人口效率分类指标比较

1.劳动生产率

从静态指标来看(见表 5-15),2019 年,劳动生产率排前五位的国家是捷克、爱沙尼亚、立陶宛、斯洛伐克和斯洛文尼亚,其劳动生产率分别为 57669 美元/人、60119 美元/人、50198 美元/人、49272 美元/人、71190 美元/人,上述 5 国在本地区的经济发展水平都较高。劳动生产率排后五位的国家是乌克兰、阿尔巴尼亚、白俄罗斯、摩尔多瓦和北马其顿,其劳动生产率分别为 10665 美元/人、14460 美元/人、15713 美元/人、16645 美元/人、17998 美元/人。这五个国家经济发展较为落后,劳动生产率相对较低。劳动生产率最高和最低的国家分别是斯洛文尼亚和乌克兰,两者相差了 5.67 倍,差距明显。

表 5-15　1990～2019 年中国—中东欧 19 国劳动生产率　单位:美元/人

国家	1990 年	1995 年	2000 年	2005 年	2010 年	2015 年	2016 年	2017 年	2018 年	2019 年
中国	628	1175	1852	3435	9088	16578	16907	18705	21193	22138
波兰	4764	10885	13913	24733	33756	33336	32571	35921	40113	41059
阿尔巴尼亚	1728	2322	3560	8748	12993	12641	12746	13419	14792	14460
爱沙尼亚	8510	10377	11369	27062	41245	45154	47352	51542	58748	60119
立陶宛	5209	6395	9686	22344	37437	38246	39050	43586	49010	50198
斯洛文尼亚	28679	28950	27174	45919	60890	57516	60619	63913	70360	71190
保加利亚	6560	6954	5587	12506	20346	21136	22688	24115	26980	27769
捷克	8499	14392	15444	32832	48540	43856	45245	50534	57209	57669
匈牙利	11635	14316	13980	32751	40668	34882	35658	38824	43722	45029
北马其顿	9907	10085	7486	12822	16801	16166	16689	17379	19100	17998
塞尔维亚	9778	9913	2761	12661	20121	18589	17936	18825	21713	21555
罗马尼亚	3996	3883	4063	13083	23160	25909	27755	30562	34893	36611
斯洛伐克	13126	13997	16159	31914	45130	42666	42228	44933	49685	49272

续表

国家	1990 年	1995 年	2000 年	2005 年	2010 年	2015 年	2016 年	2017 年	2018 年	2019 年
克罗地亚	13391	14336	15722	32910	43197	40151	40878	44127	48365	47411
拉脱维亚	5600	7319	10384	21254	35746	38732	40092	43340	48013	48190
波黑	851	1597	6854	14642	20069	19959	20484	20922	23165	22404
黑山	7227	7241	7459	16489	25161	22553	23934	26410	29013	28550
乌克兰	4221	2468	1774	5080	8233	5890	6204	7608	8958	10665
摩尔多瓦	1936	1842	1398	3657	9230	9177	10046	12467	16467	16645
白俄罗斯	5454	4179	3593	8039	14045	13548	11439	13268	14543	15713

资料来源：根据世界银行数据库（https://data.worldbank.org.cn/indicator/NY.GNP.MKTP.CD、https://data.worldbank.org.cn/indicator/SP.POP.1564.TO、https://data.worldbank.org.cn/indicator/SL.EMP.TOTL.SP.ZS）相关指标计算得到。

可以看出，中东欧国家之间的劳动生产率差距较大。从变化趋势看，中东欧 19 国的劳动生产率整体呈上升态势。变化最明显的是立陶宛，其劳动生产率从 1990 年的 5209 美元/人上升到 2019 年的 50198 美元/人，其间上升了 8.64 倍，说明其在中东欧 19 国中经济社会发展强劲。

由于劳动生产率取值不在 0～1 的范围，因此对劳动生产率进行了标准化处理（见表 5-16），处理公式详见本书第一章。

表 5-16　1990～2019 年中国—中东欧 19 国标准化劳动生产率

国家	1990 年	1995 年	2000 年	2005 年	2010 年	2015 年	2016 年	2017 年	2018 年	2019 年
中国	0.009	0.012	0.022	0.033	0.072	0.138	0.142	0.143	0.163	0.171
波兰	0.094	0.162	0.203	0.274	0.299	0.292	0.286	0.289	0.323	0.331
阿尔巴尼亚	0.031	0.030	0.047	0.093	0.108	0.101	0.103	0.098	0.108	0.106
爱沙尼亚	0.170	0.154	0.165	0.300	0.368	0.402	0.422	0.421	0.481	0.493
立陶宛	0.103	0.093	0.139	0.247	0.333	0.338	0.346	0.354	0.398	0.408
斯洛文尼亚	0.584	0.442	0.402	0.513	0.549	0.516	0.545	0.525	0.579	0.586
保加利亚	0.130	0.101	0.078	0.136	0.176	0.180	0.195	0.189	0.212	0.218
捷克	0.170	0.217	0.226	0.365	0.435	0.390	0.403	0.412	0.468	0.472

续表

国家	1990 年	1995 年	2000 年	2005 年	2010 年	2015 年	2016 年	2017 年	2018 年	2019 年
匈牙利	0.234	0.215	0.204	0.364	0.363	0.307	0.315	0.313	0.354	0.365
北马其顿	0.199	0.150	0.106	0.139	0.143	0.134	0.140	0.132	0.145	0.136
塞尔维亚	0.196	0.147	0.035	0.137	0.174	0.156	0.151	0.144	0.167	0.166
罗马尼亚	0.078	0.054	0.055	0.142	0.202	0.224	0.242	0.243	0.279	0.293
斯洛伐克	0.265	0.210	0.237	0.355	0.404	0.379	0.375	0.365	0.404	0.401
克罗地亚	0.270	0.216	0.230	0.366	0.386	0.355	0.363	0.358	0.393	0.385
拉脱维亚	0.111	0.107	0.150	0.235	0.318	0.342	0.355	0.351	0.390	0.391
波黑	0.013	0.019	0.097	0.160	0.173	0.169	0.175	0.162	0.179	0.173
黑山	0.144	0.106	0.106	0.181	0.220	0.193	0.206	0.208	0.229	0.225
乌克兰	0.082	0.032	0.021	0.052	0.065	0.039	0.043	0.049	0.059	0.073
摩尔多瓦	0.036	0.022	0.015	0.036	0.074	0.069	0.078	0.090	0.123	0.124
白俄罗斯	0.108	0.058	0.048	0.085	0.118	0.110	0.091	0.097	0.106	0.116

2.就业产值系数

从静态指标看(见表 5-17),中国—中东欧 19 国中,还没有就业产值系数为 0 或为 1 的国家。从动态指标看,中国就业产值系数从 1990 年的 C.001变化到了 2019 年的 0.255。中国的就业产值系数,总体水平较低,说明自身就业压力较大。在经济增速放缓、绿色新常态下,转变经济增长方式,促进适龄人口充分就业,能有效带动人口效率提升。我国就业产值系数一直处于一个较低层次,说明经济增长对就业增长的拉动效应一直比较弱,这也意味着经济增长中生产要素的相对密度发生了变化,资本、技术的相对含量不断加大,而劳动力的相对贡献在下降。

表 5-17　1990～2019 年中国—中东欧 19 国就业产值系数

国家	1990 年	1995 年	2000 年	2005 年	2010 年	2015 年	2016 年	2017 年	2018 年	2019 年
中国	0.001	0.015	0.032	0.064	0.124	0.191	0.205	0.221	0.238	0.255
波兰	0.219	0.273	0.375	0.442	0.497	0.556	0.563	0.581	0.609	0.636
阿尔巴尼亚	0.059	0.089	0.126	0.187	0.252	0.270	0.268	0.269	0.265	0.264

续表

国家	1990 年	1995 年	2000 年	2005 年	2010 年	2015 年	2016 年	2017 年	2018 年	2019 年
爱沙尼亚	0.217	0.243	0.368	0.506	0.544	0.568	0.583	0.602	0.624	0.652
立陶宛	0.222	0.234	0.294	0.433	0.534	0.598	0.600	0.627	0.644	0.675
斯洛文尼亚	0.405	0.432	0.519	0.584	0.632	0.681	0.705	0.706	0.720	0.746
保加利亚	0.235	0.238	0.245	0.317	0.367	0.408	0.426	0.423	0.436	0.441
捷克	0.387	0.417	0.483	0.581	0.647	0.676	0.679	0.703	0.717	0.734
匈牙利	0.366	0.400	0.450	0.552	0.571	0.561	0.554	0.570	0.597	0.621
北马其顿	0.357	0.295	0.315	0.357	0.377	0.386	0.388	0.384	0.386	0.378
塞尔维亚	0.156	0.168	0.183	0.299	0.373	0.379	0.368	0.365	0.376	0.383
罗马尼亚	0.199	0.202	0.206	0.349	0.414	0.494	0.523	0.547	0.572	0.597
斯洛伐克	0.231	0.282	0.351	0.426	0.531	0.572	0.568	0.576	0.590	0.600
克罗地亚	0.318	0.343	0.430	0.534	0.550	0.583	0.602	0.612	0.619	0.627
拉脱维亚	0.203	0.217	0.278	0.403	0.455	0.515	0.527	0.541	0.557	0.572
波黑	0.025	0.038	0.216	0.318	0.337	0.384	0.389	0.382	0.389	0.381
黑山	0.413	0.436	0.406	0.461	0.472	0.454	0.464	0.476	0.485	0.495
乌克兰	0.273	0.132	0.136	0.209	0.228	0.211	0.219	0.227	0.236	0.245
摩尔多瓦	0.119	0.119	0.100	0.159	0.222	0.245	0.270	0.292	0.344	0.341
白俄罗斯	0.156	0.114	0.152	0.211	0.295	0.312	0.303	0.311	0.319	0.329

资料来源：根据世界银行数据库（https://data.worldbank.org.cn/indicator/SL.GDP.PCAP.EM.KD）指标计算得到。

波兰、捷克、爱沙尼亚、克罗地亚、罗马尼亚、斯洛伐克、斯洛文尼亚、匈牙利、立陶宛、拉脱维亚等中东欧10国都属于高收入国家，就业产值系数都呈现出持续上升的变化趋势。其中，立陶宛、爱沙尼亚和波兰的就业产值系数增加幅度最为明显，截至2019年，上述3国分别上升了0.453、0.435和0.417，分别于2019年达到最大值0.675、0.652和0.636。这说明上述11国的经济发展形势都较好，就业压力较小。

阿尔巴尼亚、保加利亚、北马其顿、黑山、塞尔维亚、波黑、白俄罗斯和摩尔多瓦等中东欧8国属于中等偏上收入国家。上述国家的就业产值系数，整体均呈现上升态势。其中上升幅度最大的是罗马尼亚，从 1990 年的 0.199 上升到了 2019 年的 0.597，上升了 0.398。这一定程度上说明上述国家面临的就业和经济发展压力较小。

乌克兰属于中等偏下收入国家。该国就业产值系数由 1990 年的0.273 总体下降到了 2019 年的 0.245，下降了 0.028。其间虽然略有上升，但幅度很小。乌克兰为中东欧 19 国中唯一出现就业产值系数下降的国家，可看出乌克兰国内的经济发展压力较大，就业形势严峻。

3.人类发展指数

人类发展指数为 0，可以理解为 GDP 的增长对人力资本的依赖度大；如果该值为 1，即 GDP 增长率依靠人力资本的增长的力度很小。

从静态指标看，2019 年，中东欧 19 国中，所有国家的人类发展指数都介于 1 和 0 之间（见表 5-18）。从变化来分析，中东欧 19 国人类发展指数整体上呈现出上升的态势。中国的人类发展指数从 1990 年的 0.501 上升到 2019 年的 0.761，达到最高点，29 年间增加了 0.260。中东欧 19 国中，人类发展指数最趋近于 1 的前 3 位国家为斯洛文尼亚、捷克和爱沙尼亚。截至 2019 年，上述 3 国的人类发展指数分别为 0.917、0.900 和 0.892。相较于 1990 年，分别上升了0.088、0.170 和 0.162。对于这 3 个国家来说，GDP 增长率依靠人力资本的增长的力度较小，经济的内发动力较强。人类发展指数排名后 3 位的国家为摩尔多瓦、北马其顿、乌克兰，上述 3 国的人类发展指数分别为 0.75、0.774、0.779。说明这三个国家的 GDP 增长率依靠人力资本的增长的力度较大，人力资本对 GDP 增长的贡献仍有一定的潜力。

表 5-18　1990～2019 年中国—中东欧 19 国人类发展指数（HDI）

国家	1990 年	1995 年	2000 年	2005 年	2010 年	2015 年	2016 年	2017 年	2018 年	2019 年
中国	0.501	0.549	0.591	0.643	0.702	0.742	0.749	0.753	0.758	0.761
波兰	0.712	0.740	0.785	0.808	0.835	0.858	0.864	0.868	0.872	0.880
阿尔巴尼亚	0.644	0.629	0.667	0.702	0.740	0.788	0.788	0.789	0.791	0.795
爱沙尼亚	0.730	0.724	0.780	0.825	0.844	0.871	0.875	0.879	0.882	0.892
立陶宛	0.732	0.703	0.755	0.810	0.824	0.855	0.86	0.866	0.869	0.882
斯洛文尼亚	0.829	0.782	0.824	0.861	0.881	0.886	0.892	0.899	0.902	0.917
保加利亚	0.694	0.697	0.712	0.750	0.779	0.807	0.812	0.813	0.816	0.816

续表

国家	1990 年	1995 年	2000 年	2005 年	2010 年	2015 年	2016 年	2017 年	2018 年	2019 年
捷克	0.730	0.753	0.796	0.835	0.862	0.882	0.885	0.888	0.891	0.900
匈牙利	0.704	0.741	0.769	0.802	0.826	0.835	0.838	0.841	0.845	0.854
北马其顿	0.669	0.669	0.669	0.702	0.735	0.753	0.757	0.758	0.759	0.774
塞尔维亚	0.706	0.695	0.710	0.742	0.762	0.785	0.791	0.794	0.799	0.806
罗马尼亚	0.701	0.687	0.709	0.755	0.797	0.806	0.808	0.813	0.816	0.828
斯洛伐克	0.739	0.751	0.763	0.794	0.829	0.849	0.851	0.854	0.857	0.860
克罗地亚	0.670	0.696	0.749	0.785	0.811	0.83	0.832	0.835	0.837	0.851
拉脱维亚	0.698	0.673	0.728	0.802	0.817	0.842	0.845	0.849	0.854	0.866
波黑	0.669	0.669	0.669	0.700	0.714	0.755	0.765	0.767	0.769	0.780
黑山	0.741	0.741	0.741	0.753	0.793	0.807	0.809	0.813	0.816	0.829
乌克兰	0.705	0.664	0.671	0.715	0.732	0.742	0.746	0.747	0.750	0.779
摩尔多瓦	0.653	0.605	0.609	0.658	0.681	0.703	0.705	0.709	0.711	0.75
白俄罗斯	0.656	0.656	0.682	0.724	0.792	0.811	0.812	0.815	0.817	0.823

资料来源：联合国开发计划署，https://hdr.undp.org/data-center/human-development-index#/indicies/HDI。

从动态指标看，中东欧 19 国的人类发展指数变化趋势基本一致，人类发展指数除摩尔多瓦、北马其顿、乌克兰、波黑、阿尔巴尼亚处于高人类发展指数阶段外，其余国家都处于极高人类发展指数阶段。

（二）人口效率综合比较

从静态指标看（见表 5-19 和图 5-3），2019 年，中东欧 19 国中，人口效率排前 5 位的国家是斯洛文尼亚、捷克、爱沙尼亚、立陶宛和克罗地亚，其值分别为 0.750、0.702、0.679、0.655 和 0.621。上述国家经济发展快，人民生活水平高，人口效率也因此相对较高；而居于后 5 位的国家是乌克兰、阿尔巴尼亚、摩尔多瓦、白俄罗斯和北马其顿，其值分别为 0.366、0.388、0.405、0.423和0.429。这些国家相对于中东欧其他国家来说，经济发展较落后，人口效率也相对低下。中东欧 19 国的人口效率最高的斯洛文尼亚是最低乌克兰的 2.05 倍。

表 5-19　1990～2019 年中国—中东欧 19 国人口效率比较

国家	1990 年	1995 年	2000 年	2005 年	2010 年	2015 年	2016 年	2017 年	2018 年	2019 年
中国	0.170	0.192	0.215	0.247	0.300	0.357	0.365	0.372	0.386	0.396
波兰	0.342	0.392	0.454	0.508	0.544	0.569	0.571	0.579	0.601	0.616
阿尔巴尼亚	0.245	0.249	0.280	0.327	0.367	0.387	0.386	0.386	0.388	0.388
爱沙尼亚	0.372	0.374	0.438	0.544	0.585	0.614	0.627	0.634	0.662	0.679
立陶宛	0.352	0.339	0.396	0.496	0.564	0.597	0.602	0.615	0.637	0.655
斯洛文尼亚	0.606	0.552	0.582	0.653	0.687	0.694	0.714	0.710	0.734	0.750
保加利亚	0.353	0.345	0.345	0.401	0.441	0.465	0.478	0.475	0.488	0.492
捷克	0.429	0.462	0.501	0.594	0.648	0.649	0.656	0.668	0.692	0.702
匈牙利	0.435	0.452	0.474	0.573	0.587	0.568	0.569	0.575	0.598	0.613
北马其顿	0.408	0.371	0.364	0.400	0.419	0.424	0.428	0.424	0.430	0.429
塞尔维亚	0.353	0.333	0.309	0.393	0.436	0.440	0.437	0.434	0.447	0.451
罗马尼亚	0.326	0.314	0.323	0.415	0.471	0.508	0.524	0.534	0.555	0.573
斯洛伐克	0.412	0.414	0.450	0.525	0.588	0.600	0.598	0.598	0.617	0.620
克罗地亚	0.419	0.410	0.470	0.562	0.582	0.589	0.599	0.602	0.616	0.621
拉脱维亚	0.337	0.328	0.385	0.480	0.530	0.566	0.576	0.580	0.600	0.610
波黑	0.236	0.242	0.327	0.393	0.408	0.436	0.443	0.437	0.446	0.445
黑山	0.433	0.420	0.418	0.465	0.495	0.485	0.493	0.499	0.510	0.516
乌克兰	0.354	0.276	0.276	0.325	0.341	0.331	0.336	0.341	0.348	0.366
摩尔多瓦	0.269	0.249	0.241	0.284	0.326	0.339	0.351	0.364	0.393	0.405
白俄罗斯	0.306	0.276	0.294	0.340	0.402	0.411	0.402	0.408	0.414	0.423

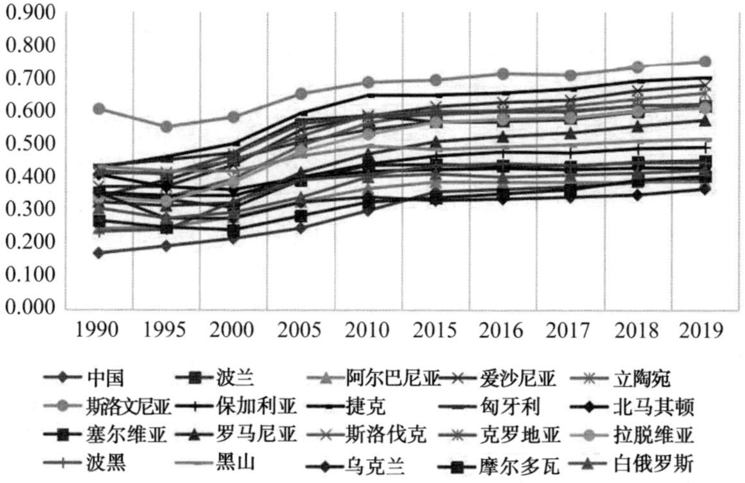

图 5-3　1990～2019 年中国—中东欧 19 国人口效率比较

资料来源：世界银行数据库，https://data.worldbank.org.cn/indicator/SP.POP.GROW。

从动态指标看，中东欧 19 国的人口效率变化趋势基本一致。2019 年，人口效率处于低水平的有阿尔巴尼亚和乌克兰等 2 国，人口效率处于中等水平的有白俄罗斯、摩尔多瓦、黑山、波黑、罗马尼亚、塞尔维亚、北马其顿、保加利亚等 8 国，人口效率处于高水平的有拉脱维亚、克罗地亚、斯洛伐克、捷克、匈牙利、斯洛文尼亚、立陶宛、爱沙尼亚、波兰等 9 国，中东欧 19 国暂时没有人口效率处于极高水平的国家。

总体上，中东欧 19 国大多数国家的人口效率都呈现出较为乐观的变化态势。虽然各个国家人口效率差距较大，但都保持持续上升的态势。这在很大程度上可说明中东欧地区是一个经济活力较强、发展势头较强劲的区域，区域内各国经济发展形势较乐观，具有较好的发展潜力。

四、主要人口问题

总结以上，中国—中东欧 19 国的人口主要存在以下几方面的问题。

首先，中东欧国家的人口丰富，占世界人口的近 1/5，但是一些国家的人口数仍然较少，总人口不到 100 万。另外，该区域大多数国家的人口增长率呈现出负增长现象，人口不增反降的现象明显。从短期来看，人口的负增长对经济发展的阻碍效应并不明显，但从长期来看，人口的负增长对经济的发展产生负面效应，尤其对于经济发展依赖于人口红利的国家的影响更为明显。

从人口结构来看，中东欧地区的人口年龄结构失衡的问题较为严重。

从前文可知，中东欧19国人口转变先后步入低位静止阶段，即出生率、死亡率在低位处于均衡，人口增加近乎处于静止。这种情况会导致“少子化”加剧、劳动力不足等问题。“少子化”加剧会导致人口中少儿人口比重持续降低，老年人口比重持续升高，进而导致各个国家养老负担过重，人口活力不足；劳动力不足则会严重阻碍以劳动密集型为主要产业类型的中东欧各国经济发展，对中东欧各国产业结构转型、协同参与国际竞争等方面造成严重不利影响。而经济发展增长乏力则会推动高素质、高层次人才向别国流动，持续下去会使中东欧各国陷入一个恶性发展循环。此外，中东欧的性别结构失衡问题也较为严重，大多数国家女性多于男性，男女性别结构失衡可能会带来产业结构的失衡，有的产业缺乏对应的技术人才，而有的产业则会出现过度竞争，这不仅会导致国家经济发展受阻，还会引起相应的社会问题。

其次，就人口素质而言，中东欧国家人口素质差异较大。中东欧国家中，高等教育入学率的差异仍然较为明显，教育发展的速度也呈现出不均衡性。除此之外，该区域内人口出生时预期寿命总体较高，国家间的差距仍然较大，且乌克兰的人口出生时预期寿命比世界均值低。人口素质总体而言处于较高水平，但是未能充分利用该区域内的人力资源为经济发展服务，经济发展仍有很大的提升空间。

再次，中国—中东欧地区的城镇化发展差距较大，城市化发展不均衡。部分国家已处于城镇化较高的水平，而部分国家仍然处于城镇化较低的水平。对于城镇化较低的国家而言，经济的转型以及产业的升级受到一定的阻碍，农村人口规模过大会导致大量剩余劳动力，劳动力资源并未得到充分利用。另外，一些国家的城乡发展差距较大，城乡二元结构壁垒仍然较为明显，城乡发展失衡。

最后，对于中国—中东欧大多数国家来说，国际迁移率呈现出负增长，表明大多数国家的人口移出现象明显。人口迁移对于国家的经济发展具有重要的作用，在合理范围内迁移，有利于促进国别间经济、文化等方面的交流。但过度迁移可能会引起国家内部劳动力的缺失以及部分人才的流失，导致国家社会经济发展所需的人才缺失，对国家经济的发展产生负面影响。

由此可见，中国—中东欧地区存在一定的人口问题，相应国家应采取积极措施应对相应的人口问题，以促进该区域经济发展。

第三节　中国—中东欧国家经济增长比较

一、各国经济增长比较

通过中国—中东欧各国人均GDP增长率情况综合指标，可以对各国经济发展进程和所处阶段进行综合与客观的判断。2020年，中国—中东欧国家国内生产总值突破千亿美元的分别是中国、波兰、捷克、匈牙利、罗马尼亚、斯洛伐克和乌克兰7国（见表5-20）。1990年，波兰GDP为660亿美元，年均增长176.9亿美元，现在是“一带一路”中东欧国家中国内生产总值最高的国家。1990年捷克GDP为407亿美元，2020年是1990年的约6倍，年均增长68.2亿美元。匈牙利1991年GDP为348亿美元，2020年约为1991年的4.5倍，年均增长42亿美元。罗马尼亚1990年GDP为390亿美元，2020年约为1990年的6.4倍，年均增长70亿美元。斯洛伐克1990年的GDP为127亿美元，2020年约为1990年的8.3倍，年均增长30.8亿美元。乌克兰1990年GDP为814亿美元，2020年约为1990年的1.9倍，平均每年增长25.1亿美元。

表5-20　1990～2020年中国—中东欧19国国内生产总值GDP　　单位：亿美元

	1990年	1995年	2000年	2005年	2010年	2015年	2020年
中国	3609	7345	12113	22860	60872	110616	146877
世界	227800	310436	338309	477797	665961	751793	849068
波兰	660	1423	1722	3061	4798	4778	5966
阿尔巴尼亚	20	24	35	81	119	114	151
爱沙尼亚	—	45	57	141	195	229	307
立陶宛	—	79	115	261	371	414	565
斯洛文尼亚	—	214	203	362	482	431	536
保加利亚	206	190	132	299	507	508	699
捷克	407	601	618	1371	2091	1880	2453
匈牙利	348	464	472	1132	1322	1252	1567
北马其顿	47	47	38	63	94	101	121

续表

	1990 年	1995 年	2000 年	2005 年	2010 年	2015 年	2020 年
塞尔维亚	—	168	69	277	418	397	533
罗马尼亚	390	374	373	985	1663	1777	2495
斯洛伐克	127	258	292	628	908	886	1052
克罗地亚	—	227	218	458	604	502	572
拉脱维亚	—	58	80	170	240	273	336
波黑	13	19	56	112	172	162	200
黑山	—	—	10	23	41	41	48
乌克兰	814	482	324	892	1412	910	1566
摩尔多瓦	—	18	13	30	70	77	119
白俄罗斯	217	140	127	302	572	565	615

资料来源：世界银行数据库，https://data.worldbank.org.cn/indicator/NY.GDP.MKTP.CD。

说明：由于数据缺失，匈牙利 1990 年用 1991 年数据代替，波黑 1990 年用 1994 年数据代替。

2020 年，国内生产总值在 500 亿～1000 亿美元的国家有立陶宛、斯洛文尼亚、保加利亚、塞尔维亚、克罗地亚、白俄罗斯，6 国不相上下，集中在 533 亿～699 亿美元的区间内，最大差值仅为 166 亿美元。其中，立陶宛 1995 年 GDP 为 79 亿美元，2020 年约为 1995 年的 7.2 倍。斯洛文尼亚 1995 年 GDP 为 214 亿美元，2020 年约为 1995 年的 2.5 倍，年均增长12.88 亿美元。保加利亚 1990 年 GDP 为 206 亿美元，2020 年约为 1990 年的 3.4 倍，年均增长 16.4 亿美元。塞尔维亚 1995 年 GDP 为 168 亿美元，2020 年约为 1995 年的 3.2 倍，年均增长 14.6 亿美元。克罗地亚 1995 年 GDP 为 227 亿美元，2020 年约为 1995 年的 2.5 倍，年均增长 13.8 亿美元。白俄罗斯 1990 年 GDP 为 217 亿美元，2020 年约为 1990 年的 2.8 倍，年均增长 13.3亿美元。

2020 年，GDP 不足 500 亿美元的国家有阿尔巴尼亚、爱沙尼亚、北马其顿、拉脱维亚、波黑、黑山、摩尔多瓦 7 国。其中，阿尔巴尼亚 1990 年 GDP 为 20 亿美元，2020 年约为 1990 年的 7.6 倍，年均增长 4.4 亿美元。爱沙尼亚 1995 年 GDP 为 45 亿美元，2020 年是 1995 年的 6.8 倍，年均增长 10.5 亿美元。北马其顿 1990 年 GDP 为 47 亿美元，2020 年约为 1990 年的 2.6 倍，年均增长 2.5 亿美元。拉脱维亚 1995 年 GDP 为 58 亿美元，2020 年约为 1995 年的 5.8 倍，年均增长 11.1 亿美元。波黑 1994 年 GDP 为 13 亿美元，2020 年约为 1994 年的 15.4 倍，年均增长 7.2 亿美元。黑山 2000 年 GDP 为 10 亿美元，2020 年约为 2000 年的 4.8 倍，年均增长 1.9 亿美元，黑山是中东欧国家中经济规模最小也是人口最少的国家。摩尔多瓦 1995 年 GDP 为 18 亿美元，2020 年约为 1995 年的 6.6 倍，平均每年增长 4 亿美元。总体上中东欧国家的国内生产总值增长态势良好，发展潜力巨大。

2019 年，中国—中东欧国家中人均 GDP 增长率超过 5%的仅有中国（5.58%）和摩尔多瓦（5.37%）两个国家（见表 5-21）。人均 GDP 增长率在 2%～5%的有 17 个国家，分别是波兰、阿尔巴尼亚、爱沙尼亚、立陶宛、斯洛文尼亚、保加利亚、捷克、匈牙利、北马其顿、塞尔维亚、罗马尼亚、斯洛伐克、克罗地亚、拉脱维亚、波黑、黑山、乌克兰。人均 GDP 增长率低于 2%的仅有白俄斯（1.60%）。另外，20 世纪 90 年代，中东欧国家中波兰、阿尔巴尼亚、保加利亚、捷克、匈牙利、北马其顿、罗马尼亚、乌克兰、摩尔多瓦、白俄罗斯 10 国的人均 GDP 增长率呈负值，进入 21 世纪后基本为正增长。罗马尼亚、克罗地亚、拉脱维亚、乌克兰、白俄罗斯 5 国在 2010～2015 年人均 GDP 仍出现了负增长。2017～2019 年，中国—中东欧所有国家人均 GDP 都为正增长。

2019 年，世界人均 GDP 增长率为 1.53%，中国—中东欧 19 国中所有国家的人均 GDP 增长率都超过世界平均值，增长速度较快，经济环境较为稳定，发展态势良好。

表 5-21　1990～2019 年中国—中东欧 19 国人均 GDP 增长率　　单位：%

	1990 年	1995 年	2000 年	2005 年	2010 年	2015 年	2016 年	2017 年	2018 年	2019 年
中国	2.41	9.75	7.64	10.74	10.1	6.42	6.24	6.30	6.25	5.58
世界	1.11	1.56	3.12	2.76	3.29	1.88	1.61	2.20	2.14	1.53
波兰	−7.34	6.96	5.66	3.55	4.04	4.31	3.19	4.82	5.35	4.77
阿尔巴尼亚	−11.19	14.02	7.63	6.07	4.22	2.52	3.48	3.90	4.28	2.52
爱沙尼亚	—	6.50	9.56	10.15	2.68	1.79	3.13	5.66	3.77	3.71
立陶宛	—	5.96	4.43	9.50	3.81	2.99	3.83	5.75	4.99	4.85
斯洛文尼亚	—	3.27	3.37	3.62	0.90	2.13	3.12	4.75	4.04	2.53
保加利亚	−7.46	3.31	5.11	7.87	2.21	4.09	3.77	3.52	3.43	4.77

续表

	1990 年	1995 年	2000 年	2005 年	2010 年	2015 年	2016 年	2017 年	2018 年	2019 年
捷克	−11.40	6.57	4.29	6.45	2.14	5.18	2.34	4.89	2.85	2.62
匈牙利	−3.03	1.63	4.75	4.50	1.31	3.95	2.49	4.55	5.49	4.60
北马其顿	−6.03	−1.19	4.07	4.50	3.14	3.72	2.74	0.98	2.80	3.89
塞尔维亚	—	6.37	6.47	5.85	1.14	2.31	3.88	2.65	5.07	4.89
罗马尼亚	−12.16	6.45	2.59	5.32	−3.33	3.44	5.31	7.94	5.09	4.74
斯洛伐克	1.51	5.53	1.30	6.61	6.19	5.12	1.80	2.82	3.65	2.47
克罗地亚	—	7.44	3.92	4.18	−1.03	3.37	4.26	4.66	3.82	4.06
拉脱维亚	—	3.75	6.70	11.92	−2.46	4.74	3.31	4.23	4.80	3.20
波黑	—	24.19	12.53	3.87	1.70	4.67	4.46	4.24	4.60	3.55
黑山	—	5.22	3.28	4.03	2.55	3.33	2.93	4.70	5.10	4.10
乌克兰	−6.56	−11.5	6.97	3.83	4.51	−9.44	2.85	2.81	4.02	3.79
摩尔多瓦	—	−5.69	2.32	7.76	7.21	0.45	5.61	6.48	6.11	5.37
白俄罗斯	−1.25	−10.1	6.30	10.15	8.03	−3.96	−2.6	2.64	3.37	1.60

资料来源：世界银行数据库，https://data.worldbank.org.cn/indicator/NY.GDP.MKTP.KD.ZG。

说明：由于数据缺失，波兰、捷克、北马其顿、罗马尼亚、白俄罗斯 1990 年用 1991 年数据代替，匈牙利 1990 年用 1992 年数据代替，斯洛伐克 1990 年用 1993 年数据代替，爱沙尼亚、立陶宛、斯洛文尼亚、塞尔维亚、克罗地亚、拉脱维亚、摩尔多瓦 1995 年用 1996 年数据代替，黑山 1995 年用 1998 年数据代替。

二、人口转变与收入阶段比较

（一）收入阶段比较

1990～2020 年中国—中东欧 19 国人均国民收入如图 5-4 所示。

波兰于 1992 年（人均 GNI 为 2080 美元）进入中等偏下收入国家行列，比当年中等偏上收入国家的最低值（人均 GNI 为 2556 美元）低 476 美元，1995 年进入中等偏上收入国家行列，2008 年（人均 GNI 为 11980 美元）进入高收入国家行列，至今仍是高收入国家，2020 年人均 GNI 上升到 15260 美元。

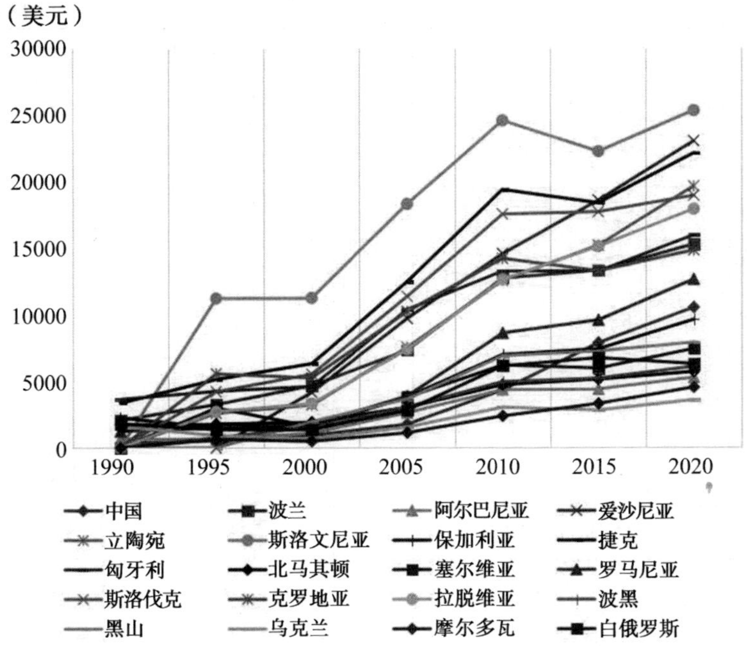

图 5-4　1990～2020 年中国—中东欧 19 国人均国民收入

资料来源：世界银行数据库，https://data.worldbank.org.cn/indicator/NY.GNP.PCAP.CD?view=chart。

说明：由于数据缺失，波兰、捷克、北马其顿、罗马尼亚、白俄罗斯 1990 年用 1992 年数据替代，匈牙利 1990 年用 1993 年数据替代，波黑 1995 年用 1996 年数据替代，立陶宛、斯洛文尼亚、塞尔维亚、克罗地亚、拉脱维亚、摩尔多瓦 1995 年用 1997 年数据替代，黑山 2000 年数据用 2002 年替代。

立陶宛 1997 年(人均 GNI 为 2600 美元)进入中等偏下收入国家行列，2000 年进入中等偏上收入国家行列，2008 年进入高收入国家行列，至今仍是高收入国家，2020 年人均 GNI 为 19620 美元。

罗马尼亚 1992 年(人均 GNI 为 1250 美元)进入中等偏下收入国家行列，2005 年(人均 GNI 为 3880 美元)进入中等偏上收入国家行列，比当年中等偏上收入国家最高指标(人均 GNI 为 10065 美元)少 6185 美元，2019 年进入高收入国家行列。

爱沙尼亚 2000 年(人均 GNI 为 4170 美元)进入中等偏上收入国家行列，2006 年进入高收入国家行列，至今仍是高收入国家，2020 年人均 GNI 为 23040 美元。因其经济的高速增长，被称为"波罗的海之虎"。

斯洛文尼亚自 1997 年(人均 GNI 高达 11240 美元)有数据记录以来进入高收入国家行列。2020 年人均 GNI 达 25340 美元，该国有着非常强的工业基础与科技实力。

捷克1992年(人均GNI为3360美元)进入中等偏上收入国家行列，2004年(人均GNI为10260美元)起进入高收入国家行列，至今一直保持在高收入国家行列。2020年人均GNI为22130美元。

匈牙利1993年(人均GNI为3660美元)进入中等偏上收入国家行列，2005年(人均GNI为10390美元)进入高收入国家行列，至今仍是高收入国家，2020年人均GNI为15950美元。该国主要研发和生产专有特长和知识密集型产品，也是中东欧地区人均吸引外资最多的国家之一。

斯洛伐克1995年(人均GNI为4220美元)进入中等偏上收入国家行列，2005年(人均GNI为11370美元)进入高收入国家行列，至今仍是高收入国家，2020年人均GNI为18920美元。该国是一个发达的资本主义国家，近年来，大力吸引外资，逐渐形成汽车、电子产业等支柱产业，属外向型市场经济。①

克罗地亚1998年(人均GNI为5430美元)进入中等偏上收入国家行列，2005年(人均GNI为10250美元)进入高收入国家行列，至今仍是高收入国家，2020年人均GNI为14810美元。

拉脱维亚1997年(人均GNI为2720美元)进入中等偏下收入国家行列，2000年(人均GNI为3320美元)进入中等偏上收入国家行列，2007年(人均GNI为11210美元)进入高收入国家行列，至今仍是高收入国家，2020年人均GNI为17900美元。

阿尔巴尼亚1988年(人均GNI为730美元)进入中等偏下收入国家行列，2008年(人均GNI为4030美元)进入中等偏上收入国家至今，2020年人均GNI为5260美元，已在该阶段停留了32年。

保加利亚1990年(人均GNI为2250美元)进入中等偏下收入国家行列，2004年(人均GNI为3060美元)进入中等偏上收入国家至今，2020年人均GNI为9630美元，已在该阶段停留了30年。

北马其顿1992年(人均GNI为1750美元)进入中等偏下收入国家行列，2008年(人均GNI为4330美元)进入中等偏上收入国家行列至今，2020年人均GNI为5690美元，已在该阶段停留了28年。

塞尔维亚1997年(人均GNI为2990美元)进入中等偏下收入国家行列，2004年(人均GNI为3250美元)进入中等偏上收入国家行列至今，2020年人均GNI为7430美元，在该阶段停留了23年。

① 参见《斯洛伐克》，https://www.yidaiyilu.gov.cn/gbjg/gbgk/870.htm。

波黑1996年(人均GNI为760美元)进入中等偏下收入国家行列，2006年(人均GNI为3210美元)进入中等偏上收入国家行列至今，2020年人均GNI为6080美元，已在该阶段停留24年。

黑山自2002年(人均GNI为1970美元)世界银行数据库有数据记录以来进入中等偏下收入国家行列，2004年(人均GNI为3100美元)进入中等偏上收入国家行列，2006年宣布独立，至今仍处在中等偏上收入国家行列。

乌克兰1989年(人均GNI为1620美元)进入中等偏下收入国家行列，2020年仍在该行列，人均GNI为3570美元，在该阶段已停留31年。

摩尔多瓦自世界银行数据库1997年(人均GNI为630美元)有数据记录以来为低收入国家，2004年(人均GNI为910美元)进入中等偏下收入国家行列，2018年(人均GNI为3930美元)进入中等偏上收入国家行列至今，已在该阶段停留了16年。

白俄罗斯1995年(人均GNI为1370美元)进入中等偏下收入国家行列，2006年(人均GNI为3520美元)进入中等偏上收入国家行列至今，2020年人均GNI为6280美元，已在该阶段停留了25年。

总体上，中东欧19国掉进中等收入陷阱的有阿尔巴尼亚、保加利亚、北马其顿、塞尔维亚、乌克兰、白俄罗斯6国，还未迈入高收入国家行列的有波黑、黑山、摩尔多瓦3国，其余10国均已进入高收入国家行列，说明中东欧国家的国民收入增长强劲，经济社会发展质量较高。

(二)人口转变阶段与经济发展进程比较

2020年，波兰、爱沙尼亚、立陶宛、斯洛文尼亚、捷克、匈牙利、罗马尼亚、斯洛伐克、克罗地亚、拉脱维亚11国处在人口转变低位静止阶段(见表5-22)，同时也相继进入了高收入国家行列；阿尔巴尼亚、保加利亚、北马其顿、塞尔维亚、波黑、黑山摩尔多瓦、白俄罗斯和中国均处于人口转变低位静止阶段，并进入中等偏上收入国家行列；乌克兰处在人口转变低位静止阶段，处在中等偏下收入国家行列。

在还未进入高收入行列的中东欧国家中，黑山、波黑和摩尔多瓦跨过中等收入陷阱的可能性较低，阿尔巴利亚、保加利亚、白俄罗斯、北马其顿、塞尔维亚、乌克兰已相继掉入中等收入陷阱时间较长，经济增长乏力，很难在短时期迈入高收入国家行列。

表 5-22　2020 年中国—中东欧国家人口转变与收入阶段比较

国家	人口转变阶段	收入行列	是否已跨越中等收入陷阱
波兰	低位静止	高收入国家	是
爱沙尼亚	低位静止		
立陶宛	低位静止		
斯洛文尼亚	低位静止		
捷克	低位静止		
匈牙利	低位静止		
罗马尼亚	低位静止		
斯洛伐克	低位静止		
克罗地亚	低位静止		
拉脱维亚	低位静止		
中国	低位静止	中等偏上收入国家	否
阿尔巴尼亚	低位静止		
保加利亚	低位静止		
北马其顿	低位静止		
塞尔维亚	低位静止		
波黑	低位静止		
黑山	低位静止		
摩尔多瓦	低位静止		
白俄罗斯	低位静止		
乌克兰	低位静止	中等偏下收入国家	

资料来源：根据表 1、表 2 中相关指标与世界银行数据库(https://data.worldbank.org.cn/indicator/SP.POP.GROW)数据判断。

三、是否成功跨越中等收入陷阱比较

2020 年，中国—中东欧 19 国中有 10 国已成功步入高收入国家行列，而另 9 国相继在中等收入阶段停留较久，部分已掉进中等收入陷阱。由表 5-23 可知，波兰、爱沙尼亚、立陶宛、斯洛文尼亚、匈牙利、罗马尼亚、克罗地亚、拉脱维亚8国人口长期负增长，已完成人口转变并在1996～2020年相继迈入高收入国家行列。

表5-23　2020年中国—中东欧国家是否跨越中等收入陷阱比较

国家	进入低收入行列时的人均GNI及年份	进入中等偏下收入行列时的人均GNI及年份	进入中等偏上收入行列时的人均GNI及年份	进入高收入行列时的人均GNI及年份	中等收入阶段停留时长	跨过中等收入陷阱可能性大小及2020年人均GNI
中国	1987年以前	800（1998年）	4340（2010年）	否	22年	较大（10530）
波兰	1992年以前	2080（1992年）	3250（1995年）	11980（2008年）	跨过	跨过（15260）
阿尔巴尼亚	1990年以前	1990年以前	4030（2008年）	否	30年	已掉进（5260）
爱沙尼亚	—	2000年以前	4170（2000年）	11500（2006年）	跨过	跨过（23040）
立陶宛	1997年以前	2600（1997年）	3210（2000年）	12680（2008年）	跨过	跨过（19620）
斯洛文尼亚	—	—	—	11240（1997年）	跨过	跨过（25340）
保加利亚	1990年以前	1990年以前	3060（2004年）	否	30年	已掉进（9630）
捷克	—	1992年以前	3360（1992年）	10260（2004年）	跨过	跨过（22130）
匈牙利	—	1993年以前	3660（1993年）	10390（2005年）	跨过	跨过（15950）
北马其顿	1992年以前	1750（1992年）	4330（2008年）	否	28年	已掉进（5690）
塞尔维亚	1997年以前	2990（1997年）	3250（2004年）	否	23年	已掉进（7430）
罗马尼亚	1992年以前	1250（1992年）	3880（2005年）	12620（2019年）	跨过	跨过（12630）

续表

国家	进入低收入行列时的人均 GNI 及年份	进入中等偏下收入行列时的人均 GNI 及年份	进入中等偏上收入行列时的人均 GNI 及年份	进入高收入行列时的人均 GNI 及年份	中等收入阶段停留时长	跨过中等收入陷阱可能性大小及 2020 年人均 GNI
斯洛伐克共和国	—	1995 年以前	4220（1995 年）	11370（2005 年）	跨过	跨过（18920）
克罗地亚	—	1998 年以前	5430（1998 年）	10250（2005 年）	跨过	跨过（14810）
拉脱维亚	1997 年以前	2720（1997 年）	3320（2000 年）	11210（2007 年）	跨过	跨过（17900）
波黑	1996 年以前	760（1996 年）	3210（2006 年）	否	24 年	较小（6080）
黑山	2002 年以前	1970（2002 年）	3100（2004 年）	否	18 年	较小（7910）
乌克兰	1990 年以前	1990 年以前	否	否	30 年	已掉进（3570）
摩尔多瓦	2004 年以前	910（2004 年）	3930（2018 年）	否	16 年	较小（4520）
白俄罗斯	—	1990 年以前	3520（2006 年）	否	30 年	已掉进（6280）

资料来源：根据世界银行数据库数据与收入划分标准进行判断。

说明：表中数字单位为美元。

保加利亚、塞尔维亚、波黑、乌克兰、白俄罗斯 5 国虽然表现出了人口长期负增长，已进入“后人口转变”时代，但均未迈入高收入国家行列，其中保加利亚、塞尔维亚、乌克兰和白俄罗斯已掉入中等收入陷阱，波黑目前还没有掉入，但已在中等收入国家行列停留了 20 多年，2020 年人均 GNI 离高收入国家最低门槛还有较大差距，短期内跨过中等收入陷阱的可能性较小。

北马其顿、黑山人口持续增长，摩尔多瓦虽出现负增长但并未长期陷入，3 国人口转变尚未完成，其中北马其顿已掉入中等收入陷阱，黑山和摩尔多瓦已在中等收入国家行列中停留多年，且 2020 年两国人均 GNI 与高收入国家的最低值有较大差距，跨过中等收入陷阱的可能性较小。

捷克、斯洛伐克虽曾短暂出现人口负增长，但并未长期负增长，也未进入“后人口转变”时代，两国分别于2004年、2005年进入高收入国家行列。中东欧19国中，阿尔巴尼亚、保加利亚、北马其顿、塞尔维亚、乌克兰、白俄罗斯6国已掉进中等收入陷阱，故不考虑上述国家成功迈入高收入行列具体时限。其余已进入高收入行列的国别与时间是：波兰（2008年）、捷克（2004年）、爱沙尼亚（2006年）、克罗地亚（2005年）、罗马尼亚（2019年）、斯洛伐克（2005年）、斯洛文尼亚（1997年）、匈牙利（2005年）、立陶宛（2008年）、拉脱维亚（2007年），上述各国在成功跨越中等收入陷阱时效上具有一致性，其中8国在2004～2008年步入高收入行列，仅斯洛文尼亚在20世纪末迈进，罗马尼亚则刚进入。

暂未进入高收入行列的国家有中国、波黑、黑山和摩尔多瓦。其中黑山、波黑和摩尔多瓦3国跨过中等收入陷阱的可能性较小。2020年，波黑人均GNI比高收入最低门槛值（12696美元）低6616美元，且在中等收入阶段停留24年；黑山与高收入阶段最低门槛值有较大差距（4786美元），已在中等收入阶段停留18年；摩尔多瓦2018年刚步入中等偏上收入行列。

第四节　中国—中东欧国家人口发展与经济增长实证分析

一、变量描述

表5-24为主要变量的描述性统计结果，从中可知各变量指标的均值与其中位数比较接近，表明样本接近正态分布。

表5-24　变量描述统计

变量类型	变量名称	表示	均值	标准差	最小值	最大值	中位数
因变量	区域经济发展水平	$\ln GNI$	8.50	1.35	5.70	10.99	8.57
核心自变量	人口效率指数	P	0.50	0.22	0.14	0.94	0.44
	人口转变指数	O	0.60	0.18	0.13	0.88	0.62

中东欧国家经济社会发展均值为8.50，标准差为1.35，最大值和最小值分别为10.99、5.70。为衡量人口效率与人口转变对经济发展的贡献，对其进行有效回归，人口效率指数和人口转变指数均值分别为0.50、0.60，标准

差分别为 0.22、0.18，最小值分别为 0.14、0.13，最大值分别为 0.94、0.88。从人口效率看，中东欧人口效率处在较高水平。其中，处在低人口效率水平的是阿尔巴尼亚、乌克兰，人口效率处在中等水平的有白俄罗斯、摩尔多瓦、黑山、波黑、罗马尼亚、塞尔维亚、北马其顿、保加利亚 8 国，处于高水平的有拉脱维亚、克罗地亚、斯洛伐克、捷克、匈牙利、斯洛文尼亚、立陶宛、爱沙尼亚、波兰 9 国，人口效率在中等和高水平的国家占中东欧国家总数的 89%，暂没有人口效率处于极高水平的国家。从人口转变看，中东欧国家均处于低位静止阶段。

由表 5-25 可知，模型中重要变量指标间相关系数均呈现出显著水平。仅从简单相关系数判断，经济发展水平与人口效率指数具有显著的正相关关系，r 为 0.935；虽然变量间有高度的相关性，但都在可接受的范围内，并不影响实证部分的结果。其中，经济发展水平与人口转变系数显著正相关，r 为0.287；同样，人口效率指数与人口转变指数也显著正相关，r 为 0.254，体现了经济发展水平与人口效率指数之间的正相关关系伴随着人口转变不断现代化而正向作用愈发明显。

表 5-25　解释变量的相关系数矩阵

变量	lnGNI	P	O
lnGNI	1.000		
P	0.935***	1.000	
O	0.287***	0.254***	1.000

说明：*** 表示在 1%的统计意义上显著。

二、实证结果分析

为了更直观地了解中东欧人口效率、人口转变以及经济发展水平的关系，下面用 stata 16 进行散点图描绘与分析（见图 5-5）。

由图 5-5 可知，中东欧 19 国人口效率和人口转变变化趋势基本一致。波兰、爱沙尼亚、立陶宛、保加利亚、匈牙利、塞尔维亚、罗马尼亚、克罗地亚、拉脱维亚、波黑、乌克兰、白俄罗斯等进入“后人口转变”时代；斯洛文尼亚、捷克、斯洛伐克 3 国虽出现人口负增长，并没有出现人口自然增长率为负数，未进入“后人口转变”时代。2020 年，北马其顿、黑山未出现人口负增长现象。人口效率处在低水平的有阿尔巴尼亚和乌克兰，处在中等水平的有保加利亚、北马其顿、塞尔维亚、罗马尼亚、波黑、黑山、摩尔多瓦、白俄罗斯

8 国，处在高水平的有波兰、爱沙尼亚、立陶宛、斯洛文尼亚、捷克、匈牙利、斯洛伐克、克罗地亚、拉脱维亚 9 国，暂没有处于极高水平的国家。

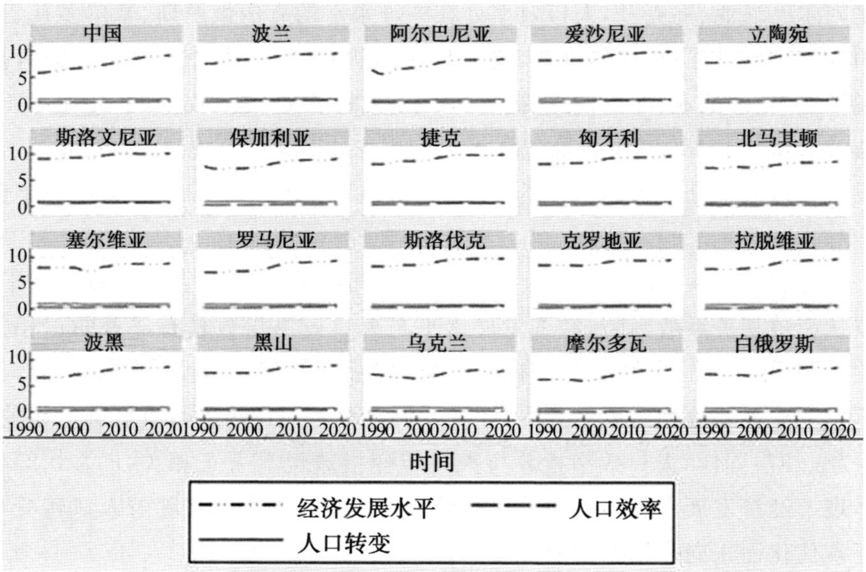

图 5-5　1990～2020 年中国—中东欧国家人口发展与经济发展水平散点图

资料来源：经济发展水平的数据来源于世界银行数据库相关统计数据，人口效率来源于世界银行以及人类发展指数官网相关统计数据。

总体上，中东欧 19 国多数国家人口效率呈增长态势，虽然各国差距较大，但均保持持续上升态势，说明中东欧地区是一个经济较有活力、发展势头较强劲的区域，区域内各国经济发展形势乐观，具有较强发展潜力。

三、结果检验

（一）单位根检验

如表 5-26 所示，在没有差分的条件下，lnGNI、P 和 O 是非平稳序列，P 值分别大于 0.1 和小于 0.1，说明接受原假设，认为存在单位根。为了得到平稳序列，故采用一阶差分的形式。经过一阶差分之后，lnGNI、P 和 O 均变成平稳序列，即三个研究变量都是一阶单整序列，因此具备协整条件。

表 5-26　面板数据的单位根检验

变量	LLC		IPS		是否单整
	统计值	P 值	统计值	P 值	
$\ln GNI_{it}$	0.65	0.74	−3.09	0.02	否
$\Delta\ln GNI_{it}$	−14.78***	0.00	−14.10***	0.00	I(1)
P	−3.11	0.00	−0.59	0.27	否
ΔP	−12.05***	0.00	−12.01***	0.00	I(1)
O	−12.36	0.00	−0.07	0.47	否
ΔO	−1.20***	0.008	−2.330***	0.009	I(1)

（二）面板数据的协整检验

如表 5-27 所示，在进行 Kao 协整检验时，选用的核函数为 Bartlett，检验统计量为调整的 DF 统计量、DF 统计量以及 ADF 统计量，主要看 ADF 统计量检验值。由于其 P 值小于 0.01，在 1%的置信水平上拒绝原假设，说明变量之间存在长期协整关系。

表 5-27　Kao 协整检验

检验统计量	统计值	P 值
Modified Dickey-Fuller t	−19.20***	0.000
Dickey-Fuller t	−10.17***	0.000
Augmented Dickey-Fuller t	−10.63***	0.000

如表 5-28 所示，Pedroni 协整检验统计量分别是调整的 PP 统计量、PP 统计量以及 ADF 统计量。其 P 值全部小于 0.01，在 1%的置信水平上拒绝原假设，因此认为变量之间存在协整关系。通过上述两个协整检验可知，变量之间存在长期协整关系。

表 5-28　Pedroni 协整检验

检验统计量	统计值	P 值
Modified Dickey-Fuller t	−2.49***	0.006
Dickey-Fuller t	−11.34***	0.000

续表

检验统计量	统计值	P 值
Augmented Dickey-Fuller t	-4.92^{***}	0.000

（三）面板数据的误差修正模型

如表 5-29 所示，对于模型(1)而言，指标均在 1%的显著水平下通过了检验。从长期看，人口效率与经济发展水平之间的弹性系数为 5.34，即人口效率每增长 1%，经济发展提升幅度为 5.34%。人口转变与经济发展水平的弹性系数为 1.38，即人口转变越往现代化进程跨越，其指数每增长 1%，经济发展水平将提高 1.38%。这说明，随着时间流逝，中东欧地区经济发展水平主要受人口转变和人口效率的影响。相对来说，人口效率对经济发展水平的正向作用更为明显。

表 5-29　VECM 估计方法结果

模型	变量	系数值	统计值	P 值
(1)	c	5.01	54.89^{***}	0.000
	P	5.34	51.58^{***}	0.000
	O	1.38	10.81^{***}	0.000
(2)	ECM_{it-1}	−0.65	-4.28^{***}	0.000
	ΔP	2.49	10.19^{***}	0.000
	ΔO	0.78	2.12^{***}	0.034
	c	0.03	7.23^{***}	0.000

对于模型(2)来说，指标变量同样在 1%的显著水平下通过了检验。在短期中，人口效率与经济发展水平之间的弹性系数为 2.49，即人口效率规模每增加 1%，带来的经济发展水平涨幅为 2.49%。人口效率规模短期内对经济增长的刺激作用很显著。人口转变与经济发展水平之间的弹性系数为 0.78，即人口转变程度每增长 1%，经济发展水平将上升 0.78%，相对来说，人口转变对经济发展水平刺激作用没那么显著。从短期来看，经济发展水平同样依靠人口效率规模与人口转变程度，同时人口效率规模对经济发展水平的正向作用更突出。面板误差修正项系数为负且通过了检验，这表明，当人口转变和人口效率偏离长期均衡时，面板误差修正模型以 0.65 的力度反向调整，将其调回均衡状态。

四、主要结论

通过对中东欧国家构建面板数据模型，进行单位根检验、协整检验与误差修正模型的实证研究，得出以下结论。

第一，从影响系数和长期指标看，人口转变对经济发展的正向作用十分明显。现阶段中东欧地区各国都处于人口转变的低位静止阶段。波兰、爱沙尼亚、立陶宛、保加利亚、匈牙利、塞尔维亚、罗马尼亚、克罗地亚、拉脱维亚、波黑、乌克兰、白俄罗斯等早已进入“后人口转变”时代；斯洛文尼亚、捷克、斯洛伐克 3 国虽出现人口负增长，但人口自然增长率并未出现长期负值，未进入“后人口转变”时代。2020 年，北马其顿、黑山 3 国未出现人口负增长。可以看出，早已进入人口转变后期的国家大多迈入高收入行列，且时间相对较早，但不是所有国家均已进入高收入行列。反之，也不是迈入高收入的国家一定进入了“后人口转变”时代，比如斯洛文尼亚、捷克和斯洛伐克。尚未进入高收入行列的 3 国，人口转变也正在进行时。

第二，人口效率对经济发展水平的激励效应十分显著。中东欧国家中，除了阿尔巴尼亚和乌克兰 2 国外，其余各国均处于中等和高人口效率水平。中东欧 19 国中，掉进中等收入陷阱的有阿尔巴尼亚、保加利亚、北马其顿、塞尔维亚、乌克兰、白俄罗斯 6 国，还未跨过中等收入陷阱的有波黑、黑山、摩尔多瓦 3 国，其余 10 国均已跨过中等收入陷阱，进入高收入行列。由此可看出，人口效率处于高水平、进入“后人口转变”的中东欧国家均已迈入高收入行列。这说明中东欧区域国民收入增长强劲，经济社会发展质量较高。中东欧各国需要继续加大人力资本和健康资本的投资，不仅应短期快速提高经济增长速度以及人民生活水平和质量，还应持续提高民众收入，并引导中东欧各相对欠发达国家开启人口质量代替数量型的经济增长模式。

第三，从发展趋势看，中东欧 19 国人口效率变化与经济发展趋势基本一致，人口效率处于低水平阶段的有阿尔巴尼亚和乌克兰，处在中等水平的有保加利亚、北马其顿、塞尔维亚、罗马尼亚、波黑、黑山、摩尔多瓦、白俄罗斯 8 国，处在高水平的有拉脱维亚、克罗地亚、斯洛伐克、捷克、匈牙利、斯洛文尼亚、立陶宛、爱沙尼亚、波兰 9 国，2020 年中东欧 19 国暂没有人口效率处于极高水平的国家。总体看，中东欧大多数国家的人口效率都呈现出乐观的发展态势。虽然中东欧各国人口效率差距较大，但均保持持续增长，发展后劲足。

第六章　中国和“一带一路”沿线国家人口发展与经济增长实证分析

第一节　沿线国家人口发展与经济增长特征

一、“一带一路”沿线国家人口发展比较

人既是生产者，也是消费者。“一带一路”沿线国家拥有的人口数量、质量、结构与分布等因素，均影响了区域各国经济社会发展水平、区域产业结构布局调整以及区域市场发展规模。同时，人口的迁移流动、城镇化发展进程与各国间人员往来等对促进区域人口经济协调发展有着重要的影响。2020 年中国和“一带一路”沿线国家人口发展阶段比较分析如表 6-1 所示。

表 6-1　2020 年中国和“一带一路”沿线国家人口发展阶段判断

国家	人口发展阶段	人口转变指数	国家	人口发展阶段	人口转变指数
中国	低位静止	0.831	伊拉克	初期加速	0.398
新加坡	低位静止	0.871	阿塞拜疆	后期减速	0.741
印度尼西亚	后期减速	0.680	格鲁吉亚	低位静止	0.846
马来西亚	后期减速	0.715	亚美尼亚	低位静止	0.823
泰国	低位静止	0.855	塞浦路斯	低位静止	0.863
越南	后期减速	0.733	埃及	中期扩张	0.502
菲律宾	后期减速	0.598	哈萨克斯坦	后期减速	0.634
柬埔寨	中期扩张	0.606	吉尔吉斯斯坦	中期扩张	0.525
缅甸	后期减速	0.727	土库曼斯坦	中期扩张	0.579

续表

国家	人口发展阶段	人口转变指数	国家	人口发展阶段	人口转变指数
老挝	中期扩张	0.583	塔吉克斯坦	中期扩张	0.428
文莱	后期减速	0.727	乌兹别克斯坦	后期减速	0.621
东帝汶	中期扩张	0.404	蒙古	中期扩张	0.576
阿富汗	初期加速	0.283	俄罗斯	低位静止	0.903
孟加拉国	后期减速	0.689	波兰	低位静止	0.91
不丹	后期减速	0.718	阿尔巴尼亚	低位静止	0.832
印度	后期减速	0.696	爱沙尼亚	低位静止	0.9
斯里兰卡	后期减速	0.722	立陶宛	低位静止	0.931
马尔代夫	后期减速	0.702	斯洛文尼亚	低位静止	0.884
尼泊尔	后期减速	0.680	保加利亚	低位静止	0.96
巴基斯坦	中期扩张	0.471	捷克	低位静止	0.89
阿联酋	后期减速	0.784	匈牙利	低位静止	0.947
科威特	后期减速	0.690	北马其顿	低位静止	0.884
土耳其	后期减速	0.720	塞尔维亚	低位静止	0.959
卡塔尔	后期减速	0.760	罗马尼亚	低位静止	0.921
阿曼	中期扩张	0.580	斯洛伐克	低位静止	0.893
黎巴嫩	后期加速	0.703	克罗地亚	低位静止	0.937
沙特阿拉伯	后期减速	0.626	拉脱维亚	低位静止	0.94
巴林	后期减速	0.707	波黑	低位静止	0.933
以色列	中期扩张	0.589	黑山	低位静止	0.861
也门	初期加速	0.382	巴勒斯坦	中期扩张	0.403
伊朗	后期减速	0.700	乌克兰	低位静止	0.954
约旦	中期扩张	0.526	摩尔多瓦	低位静止	0.928
叙利亚	中期扩张	0.547	白俄罗斯	低位静止	0.91

说明：由于人口转变指数通过人口自然增长率和总和生育率计算，因此个别国家与前文的判断标准会有些许出入，但大部分与前文判断均一致。

(一)处于人口转变低位静止阶段的国家面临人口长期均衡发展多重挑战

“一带一路”沿线66个经济体中,至2020年人口发展已处于低位静止阶段的国家分别是中国、新加坡、泰国、亚美尼亚、格鲁吉亚、塞浦路斯、俄罗斯、波兰、爱沙尼亚、阿尔巴尼亚、立陶宛、斯洛文尼亚、保加利亚、捷克、匈牙利、北马其顿、塞尔维亚、罗马尼亚、斯洛伐克、克罗地亚、拉脱维亚、波黑、黑山、乌克兰、摩尔多瓦、白俄罗斯26国,这些国家大部分已进入高收入国家行列或处在中等偏上收入国家行列,也基本都完成了人口转变,目前均处于人口低出生、低死亡、低自然增长率发展阶段,有的国家已进入“后人口转变”阶段,人口自然增长率很低,甚至中东欧有多个国家已出现长期人口负增长;同时,总和生育率长期低于更替水平,大部分国家进入了低生育率时代,有部分国家甚至掉入了低生育率陷阱,人口自然增长率为负,且这些国家人口老龄化程度较深,较长时间处在中度老龄化阶段,人口老龄化很可能抵消收入增长带来的消费水平与人均收入的提高,人口长期均衡发展面临新的挑战与发展困境,未来这些国家需进一步高度重视人口转变后期对经济社会发展产生的负面影响。

(二)处于人口转变后期减速阶段的国家面临老龄化快速发展问题

“一带一路”沿线66个经济体中,至2020年人口发展处在后期减速阶段的国家分别是印度尼西亚、马来西亚、越南、菲律宾、缅甸、文莱、孟加拉国、不丹、印度、斯里兰卡、马尔代夫、尼泊尔、阿联酋、科威特、土耳其、卡塔尔、沙特阿拉伯、黎巴嫩、巴林、伊朗、阿塞拜疆、哈萨克斯坦、乌兹别克斯坦23国。2020年,上述国家大部分依然处在中等收入行列,也有少部分国家步入高收入行列,比如卡塔尔、沙特阿拉伯等国,上述国家已基本完成人口转变进入后期减速阶段,但各国人口自然增长率高于处在低位静止阶段的国家,人口数量依然在持续增长,部分国家只是在近期才迈入老龄化社会,甚至有些国家的老年人口比重很低。可以说,未来“一带一路”沿线国家人口总量增长,很大一部分取决于当前处于后期减速阶段的国家。特别是诸如印度等人口过亿的增速较快的国家,其生育未受政策干预,同时深受宗教和文化等因素的影响,人口数量庞大而且增速快。一旦这些国家人口增速过快、增量过大,新增人口将使更多国民收入用于消费,同时足以抵消人口增加所可能导致的现有人口福利水平的下降,从而造成总消费量和人均消费量增加,进而导致总积累量和人均积累量的减少,影响人均国民收入水平的提高。

(三)处于人口转变中期扩张阶段的国家面临人口加速增长,经济发展缓慢

“一带一路”沿线66个经济体中,至2020年人口发展处在中期扩张阶段的国家分别是东帝汶、老挝、柬埔寨、巴基斯坦、阿曼、以色列、约旦、叙利亚、埃及、吉尔吉斯斯坦、土库曼斯坦、塔吉克斯坦、蒙古、巴勒斯坦 14 国，占沿线国家总量近 1/5。这些国家大部分还处在中等偏下收入阶段，人口发展也处在高出生、低死亡、高人口自然增长率阶段，人口结构依然较为年轻，大部分国家还未进入老龄化社会，且各国总和生育率较高，因此，上述国家未来较长一段时间人口将长期处于快速增长状态，将对人均收入长期增长带来稀释效应。

(四)处于人口转变初期加速阶段的国家均面临人均收入艰难增长

"一带一路"沿线 66 个经济体中，至 2020 年人口发展还处在初期加速阶段的国家共 3 个，分别是阿富汗、也门、伊拉克，数量占"一带一路"沿线经济体总量比例很低。上述 3 国长期处在低收入行列，并且人口自然增长率较高，总和生育率远高于更替水平，人口增速较快。同时，上述 3 国人口数量变动受战乱因素影响更大，经济增长缓慢，甚至有些年份为负增长，人均收入水平提高十分困难。

二、"一带一路"沿线国家人口效率比较

(一)人口效率水平极高的国家数量最少，位于东南亚与西亚地区

通过对 2019 年中国与"一带一路"沿线 65 个经济体比较，从表 6-2 中比较分析结果可看出，66 个经济体中处于极高人口效率阶段的国家仅 4 个，分别是文莱、卡塔尔、以色列和新加坡，其中东南亚地区仅有的两个发达国家均达到极高人口效率发展水平，其余两个国家地处西亚地区。上述国家从人口效率的三项指标分析结果看，均进入了最高阶段，无论是国家发展水平、劳动生产率、就业产值系数，4 国都已进入最高阶段，人口效率发展水平也进入最高阶段。同时还可看到，新加坡的人口效率是 66 个经济体中水平最高的，接近 1，表明该国人口和经济均进入真正意义上的高质量发展阶段，经济社会可持续发展能力强。也就是说，如果其他各国均快速进入高或者极高人口效率阶段，各国人均收入水平将快速提高，同时也可持续保持在高收入行列或尽快进入高收入行列。

表 6-2 2019 年中国与"一带一路"沿线国家人口效率比较分析

国家	人口效率指数	人口效率级别	国家	人口效率指数	人口效率级别
中国	0.399	低	伊拉克	0.432	中等
新加坡	0.966	极高	阿塞拜疆	0.360	低

续表

国家	人口效率指数	人口效率级别	国家	人口效率指数	人口效率级别
印度尼西亚	0.330	低	格鲁吉亚	0.396	低
马来西亚	0.515	中等	亚美尼亚	0.415	中等
泰国	0.397	低	塞浦路斯	0.605	高
越南	0.281	低	埃及	0.391	低
菲律宾	0.325	低	哈萨克斯坦	0.495	中等
柬埔寨	0.221	低	吉尔吉斯斯坦	0.272	低
缅甸	0.229	低	土库曼斯坦	0.395	低
老挝	0.255	低	塔吉克斯坦	0.267	低
文莱	0.814	极高	乌兹别克斯坦	0.291	低
东帝汶	0.235	低	蒙古	0.352	低
阿富汗	0.188	极低	俄罗斯	0.520	中等
孟加拉国	0.247	低	波兰	0.616	高
不丹	0.298	低	阿尔巴尼亚	0.388	低
印度	0.280	低	爱沙尼亚	0.679	高
斯里兰卡	0.385	低	立陶宛	0.655	高
马尔代夫	0.401	中等	斯洛文尼亚	0.750	高
尼泊尔	0.211	低	保加利亚	0.492	中等
巴基斯坦	0.228	低	捷克	0.702	高
阿联酋	0.769	高	匈牙利	0.613	高
科威特	0.726	高	北马其顿	0.429	中等
土耳其	0.596	中等	塞尔维亚	0.451	中等
卡塔尔	0.843	极高	罗马尼亚	0.573	中等
阿曼	0.495	中等	斯洛伐克	0.620	高
黎巴嫩	0.440	中等	克罗地亚	0.621	高
沙特阿拉伯	0.788	高	拉脱维亚	0.610	高
巴林	0.617	高	波黑	0.445	中等
以色列	0.889	极高	黑山	0.516	中等

续表

国家	人口效率指数	人口效率级别	国家	人口效率指数	人口效率级别
也门	0.164	极低	巴勒斯坦	0.377	低
伊朗	0.430	中等	乌克兰	0.366	低
约旦	0.433	中等	摩尔多瓦	0.405	中等
叙利亚	0.246	低	白俄罗斯	0.423	中等

（二）人口效率较高的国家大多位于中东欧地区，多数为发达国家

“一带一路”沿线 66 个经济体中，已进入高人口效率阶段的国家共计 14 个，分别是阿联酋、科威特、沙特阿拉伯、巴林、塞浦路斯、爱沙尼亚、立陶宛、斯洛文尼亚、捷克、拉脱维亚、匈牙利、克罗地亚、波兰、斯洛伐克，占“一带一路”沿线国家总数量的 21.2%。这些国家经济社会发展良好，大部分已进入发达国家行列，且民众收入水平高，人类发展指数也达到了较高水平，国家的劳动生产率、就业人口对人均 GDP 的贡献率、就业产值系数都较高。这些国家均处在西亚地区和中东欧地区。

（三）人口效率中等水平的国家大多位于西亚与中东欧地区

“一带一路”沿线 66 个经济体中，处于中等人口效率阶段的国家共 19 个，分别是马来西亚、马尔代夫、土耳其、阿曼、黎巴嫩、伊朗、约旦、伊拉克、亚美尼亚、哈萨克斯坦、俄罗斯、保加利亚、北马其顿、塞尔维亚、罗马尼亚、波黑、黑山、摩尔多瓦、白俄罗斯，占“一带一路”沿线国家总量的 28.8%。这些国家社会和经济发展能力较强，且大部分国家处在“一带一路”沿线分区域的西亚地区和中东欧地区，两个区域均占据了十分优越与重要的地理位置，上述国家人口效率虽没有达到高水平，但各国人类发展指数均处在中等及以上水平。各国劳动生产率和就业产值系数的影响较大，导致各国人口效率均没有达到高水平发展阶段，说明上述国家需尽快提高人口素质与劳动生产率。

（四）低人口效率国家数量最多，人类发展指数参差不齐

“一带一路”沿线 66 个经济体中，还处在低人口效率阶段的国家有 27 个，占“一带一路”沿线国家总量超过 1/3，分别是中国、印度尼西亚、泰国、越南、菲律宾、柬埔寨、缅甸、老挝、东帝汶、孟加拉国、不丹、印度、斯里兰卡、尼泊尔、巴基斯坦、叙利亚、阿塞拜疆、格鲁吉亚、埃及、吉尔吉斯斯坦、土库曼斯坦、塔吉克斯坦、乌兹别克斯坦、蒙古、阿尔巴尼亚、乌克兰、巴勒斯坦。上述国家尚未进入高收入行列，还有一部分国家被联合国认定为最不发达

的经济体，其社会经济发展水平、人类发展指数、就业人口的人均 GDP 等指标都很低，导致这些国家的人口效率 2019 年依然处于低水平阶段。同时还应注意到，埃及、土库曼斯坦、格鲁吉亚、泰国和中国的人口效率已接近 0.4，即将向中等人口效率阶段迈进，这几个国家的发展水平较该阶段内的其他国家指标值相对更高，上升速度较快，虽然均为发展中国家，但整体经济发展能力不错，发展实力较强，其中有些国家的人类发展指数已处在高水平，甚至有国家已进入极高水平，经济社会发展前景良好。同时，人口效率水平较低的原因主要是受到就业人口和劳动生产率两项指标均较低的影响，为此需要重点从人口质量上多下功夫。

（五）极低人口效率国家，经济发展落后

“一带一路”沿线 66 个经济体中，还处在极低人口效率阶段的国家有 2 个，分别是也门和阿富汗。这两个国家的经济社会发展十分落后，劳动生产率极低，就业人口所创造的社会价值与 GDP 贡献率也十分低，人口效率未能得到有效、充分开发，并且上述两国人类发展指数均处在低人类发展指数阶段，就业、经济均处于极低发展状态，需要引起上述两国与全球高度关注，以更好地推进全球经济一体化与和平稳定发展。

三、“一带一路”沿线国家经济发展比较分析

通过对 2020 年中国与“一带一路”沿线 65 个经济体的经济发展比较分析可见（见表 6-3），已迈入高收入行列的国家共 21 个，分别是新加坡、文莱、阿联酋、科威特、土耳其、卡塔尔、阿曼、沙特阿拉伯、巴林、以色列、塞浦路斯、波兰、爱沙尼亚、立陶宛、斯洛文尼亚、捷克、匈牙利、罗马尼亚、斯洛伐克、克罗地亚、拉脱维亚。这些国家大多位于中东欧和西亚、北非地区，其中位于中东欧的国家共 11 个，且各国在迈进高收入行列的时效上具有基本一致性。11 个中东欧国家中有 9 国是在 2004～2008 年就迈入了高收入国家行列。位于西亚、北非的 8 个高收入国家，自 1990 年世界银行数据库有数据记录与收入阶段划分以来就已进入高收入国家且一直延续至今，说明上述国家保持长期经济稳定增长与收入水平稳定提高的态势。东南亚地区仅有新加坡和文莱 2 国的 GDP 总量、人均 GDP、就业产值系数与人均 GNI 等指标值均比较高。同时可以看出，“一带一路”沿线已进入高收入国家的共性特征是，自然资源十分丰富，人口素质较高，人类发展指数、人口效率与就业产值系数等指标均高，人均 GNI 不仅高还能实现稳步增长。上述国家已于 20 世纪 90 年代后至 21 世纪 10 年代就已成功迈入高收入国家行列。未来，中国持续稳步地与上述国家在对外经济贸易、人员往来、技术创新和自然

资源开发合作等方面开展区域合作，将有利于各区域经济社会更健康发展。

表 6-3　2020 年中国与“一带一路”沿线经济体经济发展比较分析

国家	收入类型	国家	收入类型	国家	收入类型
中国	中等偏上收入	土耳其	高收入	蒙古	中等偏下收入
新加坡	高收入	卡塔尔	高收入	俄罗斯	中等偏上收入
印度尼西亚	中等偏上收入	阿曼	高收入	波兰	高收入
马来西亚	中等偏上收入	黎巴嫩	中等偏上收入	阿尔巴尼亚	中等偏上收入
泰国	中等偏上收入	沙特阿拉伯	高收入	爱沙尼亚	高收入
越南	中等偏下收入	巴林	高收入	立陶宛	高收入
菲律宾	中等偏下收入	以色列	高收入	斯洛文尼亚	高收入
柬埔寨	中等偏下收入	也门	低收入	保加利亚	中等偏上收入
缅甸	中等偏下收入	伊朗	中等偏上收入	捷克	高收入
老挝	中等偏下收入	约旦	中等偏下收入	匈牙利	高收入
文莱	高收入	叙利亚	中等偏下收入	北马其顿	中等偏上收入
东帝汶	中等偏下收入	伊拉克	中等偏上收入	塞尔维亚	中等偏上收入
阿富汗	低收入	阿塞拜疆	中等偏上收入	罗马尼亚	高收入
孟加拉国	中等偏下收入	格鲁吉亚	中等偏上收入	斯洛伐克	高收入
不丹	中等偏下收入	亚美尼亚	中等偏上收入	克罗地亚	高收入
印度	中等偏下收入	塞浦路斯	高收入	拉脱维亚	高收入
斯里兰卡	中等偏下收入	埃及	中等偏下收入	波黑	中等偏上收入
马尔代夫	中等偏上收入	哈萨克斯坦	中等偏上收入	黑山	中等偏上收入
尼泊尔	中等偏下收入	吉尔吉斯斯坦	中等偏下收入	巴勒斯坦	中等偏上收入
巴基斯坦	中等偏下收入	土库曼斯坦	中等偏上收入	乌克兰	中等偏下收入
阿联酋	高收入	塔吉克斯坦	中等偏下收入	摩尔多瓦	中等偏上收入
科威特	高收入	乌兹别克斯坦	中等偏下收入	白俄罗斯	中等偏上收入

“一带一路”沿线经济体中，目前还处在中等偏上收入阶段的国家有 23 个，分别是中国、印度尼西亚、马来西亚、泰国、马尔代夫、黎巴嫩、伊朗、伊拉克、阿塞拜疆、格鲁吉亚、亚美尼亚、哈萨克斯坦、土库曼斯坦、俄罗斯、阿尔

巴尼亚、保加利亚、北马其顿、塞尔维亚、波黑、黑山、巴勒斯坦、摩尔多瓦、白俄罗斯。这些国家大多位于南亚、东南亚和中亚地区，有的国家长期停留在中等收入阶段，例如哈萨克斯坦、土库曼斯坦、马尔代夫、斯里兰卡、马来西亚、泰国等，上述国家在中等收入阶段停留的时间均已超过30年，且老龄化程度在加深，基于基本判断已陷入中等收入陷阱。其中，中国也在此阶段已停留了20多年，但距离高收入行列的最低门槛值差值较小，虽然中国经济增速在放缓，但仍缓慢增长，相较而言，短期进入高收入行列的可能性很大。

“一带一路”沿线经济体中，目前还处在中等偏下收入阶段的国家有20个，分别是越南、菲律宾、柬埔寨、缅甸、老挝、东帝汶、孟加拉国、不丹、印度、斯里兰卡、尼泊尔、巴基斯坦、约旦、叙利亚、埃及、吉尔吉斯斯坦、塔吉克斯坦、乌兹别克斯坦、蒙古、乌克兰。这些国家大多位于东南亚、南亚地区，受国内政局、地区局势不稳定以及世界复杂经济局势变化等因素的综合影响，经济发展水平不高、发展能力有限、发展速度缓慢，均没有进入中等偏上收入阶段，而且有些国家在中等收入阶段停留的时间较长，短期内进入高收入阶段的概率较低。

“一带一路”沿线经济体中，目前还处在低收入阶段的国家有2个，即阿富汗和也门。阿富汗受自身特殊的地理区位和多年战乱等因素的影响，基本生活设施遭受极大破坏；也门人口自然增长率较高，过度放牧导致沙漠化日渐严重，其经济发展缓慢，国民受教育年限较短，人口素质较低，国民收入增长十分艰难，民众生活较为贫困。2国首先要考虑的是如何尽快进入中等收入国家行列。

第二节　人口发展驱动经济增长的实证分析

一、人口发展与经济增长聚类分析

（一）指标体系构建

根据研究主题与内容的需要，本着指标选取的代表性、科学性、独立性、可操作性原则，参考以往相关研究文献，本章围绕人口数量、人口质量、人口结构、人口分布、人口迁移、经济总量、经济质量、投资与贸易、产业就业等，选取23项指标，用以构建“一带一路”沿线国家人口与经济发展特征指标体系。

（二）主成分分析的KMO检验

对数据进行主成分分析的可行性检验，由KMO和Bartlett检验结果

(见表 6-4)可知,自由度 df=253,KMO=0.666>0.6,Bartlett 球形检验卡方统计量为 381.919,同时 Bartlett 检验的伴随概率为 0.000,小于显著水平 0.05,检验结果表明适用于主成分分析。

表 6-4　KMO 和 Bartlett 检验

KMO 取样适切性量数		0.666
Bartlett 球形度检验	近似卡方	381.919
	自由度	253
	显著性	0.000

(三)结果分析

通过采用方差最大化正交旋转的方法,对主成分的特征向量进行旋转,分析结果表 6-5 所示。第一主成分对人口自然增长率、总和生育率、城镇人口增长率、粗出生率的载荷大,因此这一主成分主要反映的是一个国家的人口增长和城镇化发展水平。第二主成分对人均 GDP 增长率、GNI 增长有较大的负荷系数,因此第二主成分指标主要反映一个国家的总体经济增长情况。第三主成分对人口总数、GDP、国民总收入、净货物贸易的载荷大,因此第三主成分主要反映的是一个国家的总体经济情况。第四主成分对 15 岁(含)以上总就业人口比率、人均 GDP、贸易额有较大的负荷系数,因此第四主成分主要反映的是一个国家的就业发展情况。第五主成分对高等院校入学率、货物和服务对外贸易差额的载荷大,因此第五主成分主要反映一个国家的外贸投资实力。第六主成分对服务贸易额、贸易额、人均 GNI、GDP 增长率的载荷大,因此第六主成分主要反映的是一个国家的人均国民收入情况。

表 6-5　旋转后的成分矩阵

	1	2	3	4	5	6
65 岁和 65 岁以上的人口(占总人口的百分比)	−0.133	0.062	−0.032	−0.071	0.002	0.070
人口自然增长率(年度百分比)	0.122	−0.074	0.019	0.121	0.057	0.053
城镇人口(占总人口比例)	−0.065	−0.150	0.067	0.079	0.199	−0.009
城镇人口增长率(年增长率)	0.130	−0.021	0.039	0.102	−0.07	0.041
总和生育率(女性人均生育数)	0.130	0.012	−0.036	−0.059	0.190	0.160

续表

	1	2	3	4	5	6
粗出生率(每千人)	0.138	0.011	−0.044	−0.060	0.111	0.139
粗死亡率(每千人)	−0.110	0.108	−0.059	−0.132	−0.006	0.049
老年抚养比(占工作年龄人口的百分比)	−0.129	0.065	−0.039	−0.077	0.012	0.067
人口总数	0.015	0.080	0.220	−0.058	−0.067	−0.078
GDP(现价美元)	−0.003	0.079	0.270	−0.011	0.011	0.057
GDP 增长率(年百分比)	0.043	0.201	−0.055	0.117	−0.056	0.224
15 岁(含)以上总就业人口比率(百分比)(模拟劳工组织估计)	0.006	−0.007	0.050	0.271	−0.281	−0.197
少儿抚比率(占工作年龄人口的百分比)	0.129	0.037	−0.051	−0.091	0.137	0.132
国民总收入(GNI)(现价美元)	−0.003	0.080	0.270	−0.012	0.011	0.057
服务贸易额(占国民生产总值比例)	−0.056	−0.079	−0.047	0.168	0.046	0.420
贸易额(占国民生产总值比例)	−0.060	−0.048	−0.072	0.204	−0.034	0.359
人均 GDP(现价美元)	−0.055	−0.121	0.046	0.217	0.041	0.003
人均 GDP 增长率(年增长率)	−0.003	0.223	−0.057	0.072	−0.073	0.197
人均 GNI(不变价本币单位)	0.022	−0.102	0.030	−0.139	−0.448	0.342
GNI 增长(年度百分比)	0.017	0.197	−0.034	0.156	−0.112	0.089
高等院校入学率(占总人数的百分比)	−0.043	−0.02	0.061	−0.056	0.392	0.376
净货物贸易(BoP,现价美元)	−0.015	0.014	0.229	0.061	0.082	0.210
货物和服务对外贸易差额(现价本币单位)	−0.012	0.126	−0.035	0.180	0.342	−0.312

二、“一带一路”沿线国家人口发展驱动经济增长聚类结果

利用上述主成分分析得到六个主成分，使用 SPSS 25.0 软件对“一带一路”沿线国家进行系统聚类分析得到谱系(见图 6-1)，分析可见，“一带一路”沿线国家大致可以分为以下 8 类。

第一类仅有新加坡，其典型特征是人口效率即将达到 1，该国人口在经济价值创造方面非常高效，人均国民收入水平也很高，人口数量相对稳定，虽然人口结构呈现老龄化特征，但劳动年龄人口占比相对较高，尚未出现人口负增长的情况，也还没有进入“后人口转变”阶段，这意味着其人口结构仍然相对年轻。新加坡已经成功进入高收入行列，并且有能力和实力持续保持在该水平，该国可通过有效的经济政策和创新发展战略，进一步巩固其在高收入国家行列的位置。此外，还可通过教育、医疗和社会福利等领域的质量改进来增强其社会发展和提升人民的生活水平，通过完善的人才培养体系持续保持较高的人口效率。

第二类典型的国家包括不丹、孟加拉国、巴基斯坦、老挝、菲律宾、缅甸等，这类国家的人口转变大多处于中期扩张或后期减速阶段，这意味着其人口增长率逐渐趋于平稳，面临着人口红利逐渐减弱的挑战。虽然这类国家拥有发展潜力，但也面临一系列其他问题，例如缺乏足够的教育资源和技能培训机会，人均受教育年限不高，高等教育入学率相对较低，限制了人力资本的发展，基础设施建设不足导致生产力受限，影响了经济增长潜力的发挥，因此这类国家人口创造社会财富的能力较弱，人口效率也较低，在跻身中等偏上收入行列或高收入行列方面面临着巨大困难。这类国家需要努力促进经济结构转型和升级，以提高人口的创造力和劳动生产率。

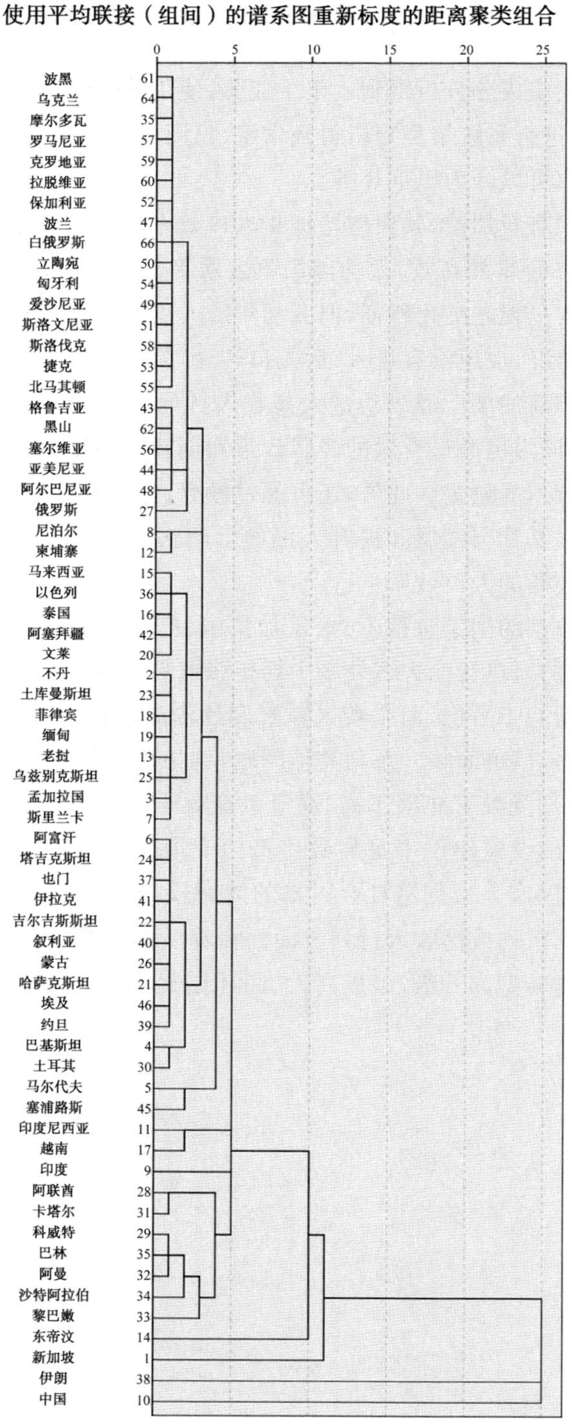

图 6-1 “一带一路”沿线国家系统聚类分析谱系

第三类包含的典型国家是印度和越南，这两个国家的劳动年龄人口十分年轻，意味着它们拥有充足的劳动力资源。然而，人力资本存量不高，面临着就业弹性系数和产业弹性系数较低的问题。因此，这两个国家的人口效率相对较低，经济发展速度缓慢。目前，这两个国家正处于人口转变的后期减速阶段，人口总量仍在稳步增长，但人均国民收入的提高速度相对较慢，要想进入高收入行列，需要花费相当长的时间。然而，由于国内劳动年龄人口的年轻化和劳动力资源的丰富，这两个国家也具备了发展的潜力，可持续通过提高人口受教育水平和技能水平，以提高人力资本存量，促进人口效率的提升和社会经济的全面发展。

第四类包含的典型国家如中国，这类国家的人力资源十分丰富，人口活力强，人口经济发展状况较好，国民收入稳步增长，表现出较强的创造社会财富的能力。同时，就业弹性和产业弹性系数较高，这意味着它们具备较高的适应能力和产业转型能力。这类国家的人口效率相对较高，人口转变处于低位静止阶段，面临着尽快从数量型发展转向转化型、技术型和质量型发展的挑战。在这类国家的未来发展中，重点是稳步提高人均国民收入水平，这意味着国家需要更加注重创新和技术发展，转变经济增长模式，通过不断提高劳动者的知识与技能水平，加强科技创新和质量控制，并实现经济转型与升级。在实施转型的过程中，关键是提高人口的综合素质和培养高素质人才，以保持人力资源的竞争力，促进可持续发展，这也将有助于实现经济结构的优化和提升国民生活水平。

第五类典型国家包括印度尼西亚、马尔代夫、塞浦路斯、哈萨克斯坦、蒙古、土耳其等国，这类国家人口经济发展适中，人力资源较为丰富，国民收入提高相对缓慢，人口效率处于中等发展水平，未来还需要提高高等教育入学率，提高人均受教育年限，可加大高等教育的普及力度，确保更多的年轻人能够接受到高质量的教育，长期来看，这将增加人们的就业机会和促进职业发展，从而促进国家整体的经济增长和社会发展。同时，这类国家需要进一步提升实现民众收入提高的能力，这可以通过改善产业结构和推动经济多元化来实现，促进创新和技术发展，提升科技水平和生产力。此外，需注重发展可持续的社会保障体系，提供更好的社会福利和保障，以提高人民的生活质量和幸福感。总之，这类国家在人口经济发展方面已取得一定进展；然而，仍需要在教育领域、就业机会和收入水平方面加以改善，以实现全面的人类发展和国家繁荣。

第六类典型国家是东帝汶等国，这类国家在经济和社会发展方面相对落后，面临着人口效率较低的挑战，意味着人口在创造社会财富方面的能力相对较弱，并且民众的收入水平也较低。为了迎接未来的挑战并促进经济发展，需要持续注重教育体系的改革，包括提供质量较高且普及的教育，积极推行技能培训和职业教育计划，以使人民具备更多的知识和技能，从而提高其竞争力。为了实现人口与经济的协调发展，这类国家还应该关注产业结构的调整和升级，在经济转型过程中更好地利用人口资源，使其更适应现代化的经济需求，通过综合和有针对性的政策措施，减少贫困，为民众发展提供更多的机会，并促进社会的稳定与繁荣。

第七类典型国家具体包括阿联酋、科威特、阿曼、黎巴嫩、沙特阿拉伯等，这几个国家均属于西亚、北非地区，石油资源丰富，人口城镇化率高，经济发展快，发展能力强，主要源于上述国家人口效率高，民众创造社会财富能力强，无论是在科技创新、产业升级还是高质量发展方面，这类国家都及时制定了符合本国国情的政策与发展模式，加快产业升级和转型的进程。这样的努力使得人民生活水平显著提高，人口转变的进程也加快，并且实现了国民收入高水平的持续健康发展。

第八类典型国家包括伊朗、叙利亚等国家，这类国家依赖于石油加工与处理等资源相关产业来推动经济发展。由于资源丰富和开发能力较强，其发展能力也较强，然而，这类国家的发展进程面临着多种复杂因素的影响，尽管经济发展较快，但人口素质的提高相对较慢，人口效率仍处于中等水平，因此需要着重提高人口素质，以促进国家经济的快速发展。为了实现人口素质的提升，这类国家需要致力于改善教育体系、培养技术人才和提供良好的医疗保健服务，通过提高全民健康水平和健全社会保障机制，可以增强民众的福利感和幸福感，促进社会稳定和经济发展的良性循环。通过推动经济多元化和提供更加包容的就业机会，这类国家能够为民众提供更多的收入来源，改善他们的生活质量。因此，尽管这类国家已经取得了一定的经济发展成就，但仍然需要加大力度改善人口素质并提高全面素质，以实现经济的快速发展和民众收入水平的稳步提高。

第三节　“一带一路”沿线国家人口发展与经济增长实证分析

一、数据来源与变量设定

（一）指标选取与数据来源

这里选取“一带一路”沿线经济体中的六大区域①，以人均 GNI 为实证分析中的被解释变量，用该指标测算经济发展状况。该指标取值越大，说明该区域的经济发展水平越高。核心自变量是人口效率和人口转变指数。人口效率指数（P）这一指标反映的是该地区人口实现其生产功能与消费功能以及人口—社会复合系统的运行过程，从而发挥人口在“人口—资源—环境”系统协调中的有效性。人口效率指数越高，反映该地区的人力资本与劳动力储蓄就越充足，这种集聚效应衍生出派生效应，进而有利于资源整合。人口转变指数（O）指的是人口稳定均衡条件下的人口零增长与准均衡条件下可能出现的人口零增长。人口转变指数越大，则该地区的人口与社会经济条件变化程度越深。为了消除异方差的影响，对人均国民总收入进行取对数处理，变量分别为 $\ln GNI_{it}$、P、O，如表 6-6 所示。

表 6-6　变量名称及含义

变量类型	变量名称	变量符号	指标含义
因变量	经济发展水平	$\ln GNI$	表示区域经济发展状况
核心自变量	人口效率指数	P	表示区域发挥人口价值
	人口转变指数	O	表示区域现代化程度

数据主要来源于世界银行数据库官网、联合国人口司官网以及各国政府官网统计网站相关资料。利用“一带一路”沿线 65 个经济体和中国的区域截面数据，运用 1990～2020 年的时间序列数据，构建面板数据模型。

（二）变量说明

表 6-7 为主要变量的描述性结果统计，各变量指标的均值与其中位数比较接近，表明样本接近正态分布。

① 以下计算与研究不再重复说明，区域分为东南亚、南亚、中亚与东北亚、西亚北非、中欧五个地区。

表 6-7 变量描述性结果统计

变量类型	变量名称	符号	均值	标准差	最小值	最大值	中位数
因变量	经济发展水平	ln*GNI*	8.01	1.39	4.70	11.30	8.00
核心自变量	人口效率指数	*P*	0.41	0.20	0.12	0.97	0.36
	人口转变指数	*O*	0.69	0.21	0.01	1.06	0.71

就经济发展水平而言，其均值为 8.01，标准差为 1.39，最大值和最小值分别为 11.30 和 4.70。为了衡量人口效率与人口转变对经济发展水平的贡献状况，对其进行有效的回归，人口效率指数和人口转变指数的均值分别为 0.41 和 0.69，其标准差分别为 0.20 和 0.21，最小值分别为 0.12 和 0.013，最大值分别为 0.97 和 1.06。综上分析可知，“一带一路”沿线各国人口效率以中等人口效率水平为主，且人口转变大多处于低位静止与后期减速阶段。

此外，模型中重要的变量指标之间相关系数均呈现出显著相关性(见表 6-8)。仅从简单相关系数判断，经济发展水平与人口效率具有显著的正相关关系，r 为 0.914。虽然各变量间有高度的相关性，但都在可接受的范围内，并不会影响实证部分的结果。其中，经济发展水平与人口转变显著正相关，r 为 0.424；同样地，人口效率与人口转变也显著正相关，r 为 0.302。这体现了经济发展水平与人口效率之间的正相关关系伴随着人口转变不断地向现代化发展进程迈进而愈发显著。

表 6-8 变量的相关系数矩阵

变量	ln*GNI*	*P*	*O*
ln*GNI*	1.000		
P	0.914***	1.000	
O	0.424***	0.302***	1.000

说明：*** 表示在 1%统计意义上显著。

二、实证结果分析

为了更直观地了解人口效率、人口转变与经济发展水平三者之间的关系，用 stata 16 描绘散点图(见图 6-2)。

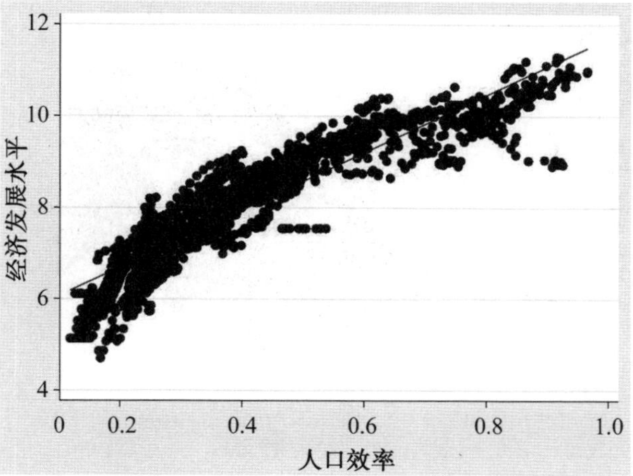

图 6-2　"一带一路"沿线国家经济发展水平与人口效率散点图

资料来源：经济发展水平的数据来源于世界银行数据库相关统计数据，人口效率来源于世界银行以及人类发展指数官网相关统计数据。

从图 6-2 可知，经济发展水平与人口效率基本呈同步正向方向增长。由图 6-3 的坐标可知，有三个明显的人口效率的临界值，当人口效率为 0.2～0.6时，经济发展水平主要集中在 6.0～9.0，且两者的正向关系愈加明显。而当人口效率为 0.6～0.95 时，经济发展水平呈现明显的分化态势，其根本原因在于各国劳动参与率存在显著差异。[①] 随着人口效率水平的提高，各国经济发展水平的差异相对较大；当人口效率为 0.95～1.0 时，经济发展水平的变动反而较小，且各国经济发展相对更为稳定，民众收入提高也更为稳健。

由图 6-3 可知，人口转变与经济发展水平呈现典型的正相关关系。特别是当人口转变为 0.9～1.0 时，经济发展水平为 7.0～9.0，呈密集分布的状态。简单地看，随着各国现代化进程的加快，国民收入水平越来越高，人民生活质量越来越好，经济发展越来越快。

由图 6-4 可知，人口转变与人口效率同样具有明显的正向作用。由图 6-3 坐标可得，人口转变阶段处于后期减速到低位静止时，各国人口效率指数也相对较高，大多国家处于中等效率甚至是高效率水平阶段。

---

① 参见李建民、王晶晶：《人口老龄化背景下经济增长的国际比较》，《南开学报》(哲学社会科学版)2020 年第 4 期。

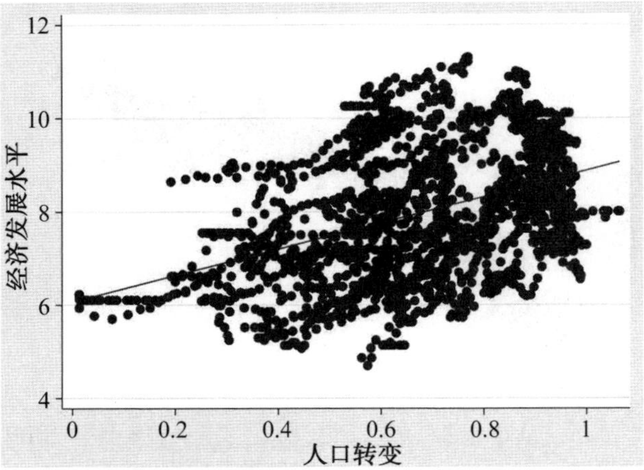

图 6-3 “一带一路”沿线国家人口转变与经济发展水平散点图

资料来源：人口转变与经济发展水平的数据都来源于世界银行数据库相关统计数据。

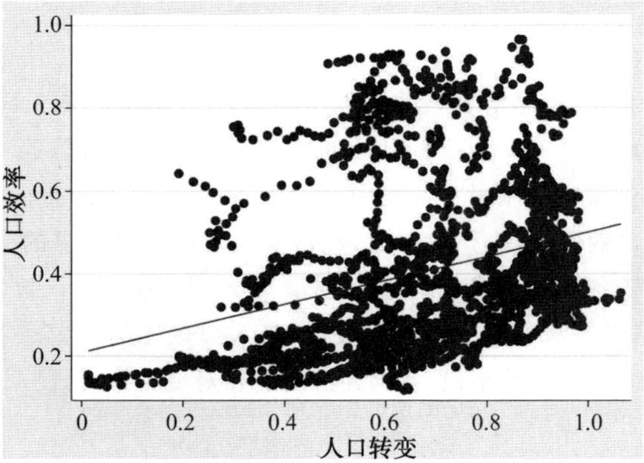

图 6-4 人口转变与人口效率散点图

通过上述散点图进行描述性分析后，对三者之间的关系有了更为清晰、更为具体的理解。接下来将通过各种识别方法进一步检验以及揭示人口转变和人口效率与经济增长的关系。

(一)单位根检验

如表 6-9 所示，在没有差分的条件下，lnGNI、P 和 O 是非平稳序列，P 值均大于 0.01，说明接受原假设，认为存在单位根。为了得到平稳序列，故采用一阶差分的形式。经过一阶差分之后，lnGNI、P 和 O 均变成平稳序列，即三个研究变量都是一阶单整序列，因此具备协整条件。

表 6-9　面板数据的单位根检验

变量	LLC		IPS		是否单整
	统计值	*P* 值	统计值	*P* 值	
$\ln GNI_{it}$	−3.87	0.02	−2.09	0.02	否
$\Delta\ln GNI_{it}$	−16.04***	0.00	−14.21***	0.00	I(1)
P	−4.48	0.02	−1.746	0.05	否
ΔP	−21.74***	0.00	−20.31***	0.00	I(1)
O	−7.57	0.02	−2.12	0.21	否
ΔO	−8.34***	0.00	−9.14***	0.00	I(1)

说明：*** 表示在 1%的统计意义上显著。

(二)面板数据的协整检验

在进行如表 6-10 所示的 Kao 协整检验时，选用的核函数为 Bartlett，检验统计量为调整的 DF 统计量、DF 统计量以及 ADF 统计量，主要看 ADF 统计量检验值。由于其 P 值小于 0.01，在 1%的置信水平上拒绝原假设，说明变量之间存在长期协整关系。

表 6-10　Kao 协整检验

检验统计量	统计值	*P* 值
Modified Dickey-Fuller *t*	−32.05***	0.000
Dickey-Fuller *t*	−19.11***	0.000
Augmented Dickey-Fuller *t*	−18.56***	0.000

如表 6-11 所示，Pedroni 协整检验统计量分别是调整的 PP 统计量、PP 统计量以及 ADF 统计量。其 P 值全部小于 0.05，在 5%的置信水平上拒绝原假设，因此认为变量之间存在协整关系。通过上述两个协整检验可知，变量之间存在长期协整关系。

表 6-11　Pedroni 协整检验

检验统计量	统计值	*P* 值
Modified Dickey-Fuller *t*	−2.94***	0.021
Dickey-Fuller *t*	−13.69***	0.000

续表

检验统计量	统计值	P 值
Augmented Dickey-Fuller *t*	−11.06***	0.000

(三)面板数据的误差修正模型

如表 6-12 所示,对于模型(1)而言,指标均在 1%的显著水平下通过了检验。从长期来看,人口效率与经济发展水平之间的弹性系数为 5.94,即人口效率每增长 1%,经济发展能力提升幅度为 5.94%。人口转变与经济发展水平的弹性系数为 1.08,即人口转变越往后人口转变阶段迈进,各国人口转变指数每增长 1%,经济发展将提高 1.08%。这说明在历史长河中,“一带一路”沿线各国的经济发展水平受其人口转变和人口效率的影响较大。相比较来说,各国人口效率对经济发展水平的正向影响更加显著。

表 6-12　VECM 估计方法结果

模型	变量	系数值	统计值	P 值
(1)	c	4.84	114.76***	0.000
	P	5.94	97.85***	0.000
	O	1.08	18.41***	0.000
(2)	ECM_{it-1}	−0.62	−4.32***	0.000
	ΔP	3.84	23.17***	0.000
	ΔO	0.62	4.42***	0.000
	c	0.03	14.91***	0.000

从模型(2)看,指标变量同样在 1%的显著水平下通过了检验。短期中,人口效率与经济发展水平之间的弹性系数为 3.84,即人口效率指数每增加 1%,经济发展水平涨幅可以达到 3.84%,这说明人口效率规模短期内对经济增长的刺激作用十分显著。人口转变与经济发展水平之间的弹性系数为 0.62,即各国人口转变指数每增长 1%,经济发展水平就可增长 0.62%。人口转变指数的增长对经济发展的刺激作用没那么显著。从短期来看,经济发展水平同样依靠人口效率水平与人口转变程度,人口效率对经济发展水平的正向作用更为突出。面板误差修正项系数为负值且通过了检验,这表明,当人口转变和人口效率偏离长期均衡时,面板误差修正模型以 0.62 的力度反向调整,将其调回均衡状态。

三、主要研究结论

通过构建面板数据模型，进行单位根检验、协整检验与误差修正模型的实证研究，得出以下结论。

一是不管时间长短，各国人口转变进程的推进与人口效率水平的提高，均有利于经济社会发展，这与相关理论以及众所周知的认知是一致的。从影响系数看，无论长期运行还是短期发展，人口效率的提升对经济社会发展的正向作用明显高于人口转变进程，也就是说，提高人口效率水平更有利于促进经济发展。

二是从人口效率贡献看，长期有效的人口效率水平的提升对经济发展水平的刺激作用与贡献率较大。由误差修正模型可知，长期有效的人口效率指数对经济发展的贡献是短期的1.55倍，主要是因为人口效率指标是由劳动生产率、产业就业人口、人均GDP或GNI以及人类发展指数等指标构成的，尤其是人力资本中的教育资本存量和健康资本存量对经济发展水平的影响很难在短期内得到显现。这表明需要加大对经济发展较为落后区域的人力资本和健康资本的投资，充分提升区域各国的人口效率，充分发挥人口效率对经济的推动与贡献作用。同时还应充分提高各国人口所创造的社会价值，提高劳动生产率、人民生活水平和发展质量，并引导“一带一路”六大区域中欠发达国家开启从人口数量型经济发展向质量型经济发展模式的转变，提高民众收入水平。

三是从人口转变看，相较于短期的人口转变进程来说，长期人口转变进程特别是进入低位静止阶段对经济的贡献较大。中东欧、西亚北非大部分国家以及东南亚地区的文莱、泰国和新加坡等国处在低位静止阶段，中东欧地区的保加利亚、波兰、爱沙尼亚、克罗地亚、罗马尼亚、塞尔维亚、波黑、匈牙利、立陶宛和拉脱维亚等已进入“后人口转变”时代，“一带一路”六大区域其他国家处于人口转变的中期扩张和后期减速阶段，其人口结构还在发生变化，人口自然增长率和生育率水平都比较高，人口结构偏向年轻型。“一带一路”沿线经济体仅阿富汗和也门处于人口转变的初级加速阶段。结合人口转变对经济发展水平的影响，对处于后期减速、中期扩张与初级加速的国家，应坚持开发人口红利，提高人口质量，让人口创造出更高的社会价值与经济财富，尽快向高收入国家行列迈进。从长期看，人口转变进程向现代化迈进，实现区域产业结构升级与不断调整，在数字化、科技化和信息时代积极带动区域经济增长与发展，产生长期影响效应。

第七章 “一带一路”倡议下中国与各区域人口经济发展路径

共建“一带一路”倡议提出以来，从夯基垒台、立柱架梁到落地生根、持久发展，共建“一带一路”朋友圈越来越大，合作质量越来越高，发展前景越来越好[①]，发展成效越来越有底气，搭建起当今世界范围最广、规模最大的国际重要合作平台。截至 2022 年 7 月底，中国已与 140 多个国家、30 多个国际组织签署了 200 多份“一带一路”合作文件，累计与 20 多个共建国家建立了双边本币互换安排，在 10 多个共建国家建立了人民币清算安排。截至 2022 年 8 月底，中欧班列累计开行近 6 万列，货值累计近 3000 亿美元，共铺画 82 条运输线路，通达欧洲 24 个国家 200 个城市。截至 2022 年 6 月，中国与“一带一路”沿线国家货物贸易额累计约 12 万亿美元，对沿线国家非金融类直接投资超过 1400 亿美元。[②]

第一节 中国—东南亚国家人口经济发展路径

随着“一带一路”倡议的提出，中国—东南亚国家基础设施建设实现了跨越式发展，比如中老铁路开通 9 个月累计发送旅客 671 万人次，累计运输货物 717 万吨，国际货运总值突破 100 亿元。[③] 另外，雅万高铁高速动车组就采用了中国技术、中国标准、中国装备，是中国高铁首次全系统、全要素、全产业链在海外落地。[④] 雅万高速铁路是连接印度尼西亚首都雅加达和其

① 参见张博：《“一带一路”倡议下企业对外投资的法律风险及应对》，《赤峰学院学报》(汉文哲学社会科学版)2022 年第 11 期。

② 参见《共建“一带一路”九周年成绩单》，2022 年 10 月 1 日，https://www.yidaiyilu.gov.cn/xwzx/gnxw/281310.htm。

③ 参见《共建“一带一路”九周年成绩单》，2022 年 10 月 1 日，https://www.yidaiyilu.gov.cn/xwzx/gnxw/281310.htm。

④ 参见訾谦：《雅万高铁：拉近心与心的距离》，《光明日报》2022 年 10 月 31 日。

第四大城市万隆之间的高速铁路，是“一带一路”倡议和“全球海洋支点”构想对接的重大标志性项目。[①] 面对复杂多变的国际环境，中国与该区域国家的贸易往来近年来保持了良好增长势头，展现出了强劲韧性和巨大潜力。中国与东南亚各国多领域更加紧密的经贸合作也不断取得丰厚硕果，生发源源动力，提振区域经济。双方经贸合作活力足、韧性强，互联互通效率高、稳增长，合作升级潜力大、前景广。[②] 中国和区域各国的合作成就，促进了中国和东南亚地区各国经济社会发展。另外，东南亚地区的越南、老挝和缅甸与中国接壤，随着相关铁路和公路的开通，上述国家和中国的交流将更加密切，进一步促进中国和东南亚各国的深入交流，带动双方共同进步，持续收获“一带一路”倡议带来的发展红利。

一、持续促进经济增长与发展

随着共建“一带一路”合作的不断深化，区域互联互通变成了可能，为实现区域经济可持续发展提供了重要保障。为此，在共建“一带一路”合作中，中国应加强与东南亚国家合作，推进“五通”实现实实在在的发展。

一是在政策沟通上，中国应与东南亚区域各国领导人进行定期会晤与交谈，推动双方及区域内国家在共建“一带一路”合作主要内容上达成共识，并形成相关具体合作文件，以便对项目合作进行及时跟进与监管。

中国与东南亚国家政策沟通最直接的方式是加强共建智库，针对“一带一路”发展规划与项目合作的可行性，开展跨区域跨国联合研究，针对某些国家的核心权力集团一旦对“一带一路”建设框架存在顾虑甚至是偏见，就可能成为最直接的甚至是致命的政治风险。而加强政策沟通，就可以改善相关国家核心权力集团对“一带一路”倡议的看法与立场。为此，有必要通过政治游说方式，尽可能地引导其改变看法、行事方式与立场。一般来说，通过官方渠道进行的交流沟通并不一定总合时宜，因为在政治多元化进程中，尤其容易引起其他权力集团的质疑与不满，甚至产生不必要的麻烦。但如果依托双方或多方建设智库，进而开展游说与研究工作，或许可以提供更为合理、更为科学或各方均可接受的解决路径。一方面，智库具有非官方性，相关研究也属于学术建议，而不是官方承诺，有助于避免政治猜忌；另一方面，智库研究在客观性与准确性方面更具有说服力，有利于提高游说工作

① 参见訾谦：《雅万高铁：拉近心与心的距离》，《光明日报》2022 年 10 月 31 日。

② 参见《中国—东盟经贸合作蓬勃发展硕果累累》，2022 年 11 月 13 日，https://www.yidaiyilu.gov.cn/xwzx/hwxw/289893.htm。

效果。[①]

总的来说，在推动共建"一带一路"多方合作的道路上，中国应加强与东南亚各个合作国的及时交流和具体沟通，以期顺畅地推动合作，带动双方或多方经济增长，讲好合作故事，为构建人类命运命运体贡献智慧。

二是在设施联通上，基础设施是互联互通的重要基石，中国应发挥享誉全球的基建实力，帮助东南亚国家建设更为完善的硬件、软件基础设施，将新型基础设施建设作为"一带一路"沿线基建投资的重点着力领域之一，以实现更大范围、更加便捷的互联互通，促进地区经济更好更快发展。比如中老铁路使沿线各地客流量大幅增加，畅通了纵贯南北、联通欧亚的国际联运物流通道。基础设施对于地区的经济发展起着重要的作用，在共建"一带一路"的道路上，中国可充分发挥中国优势和大国责任，帮助并带动其他国家快速发展，助力东南亚进行基础设施投资与建设，为人类社会发展贡献重要力量，更好地带动东南亚地区建成较为完善的基础设施网。另外，东南亚地区大部分国家与中国西南地区省份紧密接壤，因此在基础设施建设的合作中，还可打通中国直接通向东南亚国家的道路与网络联通，带动连片地区快速发展，让中国西南地区在中国与东南亚地区的深入合作交流中体现出区位优势。

三是在贸易畅通上，随着基础设施的建成与完善，应不断加强中国与东南亚地区进行贸易交流。随着共建"一带一路"加快推进，越来越多的陕西优质农产品"走西口"、闯欧亚，打响国际名声，成为"一带一路"上的"明星产品"。[②] 在中国与东南亚合作的道路上，随着中缅油气管道的开通，通过合作给缅甸带来切实的利益，改善当地的基础设施，增加就业机会，推动管道沿线地区的城市化进程。未来，中国还应与东南亚区域进行深入的贸易往来，特别是东南亚还与中国紧密接壤，具有得天独厚的地理优势，农产品具有优良的品质，可以进行深入合作。另外，紧紧抓住 RCEP 合作机遇，为东南亚各国之间的经贸合作提供制度保障，提升供应链效率，提高各国产业发展水平，充分利用大市场优势，进一步推动区域新一轮高水平开放与贸易合作。

四是在资金融通上，东南亚是中国投资的一片热土，截至 2021 年，中国云南与境外 106 个国家(地区)建立了跨境人民币业务，其中"一带一路"沿

---

① 参见周方冶：《东南亚国家政治多元化及其对"一带一路"建设的影响》，《东南亚研究》2017 年第 4 期。

② 参见赖雅芬、黄敏：《陕西农产品走俏"一带一路"》，2022 年 9 月 19 日，https://www.yidaiyilu.gov.cn/xwzx/dfdt/277509.htm。

线国家达40个，对已建交的南亚、东南亚国家实现全覆盖。真正实现了资金融通，也完成了落实“建设面向南亚东南亚辐射中心”这一新坐标、新定位、新使命。[①] 未来，中国与东南亚国家可以在资金融通上有更进一步的合作，促进与东南亚国家的资金融通，比如结合当前的新兴经济和数字经济展开合作交流，在实践中不断探索行之有效的投融资合作模式，努力打造“数字丝绸之路”。

五是在民心相通上，中国应促进东南亚国民对“一带一路”倡议的认可，开展多元文化交流，以便展开更深入的合作与交流。推动中国文化产业、文化创意服务、数字艺术标准强势“出海”，并赢得世界认可。政府和企业共同发力，让中国文化产业越来越有“国际范儿”。[②] 随着全球交往交流越来越紧密，中国实施“走出去”可带动中国电视剧、网络文学和数字内容一同“出海”，在上述作品的制作中，应加入中国优秀传统文化，使东南亚国民更好地了解中国，同时也要结合区域国家和地方特色作出进一步融合，推动中国的文化产业更快更好地发展，让“一带一路”合作国更好地了解中国，从心底里认同“一带一路”倡议。

二、提高人口效率与民众生活水平

（一）提高人口发展水平，实现人口要素对经济发展的促进作用

东南亚地区各国人口与经济发展状况不尽相同，实际上，人口规模、人口结构、人口质量和人口迁移与经济发展密不可分，各国人口发展水平差距大，导致人口要素对区域经济发展的拉动作用相对较弱，人口与经济发展甚至出现一定程度的失调。其中，人口质量的重要性日益凸显，而东南亚地区多数国家的整体人口素质偏低。亚洲开发银行曾提出，重视教育是应对劳动力老龄化的一个关键且重要的解决方法。因此，为应对人口老龄化与提高人口效率，东南亚国家应持续不断地提高素质教育、技术教育、职业教育和终身教育质量，同时提升各级医疗和公共服务水平，只有这样才能提高人口综合素质，提升劳动生产率，抵御因老龄化导致的劳动力资源短缺所带来的人口缺口与供需矛盾。同时，老挝、缅甸和柬埔寨等国家可积极借鉴泰国、新加坡等国的教育投资与经济发展模式的成功经验，大力发展公立和私立高等教育，积极创办开放大学，使更多年轻人获得接受高等教育学习与培训的机会。注重劳动力人口职业教育和技术培训，逐步提高劳动人口受教

① 参见王晓秋、张婷婷：《打造“一带一路”的东南亚样板》，2022年11月5日，https://www.yidaiyilu.gov.cn/xwzx/gnxw/287658.htm。

② 参见《中国文化产业越来越有“国际范儿”》，《人民日报》(外海版)2022年8月25日。

育水平与技术技能水平。同时,东南亚国家还应制定符合本国国情的人口发展战略,从医疗、教育、就业、养老与社会保障等方面入手,不断提高人口效率、完善人口结构和引导人口合理流动,推进人口科学发展与质量稳步提高,以更好地支撑各国快速推进工业化和现代化进程。

(二)逐步改善经济发展状况,推动人口发展效率显著提升

东南亚国家人口与经济发展的协调度差异性较大。东南亚国家中的新加坡、文莱已处于极高人口效率阶段,马来西亚处在中等人口效率阶段,其他国家还处在低人口效率阶段。人口效率和经济发展紧密联系在一起,东南亚各国人口转变、人口效率、经济发展水平呈梯队排列:第一梯队包括新加坡和文莱,位于发展前列;第二梯队是马来西亚,处在中等效率阶段;第三梯队是其余国家,大多经济发展较为落后,其中泰国在该梯队中处于靠前位置,该梯队首尾差距较大。

为此,东南亚国家应积极完善人口与经济协同发展战略,由此实现良性互动。只有充分发挥区域人口对经济的联动效应,才可能实现人口对促进经济发展的正向耦合效应,从而尽快实现经济结构调整和转型升级。同时,积极有效地利用和开发各国丰富的劳动力资源以加快经济发展,不断提高就业人口生产效率,推动人口效率不断提升。另外,考虑到东南亚区域发展水平存在典型的梯度差异,因此,各国还应积极强化交流合作,协作推动东南亚各国整体人口效率与经济增长质量提升。

三、维护社会稳定与推进社会全方位发展

(一)有效应对“老龄化”“少子化”带来的人口风险

人口结构变动尤其是严重老龄化,是当今世界大多数国家面临的共性问题。当前,东南亚各国人口结构处于不同发展阶段,有些国家少儿人口与老龄人口同步增长,将给社会带来双重抚养负担,即劳动力人口既要养老又要养小。人口老龄化程度的持续加深使养老服务需求与供给矛盾日趋凸显。另外,部分国家的低生育率又将导致人口结构失衡现象加剧。一方面,为适应经济社会发展和人口长期均衡发展,各国应积极应对人口老龄化,特别是人口老龄化相对严重的泰国,可以通过积极开发老年人才资源和大力发展养老服务,开展多样化服务方式,最大限度地满足不同层次的养老服务需求,解决好人口老龄化带来的问题。另一方面,应积极构建生育友好型社会,积极稳妥地完善各项生育促进政策,促进生育政策与相关经济社会政策配套衔接,打造好生育配套支持体系。促进生育率水平的提升,逐步扩大少儿人口规模,改善人口结构失衡状况。也就是说,东南亚各国应根据自身具

体发展实际，积极应对人口结构变动带来的各种风险，以有效应对“老龄化”“少子化”问题。积极解决好人口问题，推进人口与经济社会协调发展，为经济社会发展提供人力资源保障。

（二）整合区域发展资源，提高城市化水平

东南亚地区整体上农村人口众多，城镇化水平相对偏低，公共医疗卫生、教育和就业等问题没能及时采取有效措施加以解决。首先，各国应尽快提高城市化水平，不仅需要人口结构完善、科学技术发展、产业优化升级、就业渠道完善、城乡人口迁移流动等系列因素共同发挥作用，还需要各国加快基础设施建设，不断调整城乡发展战略，积极改善人居环境。其次，应坚持内因与外因相结合的统筹发展策略，既要全面整合本国人口、经济、资源和环境等要素，走具有本国特色的、科学合理的城市化发展道路，还要重点依托区域交流与合作大平台，紧抓发展机遇，促进人口城乡合理流动以及适度国际流动。东南亚地区城市化发展失衡现象十分突出，部分国家农村人口占总人口比重过高，比如2021年，越南农村人口比重为62％，老挝为63％，缅甸为69％，柬埔寨高达75％。[①] 过低的城市化率对经济发展起到了一定的阻碍作用，也没能更好地开发国内丰富的人力资源。合理的城市化不仅可以改善环境，还可以将人才、技术、资源等生产要素汇聚在城市，将在城市形成巨大的规模效益与聚集效应，尤其能更好地促进劳动力市场发育，更好地带动经济发展。因此，东南亚地区城市化率低的国家应逐步提升城市化水平，推动国家经济健康发展。

四、加强区域文化交流合作，实现人才资源共享

一是加强各国高等教育、职业技能培训。在此基础上加大国际交流的技术培训与人员合作。各国要坚持人才培养和技术培训“引进来”与“走出去”相结合的发展战略，既要吸引经济发展较好的国家的人才资源，也要采取相应的奖励制度、激励制度留住人才，同时还应鼓励高学历、高技术人才迈出国门，学习各国先进的生产技术、科技创新和科研成果，提高国际人才技术技能，实现人才资源共享，这样才能实现沿线各国共享“一带一路”倡议发展的时代成果。

二是大力整合各种发展资源。“一带一路”为东南亚国家，尤其是经济社会发展相对落后的国家诸如柬埔寨、老挝、缅甸等，提供了前所未有的发

① 参见世界银行数据库，https://data.worldbank.org.cn/indicator/SP.RUR.TOTL.ZS?locations=KH&view=chart。

展机遇和便利条件。因此，各国应大力整合国内外各种发展资源，合理规划城市布局，加强城市治理，分散大城市的人口集聚压力，改善城市人居环境，提高人们的生活水平和促进社会发展，逐渐降低人类活动对城市环境的压力。同时，发挥大城市的区域带动与辐射作用，促进生产方式、生活方式的改善，推动经济、政治和文化水平的整体提升。

三是建设中国—东南亚国家国际合作传播体系。中国与东南亚国家共处亚洲文化圈与汉字文化圈，中国与该区域文明交流时应充分考虑这一共同的文化基础，还应充分考虑中国文化在东南亚地区对外传播的多样性。中国文化的国际传播不仅应在社会发展进程中充分展现出来，还需要通过广泛的、多元的传播介质，在带有时代特色、中国特色的中国话语与中国叙事体系背景下，在跨语境传播基础上提升国际传播能力。除了与中国文化相关翻译作品外，还包括华语报刊、文学作品、华校和华人社团所使用的教材、音频、图像、视频和各种学习宣传资料等。① 另外，综观东南亚海外华人译者的译介活动和中国文化在东南亚各国的接受与传播情况可以发现，在传播条件上，译入语文化对外来文化的接受以及外来文化在东道国的传播都是有选择的、有条件的，外来文化的传入需要契合译入语社会的需要，并满足具体传播条件。因此，在推动文化国际传播的过程中，需要对东道国的政治、经济、社会、文化及传播条件进行研究和预判；在传播模式上，要注意将环境培养与多样化的路径相结合，并且要从内容和形式上将所要传播的文化与当地文化结合起来。②

在推行国际合作传播模式“走出去”的同时，要积极促进中国和东南亚进行文化交流和重点对话。中国和东南亚的文化交流已有数千年历史，源远流长的文化交流促进了彼此联结，而且文化交流从来都不是单向的，中华文化在传播过程中，早已在东南亚融入了当地本土文化，形成了当地特色文化，并与中华文化形成了密切的“我中有你，你中有我”的关系。因此，中国与东南亚的人文交流要突破时空限制，双方在对话、交往和共享中携手探索保护东南亚文化遗产，传承共有文化遗产。

---

① 参见王辉、袁小陆：《中国文化在东南亚的多样化传播》，《中国社会科学报》2022年9月10日。

② 参见王辉、袁小陆：《中国文化在东南亚的多样化传播》，《中国社会科学报》2022年9月10日。

第二节　中国—南亚国家人口经济发展路径

从地理位置看，南亚 8 国中的阿富汗、巴基斯坦、印度、尼泊尔和不丹从北向南分布在中国的西部边境，与中国的新疆和西藏接壤，边境线长达 5000 多公里。南亚地区具有优越的地缘战略优势。该地区既是中东侧翼，也是中国“向西开放”的“门户”、西进“通道建设”起点，东西连接欧亚，南北连接俄罗斯、东南亚、澳大利亚等国家和地区。南亚地区的特殊地理位置决定了它可以成为中国通过印度洋前往非洲的“加油站”。① 同时，南亚各国均处在经济社会发展关键期，拥有丰富的矿产资源，可以提供部分工业原料，劳动力资源充裕，农业发达，海运便利，市场广阔。各国希望通过挖掘自身潜力，开展区域次区域合作，对于通过推进优势互补、共同发展经济以改善民生已达成共识。

一、提高南亚各国人口质量，促进经济发展

人口作为经济社会活动的主体，人口质量影响生产力系统的运转质量，也将直接影响经济活动水平与社会生活的丰富程度。因此，促进经济发展，必须保证国家智利资源的有效供给，以坚持长期提高人口质量作为经济发展的持久动力。2020 年，南亚各国除了斯里兰卡外，人均受教育年限均低于世界平均水平(8.64 年)，其中阿富汗仅为 2.85 年，是“一带一路”沿线经济体中最低的，巴基斯坦也不到 5 年，人口超过 10 亿的印度比世界均值低 2 年。同时南亚各国高等教育入学率也普遍偏低，2020 年，不丹、巴基斯坦、阿富汗、尼泊尔 4 国均不足 20%，斯里兰卡也仅为 21.61%，远低于世界同期值 40.24%。人口整体素质偏低，不仅阻碍生产力发展，无法适应现代产业结构发展需求，造成人力资源的极大浪费，也是制约经济增长的主要因素。为此，各国应根据本国国情进行教育教学改革，形成比较完善的现代国民教育体系、科技体系和文化创新体系，提高全民科学文化素质，促进经济发展。具体包括促进教育公平与质量提升，加快推动义务教育优质均衡发展以及高质量的城乡一体化发展。依据常住人口规模科学合理配置优质教育资源，以保障适龄儿童就近就地入学。加快启动人才工程，加快培养区域

① 参见代丽：《南亚在“一带一路”建设中的重要地位：访四川大学南亚研究所所长李涛》，2015 年 6 月 19 日，http://www.sky.yn.gov.cn/ztzl/zg-nyzklt/zgsd/03833528257650077836。

与各国紧缺的、高端的、高质量的制造业高等职业技术人才等。

此外，南亚国家还可多渠道地办好特殊教育、继续教育、专门教育、职业教育等，既要增强职业教育的适应性，也要优化高等教育布局，逐渐提升高等教育入学率。

二、加快基础设施建设，促进经济增长

“一带一路”的推进与发展，首先将改善南亚地区基础设施建设，这不仅要推动阿富汗、不丹、尼泊尔等经济欠发达的内陆国家转化为互联互通的前沿和“中转站”，也将进一步促进印度、巴基斯坦等南亚其他国家的对外开放。包括“丝路基金”“亚投行”“货币相通”在内的政策推进，无疑可使南亚部分国家加速解决发展资金与技术问题。同时加强人流、物流、信息流流动，并缓和民族宗教矛盾，促进南亚区域联盟合作进一步加强。“一带一路”倡议的深入实施与基础设施建设加快，最重要的是有利于促进中国与南亚区域合作，中国经济发展的“外溢”效应将更加凸显，南亚地区各国市场与中国市场都将从中受益，并逐步实现全面对接，从而促进南亚各邻国搭上中国经济发展快车道。

一是加快南亚国家城镇化建设。当前，南亚各国城镇化水平不高，产业结构也需尽快调整，以适应现代社会经济发展需要。在积极推进城镇化进程中，应调整和完善产业布局。充分利用区域丰富的文化资源，整合文旅资源大力发展第三产业，为推进城镇化进程提供有效产业支撑与保障，且应克服快速发展中积累的矛盾与问题，减少农村劳动力进城的盲目性和过度流动性。农村人口的适度移居既作为解决农民问题的重要途径，也要充分发挥人口转移、产业升级相互促进、相互补充的作用，不能像空中楼阁式地推进城镇化发展。

二是加强城市基础设施建设。城市基础设施对改善人居环境、增强城市综合承受能力、提高城市运行效率、稳步推进城镇化发展具有重要作用。城市基础设施的建设作为实现城市经济效益、社会效益和环境效益三者统一的必要条件，在城市经济社会发展中十分重要。针对当前南亚各国城市基础设施仍存在总量不足、标准不高、运行管理粗放等问题，各国应积极加大对城市基础设施建设的投入，以提升城市服务能力和服务质量。这不仅有利于推动各国经济结构调整和发展方式转变，拉动投资，刺激消费增长，扩大就业，促进节能减排，同时对拉动经济增长、加快城镇化发展具有十分重要的作用。

三是加快高品质城市建设。南亚国家完善城市基础设施可以为经济持

续发展提供动力源，不仅要强化城市设施服务功能，还要超前建设高品质城市，如创建快捷便利的交通运输体系，统筹安排城市教育、医疗卫生、体育等综合服务，健全城镇水、电、气等综合管网供应体系，建设宜居城市，提升民众生活水平。

三、积极应对性别失衡问题，建设和谐社会

当前南亚各国新生儿死亡率较高且差距十分悬殊。[①] 首先，应认识降低新生儿死亡率的重要性，提前强化应对产前检查，不断提升临床医护人员的医疗技能和降低孕产妇死亡率，及时改善新生儿监护环境，降低新生儿感染性疾病的发生率，最终降低新生儿死亡率。但降低新生儿死亡率不是个体和家庭就能完成的战略目标，需要国家卫生部门、公共部门提高相应设备的投入和研发，增加医护人员，提高医疗科技和照护水准。此外，各国还应加强建设农村医疗卫生队伍，不断提升农村医生和医疗卫生水平，可参照中国成功推行基层医疗卫生发展模式，加强卫生知识普及和宣传，不断提高民众健康素养，提高其对疾病的认知和防治，强化新生儿保健水平，以尽快降低新生儿死亡率。

关于性别比失衡问题，比如印度、马尔代夫存在严重的重男轻女倾向，典型的男多女少；斯里兰卡与尼泊尔性别比偏低，已造成了南亚地区非常尖锐的性别失衡。性别比严重失衡，最终可能会导致妇女拐卖问题，进一步加剧针对女性的暴力行为，进而造成社会紧张加剧与动荡不安。一些国家不得不从其他国家迎娶新娘，由于性别严重失衡，将有越来越多的男性，尤其是那些生活在社会最底层、最贫穷的男子面临婚育问题。为此，除了严密监控各国新生儿性别比外，还应做到以下几点。

首先，应关注女性利益，包括提高女性社会地位、政治地位和经济地位，招聘录用、升职升迁等，至少实现与男性完全平等的地位，让女性不被歧视，提供对女性的特别支持与关照。用人口激励政策凸显生育女孩的优势，还可通过大众传媒及各宣传渠道，消除民众的性别歧视。

其次，加强立法，首先需要从源头治理出生人口性别比失衡问题，用法律手段治理人口出生性别比失衡最为有效，这需要一系列的具体配套法律法规和行政措施。此举需要各国多部门配合与具体执行实施，协同指导并出台相关政策法规，坚决打击胎儿性别鉴定。

最后，加快建设和谐社会，加快经济发展。人们生育观念的转变需要良

---

① 2020年，新生儿死亡率最高的巴基斯坦为40.4‰，最低的斯里兰卡为4.0‰。

好的生存发展环境，建设和谐稳定的社会有助于孩子健康成长，同时更需要社会经济发展作为社会稳定的基础，才能有利于生存环境的实际改善，才能更有效地平衡出生人口性别比。

四、加强区域各国交流合作

（一）密切推进经济健康合作

在“一带一路”国际合作与建设框架中，南亚拥有牵连东西、联动南北、沟通海陆的区位优势，具有其他地区难以企及的特殊与重要枢纽地位。中国提出的“一带一路”建设框架中的6条国际经济合作走廊中有中巴经济走廊、孟中印缅经济走廊和中尼印经济走廊在南亚地区。长期以来，中国对建设与南亚大通道坚持积极肯定态度。中国与南亚大通道的建设，有利于带动南亚地区所有国家共同发展。[①] 坚持不懈地深化国际合作，不仅为中国与南亚国家带来更多发展机遇，而且在深化现有合作基础上推动更大开放度，可促进南亚地区经济快速发展。

一是奉行开放的地区主义。开放的地区主义是对内开放与对外开放的有机结合，有助于地区化与全球化之间形成相互推动而非相互钳制的关系。南亚地区奉行开放的地区主义，不仅有助于该地区更好地融入经济全球化一体化发展进程，而且有助于维持南亚地区社会稳定，促进该地区经济发展。

二是加强与域外国家合作交流。南亚地区均为发展中国家，在发展过程中不可避免地会遭遇资金短缺、高端人才短缺与技术落后的事实，推行与域外国家的密切交流，建立多区域双边合作，一方面可引进国外资金、技术、人力、设备等优质资源，弥补自身在资金、技术上的缺陷与短板，学习借鉴国际上发展经济的成功经验；另一方面，各国应携手共进增进友谊，共同打造更大的市场，促进双方经济共同发展，从而更好地推动南亚经济一体化进程。

三是积极改善本地基础条件和商业环境。南亚各国均为发展中国家，制造业欠发达，南亚国家的商品如果想要在本域市场或海外市场中占有优势，就必须保持产品竞争力，这就要求各国具有良好的商业环境与合理的交易成本。为此，南亚各国需要改善商业环境，降低商业风险，改善基础设施和通信条件，以提升本国产品竞争力，让更多的产品能够进入世界市场，形成商品与服务大流通。另外，应尽可能地开放该地区所有运输方式与贸易

① 参见刘旭：《中国南亚务实合作共发展》，《国际商报》2021年5月7日。

路线，促使贸易货物与人力运输更为便利，节省时间，减少成本。

四是利用优越的地缘优势，实现贸易互惠互利。南亚地区处于连接石油资源丰富的中亚、西亚地区和经济发展充满活力的东亚、东南亚地区的十字路口，通过加强合作，可以更好地建设便利的交通运输设施。只要充分利用该地缘优势提高本地区贸易水平，实现互惠互利，就可以加快地区经济发展。

五是优化贸易便利化措施。促进区域经济发展，若单纯依靠改善基础设施、订立相互之间的贸易协定而忽略贸易便利化发展将事倍功半。因此，该区域需要建立一整套与经贸相匹配的辅助设施，如效仿国际贸易口岸的做法，在边境沿线设立数量足够的、办事效率高的海关检查站等便利化设施。同时，制定过境贸易便利化措施也非常重要，一旦长期形成烦琐的手续和形式，只会延误商机与错失发展良机，使得外商对该地区望而却步。为此，应推陈出新简化手续，实现过境程序简便易行，高效推动地区经济贸易发展。

（二）全面推动社会高速发展

1.以政府为主导，搁置争议，集中力量推动区域合作发展

南亚地区较为棘手的问题主要是印度东北地区的恐怖组织、西北部的克什米尔独立问题和毛派的反政府武装，以及巴基斯坦的恐怖活动等，这些问题不仅消耗了印度和巴基斯坦两国大量的资源和精力，也间接地使得南亚局势趋于长期紧张。另外，由于领土或国内政治问题，中印间边界和领土争端导致印度政界乃至部分民众对中国的不信任和对中国真实意图的不确定，担忧其国家主权等核心利益会在参与“一带一路”的过程中受到侵害。同时，基于南亚国家经济体量和在对华经济交往中所处地位，其对参与“一带一路”建设能否获利感到不确定，担忧其经济收益与投入不匹配甚至遭受损失。鉴于国家外交独立性和多元化，部分国家不愿与中国关系过分密切。① 由此导致部分国家对“一带一路”倡议存在一定程度的疑虑和误读。因此，对具体争议问题，南亚各国可以依托权威的第三方，建立一个争端解决机制，当该地区出现争端时，可以通过多方位协商或考虑制定能使各方都满意的解决方案，或暂时搁置争议以便影响区域正常发展。

2.加大政府资金投入，提高人口整体素质

人是社会最基本的组成单位，只有保障好人的健康状况，才能使国民没

---

① 参见代丽：《南亚在“一带一路”建设中的重要地位：访四川大学南亚研究所所长李涛》，2015 年 6 月 19 日，http://www.sky.yn.gov.cn/ztzl/zg-nyzklt/zgsd/0383352825765007 7836。

有后顾之忧地加入国家的经济建设当中去。南亚各国目前存在的诸多人口问题中，最为突出的是医疗卫生条件落后所引起的人均预期寿命低、新生儿死亡率高、人口素质低等问题。为此，南亚各国应加大资金投入，积极改善公共医疗卫生状况，一方面提升国民身体健康素质以使其更好地从事生产；另一方面也能便于该地区吸引更多国际人口迁移与投资，加速本地区经济社会发展。

一是坚持教育优先发展原则，加大教育投入，重点应关注农村地区，并采取强有力的措施，强化职业教育发展，提升地区人口文化素质。在现代化发展进程中，发展早已不是单靠人数的累计，而更多地依靠技术的进步和产业的创新。南亚地区各国人均受教育年限低、高等教育入学率不高的问题较为突出，在现代化发展过程中，势必会影响国家高技术产业的发展。二是加大医疗卫生投入，加快推进全面健康工程建设。在强化政府责任的基础上，构建全面健康医疗保障制度，扩大医疗覆盖范围，提升地区人口健康素质。为此，南亚各国政府需要加大财政投入，以提升本地区人口综合素质，更好地适应现代经济社会发展。

（三）加快文化现代化发展

一是以人文交流为依托，实现民心相通。为了地区繁荣稳定和持续发展，南亚各国应求同存异，维护正常的宗教活动和加强宗教国际交流，共同打击邪教和宗教极端势力；积极开展公共外交，依托民间组织、行业协会等机构组织人员、技术等交流活动，加深相互理解和信任；大力推进教育和人文交流，扩大各国互派留学生、学者等的交流规模和频率，互办更多的文化周、文化节等活动；共同发展旅游业，促进各国人民往来，消除偏见和误解。[①]

二是发挥区域文化传统优势，推动地区现代化发展。南亚是世界四大文明发源地之一，早在公元前三千年左右，恒河和印度河流域便出现了大型繁荣的城市。在历史上，南亚地区一直是世界上最富饶的地区之一，其农业、手工业、交通运输业，尤其是各种形式的文化艺术均达到了较高水平，其中佛塔、石柱和石窟是其艺术代表。在“一带一路”建设中，南亚各国可充分发挥其拥有的源远流长的文化传统优势，通过对外宣传其传统习俗及成就，以吸引外来游客，由此发展以旅游业为基础的相关产业，加快地区文化现代化发展进程。

---

① 参见代丽：《南亚在“一带一路”建设中的重要地位：访四川大学南亚研究所所长李涛》，2015 年 6 月 19 日，http://www.sky.yn.gov.cn/ztzl/zg-nyzklt/zgsd/0383352825765007783 6。

第三节 中国—西亚、北非国家人口经济发展路径

西亚、北非地区在“一带一路”框架中占据十分重要的位置。“一带一路”倡议从亚洲向西延伸至西亚、北非并与各国高度重合，同时该地区各国对华一贯友好。从客观形势看，目前无论是中国的产能还是质量，均已经发展到了一个新高度，完全有能力也有实力可以更大规模地推动同国外实现新的产能合作。同时对西亚、北非各国来说，其经济结构处于迅猛转型升级与多元化发展转变阶段，虽然该地区人均 GDP 较高，但各国经济发展呈相对单一模式，可以说，中国—西亚、北非国家从客观合作条件上看已进入成熟阶段。从主观条件与政策看，西亚、北非各国也都积极寻求新的发展市场，意图通过产业结构调整升级与一系列具体措施实现更深层次发展，包括运河规划、城市建设与基础设施建设的大量推进，也包括一些工业园区的设计规划与公共产品的市场推广等，这都说明各国在推进国家发展的政策和措施方面与“一带一路”倡议提出的理念非常契合。因此，有了客观条件与战略制度的高度契合，中国同西亚、北非各国友好合作关系将在“一带一路”和“产能合作”的大趋势下取得重大发展和突破。

一、通过高质量语言文化合作助推区域人口经济发展

中国和西亚、北非各国人口与经济协调发展需要通过更深层合作与交流实现，而合作与交流的有效开展离不开高质量语言服务。西亚、北非多数国家人口文化素质相对较低，且各国语言文化环境十分复杂，而语言服务便利化水平又直接关系中国与西亚、北非各国的共建、共享、共荣和共赢。中国既要开展与加强西亚、北非地区的汉语言推广工作，也要深入研究该地区本土社会多元文化，为“文化走出去”合作战略提供更加便利的条件与更加有效的政策参考。① 通过优化外语人才培养模式，强化语言服务行业建设，增加商贸等领域的专业知识与增强区域国家研究能力等，能更好地助推“一带一路”合作建设。

（一）加强汉语推广，深化人文交流

语言是文化之舟，西亚、北非多数国家信仰伊斯兰教。当前中国在该区

① 参见王晓宇：《我国对西亚北非地区出口贸易与直接投资研究》，对外经济贸易大学博士学位论文，2020 年。

域共设立了20多所孔子学院和孔子课堂，与全球多数区域相比显得数量较少。因此，中国有必要在深入了解该区域的语言政策、语言使用和语言使用习惯的基础上，加强对在该地区的汉语推广工作。首先，通过对该地区语言文字研究，为当地孔子学院建设提供政策参考和法律咨询；其次，通过解读中国对外汉语教育政策，慢慢消除其文化戒备心理①，避免文化冲突、摩擦与误解；最后，既要推进中国本土优秀文化“走出去”，还要鼓励外国优秀文化“引进来”，深入开展中国与西亚、北非文明交流互鉴，促进西亚、北非不同国家、不同文化、不同历史背景的人群对中国“走进去”企业的高度认可、充分信任，同样期待区域各国产品与服务更多地进入世界大市场，实施更密切的合作发展战略。

（二）优化域内语言使用与服务体系

西亚、北非国家间语言语义差异明显，与中国语言文化差异很大。一定程度上，语言服务是跨越文化障碍之桥，在中国与“一带一路”西亚、北非各国的共建共享发展中发挥着先遣兵作用。为更好地服务中国企业和商品“走出去”，需要从培养复合型外语人才、提升语言服务能力、创新服务模式等方面优化语言服务体系。②

首先，把培养外语人才作为国际语言服务重点。“一带一路”倡议提出后，市场对西亚、北非各国语种服务人才需求快速上升。作为培养外语人才的主阵地，高校应通过扩大国际学生规模、新增外语教育种类等方式培养通晓国际规则、具备国际视野、具有专业素养与跨文化能力的高素质外语人才，为企业和政府提供跨国商务信息与知识咨询。③

其次，语言服务行业是一门实践化、专业化和职业化的产业，已成为全球化时代经济、政治、文化各领域的交流与发展基础性支持产业。目前，在西亚、北非各国对“一带一路”倡议的认同感、体验感与参与度普遍偏弱情形下，中国对外语言服务应突出语言咨询、信息调研、语言大数据处理、语言项目管理等功能，以发展语言能力为核心，以推动跨语言、跨文化交流为目标，以更好地、更高效地满足企业与政府发展需求为重点，并使其成为一门新兴业态。

① 参见王晓宇：《我国对西亚北非地区出口贸易与直接投资研究》，对外经济贸易大学博士学位论文，2020年。

② 参见王晓宇：《我国对西亚北非地区出口贸易与直接投资研究》，对外经济贸易大学博士学位论文，2020年。

③ 参见王晓宇：《我国对西亚北非地区出口贸易与直接投资研究》，对外经济贸易大学博士学位论文，2020年。

最后，创新地区使用智能语言服务模式。目前，中国已有众多高科技企业快速崛起，在自然语言处理、外语翻译等方面实现巨大跨越，已完全具备建设智慧化、智能化与数字化语言服务条件。中国高科技企业应从"一带一路"语言服务活动中不断地积累经验，提供跨文化信息转换服务，开发出政府、企业与个人均适用的，性价比高的智能语言服务应用，努力减少人力服务成本，全面且有效提升语言服务效能。

（三）提升国家语言服务能力

全方位提升国家语言服务能力，不仅有助于中国与西亚、北非国家开展充分对话和共商发展大计，也有利于中国在扩大对外交往和处理对外事务中积极维护国家利益。同时，"一带一路"深入推进，中国必然要与沿线各国实现深度融合发展，包括沿线各国的普通民众。也就是说，与当地民众的深度交流合作是中国企业赴沿线国家开展经贸合作投资所必需，这就需要在语言能力上营造出有利的舆情和政治环境，使中国方案被当地普通居民和企业认可，从而主动欢迎中国企业进驻。

首先，全面提升汉语国际影响力。提高在处理与西亚、北非各国的相关事务中使用汉语的意识，尽量提升使用汉语的能力和实力；在制定多方合作文件或共商机制时，确保汉语和其他官方语言同等权利，确立汉语语言的实际工作地位。其次，科学化地培养非国际通用语人才。要厘清政府和企业需求，重点培养掌握区域性通用语人才，以满足日常工作与交流需求。最后，应鼓励有条件的高校开设小语种，也要积极培养在华留学生熟练掌握汉语以及运用能力，努力使其成为中国与他国交流合作的有效沟通"桥梁"。

（四）推进新时代区域国家研究

区域国家研究是一国对他国的知识性探究，高校是国内区域国家研究的主力军，区域国家人才培养应以服务国家发展需要为本质要求，以推进文明交融为功能，以为国家建设顺利开展提供人才保障为目标。[①]

首先，重点研究沿线国家语言环境与发展。目前对世界语言格局把握与使用明显不够，对世界语言研究明显不足，特别是在全球治理中没能很好地发挥语言的有效作用。西亚北非地区语言研究与教学，不仅需要拓展阿拉伯语言等学科的内涵和外延，还要补充该地区语言学和教育学的学科研究内容，尤其在实施"一带一路"倡议大背景下，能够更好地服务地区国家经济社会发展。其次，需要更深入地了解西亚、北非各国基本国情。在该地区

① 参见王晓宇：《我国对西亚北非地区出口贸易与直接投资研究》，对外经济贸易大学博士学位论文，2020 年。

推进"一带一路"倡议,需要更多懂外语的专业化区域问题专家以及区域国家研究专家。同时,区域国家研究应注重多学科、多专业交叉融合,从师资构建、学科设置和人才培育等多方面开展工作,通过制定跨学科、跨专业培养方案等形成系统科学。最后,依托外语学院设立国家区域研究机构。结合西亚、北非地区"一带一路"建设需求和院校规划等尽快建设区域国家研究院,下设沿线各区域研究中心①,如西亚国家研究中心、北非国家研究中心等,专业人才干专业事情。

二、人民币国际化助推区域人口经济协调发展

作为中国一项重要的国际金融战略,人民币国际化与"一带一路"经济发展具有高度的协同性。人民币区域化是人民币国际化稳慎推进过程中的重要环节,"一带一路"倡议实现人民币在西亚、北非地区的区域化进展,能够降低西亚北非各国人民的移民难度,密切与中国经济贸易往来;同时也是衡量中国是否真正崛起的重要标志,为未来人民币国际化进程提供丰富的实践指导经验。

(一)利用"一带一路"倡议助推人民币区域化

人民币国际化进程与"一带一路"倡议相辅相成,目前这两项又都处于初级发展阶段,应实现两大经济金融战略的高效对接,全面做好顶层设计,加强二者协同发展,推动人民币区域化。中国与西亚、北非各国人口和资源禀赋差异较大,经济互补性较强,且西亚、北非有着石油能源等优势。中国应牢牢抓住有利时机,有计划地在区域各国进行人民币区域化布局,促进各国相互补充、相互影响。

(二)加强区域内人民币金融基础设施建设

首先,中国—西亚、北非各国在地理位置上并未接壤,大力完善人民币跨境支付系统(CIPS),既可提高人民币在该地区线上清算结算与投资效率,降低过程成本,同时还可提高人民币在境内与境外交易中的便利化水平,并实现全面监控。其次,可在该地区科学布局国际化程度较高的大型中资银行,重点完善人民币跨境投融资、清结算等多维金融服务,扩大与提高人民币区域影响力。比如,可首先在非洲第三大贸易国埃及建立人民币清算行,以更积极地推进在北非地区的人民币区域化进程。最后,中国还应当抓住"一带一路"深入推进重大发展机遇,构建国家银行合作组织,合力促进

---

① 参见王晓宇:《我国对西亚北非地区出口贸易与直接投资研究》,对外经济贸易大学博士学位论文,2020年。

银行广泛参与，加快人民币金融基础设施建设。

（三）建立次区域推进人民币区域化发展

相较于人民币在东南亚区域的深化程度，在西亚、北非区域尚有很大上升空间，当前在西亚、北非地区实现人民币区域化的条件尚未完全具备，但随着“一带一路”倡议在该区域不断推进，人民币影响力将不断增强，可以在人民币有相对优势地区建立次区域，逐渐促进人民币在整个西亚、北非地区实现整体区域化。西亚区域可重点在阿曼、亚美尼亚、塞浦路斯、土耳其、巴林和约旦等条件较为成熟的国家组建小集团的次区域，作为人民币在西亚实现区域化的准备阶段，率先展开货币合作；北非地区的人民币区域化可行性比西亚地区低，但也可以以部分国家作为突破口，尝试开展货币合作。

在建立次货币区基础上，利用临近区域经济辐射效应，让两区域中的次区域国家带动区域外与之经济金融合作密切的其他国家，以此逐步扩大人民币在整个西亚、北非区域中的影响力，并加快西亚、北非地区人民币区域化进程。[①]

（四）推动域内大宗商品人民币计价结算

大宗商品在国际贸易领域中占有十分重要的地位，大宗商品交易也是国际贸易领域实现货币替换的重要渠道。因此，中国应当制定相关优惠政策，充分利用投融资等优越条件，鼓励大宗商品交易用人民币进行计价结算，如在伊朗、埃及和沙特阿拉伯大力推动石油等大宗商品以人民币结算，以提高人民币在区域各国的货币价值。此外，签订双边货币互换协议，除了能彼此提供流动性支持外，还可以促进以人民币作为计价货币进行直接投资和金融资产投资，并增加西亚、北非各国人民币外汇储备。为此，中国还可与西亚、北非国家和地区协商扩大货币互换范围，推动货币直接交易兑换，并引导“一带一路”沿线国家将人民币作为投资与国际储备货币，以此扩大人民币在各区域的结算、投资及储备功能。

三、高效直接投资助推区域人口经济发展

西亚、北非多数国家基础设施较薄弱，随着“一带一路”建设不断深入推进，中国对沿线国家直接投资规模和投资范围不断扩大，其中重点是如何提高中国对沿线国家直接投资效率，提升中国投资质量、扩大投资范围，从而助推中国与西亚、北非各国人口经济发展。

---

① 参见宁晶：《“一带一路”倡议下西亚北非人民币区域化研究》，兰州财经大学硕士学位论文，2022 年。

（一）进一步扩大对外直接投资力度，推动投资主体多元化

首先，西亚、北非多数国家对建设基础设施有强烈投资需求。应依托包括亚洲基础设施投资银行在内的金融机构，扩大融资规模，加快建设进度，实际高效地发挥丝路基金的作用。同时，鼓励民间资本积极“走出去”，扩大对外直接投资规模，进一步参与“一带一路”建设和发展，推进自身经济结构进一步优化。

其次，鼓励大中小企业积极参与，充分发挥私有部门主动性，促进投资主体多元化。如鼓励中小企业参与投资“一带一路”沿线国家的纺织服装、现代农业产业与加工业等，以提高西亚、北非国家对抗风险的韧性。坚定实施“一带一路”建设收益共享，推动西亚、北非地区基础设施建设和产业发展，在投资建设各个环节可引入更多国际化元素，多方参与以减少中国资金压力和金融风险，提高“一带一路”深入合作发展的可持续性。[①]

最后，完善“一带一路”建设框架与建设自贸区。一方面，“一带一路”倡议在西亚、北非的实施，旨在通过促进中国以及沿线各国间经贸合作，使得中国与西亚、北非各国共同繁荣、互利共赢。除了在经济层面带动该地区发展外，还应重视中国与沿线各国在文化、社会、科技等方面的交流合作，提高国家软实力，增强综合国力和扩大国际影响力。另一方面，中国—西亚、北非可通过自贸区建设深入开展经贸合作，实现经济共同繁荣。比如双方共建自贸区，提高产品竞争力。

（二）警惕政治安全风险，加强舆论引导与正面宣传

一方面，一些国家内部政治风险居高不下，部分国家政局依然不稳定，选举以及政府频繁更替等导致的政策变动，给已确定的“一带一路”合作中的长期项目带来诸多挑战与不确定性。个别国家治理能力薄弱，政府权威受到相应挑战等，往往使得合作项目推进艰难。另一方面，国际政治风险也不可忽视。部分沿线国家采取大国平衡外交战略，并根据国际政治格局变动不断调整对外政策，阻碍了“一带一路”建设的顺利推进。为此，中国应重点加强舆论的正确引导[②]，包括积极宣传与表明中国和西亚、北非各国间不是竞争关系，而是协作与伙伴关系，通过双方合作实现双方或多方共同发展与进步。中国坚定不移地推进与西亚、北非各国相互认同、相互信任和相互

---

① 参见李子怡：《中国 OFDI 对“一带一路”沿线国家出口技术复杂度的影响研究》，安徽财经大学硕士学位论文，2022 年。

② 参见李子怡：《中国 OFDI 对“一带一路”沿线国家出口技术复杂度的影响研究》，安徽财经大学硕士学位论文，2022 年。

发展。

四、加强能源合作助推人口经济协调发展

西亚、北非多数国家石油资源十分丰富，中国与沿线各国的能源合作时间较早且较为频繁，区域各国石油资源一直是中国石油进口的重要源头，但在石油项目投资合作方面，受地缘政治与国际环境等复杂因素的影响，双方合作受限，未来有较大合作提升空间。中国经济的快速发展带动了国内能源需求的持续增长，但国内石油资源有限且开采难度大，导致石油供应的对外依存度越来越高，面对国际石油市场供求格局所发生的转变，从能源安全战略角度考虑，中国油企仍应采取有效措施以应对中国与西亚、北非国家能源合作中的现实问题。

（一）加快能源开发合作，有效解决能源供应瓶颈问题

近年来，国际油气市场发生了一系列重大变革，影响力最大的当属美国在页岩油气开发和生产领域取得了巨大成功。21 世纪初，北美油气行业在致密页岩中利用先进新兴技术开发非常规油气，首先于 2008 年左右获得页岩气的生产价值，2014 年又在页岩油生产领域取得了重大技术性突破，从而逐步扭转了原油产量下跌局面。[①] 中国自 1993 年成为石油净进口国后，2003 年进口原油 12272 万吨，增长 34.8%；进口成品油 3788 万吨，增长 34.1%。[②] 2007 年石油进口量突破 2 亿吨，此后以此速度不断突破。中国油气资源需求对外依存度较高，2020 年国内原油消费量为 64965 万吨，其中进口原油 45630 万吨。对外依存度从 2011 年的 55%增长至 2020 年的 70%，近几年来，中国石油对外依存度均超过 70%。对于天然气，2020 年进口 10166 万吨，国内消费 23744 万吨，进口依赖度 42.8%。如此高的石油对外依存度，如不采取有效措施降低石油对外依存度，一旦外部石油出现断供，很难确保能源安全供应，这对国民经济的持续安全运行以及百姓生活都将产生不利影响。所以，能源部门不仅应特别重视石油的安全与多元进口，高效利用研发技术，紧抓页岩油气、海洋油气资源等开发，还应积极开发包括非常规能源在内的新能源，争取油价话语权，积极加强战略石油储备等，制定保障国家能源安全及稳定发展的长效机制。

（二）努力规避能源风险，确保安全稳定供应

积极发展清洁新能源和节能产品是中国能源发展的远景目标，同时需

---

① 参见钱学文：《中国与西亚北非国家的能源合作及展望》，《新丝路学刊》2021 年第 3 期。

② 参见《李德水在 2004 年经济形势新闻发布会上答记者问》，http://www.stats.gov.cn/tjgz/tjdt/200501/t20050127_16717.html。

要重视与西亚、北非国家的能源合作。

一是准确定位，开展油气合作。中国油企在西亚、北非各资源国发展基础和参与度各不相同，应根据各资源国实际情况为能源合作进行准确定位。对政局比较稳定、资源丰富的国家，在保持已有合作成果基础上不断扩大规模，争取更多油气合作项目；对于政局持续动荡的国家，严格控制投资速度和规模，谨慎行事，有效防范投资风险。

二是认真调研，知己知彼。认真调研，即做到认真研究分析西亚、北非各产油国的能源政策，特别是油气中上游的投资政策，使中国企业对项目投资做到有的放矢。① 知己知彼则是在详细分析当前西亚、北非各产油国资源开放度逐步增大的现实基础上，中国油企应清楚所需，做好调研工作，把握合作机遇。

三是打造技术核心竞争力。近年来，西方国家对西亚、北非区域采取了强势干涉政策，一定程度上导致部分国家局势混乱，为中国与西亚、北非各国能源合作增添了许多障碍。中国油企只有深入参与非常规油气勘探开发等新兴领域的技术研发，形成技高一筹的核心竞争力，才能在动荡的局势中有效规避地缘政治风险，保持投资与经营的稳定发展，在与国际石油公司的竞争中逐渐获得优势地位。②

四是建立科学有效的风险预警机制。风险预警机制是一种科学合理的管理方法，西亚、北非地区的政治大震荡虽然只是发生在个别国家，但对周边国家也会带来危险，其稍有不慎就可能被卷入政治纷争。因此，中国油企应科学有效地建立风险预警机制，不断提升自身抗风险能力，把可能遭遇的风险损失尽可能降至最低。

五是持续坚持“引进来”“走出去”战略。因缺乏国家综合实力的支撑，中国油企“走出去”“引进来”力度还不够。双方能源合作主要由国有大型企业承担，事实上，随着持续不断地加大对外开放与深入合作，民营资本参与度越来越高，这不仅有助于中国油企核心竞争能力提升，也提高了中国油企应对世界大国和石油寡头挑战的能力。

六是增强综合国力，承担国际责任。中国已具备较强国际影响力与大国担当能力，但还应不断地提高综合国力与国际地位，这样才能为中国油气企业“走出去”创造更优越的发展条件，增添绝对实力与争取更多市场份额。

（三）加强能源产业技术合作

一是签订产业与技术合作协议。在中国与西亚、北非各国结成全面战

① 参见钱学文：《中国与西亚北非国家的能源合作及展望》，《新丝路学刊》2021年第3期。

② 参见钱学文：《中国与西亚北非国家的能源合作及展望》，《新丝路学刊》2021年第3期。

略伙伴关系基础上，企业或高校院所根据合作需求，签订产业与技术合作协议，明确双方责任义务与合作内容，为进一步深入合作奠定基础。①

二是建立国际科技合作产业园。积极推动建设国际科技合作产业园区，如国家发改委、科技部、广东省人民政府和东莞市人民政府与以色列经济部（原工贸部）共推共建的“中以国际科技合作产业园”，这是以色列授权在中国筹建的，也是目前中国唯一一个以水为主题的国际科技合作园。②建立并依托更多国际科技合作产业园，搭建科技、教育、物流、信息等开放型功能平台，打造科技开放合作的枢纽，加强与西亚、北非国家科技创新、人才培养等方面的合作，创建高端产业积聚区，主动融入全球创新网络，全力建设对外合作与国际化创新高地。

三是制订双边产业研发合作计划。以色列的创新能力、科技实力有目共睹，而中国已有部分省份与以色列共同制订了产业研发计划并开展技术研发。2013 年，广东省人民政府与以色列签订了双边合作协议，支持双方企业在新工艺、新产品方面的产业研发合作，双方设立资助机制以支持广东企业和以色列企业开展联合研发合作项目；上海也设立了上海—以色列产业创新合作项目。③ 2021 年，以色列 SHIZIM 医疗集团与北京市医疗机器人产业创新中心达成了战略合作，携手建立世界级医疗设备和研发数字健康技术，双方研发计划主要围绕人工智能、医药健康、农业三大领域，鼓励以企业为主的创新主体与以色列开展联合研发。中国多省份企业与相关国家的科研创新合作所取得的巨大成果和持续研发，将有利于实现双边制造业和研发向价值链中高端提升。

四是积极开展产业技术与标准输出。中国与西亚、北非各国在产业合作中，大多由技术基础较强的中国企业将先进装备、产业技术和技术标准输入其他国家。为此，未来双方还应实现更多产业技术合作和标准输出，以强化和提升西亚、北非各国的产业发展能力，提高地区产品质量，扩大国外市场。

五是努力开展产业技术交流对接活动。包括常态化地举办中国与西亚、北非国家企业间的技术交流对接活动，专家学者与企业代表对接产业技术交流活动，共同促成相关产业和项目落地，为中国与西亚、北非各国的人口经济协调发展寻求新路径和新机遇。

---

① 参见刘玲：《我国与西亚北非国家产业技术合作研究》，《全国流通经济》2020 年第 3 期。

② 参见刘玲：《我国与西亚北非国家产业技术合作研究》，《全国流通经济》2020 年第 3 期。

③ 参见刘玲：《我国与西亚北非国家产业技术合作研究》，《全国流通经济》2020 年第 3 期。

第四节 中国—中亚、东北亚国家人口经济发展路径

"一带一路"倡议提出以来，深化了中国和中亚、东北亚国家的广泛合作与发展，取得了一系列合作成果。近年来，中亚、东北亚各国积极参与并主动对接"丝绸之路经济带"发展倡议，围绕共建"一带一路"，中国同中亚、东北亚各国分别确立了发展规划，包括哈萨克斯坦的"光明之路新经济政策"、乌兹别克斯坦的"新乌兹别克斯坦规划"、塔吉克斯坦的"2030 年前国家发展战略"、土库曼斯坦的"复兴古丝绸之路"等双边战略对接机制[①]，以及中俄《中华人民共和国与欧亚经济联盟经贸合作协定》、中蒙《蒙古国政府与中华人民共和国政府关于共同推进"草原之路"与"一带一路"倡议建设的行动计划》、蒙中俄三方共同签署的《建设中蒙俄经济走廊规划纲要》等重要合作框架。中亚地区发展态势良好，"一带一路"建设为持续拉动区域经济发展提供了可能。同时，中国已成为乌兹别克斯坦、吉尔吉斯斯坦、土库曼斯坦第一大贸易合作伙伴。未来各方应持续在经济、社会、文化方面深入合作，共建人类命运共同体。

一、推进交通基础设施开发与合作，以道路畅通推动区域经济互通

中亚五国资金短缺、技术落后，仅依赖自然资源的传统经济发展方式缺乏可持续性，还可能导致其工业、制造业发展更加薄弱。例如，哈萨克斯坦虽是中亚五国中人口效率最高的国家，但该国有超过六成的国道不顺畅，超过九成的地方道路年久失修。同时，由于哈萨克斯坦电力资源分配不均，且设备较为落后，出现了电力北部充足，但南部、西部电子资源严重不足的现状。由于电力需求长久得不到满足，导致中国在哈萨克斯坦的投资面临更多的潜在风险。[②] 不过这也为双方基础设施合作提供了发展机遇。另外，塔吉克斯坦农业整体生产力水平较低，管理粗放，农田灌溉系统落后。蒙古国没有出海口，交通运输业以铁路和公路运输为主，基础设施建设进展缓慢已成为经济发展和矿业开发的主要瓶颈之一。近年来，中国与中亚国家通力合作，实现了铁路、公路、航线、油气管道、通信网络立体对接，建设了中吉

① 参见宋博：《"一带一路"倡议在沿线主要区域的进展（中亚篇）》，《世界知识》2021 年第 12 期。

② 参见娜兹亚：《"一带一路"背景下推进中国与哈萨克斯坦经贸合作的建议》，《现代商业》2020 年第 36 期。

乌公路、“中国西部—西欧”交通走廊、中哈霍尔果斯国际边境合作中心、中哈连云港物流合作基地等项目。①

同时，中亚、蒙古等国亟待提升基础设施水平，将来中国可在基础设施建设与开发方面加强重点合作，积极推进中吉乌铁路等重要合作项目、莫斯科至喀山高速铁路、同江—下列宁斯阔耶铁路大桥、黑河—布拉戈维申斯克公路桥、中蒙俄经济走廊等建设等项目。蒙古计划在近期实施建设从俄罗斯到中国的天然气管道，同时建设连接俄罗斯和中国过境蒙古国的高速公路的项目等。自 2016 年 3 月开通首列“渝新欧”中欧班列至今，中哈边境的霍尔果斯铁路口岸年进出境班列数从约 700 列增长到近 5000 列。② 基础设施建设持续发展合作，将为各国带来更多的经济机遇，为后续进一步深化合作创造良好的现实条件。

二、推进资源开发与合作，以优势互补推动互利共赢

中亚、东北亚国家拥有十分丰富的自然资源，特别是石油、天然气等资源储量巨大。哈萨克斯坦已经探明石油储量 48 亿吨，已经探明的矿藏达 90 多种。吉尔吉斯斯坦煤、汞、锑矿储藏较丰富，潜在的水力发电能力为 1450 亿千瓦时，但仅开发利用了 10%左右。塔吉克斯坦铀储量居独联体首位，铅、锌矿居中亚第一位，境内还蕴藏多种建筑材料，水资源丰富，人均拥有量居世界第一位。乌兹别克斯坦是世界第六大棉花生产国和第二大棉花出口国，世界第七大黄金生产国。土库曼斯坦是世界上最干旱的地区之一，石油、天然气资源丰富，天然气储备列世界第五。俄罗斯自然资源十分丰富，森林覆盖面积居世界第一位，木材蓄积量居世界第一位，天然气已探明蕴藏量居世界第一位，铁、镍、锡蕴藏量居世界第一位，黄金储量居世界第三位。③ 蒙古国已发现和确定的矿产有 80 多种，主要产业包括矿业、农牧业、交通运输业、服务业等。近年来，中国与中亚国家合作建设了“中哈石油管道”“中国—中亚天然气管道”等能源管网项目，以及“复兴”气田和奇姆肯特炼油厂等能源供应源项目。中亚天然气占中国进口天然气份额超过 50%，同时中俄原油管道、中俄东线天然气管道、亚马尔液化天然气项目、田湾核电站 1 至 4 号机组等重大能源供应项目稳定运行。截至 2021 年 11 月，俄

① 参见宋博：《“一带一路”倡议在沿线主要区域的进展（中亚篇）》，《世界知识》2021 年第 12 期。
② 参见宋博：《“一带一路”倡议在沿线主要区域的进展（中亚篇）》，《世界知识》2021 年第 12 期。
③ 参见《俄罗斯》，https://www.yidaiyilu.gov.cn/gbjg/gbgk/807.htm。

罗斯通过中俄东线天然气管道向中国的供气量已累计超过 130 亿立方米。① 2018 年，俄罗斯原油开始从漠河向大庆林源输送，这填补了中国东北地区石油资源供应缺口，优化了国内油品供输格局，对保障国家能源安全具有重要作用。② 中国也宣布了碳达峰、碳中和目标。中国将与中亚、东北亚诸国拓展矿产资源、能源资源和水资源等领域的持续开发利用合作，构建中国—中亚、东北亚国际能源一体化供应链合作模式，建设多元立体的能源合作新格局。

三、推进人力资源开发与交流，以人才交流推动民心交融

中亚、东北亚 7 国除了俄罗斯处于以人口负增长为标志的“后人口转变”时代外，其余国家仍处于后期加速增长与扩张阶段，部分国家甚至处于人口中期扩张阶段。如乌兹别克斯坦是中亚地区人口最多的国家，2020 年总人口 3423.21 万人，劳动年龄人口（15～64 岁）约为 2273 万，占总人口的 66.41％，劳动力资源十分丰富，且劳动力价格比较便宜，同时乌兹别克斯坦政府非常重视教育，教育支出占 GDP 比重在 10％以上，15 岁以上识字率高于世界平均水平，这使得教育发展总体水平比较高，全国整体人口素质较高。哈萨克斯坦、土库曼斯坦、塔吉克斯坦等国的 15 岁以上识字率也高于世界平均水平。而中亚国家以能源、矿产等为主的经济结构，无法吸纳足够多的可就业人口，造成了中亚 5 国国际迁出人口远大于迁入人口，这种经济发展缓慢与人口增长之间的矛盾，成为中亚国家近年来受到恐怖主义和极端主义袭扰的主要社会基础。“一带一路”建设为中亚各国经济社会发展带来了很多机遇，能为既懂中文又懂专业的中亚、东北亚人才创造更多就业机会。③

未来，中国与相邻近的中亚、东北亚国家之间通过多边合作，促进经济发展与人口资源的耦合协调。中亚各国可借鉴中国等国家的人才配置机制，以市场化方式配置人力资源，实现人口效率大幅提升。与此同时，中国可积极探索建立双边和多边人才交流合作机制，推动对外劳务合作由低端劳动密集型人力输出向技能型、知识型、创新型中高端劳务输出转型。通过加强中国劳务外派人员的语言技能培训，提高人文、宗教、历史方面等知识

---

① 参见《打造更加紧密的中俄能源合作伙伴关系》，2021 年 12 月 17 日，https://www.nea.gov.cn/2021-12/17/c_1310379207.htm。

② 参见孙法峰等：《基于大数据的漠大原油管道优化运行及建议》，《天然气与石油》2020 年第 8 期。

③ 参见刘华芹：《中国与中亚：谱写经贸合作新篇章》，2022 年 3 月 17 日，http://www.rmhb.com.cn/zt/ydyl/202203/t20220317_800279791.html。

的普及度，尊重对方文化、风俗和思维方式，促进与本地人的交流与交融。此外，高水平人才交流与合作是推动共建“一带一路”高质量发展，绘就新时代“一带一路”精美画卷的重要基础。高校要立足各自发展战略和本地区参与共建“一带一路”规划，创新人才培养模式，推进与沿线国家教育合作与交流。借助各高校优势和专业特色，实现人才培养的国际交流和合作，尽快培养大批熟悉和了解“一带一路”沿线国家与地区的国际化人才以及合作领域急需的专业人才，助力“一带一路”教育共同体建设。综上，人力资源开发与合作能够促进相关各国人民加深彼此了解和相互信任，未来中国与中亚、东北亚 7 国可持续深入推进人力资源开发与合作。

四、推进农产品贸易优势互补，加强农业技术合作与交流

中亚 5 国在粮食和棉花等土地密集型产品上具有出口比较优势，而在以农产品作为原料的加工食品等劳动和资本密集型产品上相对处于劣势，中国与中亚 5 国农产品贸易互补性很强，这使中国—中亚具备了实现农产品贸易合作的现实基础。2022 年 1 月 25 日，习近平主席在中国同中亚五国建交 30 周年视频峰会上提出，中国愿向中亚国家开放超大规模市场，将进口更多中亚国家优质商品和农产品。中国正依托大规模市场形成与中亚、东北亚国家的农产品种类、结构优势互补。如吉尔吉斯斯坦是全球极少数环境没有被污染的国家之一，绿色农产品种类丰富。中国从吉尔吉斯斯坦进口的农产品规模从 1992 年的 98 万美元提高至 2019 年 997.3 万美元，约是原来的 10 倍；同时，中国向吉尔吉斯斯坦出口的农产品规模从 1992 年的 1122 万美元提高至 2019 年 2.59 亿美元，约是原来的 23.1 倍。[①] 未来，越来越多来自哈萨克斯坦的小麦、大麦、葵花籽、亚麻子等农产品从阿拉山口口岸进境，被运往阿拉山口综合保税区粮油饲料加工企业，进一步加工后销往各地。在产棉大国乌兹别克斯坦，中国农业科学院与乌兹别克斯坦共建了中乌棉花联合实验室，采用乌兹别克斯坦棉花品种，使用中国栽培管理技术，较当地产量提升 50%以上，且全生育期耗水仅为当地水平的 1/3，获得高度评价。在共建“一带一路”框架下，中哈顺利实施了大批投资与产能合作项目。2021 年，阿拉木图市大口径钢管厂、扎纳塔斯风电场、图尔古孙水电站等项目相继竣工投产。哈萨克斯坦对华农产品出口实现逆势增长。2021 年，中国继续保持哈萨克斯坦第二大贸易伙伴地位，并首次成为哈萨

① 参见张学会、宁泽逵：《高质量共建“一带一路” 提速中吉农产品贸易》，《农民日报》2022 年 3 月 29 日。

克斯坦第一大出口目的地国。[①] 中国与中亚国家合作已形成成功典范，还可实现更为紧密的相互协作，站在更高与更新的历史起点上，继续推进中国—中亚国家健康稳定前行，取得更大合作发展。

东北亚国家中，中国从蒙古主要进口畜产品，出口果蔬产品，畜产品进口占中国从蒙古进口农产品总额的70%。[②] 截至2022年3月底，二连海关累计监管出口果蔬36.65万吨，贸易额达4.32亿元。中俄双边贸易额增速在中国前十大贸易伙伴中位列第一。对俄出口以机电产品为主，自俄进口主要集中在原油、煤、锯材等能源资源类产品。[③] 同时，俄罗斯包括小麦在内的十余种农产品陆续获准进入中国市场，农产品贸易已成为中俄双边经贸合作新亮点，未来中国应持续巩固作为俄罗斯农产品和食品第一大出口对象国地位。同时，中国在劳动力、农业技术、种业种质、农业物资材料等方面具有俄方所需的大量资源与实力，能填补俄方农业开发力量不足、粮食需求与生产不匹配等方面的多重缺口，同时俄方丰富的农业资源也能为中国提供替代性的生产区域与产品。中俄两国企业还应充分利用互联网与物联网技术，借助电商平台，提升农产品品牌形象，拓展合作新路径，推动两国农业合作迈上新台阶。[④]

随着“一带一路”建设的持续深入推进，中国与中亚、东北亚7国应在未来全球农产品供应体系多元化中发挥重要作用，包括初级农产品、初加工农产品、深加工农产品全球价值链地位、农业技术创新应用以及农业比较优势等，在农产品加工领域进行更深合作，不断深化务实合作，助力各国产业链、价值链的延伸。

五、推进文化交流，构建中国—中亚、东北亚命运共同体

针对习近平总书记提出的“要切实推进民心相通，弘扬丝路精神，推进文明交流互鉴，重视人文合作”等八项要求，中国与中亚、东北亚各国合作应重视民心相通和文化融通。中国和中亚、东北亚7国是友好邻邦和重要合作伙伴，有着深厚的历史人文基础，友好交往历史源远流长。中国与中亚、东北亚地区的深入人文交流仍有进一步提升空间，亟待拓宽合作领域，丰富

① 参见张继业：《中国与哈萨克斯坦建交30年来成果丰硕》，2022年1月3日，https://www.yidaiyilu.gov.cn/xwzx/hwxw/211880.htm。

② 参见赵银平：《2019年中蒙贸易额81.6亿美元，同比增长2.1%》，2020年7月23日，https://www.yidaiyilu.gov.cn/jcsj/ggsj/sbmy/139132.htm。

③ 参见刘梦：《2018年中俄贸易额1070.6亿美元　增幅达27.1%》，2019年1月14日，https://www.yidaiyilu.gov.cn/jcsj/ggsj/sbmy/130601.htm。

④ 殷新宇：《中国市场对我们有巨大吸引力》，《人民日报》2020年8月28日。

交流内容和形式。如俄罗斯是教育大国，在自然科学、基础研究、高等教育方面居世界领先地位，同时在航空航天、军事工业等工程技术领域亦属世界一流，在人文和社会科学上拥有优秀的传统和鲜明的风格。乌兹别克斯坦的创新科技产业日益发展，在机械制造、机床制造及其他工业领域的科技创新水平不断提高。土库曼斯坦是古丝绸之路上重要节点，以梅尔夫古城为代表的历史遗迹和文化遗产众多，旅游资源十分丰富。蒙古国积极推动与多个国家开展留学生交换项目，未来可继续共同举办文化节、文化日、电影节、电视节等大型文化活动，鼓励中蒙两国媒体、专业文化机构、艺术院校、艺术院团加强联系，深化合作；促进旅游活动，进一步扩大双向旅游交流规模。另外，继续鼓励各国青年友好交流，互学互鉴，传承中国、中亚、东北亚世代友好理念。总之，中国的文化自信、文明传统，是对外传播和交流的重要资源，未来可以更多喜闻乐见的形式展示中国文化、讲好中国故事，走进中亚、东北亚地区。

六、推进民生领域多方合作，增进发展中国家民生福祉

中亚、东北亚因其地理位置特殊，使得大国在中亚地区所关注的共同利益首先是安全利益，通过促进这一地区的经济和社会发展，以抵制恐怖主义和极端主义的蔓延。[①] 同时各国对中亚 5 国发展援助、开展合作有着共同利益诉求。民生福祉是一切社会经济发展的出发点与落脚点，民生好坏决定民心向背，民心向背决定国运兴衰。

中国与中亚、东北亚 7 国在经济合作方面取得了很多成绩，未来中国与中亚、东北亚国家在医疗健康、文化遗产、教育培训、生态环境保护和改善等领域的合作可进一步拓展民间合作的深度与广度。例如，中国学者在文物修复、遗产点的保护管理等方面经验丰富，可与吉尔吉斯斯坦推动遗址考古发掘合作，共同培养人才。近年来，中国在提升出生时人口预期寿命、降低新生儿死亡率方面取得了更好的成绩，可与中亚、东北亚国家在公共卫生水平和医学技术水平提升方面开展更多合作，提供更多贴近普通民众的公共产品，交流贫困治理经验，推广跨境电商、智慧运输、远程医疗、远程会展、无线支付等数字经济合作形式，打造区域数字伙伴关系，让中国与中亚、东北亚 7 国人民享受高科技带来的便利。此外，中国与俄罗斯援助力量加强合作，可通过不同合作项目进行优势互补，进一步加强政治互信，继续坚持平等互利、互不干涉内政的基本原则，继续帮助受援各国的民生项目建设，促

① 郭晓婷：《大国在中亚地区的发展援助及其成效》，《社会科学文摘》2021 年第 2 期。

进各国逐步走上自力更生、独立发展的道路。正如习近平主席指出的，中国同中亚五国30年合作的成功密码，在于我们始终相互尊重、睦邻友好、同舟共济、互利共赢。相信通过政府间、友好组织间、民间的多元合作交流，“一带一路”将筑牢中亚、东北亚国家民间友好的社会基础，推动发展中国家人民生活水平的持续提高，也将促进中亚地区和平稳定，造福世界人民。

第五节　中国—中东欧国家人口经济发展路径

2012年，为实现中国同中东欧国家全面合作，首次中国—中东欧国家领导人会晤在波兰首都华沙召开，会议正式启动“16＋1”合作机制，2019年希腊加入“16＋1”合作机制由此升级为“17＋1”。作为连接中国与欧洲的“纽带”，中东欧国家不仅有着无可比拟的地理优势，而且作为欧洲大陆的“新兴经济体”，该区域拥有巨大的经济发展潜力。中国和中东欧国家合作已超越了简单地理范畴，正共同打造互利共赢、开放包容的跨区域合作平台，得到了欧洲国家关注、支持和响应。[①] 2020年，中国与17国贸易额首次突破千亿美元，实现了逆势增长。[②]

2021年，习近平主席就新形势对中国—中东欧国家合作发展提出建议：第一，直面疫情挑战，坚定共克时艰的合作信心。第二，聚焦互联互通，畅通联动发展的合作动脉。第三，坚持务实导向，扩大互惠互利的合作成果。第四，着眼绿色发展，打造面向未来的合作动能。峰会发表了《2021年中国—中东欧国家合作北京活动计划》和《中国—中东欧国家领导人峰会成果清单》。[③] 在推动世界经济复苏和向好发展方面，中国经济持续增长且保持开放包容的态度，正扮演不可或缺的角色，也将不断拓宽中国—中东欧国家间的合作空间。2022年8月21日，年度中欧班列累计开行达1万列，比2021年提前10天突破万列；累计发送货物97.2万标箱，同比增长5%，综合重箱率达98.4%。截至2022年9月27日，中欧班列长安号开行突破3000列。中欧班列已通达欧洲24个国家200个城市，成为畅通中欧贸易

① 参见焦富林：《“17＋1”合作机制下中国与中东欧贸易合作研究》，外交学院博士学位论文，2021年。

② 参见朱宛玲：《中国—中东欧电商合作机制将启动　促进中国—中东欧贸易平衡》，2021年5月13日，https://www.yidaiyilu.gov.cn/xwzx/gnxw/173389.htm。

③ 参见《中国—中东欧国家合作概况》，http://www3.fmprc.gov.cn/web/wjb_673085/zzjg_673183/xos_673625/dqzz_673633/zgzdogjhz/gk_673651/。

的重要经济走廊。[①] 未来各国还需团结协作共同应对各种挑战。

一、持续加大基础设施建设并扩大合作发展

(一)加大对中东欧国家贸易与基础设施建设

实践经验表明,贸易基础设施互联互通能有效地促进双方贸易合作便利化。加快中欧海上、陆上、空中贸易快线建设,对促进双方贸易合作有着深远的积极影响。为此,未来中国与中东欧国家还应致力于共同打造海陆联运通道,包括巩固与波兰、捷克、匈牙利等国的中欧班列联运枢纽地位[②],与“17+1”合作国家签订双边航空运输协定,加强“空中丝绸之路”建设,增加中国与中东欧国家直航航线,积极打造中欧互联互通空中走廊。中欧班列作为国际互联互通大动脉不断发展壮大,为共建“一带一路”国家、中外企业和各国民众带来了发展机遇与巨大的生活变化。中欧班列作为往来于中国与欧洲沿线国家间集装箱国际铁路联运班列,已成为推动“一带一路”建设的重要载体、亚欧大陆国际物流运输的中坚力量,成为中国与共建“一带一路”国家经贸往来的主要桥梁与纽带。中国应继续巩固中欧班列的发展基础、稳定中欧班列发展的良好态势、防范化解重大风险、提升中欧班列发展质量,将中欧班列作为务实合作的重点,开辟中欧班列新通道,全面提升中欧战略基础设施保障能力,稳步推进多领域多层次合作,共同营造中欧班列良好的发展环境。[③]

(二)加强中国—中东欧国家贸易合作

2022 年是中国—中东欧合作机制成立第 10 年,为中国与中东欧的关系提供了基础框架,中国应加强与中东欧国家的贸易合作。

首先,借助“17+1”合作机制总体框架深入合作。充分发挥每个成员国贸易特色与优势,打造一系列精准贸易合作相关平台,充分调动各个成员国的主动性与积极性。[④] 通过开放各类互联互通项目,有效吸纳中东欧各国加入“一带一路”建设项目,加快促进该地区与欧洲核心发达地区的通力融

---

① 参见林子涵:《“一带一路”交通互联互通迈上新台阶》,《人民日报》(海外版)2022 年 10 月 15 日。

② 参见焦富林:《“17+1”合作机制下中国与中东欧贸易合作研究》,外交学院硕士学位论文,2021 年。

③ 参见陈文玲:《中欧班列是高质量共建“一带一路”的互联互通大动脉——〈中欧班列发展报告(2021)〉解读之三》,2022 年 8 月 24 日,https://www.yidaiyilu.gov.cn/xwzx/gnxw/270592.htm。

④ 参见焦富林:《“17+1”合作机制下中国与中东欧贸易合作研究》,外交学院硕士学位论文,2021 年。

合,并成为推动“一带一路”建设的重要合作平台。

其次,有意识地加强各国的经贸联系,有效推动中国和整个中东欧地区经贸合作,多层次、多领域、多形式发展,成为“大国—地区”平等发展多边主义合作机制的典范。

最后,双方经贸合作机制应适度向整个欧盟国家开放,使整个地区能更充分地参与贸易机制合作项目,实现多边合作共赢。一是通过打通国家各类高层次官方沟通渠道,在有效宣传和加强中国与“一带一路”沿线中东欧国家合作的基础上,加快与欧洲其他国家的政治联系,并借此推动与整个欧洲整体全面关系的发展。二是中国与中东欧国家实施贸易合作,除了推行政府间合作范式外,还应重点突出不同行为体的专业化参与,这样有助于提高中国—欧洲贸易合作精准化与专业化。三是通过强化中国—中东欧双方经贸关系,既促进中东欧国家的经济发展与繁荣,提升中东欧地区在欧洲乃至国际社会的地位和影响力,同时也将促进中国与该地区人民之间的相互了解,进一步扩大对外经济开放。

(三)拓宽合作领域,促进贸易合作均衡发展

2017 年年初,由中国—中东欧基金和中欧国际工商学院联合发起设立的中东欧经济研究所在上海正式成立,旨在通过研究相关国家的经济、金融、产业、投资、贸易及人文和社会等,为中国企业投资中东欧市场提供智力支持和科研服务,为提升“16+1”合作水平、落实“一带一路”倡议提供研究支持和政策建议。① 随着美国“保护主义”盛行,中国—中东欧合作或将成为欧亚合作新亮点。② “17+1”合作有望增加新内容,开拓新领域,对于生物卫生医药领域的中国企业可能是难得的利好;同时对医药生产加工提出了高要求,加速了 5G、大数据、数字经济、云计算等新兴产业的发展。③

“17+1”合作正进入提质升级新阶段,在做深做实传统领域合作基础上,还需拓展在数字经济、人工智能、新能源、金融科技、城市治理、生命科学、生态环境等新兴领域的合作,实现“17+1”合作高质量发展。同时,中国应注意在合作中长期高顺差地位带来的消极影响,可通过扩大对中东欧国

① 参见谢为群:《中东欧经济研究所在上海成立》,2017 年 1 月 24 日,https://www.yidaiyilu.gov.cn/xwzx/dfdt/5558.htm。

② 参见郑青亭:《全球趋势变换中国—中东欧合作有望加速》,《21 世纪经济报道》2020 年 6 月 24 日。

③ 参见郑青亭:《全球趋势变换中国—中东欧合作有望加速》,《21 世纪经济报道》2020 年 6 月 24 日。

家投资、给予相应逆差国一定关税优惠等手段抵减一部分消极影响。① 这样既扩展合作领域，也促进贸易合作实现均衡发展。

二、积极推动社会治理和发展进步

中国与中东欧"17＋1 合作"机制应立足各方需求，着眼中欧合作推动社会治理，积极把握重要发展机遇。各国也应切实提高责任担当，发挥内外政策决策源头作用，为拓展中国与中东欧国家合作搭建有效平台，推动"17＋1"合作再上新台阶，为中欧关系发展增添新动力，为"一带一路"建设、构建人类命运共同体作出更大贡献。②

中东欧国家普遍面临人口外流、生育率下降和人口深度老龄化等社会问题，多国推出了鼓励生育系列政策，如波兰政府推行的对"家庭 500＋"计划进行的关键性修改，所有家庭不论收入高低，也不管有几个子女，18 岁以下的孩子均可获得补贴。2019 年，匈牙利政府推出"家庭保护行动计划"，旨在通过提供政府补贴和各种优惠政策，鼓励年轻人组建家庭、购置房产和生育子女。此外，波兰、克罗地亚等国还在教育改革、提高退休者待遇、向年轻人减税等方面采取了一系列改革举措。实际上，多数中东欧国家比中国更早进入老龄化社会，更早面对人口老龄化和生育率下降等问题，中国可以广泛学习中东欧国家应对人口老龄化问题、刺激生育的成功经验，开展相关的经验分享和交流活动，互相借鉴，取长补短，共同开辟经济发展和社会进步的新动能。

三、加强文化和人才交流合作

一直以来，中东欧多数国家经济体量较小，在政治、经济等领域缺乏国际话语权，国际影响力也相对有限，但各国文化事业发展日新月异。该地区多数国家历史上就是文化大国，文化艺术在这些国家中仍呈现出了欣欣向荣的景象。2019 年，波兰女作家奥尔加·托卡尔丘克荣获 2018 年度诺贝尔文学奖，成为该国第五位获此殊荣的作家。阿尔巴尼亚作家伊斯玛依尔·卡达莱荣获两项国际文学奖——韩国第九届"朴景利文学奖"和美国第 26 届"纽斯坦特国际文学奖"。③ 中国与中东欧国家加强文化方面的交流合

---

① 参见焦富林：《"17＋1"合作机制下中国与中东欧贸易合作研究》，外交学院硕士学位论文，2021 年。

② 参见《中国与中东欧执政党圆桌会在京举行》，2019 年 11 月 19 日，https://www.yidaiyilu.gov.cn/xwzx/gnxw/110147.htm。

③ 参见《中东欧蓝皮书：中东欧国家发展报告（2020）》，https://www.forestry.gov.cn/ceec/16/20220424/142642501569335.html.

作，既可以推动中华文化走向世界，让世界听到中国声音，也能够学习中东欧国家优秀的文化，促进不同文明之间的相互借鉴和实现自身文化的进步蜕变，为世界文化多样性发展贡献力量。

“17＋1”合作在提出之初受到了中东欧国家的热烈响应，但急需应对两大先天障碍。其一，中国和中东欧国家之间缺乏牢固的民意基础。双方合作的共识和热情主要在政府间达成，在国内，反对党派和民间不乏质疑和反对之声，可能会影响合作的长远性、持续性和稳定性。其二，中国与已展开合作的单个中东欧国家之间在市场规模上存在巨大的不对称性。为此，要有针对性地解决上述两大障碍，还应开辟有别于政府官方的民间合作渠道和有别于国家整体的地方合作、非政府组织合作渠道。①

一是通过民间进行人文交流，作为双方巩固传统友谊、增进相互了解、弥合历史文化和意识形态鸿沟、扩大深化共识的重要途径。二是通过旅游促进机制、智库交流与合作、青年政治家论坛、各类学术交流平台等推动思想交流。三是充分发掘中国地方政府合作潜力和新市场机遇，使其成为与中东欧诸小国合作的一大突破口。除了较传统的建立友好城市关系及开辟直飞航线和班列外，还可建立双方地方领导人会议、市长论坛、地方省州长联合会等制度化途径。② 在合作框架下，中国—中东欧加快高等教育国际联盟组建，包括机构间交流、人才培养、科研合作、文化沟通、政策研究、社会服务等。③

2012 年来，中国—中东欧先后开展了“中国—中东欧国家合作投资经贸促进年”(2014 年)，“中国—中东欧国家旅游合作促进年”(2015 年)，“中国—中东欧国家人文交流年”(2016 年)，“中国—中东欧国家媒体年”(2017 年)，“中国—中东欧国家地方合作年”(2018 年)，“中国—中东欧国家教育、青年交流年”(2019 年)，“中国—中东欧国家农业多元合作年”(2020 年)，“中国—中东欧国家合作绿色发展和环境保护年”(2021 年)等合作。④ 在已有合作架构上，中国应与中东欧国家开展更广泛的合作，实现经济、贸易、社会、教育、文化、科技等交流互动，尽早实现中国与中东欧国家间多层次、宽

---

① 参见牛梦圆：《次区域合作视角下的中国—中东欧国家“17＋1”合作研究》，北京外国语大学硕士学位论文，2020 年。

② 参见牛梦圆：《次区域合作视角下的中国—中东欧国家“17＋1”合作研究》，北京外国语大学硕士学位论文，2020 年。

③ 参见石中玉：《中国—中东欧艺术高等教育国际联盟成立》，2021 年 10 月 28 日，https://www.yidaiyilu.gov.cn/xwzx/hwxw/194292.htm。

④ 参见《中国—中东欧国家合作》，2024 年 10 月，https://www.fmprc.gov.cn/web/gjhdq_676201/gjhdqzz_681964/zgzdogjhz/1206x0_679932/。

领域、全方位的合作交往与多方合作共赢新局面。

四、推动生态合作，构建人类命运共同体

“一带一路”不仅是经济繁荣之路，也是绿色发展之路。共建“一带一路”坚持发展中国家能源绿色低碳发展，推动基础设施绿色低碳化建设和运营，加强生态环境治理、生物多样性保护和应对气候变化等领域合作。[①] 在“一带一路”框架下，一个个绿色项目不断从愿景变为行动和成果，为全球可持续发展提供了有力支持。[②] 未来，中国与中东欧国家将持续在清洁能源、新能源汽车和绿色债券等领域开展合作，推进经济发展与生态保护同步。我国针对中东欧国家制定了一系列减排目标和能源转型任务，大力投资氢能、核能、光能、风能等清洁能源。众多中国企业应积极参与其中，中国新能源企业应积极进入中东欧。面对日益恶化的环境危机和气候问题，各国必须携手应对共同难题。中国与中东欧国家要在已有合作基础上，开展更加深入、全面的交流协作，开辟更多新的合作领域，将生态环境视为经济发展的基石，坚持绿色发展理念，共同铸就人类美好未来。

总体而言，“一带一路”倡议为加强中国与沿线各国的交流与合作、为中国走出去作出了极好铺垫，也为世界经济发展贡献了一份重要力量。党的二十大报告指出，推进高水平对外开放，推动共建“一带一路”高质量发展。高质量的发展离不开人的支持，“一带一路”沿线既有发达国家，又有发展中国家，甚至还有欠发达国家，多层次的国别为开展研究与合作提供了多样化可能、视角与方式。通过分析“一带一路”沿线经济体人口与经济发展状况，既清楚了人在经济发展中的重要角色，也清楚了人的发展离不开经济支持，二者互相作用，相互促进。“一带一路”倡议的提出，加强了中国与沿线国家的经济交流合作与人员往来，为实现高质量经济发展提供了基础条件，是中国作为人口大国对世界发展贡献力量的具体体现，为构建人类命运共同体持续作出卓越贡献。

① 参见周�等：《让绿色成为共建“一带一路”的底色》，《环境与生活》2022 年第 4 期。

② 参见周輖等：《让绿色成为共建“一带一路”的底色》，2022 年 1 月 12 日，https://www.yidaiyilu.gov.cn/xwzx/hwxw/214127.htm。

参考文献

〔美〕D. 梅多斯等:《增长的极限》,于树生译,北京,商务印书馆,1984 年。

〔法〕阿尔弗雷·索维:《人口通论》上册,查瑞传等译,北京,商务印书馆,1983 年。

蔡昉:《"中等收入陷阱"的理论、经验与针对性》,《经济学动态》2011 年第 12 期。

蔡昉:《人口转变、人口红利与刘易斯转折点》,《经济研究》2010 年第 4 期。

蔡昉:《通过改革避免"中等收入陷阱"》,《南京农业大学学报》(社会科学版)2013 年第 5 期。

曾铮:《亚洲国家和地区经济发展方式转变研究:基于"中等收入陷阱"视角的分析》,《经济学家》2011 年第 6 期。

陈浩:《柬埔寨经济现代化进程研究(1953～2015)》,云南师范大学硕士学位论文,2019 年。

陈卫、黄小燕:《人口转变理论述评》,《中国人口科学》1999 年第 5 期。

陈艳玲:《泰国高等教育对我国高等教育发展的启示》,《中国科教创新导刊》2011 年第 32 期。

陈友华:《人口红利与人口负债:数量界定、经验观察与理论思考》,《人口研究》2005 年第 6 期。

戴金平、刘进财:《政府财政支出与区域经济增长非线性关系研究:基于中国省际面板的门槛检验》,《社会科学辑刊》2017 年第 4 期。

党建华、瓦哈甫·哈力克、张玉萍等:《吐鲁番地区人口—经济—生态耦合协调发展分析》,《中国沙漠》2015 年第 1 期。

段成荣、谢东虹、吕利丹:《中国人口的迁移转变》,《人口研究》2019 年第 2 期。

段艳利:《对外直接投资对我国经济高质量发展的影响研究》,中共中央党校博士学位论文,2021 年。

范洪敏、穆怀中:《人口老龄化会阻碍中等收入阶段跨越吗?》,《人口研究》2018 年第 1 期。

方恺、许安琪、何坚坚等:《“一带一路”沿线国家可持续发展综合评估及分区管控》,《科学通报》2021 年第 19 期。

冯仕政、李春鹤:《中等收入陷阱:社会转型与社会治理》,《中央民族大学学报》(哲学社会科学版)2022 年第 2 期。

冯扬、李聃:《新常态背景下从人口角度看待中等收入陷阱:基于 10 国数据的 VAR 模型分析》,《中国市场》2016 年第 16 期。

〔法〕格扎维埃·范登·布朗德、周愚:《欧洲老龄化问题对策述评:迈向积极的老年人口就业政策》,《经济社会体制比较》2007 年第 10 期。

公丕萍、姜超:《“一带一路”建设对沿线国家经济增长的影响效果与中介路径》,《世界地理研究》2021 年第 3 期。

顾鉴塘:《南亚的人口经济问题》,《人口研究》1983 年第 4 期。

郭鸿炜:《论“一带一路”实践对中国与周边新型国际关系的建构》,吉林大学博士学位论文,2021 年。

韩璐:《丝绸之路经济带在中亚的推进:成就与前景》,《国际问题研究》2017 年第 3 期。

韩永辉、邹建华:《“一带一路”背景下的中国与西亚国家贸易合作现状和前景展望》,《国际贸易》2014 年第 8 期。

韩永辉、罗晓斐、邹建华:《中国与西亚地区贸易合作的竞争性和互补性研究:以“一带一路”战略为背景》,《世界经济研究》2015 年第 3 期。

胡莹、陈韬:《新发展理念与“中等收入陷阱”的跨越》,《贵州社会科学》2019 年第 2 期。

何茂春、田斌:《“一带一路”战略的实施难点及应对思路:基于对中亚、西亚、南亚、东南亚、中东欧诸国实地考察的研究》,《人民论坛·学术前沿》2016 年第 5 期。

侯钦瀚:《在“一带一路”背景下分析捷克对中国经济的影响》,《辽宁师专学报》(社会科学版)2016 年第 3 期。

黄晓燕、秦放鸣:《“一带一路”背景下中国与西亚国家产能合作基础与模式研究》,《新疆大学学报》(哲学·人文社会科学版)2017 年第 5 期。

黄美璇:《人口老龄化、政府健康投资对经济增长影响的实证研究》,云南大学硕士学位论文,2021 年。

黄耀东、唐卉:《中国—东盟自由贸易区建设瓶颈及升级版建设路径研究》,《学术论坛》2016 年第 10 期。

胡乃武、宋群:《21 世纪初世界经济发展的新特点》,《经济理论与经济管理》2000 年第 4 期。

贾志科、刘光宇:《科学发展观指导下的适度人口理论新探》,《西北人口》2006 年第 2 期。

焦富林:《“17+1”合作机制下中国与中东欧贸易合作研究》,外交学院硕士学位论文,2021 年。

蒋耒文:《“欧洲第二次人口转变”理论及其思考》,《人口研究》2002 年第 3 期。

金华林、刘伟岩:《城市化、人口红利与日本经济增长关系研究》,《人口学刊》2017 年第 2 期。

孔田平:《中东欧经济转型的成就与挑战》,《经济社会体制比较》2012 年第 2 期。

李超敏:《西方人口生态学流派简介》,《中国人口科学》1990 年第 1 期。

李建民:《人口转变论的古典问题和新古典问题》,《中国人口科学》2001 年第 4 期。

李竞能:《现代西方人口理论》,上海,复旦大学出版社,2004 年。

李同昇、龙冬平:《中亚国家地缘位置与中国地缘战略的若干思考》,《地理科学进展》2014 年第 3 期。

李晓丽、吴威、刘玮辰:《基于国际公路运输链的“一带一路”区域公路通达性分析》,《地理研究》2020 年第 11 期。

李逸翔:《中国—东盟区域经济一体化的进程及前景分析》,安徽大学硕士学位论文,2017 年。

李佳琦:《在中东国家的中国公民安全保护研究》,外交学院硕士学位论文,2015 年。

厉以宁、林毅夫、郑永年:《读懂一带一路》,北京,中信出版社,2015 年。

刘波:《百年未有之大变局下全球治理面临的挑战及中国的参与路径》,《教学与研究》2020 年第 12 期。

刘春艳、赵军、徐俊:《“一带一路”国家设施联通对中国对外直接投资效率的影响》,《中国流通经济》2022 年第 3 期。

刘成帅:《中国对一带一路沿线国家出口潜力及影响因素分析》,对外经济贸易大学硕士学位论文, 2018 年。

刘成坤:《人口老龄化对产业结构升级的影响研究》,华侨大学博士学位论文,2019 年。

刘洪钟、郭胤含:《“丝绸之路经济带”与“16+1”合作框架内的中匈投资合作》,《欧亚经济》2017 年第 4 期。

刘乐:《联合国与“一带一路”建设》,《国际论坛》2021 年第 4 期。

刘伟等:《一带一路区域与国别经济比较研究》,北京,北京大学出版社,2017 年。

刘作奎:《新形势下中国对中东欧国家投资问题分析》,《国际问题研究》2013 年第 1 期。

刘玲:《我国与西亚北非国家产业技术合作研究》,《全国流通经济》2020 年第 9 期。

刘玉霞:《论人口质量对经济发展的作用》,《人口与经济》2008 年第 A1 期。

龙玉其、刘巧红:《新加坡中央公积金制度的改革及其启示》,《改革与战略》2013 年第 11 期。

李子怡:《中国 OFDI 对“一带一路”沿线国家出口技术复杂度的影响研究》,安徽财经大学硕士学位论文,2022 年。

卢海燕:《一体化背景下的中东欧国家高等教育改革探析》,《辽宁教育行政学院学报》2012 年第 4 期。

马凤强等:《中亚热点问题及其对中国的影响—新疆师范大学首届中亚研究论坛综述》,《新疆师范大学学报》(哲学社会科学版)2011 年第 1 期。

毛汉英:《中国与俄罗斯及中亚五国能源合作前景展望》,《地理科学进展》2013 年第 10 期。

孟令国、胡广:《东南亚国家人口红利模式研究》,《东南亚研究》2013 年第 3 期。

宁晶:《“一带一路”倡议下西亚北非人民币区域化研究》,兰州财经大学硕士学位论文, 2022 年。

牛梦圆:《次区域合作视角下的中国—中东欧国家“17+1 合作”研究》,北京外国语大学硕士学位论文,2020 年。

欧汉:《中国与独联体双边经贸现状、问题与发展》,对外经济贸易大学硕士学位论文,2006 年。

帕夏古·阿不来提、孜比布拉·司马义、周玄德:《吐鲁番地区城镇化与经济发展的耦合关系研究》,《干旱区资源与环境》2012 年第 2 期。

潘教峰:《新科技革命与三元融合社会:关于雄安新区建设的宏观思考》,《中国科学院院刊》2017 年第 11 期。

潘志平:《“一带一路”愿景下设施联通的连接点:以“中国—中亚—西亚”经济走廊为例》,《新疆师范大学学报》(哲学社会科学版)2016 年第3 期。

彭松建:《现代西方人口经济学教程》,北京,北京大学出版社,2014 年。

齐平:《“一带一路”倡议背景下中国和老挝经济合作的发展机遇》,《华东师范大学学报》(自然科学版)2020 年第 A1 期。

齐欣、王一竹、杨膨宇:《城市群战略视角下甘肃新型城镇化多元目标体系》,《中国经贸导刊(理论版)》2021 年第 12 期。

钱学文:《“一带一路”视角下的西亚新丝路建设》,《阿拉伯世界研究》2016 年第 1 期。

钱学文:《中国与西亚北非国家的能源合作及展望》,《新丝路学刊》2021 年第 2 期。

潜旭明:《“一带一路”战略的支点:中国与中东能源合作》,《阿拉伯世界研究》2014 年第 3 期。

乔荞:《经济增长、机会公平与社会动荡:包容性经济发展的阿拉伯经验》,山西大学硕士学位论文,2017 年。

申韬、蒙飘飘:《对外直接投资、金融发展与双边金融合作:基于中国与“一带一路”沿线国家的研究》,《金融与经济》2020 年第 12 期。

申鹏:《基于中国人口转变视野的农村劳动力转移制度创新研究》,西南财经大学博士学位论文,2010 年。

宋博:《“一带一路”倡议在沿线主要区域的进展(中亚篇)》,《世界知识》2021 年第 12 期。

宋宝琳、周国富、张春红等:《财政收入、人口集聚与区域经济增长关系的实证》,《统计与决策》2020 年第 3 期。

宋伟、贾惠涵:《高质量共建“一带一路”的成就、挑战与对策建议》,《河南社会科学》2022 年第 1 期。

睢党臣、程旭、吴雪:《人口结构转变、人口红利与经济增长:基于中日两国的比较》,《经济体制改革》2020 年第 5 期。

孙楚仁、张楠、刘雅莹:《“一带一路”倡议与中国对沿线国家的贸易增长》,《国际贸易问题》2017 年第 2 期。

孙焱林、王中林、张攀红:《空间、经济、人口城市化协调性测度》,《城市问题》2014 年第 7 期。

孙壮志:《“一带一路”合作空间拓展的着力点探究》,《新疆师范大学学报》(哲学社会科学版)2018 年第 6 期。

苏凯:《美国服务贸易效率研究》,吉林大学硕士学位论文,2020 年。

唐代盛、盛伟:《人口城市化、结构红利与时空效应研究:以劳动力市场效率为视角》《中国人口科学》2019 年第 5 期。

田雪原:《警惕人口城市化中的“拉美陷阱”》,《宏观经济研究》2006 年第 2 期。

涂建军、周艳:《主体功能区人口—经济耦合协调关系研究:以四川省重点开发区为例》,《西南大学学报》(自然科学版)2013 年第 4 期。

王灏晨、李喆:《"一带一路"倡议下中东欧投资环境分析》,《宏观经济管理》2018 年第 1 期。

王焕芝:《新加坡构建亚洲高等教育枢纽的路径与挑战》,《比较教育研究》2017 年第 7 期。

王腊芳、谢锐、阳立高等:《中国与"一带一路"沿线国家经济增长的双向溢出效应》,《中国软科学》2020 年第 12 期。

王俊生:《"一带一路"倡议促进全球共同发展》,《中国发展观察》2021 年第 8 期。

王楠:《澜湄合作国家人口变动与经济发展研究》,云南大学硕士学位论文,2019 年。

王传剑、张佳:《"印太"战略与"一带一路":挑战及其应对》,《武汉科技大学学报》(社会科学版)2021 年第 5 期。

王颖、倪超:《中国与印度人口转变的经济效应:基于 1960～2010 年时间序列数据的实证分析》,《人口与发展》2014 年第 4 期。

王永春、汤敏、李洪涛:《"一带一路"沿线国家群组划分及与节点国家农业合作研究》,北京,中国农业科学技术出版社,2020 年。

王志远:《"丝绸之路经济带"的国际背景、空间延伸与战略内涵》,《东北亚论坛》2015 年第 5 期。

王志远:《地区化视角下中国与中亚国家合作前景探析》,《新疆财经》2016 年第 3 期。

王晓宇:《我国对西亚北非地区出口贸易与直接投资研究:非正式制度距离视角》,对外经济贸易大学博士学位论文,2020 年。

吴舒钰:《"一带一路"沿线国家的经济发展》,《经济研究参考》2017 年第 5 期。

吴崇伯、钱树静:《印度尼西亚的中等收入陷阱问题分析》,《南洋问题研究》2017 年第 3 期。

武少杰:《人口变动对经济发展的影响》,辽宁师范大学硕士学位论文,2013 年。

〔美〕西奥多・W. 舒尔茨:《论人力资本投资》,吴珠华等译,北京,北京经济学院出版社,1990 年。

习近平:《习近平谈"一带一路"》,北京,中央文献出版社,2018 年。

肖营:《人口红利、技术进步与中等收入陷阱:来自中国经验的实证》,《商业经济研究》2020年第6期。

肖影:《独联体地区国家贸易便利化进展评析》,《俄罗斯研究》2014年第4期。

肖影:《独联体区域一体化:路径与进展》,辽宁大学博士学位论文,2015年。

谢逢洁、刘馨懋、孙剑等:《“一带一路”沿线国家分类农产品贸易竞争与互补关系分析》,《统计与决策》2021年第12期。

谢宜泽、胡鞍钢:《基于诊断法的共同富裕之路:以示范区浙江为例》,《西南民族大学学报》(人文社会科学版)2022年第11期。

徐华芝:《全民教育发展及其问题研究》,苏州大学硕士学位论文,2014年。

徐征:《“一带一路”战略下中国与东盟十国深化贸易合作的路径研究》,吉林大学硕士学位论文,2017年。

徐孝新、刘戒骄:《生产能力禀赋、产品结构转型与中等收入陷阱:基于产品空间理论》,《西南民族大学学报》(人文社科版)2019年第7期。

晏月平、廖爱娣:《GMS国家人口转变与发展研究》,《学术探索》2015年第10期。

晏月平、吕昭河:《“金砖五国”人口转变与人口效率的比较分析》,《人口研究》2013年第6期。

晏月平、王楠:《改革开放四十年中国人口发展与人口效率研究》,《山东大学学报》(哲学社会科学版)2019年第5期。

晏月平、王楠:《中国人口转变的进程、趋势与问题》,《东岳论丛》2019年第1期。

杨晨曦:《“一带一路”区域能源合作中的大国因素及应对策略》,《新视野》2014年第4期。

杨晨姊、邢宇、杨文祺:《人口红利模型、结构转变与经济增长分析》,《宁夏社会科学》2020年第5期。

杨舸:《日、韩、印人口结构变动趋势及给中国的启示》,《北京社会科学》2013年第4期。

杨舸:《我国“十四五”时期的人口变动及重大“转变”》,《北京工业大学学报》(社会科学版)2021年第1期。

杨立雄:《概念内涵、路径取向与分配定位:对共同富裕关键理论问题的探讨》,《华中科技大学学报》(社会科学版)2022年第4期。

杨坚白、胡伟略:《人口经济论》,北京,社会科学文献出版社,2007 年。

杨晓萍、葛成:《印度国家实力的要素评估与前景展望》,《战略决策研究》2017 年第 6 期。

杨晓静:《“一带一路”倡议下中国制造业价值链地位的提升研究》,北京,经济科学出版社,2020 年。

杨婷:《探索“一带一路”文化与经济的共融发展》,《中国出版》2020 年第 23 期。

尹晶晶、肖明智、褚湜婧:《人口转变、劳动力与经济增长的研究述评》,《现代管理科学》2015 年第 3 期。

于丛笑:《危机后独联体国家转变经济发展方式路径研究》,黑龙江大学硕士学位论文,2014 年。

于学军:《人口转变、扩大内需与经济增长》,《人口研究》2009 年第 5 期。

俞宪忠:《适度人口理论与适度流动人口》,《山东师范大学学报》(人文社会科学版)2005 年第 2 期。

俞毅、潘奇杰:《中国同独联体国家自贸区建设的经济效应分析:基于“欧亚经济联盟”背景下》,《当代经济》2016 年第 12 期。

虞新胜:《历史·理论·实践:人类命运共同体的三重意蕴》,《湖南社会科学》2021 年第 3 期。

袁春晓:《中国对“一带一路”沿线国家出口影响因素的实证分析:基于引力模型的验证》,《湖北社会科学》2020 年第 12 期。

张灿:《中国—东盟双边贸易发展对策研究》,《经济研究导刊》2016 年第 13 期。

张虹鸥、黄耿志:《新世纪海上丝绸之路:东南亚发展与区域合作》,北京,商务印书馆,2018 年。

张静中、王文君:《“一带一路”背景下中国—西亚自贸区经济效应前瞻性研究》,《世界经济研究》2016 年第 8 期。

张伟鹏:《习近平全球伙伴关系理念的理论逻辑与实践发展》,《国际展望》2023 年第 1 期。

张馨艺、张琼:《人口结构转变及其对宏观经济运行影响评述》,《中国人口·资源与环境》2012 年第 11 期。

张乃丽、欧家瑜:《经济增长的财政效应分析:以 1970～2014 年的日本为例》,《山东社会科学》2017 年第 3 期。

郑秉文:《“中等收入陷阱”与中国发展道路:基于国际经验教训的视角》,《中国人口科学》2011 年第 1 期。

中国(深圳)综合开发研究院:《“一带一路”与中国对外投资:新机遇、新合作与新路径》,北京,中国经济出版社,2020年。

Aihu Wang, Adolphe Bertrand Chedjou, 2018, "Logistics Infrastructure Investment and Economic Growth in Africa: China's Role in the Context of One Belt One Road", *European Journal of Business and Management*, vol.10, no.11, pp.97-117.

Aisha Khan, Sami Simsek, Haroon Ahmed, 2018, "Echinococcosis in Pakistan: One Belt & One Road Initiative", *Asian Pacific Journal of Tropical Medicine*, vol.11, no.13, p.46.

Grzegorz Górski, Joanna Górska-Szymczak, 2017, "Central and Eastern Europe as Partner of Chinese One Belt One Road Project", *International Journal of Technology Policy and Management*, vol. 4, no.1, pp.16-21.

Gul Gilal, Muhammad Zahid Tunio, 2018, "One Belt One Road Initiative: The Origin, Current Status, and Challenges of China-Pakistan Economic Corridor", *International Journal of Technology Policy and Management*, vol.18, no.4, pp.313-335.

Hu Xiaoqian, et al., 2021, "Evaluating Waste and Scrap Trade Risks in Beltand Road Initiative Countries", *Resources, Conservation & Recycling*, vol.173, 105728.

Liu Wei, Zhang Zhe, Chen Jinxiong, 2017, "The Belt and Road Strategy in International Business and Administration", *Business Science Reference*.

Teemu Naarajärvi, 2012, "China, Russia and the Shanghai Cooperation Organisation: Blessing or Curse for New Regionalism in Central Asia", *Journal of Eurasian Studies*, vol.10, no.2, pp.113-126.

Wang Rong, Zhu Cuiping, 2018, *Annual Report on the Development of the Indian Ocean Region (2015): 21st Century Maritime Silk Road*, Springer.

Zheng Chongwei, Xiao Ziniu, Zhou Wen, et al., 2019, *21st Century Maritime Silk Road: A Peaceful Way Forward*, Springer.